依法治档研究

YIFA ZHIDANG YANJIU

◆ 陈忠海 刘东斌 吴雁平 刘子芳 著

郑州大学出版社

图书在版编目(CIP)数据

依法治档研究/陈忠海等著. —郑州:郑州大学出版社,
2018.7
ISBN 978-7-5645-5529-0

Ⅰ.①依… Ⅱ.①陈… Ⅲ.①档案法-中国-文集
Ⅳ.①D922.164-53

中国版本图书馆 CIP 数据核字(2018)第 115606 号

郑州大学出版社出版发行	
郑州市大学路 40 号	邮政编码:450052
出版人:张功员	发行电话:0371-66966070
全国新华书店经销	
北京虎彩文化传播有限公司印制	
开本:710 mm×1 010 mm 1/16	
印张:27.25	
字数:392 千字	
版次:2018 年 7 月第 1 版	印次:2018 年 7 月第 1 次印刷
书号:ISBN 978-7-5645-5529-0	定价:96.00 元

本书如有印装质量问题,请向本社调换

序言

2007年至2011年，笔者主持完成了国家社会科学基金项目"档案法立法研究"（原题目"档案法立法思想与立法原则研究"）。课题组成员着重探讨了档案法的特点与立法导向、档案立法原则与立法理念、档案立法协调、档案立法技术应用和档案法体系建设等问题，将档案法立法的基本理论与基本技术的知识体系建构起来。

2013年，笔者与吴雁平、刘东斌等的国家社会科学基金项目"依法治档研究"立项，于2017年1月完成并结项。这是"档案法立法研究"的延续，该课题重点探讨档案依法行政的理论与实践问题，并从科学立法、严格执法、公正司法、全民守法四个角度展开研究，取得了比较丰富的成果。该课题发表论文、研究报告及综述共42篇，其中《档案学研究》刊载6篇，《档案学通讯》刊载4篇，《档案管理》刊载31篇，《档案》刊载1篇，共计30多万字。

由于这些成果覆盖了课题预计研究的主要方面和核心内容，能够代表课题组成员的研究能力和水平，因而大家决定将其出版。

需要说明的是，个别作者不是本项目课题组成员，但以第二作者的身份参与了研究，在出版文集时仅署名第一作者，在此向第二作者表示感谢。

还要感谢刊载项目成果的各杂志社，感谢郑州大学出版社。同时，欢迎读者提出宝贵的意见和建议。

陈忠海
2017年11月

目　录

依法治档课题报告……………………陈忠海　吴雁平　刘东斌　1
论依法治档………………………………………陈忠海　刘东斌　8
对《档案法》修订草案中几个问题的认识——兼与徐拥军、李晶伟、
　　蔡美波先生商榷………………………………………陈忠海　20
对《档案法》修改草案时代背景的认识及修改建议…………陈忠海　34
比较法视域下的我国法定"公共档案"定义方法
　　探析……………………………………………陈忠海　杨欢欢　45
城建档案法规与规章调查分析——以华东地区9个较大的市和
　　上海市为例……………………………………陈忠海　曹佳瑜　61
档案行政指导方式探讨……………………………陈忠海　吴雁平　69
"依法管档"研究的主要内容、特征及问题分析…陈忠海　吴雁平　79
论档案行政执法司法化……………………………陈忠海　吴雁平　92
论档案行政执法与刑事司法的衔接………………陈忠海　刘东斌　104
档案行政司法研究相关文献的调查与分析………陈忠海　吴雁平　114
档案行政诉讼若干理论问题探讨…………………陈忠海　吴雁平　128
论档案行政裁决……………………………………陈忠海　吴雁平　141
论国家治理现代化视角下的档案守法……………陈忠海　袁　永　147
论档案行政指导……………………………………………刘东斌　158
论档案行政指导的基本原则………………………………刘东斌　167
论档案行政指导的功能……………………………………刘东斌　175

论档案行政权力清单制度	刘东斌	183
论档案行政权力清单制度的建设	刘东斌	192
档案行政权力种类与法规依据举要	刘东斌	200
部分省份省级档案行政权力清单实证分析	刘东斌	211
论档案行政权力清单的编制	刘东斌	222
论档案行政责任清单制度	刘东斌	230
论档案行政执法的具体化	刘东斌	239
论档案行政司法	刘东斌	247
档案行政指导研究综述	吴雁平	256
论档案行政指导的实施主体与相对人	吴雁平	265
试述档案行政指导的层级性	吴雁平	274
论建立和推行档案行政权力清单制度	吴雁平	288
全国副省级市档案行政权力清单实证分析	吴雁平	296
市县级档案行政权力清单实证分析	吴雁平	305
《档案法》赋予了我们哪些权力——17省市档案行政权力清单中《档案法》授权档案行政权力梳理	吴雁平	317
基于档案行政权力清单制度建设的普法与法制宣传教育	吴雁平	334
论档案行政执法的功能与作用	吴雁平	342
依法治档视角下的档案行政司法化	吴雁平	350
档案工作者对《档案法》中"国家和社会"含义认识的调查	吴雁平	358
对涉及档案事务行政执法主体的再认识——关于档案行政执法的思考之二	刘子芳 刘沛江	365
论档案事务行政管辖权问题——关于档案行政执法的思考之三	刘子芳	376
论同级所属机构涉及档案事务行政管辖的模式构建——关于档案行政执法的思考之四	刘子芳	386

档案行政监督检查案例分类评析 ………………………… 刘子芳　396
档案犯罪研究综述 ……………………………………………… 刘子芳　405
档案违法行为涉刑事犯罪认定、移送问题研究 …………… 刘子芳　417

依法治档课题报告

陈忠海　吴雁平　刘东斌

摘　要　依法治档就是要按照档案法律体系提供的规范,科学地处理档案事务,合理地调整档案社会关系,推动档案事业进步,促进经济和社会发展的过程。依法治档的主要内容是档案行政执法、依法办理档案事务、依法科学管理档案。

关键词　依法治档　依法行政　行政执法　档案行政管理

一、本课题国内外研究现状述评,选题的价值和意义

1. 本课题国内外研究现状述评

我国有关依法治档研究始于20世纪80年代后期,花芝盛在《上海档案》1987年第6期上发表的《依法治档》一文,是目前可查到的有关依法治档研究最早的期刊文献。到2012年年底,在中国知网期刊文献数据库中,以"依法治档"为检索词,篇名为检索项,检得443篇论文。对443篇文献统计,发表文章在2篇以上的作者有9人,共发表论文19篇,没有核心作者群,多数作者的研究缺少深度与系统性。

(1)关于依法治档的概念。如陈作明认为依法治档就是运用法律、法规治理档案事业。所谓"治档",则应包括档案的收集、管理和开发利用,以及对档案工作机构及其职责和权利的确认和保障。一句话,依法治档应当是在一切档案工作领域中依据和运用一切有关的法律和法规[1]。

(2)关于依法治档所依之"法"。一是狭义之"法"。如胡鸣放认为依

法治档就是严格按照《档案法》《档案法实施办法》等法律法规来规范档案工作[2]。二是广义之"法"。如陈作明认为依法治档的"法"起码应当包含三个层次：法律、行政法规和规章、地方法规。而且，在每一层次中，不能仅指档案法和档案工作法规，还应包括有关的政治、经济、科技等一切法律法规[3]。三是模糊之"法"。如高福祥认为所谓"依法治档"，就是档案工作要依法办事，要纳入国家法制轨道，用法律规范档案工作的言论、行为，用法律来保障档案工作的顺利进行，用法律来提高档案工作的社会地位，促进档案事业的发展[4]。

（3）关于依法治档的目的。1988年，《档案工作》第12期发表以"建立依法治档的新秩序"为题的评论员文章，指出了档案部门应该依法办事。在此后相当一段时间内，许多学者都认为，依法治档是与行政手段、宣传教育手段、经济手段并列的推动档案管理工作的工具。

（4）关于依法治档的内容。乃康、力刚、永莲认为："依法办事、科学管理，是依法治档的重要内容。"[5]

（5）关于依法治档中"治档"。一是谁来治。如管先海认为依法治档的主体是档案部门，包括各级档案局、档案馆和档案室，强调了相关机关和各级领导要给予支持、配合和协助[6]。二是如何治。如邓涛认为要推动档案行政管理部门职能的转变，提高制度建设的质量，建立科学、民主的决策机制，理顺档案行政执法体制，规范档案行政执法行为，完善档案行政监督制度和机制，提高档案行政管理部门工作人员依法行政的观念和能力，健全档案工作中预防化解社会矛盾与纠纷的工作机制等[7]。

（6）关于依法治档存在的问题。如章剑青认为依法治档存在的主要问题是：档案法制观念淡薄、意识不强。档案立法缺乏前瞻性，法律、法规、规章之间协调不够。档案行政管理部门执法主体地位不明、执法水平不高，档案法制宣传力度不够、效果不佳[8]。

国外无直接研究中国依法治档的成果。国内少数学者介绍了欧美，主要是美国、加拿大、澳大利亚、俄罗斯等国家自20世纪70年代以来的档案立法进展及其背景，对执法情况较少涉及。

从总体上来说，档案学界对依法治档相关研究的状况是：概念逐渐清晰，工作实务强，理论论述弱，研究浮浅分散。在与依法治档相关的研究成果中，虽然依法治档的内涵、外延逐渐清晰，但仍需要进一步深入研究，使之更加明晰，特别是对依法治档的目的、内容、范围、作用、方法和实施路径的研究，仍然处在相对浮浅、分散的状态，需要展开深入系统的研究。

2.选题的价值和意义

党的十八大报告中提出：要深化行政体制改革，全面推进依法治国，推进依法行政，切实做到严格规范、公正文明执法。健全权力运行制约和监督体系，加强民主监督、法律监督、舆论监督，让人民监督权力，让权力在阳光下运行。档案事业也要加强依法治档，加强依法行政，加强依法管理档案事务。因此，研究依法治档既是贯彻党的十八大报告关于依法治国和深化行政体制改革的精神，也是档案事业发展的内在需要，既有档案学的理论意义，也有很强的档案工作实际价值。

本课题对于档案行政管理研究、档案馆管理研究、社会组织档案管理研究以及档案法学研究都有着积极的意义。第一，对于修改《档案法》以适应档案事业的发展和依法行政、依法管理档案事业，完善档案法规体系，转变档案行政管理职能、转变档案行政管理方法，使档案执法跟上国家依法行政的快速发展步伐有着积极的作用。第二，对于加快国家综合档案馆转变功能和加快开放步伐，由"国家模式"向"社会模式"转变，向公共档案馆转变，向服务全社会公民转变，进一步开放档案以适应社会和经济发展，以及全社会公民日益增长的对档案的利用需求有着一定的推动作用。第三，对于将档案工作的重点由以安全保管为主，转移到保管与利用并重上来，树立"开放是原则，不开放是例外"的理念，加快开放档案的步伐，最大限度地缩小不予开放档案的范围，也有着积极的作用。第四，对于加强各类社会组织和公民形成的对国家和社会有价值的档案的管理，加强国家档案资源建设，完善档案资源体系建设同样有着积极的作用。第五，对更新"档案法学"的知识内容具有直接促进作用。

二、本课题研究的主要内容、基本观点、研究思路、研究方法、创新之处

1. 主要内容

(1)现状及趋势。对我国依法治档的现状及趋势加以归纳和总结,主要涉及国外依法治档概述、我国依法治档的历史脉络、依法治档的现状及趋势、依法治档研究文献综述等。

(2)法律关系辨析。包括依法治档的概念、特点和实质,依法治档所依之"法"的含义,依法治档"法"的基础,档案法律体系的含义及其建设的内容。

(3)依法治档的目的。"依法治档"不仅是档案工作的工具,而且是涉及全社会的有关档案事务,其重心是档案依法行政、依法管理国家档案、依法提供档案利用服务。

(4)依法治档的内容和范围。

依法治档的主要内容是档案行政执法、依法办理档案事务、依法科学管理档案。

依法治档的范围包括:一是档案行政管理部门在依法治档中的作用与职能。档案行政管理部门必须牢固树立"法大于权"的信念,切实履行监督职能,既要监督下级档案部门履行职责,又要监督社会公民守法;既要监督同级有关部门,又要监督领导执法。档案行政管理部门在依法治档中的作用为依法进行科学指导、保证法规贯彻执行、注重解决非程序化问题。档案行政管理部门在依法治档中的职能为教育职能、监督职能、查处职能。二是各级各类档案馆的作用与职能。依法接收和收集分管范围内的档案。制定本馆关于收集和接收档案的各项规章制度,采取多种形式和渠道,广泛开展档案接收和收集工作,加强档案资源建设,丰富馆(室)藏;依法整理和保管分管范围内的档案,建立并完善档案检索体系,方便利用;依法开放已到开放期限的馆藏档案,为使用者查阅开放档案创造各种便利条件;做好已公开现行文件提供利用工作;依法公布馆藏档案的全部或者部分内容信息,依法开发和提供利用好馆藏档案;应当正确处理开发利用与保密的关系,从而使馆藏档案在不失国家秘密的前提下最大限度地得以开发利用,保护国家档案安全。三是社会机构和组织及个人在档案管理方面的作用与职能。国有单位要依法建立健全本单位的档案工作规章制度,使本单位档案工作有法可依、有章可循,逐步走向规范化、制度化。依法做好本单位文件、资料的整理、积累和归档工作,以确保档案的齐全完整;依法向有关档案馆移交档案。对于非国有组织和公民形成的对国家和社会有保存价值的档案,非国有组织和公民要做到安全保管,为国家积累档案资源,防止档案资源的流失,保障信息的安全。

(5)依法治档的方法。一是档案行政指导。档案业务指导是计划经济的产物,在当时具有很强的"刚性",发挥了不可替代的历史作用。但在当前依法治档的语境下,它已经弱化为档案行政指导。档案行政指导属于非强制性行政行为,其主要职能是解决机关、团体、企业事业单位和其他组织的档案工作会不会做,做得好不好的问题。二是档案行政监督检查。现有的"执法监督"应改为"档案行政监督检查"。它属于强制性行政行为,主要职能是解决机关、团体、企业事业单位和其他组织的档案工作做不做的问题,促使这些机构依法建立档案工作、归档保存应当保存的档案、确保档案的安全,等等。三是档案行政执法。坚持按照法律程序办事,建立健全档案行政执法体制,明确权责,规范档案执法行为;实行档案行政执法考核制度和执法过错责任追究制度。四是实现权力制衡,建立起有效的内外部监督和制约机制。五是转变档案行政管理职能,提高管理效能。加快由微观管理向宏观管理转变的步伐,切实搞好由以业务指导为主向以依法监管为主转变的各项工作。六是实现具体管理职能的转变。将档案工作的重点由以安全保管为主,转移到保管与利用并重上来。七是加强宣传教育,提高全社会尤其是档案行政管理部门及其工作人员的档案法治意识。

2. 基本观点

过去认为,依法治档只是档案部门的职责,是面向社会组织,尤其是国有组织的单项性执法行为,与档案部门自身、其他组织和公民无关。在建设法治国家的进程中,依法治档首先需要界定档案部门职责与职权,同时界定社会组织和公民的权利与义务。依法治档,档案部门既要"法"人,更要"法"己。它的实质是用法律的手段规范、约束档案行政权力的行使,保证档案工作正常有效开展,保障公民、法人和其他组织在档案事务中的合法权利不受侵犯。依法行政,确保与档案工作有关的一切法律、法规和规章能够得到有效的实施。实现权力制衡,建立监督和制约机制。转变档案行政管理职能,提高管理效能。

依法治档的内容有三项,即档案行政执法、依法办理档案事务、依法科学管理档案。这就需要厘清档案行政管理部门在依法治档中的作用与职能、档案馆的作用与职能,以及社会机构和组织及公民在档案管理方面的作用与职能。只有这样,才能各司其职,相互协作,共同完成时代赋予的任务。

依法治档就是按照档案法律体系提供的规范,科学地处理档案事务,合理地调整档案社会关系,推动档案事业进步,促进经济和社会发展的过程。依法科学管理档案,就是要依法接收、征集档案,安全可靠地管理档案,最大限度地开放档案,满足社会各方面,特别是公民的利用需求。

依法治档首先应从档案部门做起,也就是先"法"自己。同时,做好档案行政指导、档案行政监督检查和档案行政执法。

3. 研究思路

在研究中,我们秉承的思路是从依法治档的基本问题入手,明确依法治档的概念,界定依法治档所依"法"的含义。在此基础上,确立依法治档的内容和范围,寻求实施依法治档的可行性方法和选择性路径。

4. 研究方法

(1)文献调研。对《档案法》颁布以来的研究成果进行调查和分析,对研究中的不足和问题加以归纳,总结原因,在此基础上展开理论研究,解决应然状态问题。

(2)实地调研和案例分析。对1988年《档案法》施行,特别是1996年《档案法》第一次修改以来,档案系统档案行政执法、依法办理档案事务、依法科学管理档案三项活动进行实地调研,对典型性事例进行分析,总结不同阶段的发展特点,提出现阶段实施的方法和路径,解决实然状态问题。

5.创新之处

一是重新界定依法治档的概念。目前我国对依法治档的概念研究不清晰、不确切,这对实施依法治档有不利的影响。要实施依法治档,首要任务是清晰依法治档的概念。二是重新明确依法治档的内容和范围。不明确依法治档的内容和范围,就无法有的放矢地实施依法治档,这也是目前依法治档实施困难的原因之一。三是依据新的社会条件,提出依法治档的方法。依法治档的方法一直困扰着档案部门,由于依法治档的方法单一、方法错误等,造成依法治档大都停留在表面,难以深入下去,难以达到依法治档的目的。

参考文献

[1][3]陈作明."依法治档"的内涵[J].档案工作,1993(6):28-29.

[2]胡鸣放.依法治档,开创开发区档案工作新局面[J].档案与建设,2004(8):24-26.

[4]高福祥."依法治档"刍议[J].黑龙江档案,1998(2):39.

[5]乃康,力刚,永莲.依法治档则灵——纪念《档案法》实施两周年[J].山西档案,1990(1):11-13.

[6]管先海.对依法治档的理性思考[J].北京档案,2005(4):31-33.

[7]邓涛.依法治档的内涵与重点[J].中国档案,2010(3):31-32.

[8]章剑青.加强行政执法 推进依法治档——当前依法治档存在的主要问题和建议[J].浙江档案,2008(6):25-26.

该文发表在《档案管理》2013年第6期

论依法治档

陈忠海　刘东斌

摘　要　本文所说的依法治档是指各级档案行政管理机关及其工作人员依据宪法和法律赋予的职权，在法律规定的职责范围内，按照法定的程序，对国家和社会各项档案事务实施管理，并对自身做出的档案行政行为后果依法承担相应责任的活动，即档案依法行政。依法治档主要包括档案立法、档案执法、档案司法和档案守法等四个方面。要全面推进科学立法、严格执法、公正司法、全民守法，坚持法律面前人人平等，档案行政管理机关就需要履行立法责任，完善细化档案行政法规，落实有法可依；树立正确理念，实施全面档案行政执法，落实执法必严；正确理解司法，走档案行政司法化之路，落实公正司法；转变守法观念，积极构建档案守法环境，落实守法之责。

关键词　依法治档　档案依法行政　档案行政管理机关

自1989年3月国家档案局与国务院法制局联合发出的《关于进一步学习、宣传、实施〈档案法〉的通知》（国档发〔1989〕4号）提出依法治档以来，档案部门积极开展工作，取得了一定的成效。同时，应该看到，依法治档的概念还需要进一步明晰，依法治档的理论研究有待进一步深化；档案依法行政还存在诸多问题，政策和实践都有待进一步改进和完善。为贯彻执行党的十八届四中全会做出的《中共中央关于全面推进依法治国若干重大问题的决定》，学术界如何进一步深入理解依法治档，档案界如何具体实现依法治档,就成为摆在我们面前的新课题和新任务。

一、依法治档的基本含义

依法治档有广义和狭义之分。广义的依法治档是以档案法律体系所提供的规范为依据,科学地管理档案事务,合理地调整档案社会关系,推动档案事业进步,促进经济和社会发展的过程[1]。各级党委和政府,档案行政管理部门和相关部门,档案馆(室)、相关机构及其工作人员和公民是"治档"的主体[2]。它的主要内容有四个方面:一是依法行政。就是档案行政管理机关依法行使档案行政管理权,依法管理档案事务。二是依法管档。就是档案馆、档案室等档案管理部门依法对档案进行管理。三是依法用档。就是国家机关、社会组织和公民依法利用档案。四是依法监督。就是依靠各级人大和有关部门以及广大人民群众,建立起档案法律监督体系,促进档案法律、法规的正确实施。

狭义的依法治档是指各级档案行政管理机关及其工作人员依据宪法和法律赋予的职权,在法律规定的职责范围内,按照法定的程序,对国家和社会各项档案事务实施管理,并对自身做出的档案行政行为后果依法承担相应责任的活动,即档案依法行政。本文论述的依法治档便是从这一层面理解的。

"现在我国依法行政的'法',从广义上理解则既包括宪法、法律、法规、规章中一切有关公共行政管理的规定",还"应包括一些基本的法理(包括立法的精神、一般法律原则及人们对法现象所形成的其他普遍共识),在特殊条件下还包括那些尚未上升为法律规范的国家政策"[3]。以此为根据,本文对档案依法行政依据之"法"做广义的理解。依据广义的"法"实施档案行政既积极有效,又能对传统依法行政原则予以必要的补充,可以克服传统依法行政观念的缺点和不足,在一定程度上更符合现代法制的原则。

二、依法治档的基本内容

依法治档主要包括四个方面的内容,即档案立法、档案执法、档案司法和档案守法。

1. 档案立法

档案立法,就是要不断完善档案法规体系和实现科学立法。完善的档案法规体系是由档案法律、档案行政法规、地方性档案法规、档案行政规章和政策类规范性文件五个方面组成的。实现科学立法,对档案行业来说,当务之急是要细化立法内容,使档案法律法规"落地",即档案行政管理机关适时制定与《档案法》和《档案法实施办法》相配套的、具有针对性和可操作性的各类档案规章和政策类规范性文件,以适应对国家、社会以及不同行业和地区具体档案事务管理的需要。

2. 档案执法

档案执法,狭义上是指档案行政管理机关履行档案行政执法职能的活动;广义上是指档案行政管理机关依法行政。本文的档案执法是指后者。

档案执法,要求全面执法,做到执法必严。档案行政管理机关必须严格按照法定的程序实施档案执法,所有的档案执法行政行为都必须遵循宪法和法律法规的规定。严格执法,要求在管理国家档案事务中,档案行政管理机关不得出现任何超越法律法规规定的档案行政行为,即不能"越位"。同时,对执法对象不留空白,不留死角,即不能"缺位"。

3. 档案司法

档案司法,是指档案行政管理机关依照准司法程序,受理和裁决档案法律规定的特定的档案行政争议或档案民事纠纷的活动。档案行政司法的方式主要有档案行政调解、档案行政裁决、档案行政听证、档案行政复议等。此外,档案行政司法还包括档案行政执法司法化。

4. 档案守法

守法是实现依法治档的根本要求和重要内容,要求档案行政管理机关依照法定职能和法定程序进行档案行政管理,不能滥用国家权力。档案行政管理机关实施的所有档案行政行为,包括行政执法、行政指导等都应当在宪法、法律和法规规定的范围内活动,严格依法决策,依法行使档案行政管理职权,一切超越法律规定的档案行政权力和档案行政行为都是非法的和无效的。

三、依法治档的核心:档案依法行政

依法治国的核心是依法行政,档案行政管理是国家行政管理的一部分,因此,依法治档的核心就是档案依法行政。

对于依法行政,国务院在《全面推进依法行政实施纲要》中提出了行政机关及其工作人员必须严格遵循的六条基本行为准则,即合法行政、合理行政、程序正当、高效便民、诚实守信和权责统一。档案行政管理机关及其工作人员也必须严格遵循上述六条基本行为准则。

1. 合法行政

合法不仅指符合实体法,也指符合程序法,凡没有法律、法规和规章的规定,档案行政管理机关不得做出影响档案行政相对人权利或者增加档案行政相对人义务的决定。合法行政的内容主要包括档案行政主体合法、档案行政职权合法、档案行政内容合法和档案行政程序合法四个方面。档案行政管理机关在行使档案行政管理权时,必须依据法律、符合法律,不得与法律相抵触。

2. 合理行政

合理行政主要适用于实施自由裁量权领域。为了防止滥用自由裁量权,一方面,通过法律对档案行政管理机关自由裁量权的行使进行必要的监督、约束和控制;另一方面,档案行政管理机关要自觉约束自己的档案自由裁量行政行为,使之合法、合理。合理行政要求档案行政管理机关在实施档案行政管理时,应当遵循公平、公正的原则,平等对待档案行政管理相对人,不偏私,不歧视。

3. 程序正当

程序正当的核心是要通过合适的程序安排根除和避免那些可能导致不公正结果的因素。档案行政管理机关在实施档案行政管理时,除法定

保密的外,具体内容应当公开,注意听取档案行政相对人的意见;严格遵守法定程序,依法保护档案行政相对人、利害关系人的知情权、参与权和救济权;档案行政管理人员履行职责时,如果与档案行政相对人存在利害关系,应当回避。

4. 高效便民

高效是衡量档案行政管理机关工作质量的重要标准,也是决定档案行政管理机关真正落实服务于民宗旨的重要环节。档案行政管理机关在实施档案行政管理时,只有积极履行法定职责,提高办事效率,提供优质服务,才能方便公民、法人和其他组织。

5. 诚实守信

诚实守信是档案行政管理机关行使职权时必须遵循的原则,是依法行政对档案行政管理机关及其行政活动的必然要求,也是档案行政管理机关及其工作人员的法律义务与责任。

6. 权责统一

权责统一要求实现权利和责任的统一。档案行政管理机关依照法律规定的职权、职责行政,行使相应的权利,承担应有的责任。档案行政管理机关应当做到执法有保障,有权必有责,用权受监督,违法受追究,侵权要赔偿。

四、实现依法治档的途径

全面推进依法治国就是要全面推进科学立法、严格执法、公正司法、全民守法,坚持法律面前人人平等,保证有法可依、有法必依、执法必严、违法必究。这也是实现依法治档的必然途径。

1. 履行立法责任,完善细化档案行政法规,落实有法可依

档案行政管理是专业管理。按照我国现行的行政体制,档案行政管理机关包括国家、省(自治区、直辖市)、市(州、盟)、县(区)各级人民政府所属的档案行政管理部门。由于各级档案行政管理机关的层级不同,所

承担的立法责任也有所不同。

（1）国家档案行政管理机关的立法职责及立法事项。国家档案局2011年6月14日发布《国家档案法规体系方案》,其中的立法项目多是应由国家档案局制定的档案规章。总体来说,该方案比较全面,但仍然存在一些疏漏,一些规章,包括《档案法实施办法》明文规定的需要制定的规章没有列入。我们认为,国家档案局重点关注的立法项目,主要有以下几个方面:一是制定《档案法》《档案法实施办法》中明文规定的规章,如《各级国家档案馆开放档案办法》《档案鉴定办法》等;二是制定档案馆规章;三是制定各种专业档案管理规章。国家档案局提出建设"两个体系"重要方针并于2011年印发了两批《国家基本专业档案目录》,要将其落到实处,就应当制定各种专业档案的管理办法,以利于操作执行。

（2）省级档案行政管理机关的立法职责及立法事项。省级档案行政管理机关立法职责的重点主要有五个方面:一是履行好档案法规授权,起草具体规章,如尽快制定《非国有档案管理办法》。二是做好地方档案法规规章废、改、立的基础性工作。三是做好对国家档案法规规章的细化工作。其一,补充细化。如制定《档案行政执法档案管理办法》。其二,分类细化。如制定不同的企业档案管理规定。其三,具体细化。如制定《企业会计档案整理细则》《行政机关会计档案整理细则》等。四是实现档案技术标准的入规,即将标准的内容与要求融入各省(市、自治区)制定的档案法规规章或政策类规范性文件之中。"从现代行政法体系看,技术规则渗入行政法规范中已经成为一个不可逆转的事实。"[4]因此,技术标准的入规是省级档案行政管理机关的"立法之责"。档案技术标准入规的内容包括两部分,即制定实施细则,如制定各省的《〈归档文件整理规则〉实施细则》和将技术标准纳入相关政策类规范性文件之中,如在制定《档案馆质量管理办法》《档案室质量管理办法》时,应将《全宗卷规范》《档案馆指南编制规范》等相关的标准纳入其中。五是制定推广经验型政策类规范性文件。在许多新领域和某些传统领域还没有行政法规规章时,多数情况下需要市、县先行探索,取得经验后再制定省级政策类规范性文件加以推广,待条件成熟时,再将其上升为档案行政法规规章。

(3)市级档案行政管理机关的立法职责及立法事项。由于大多数市没有地方行政立法权,而市又没有县、区接触基层的面广,所以,市级档案行政管理机关的立法职责既没有省级大,也没有县级广。其主要立法职责有:一是做好档案法规规章的细化工作;二是制定体现地域化特点的政策类规范性文件;三是制定探索经验型政策类规范文件。

(4)县级档案行政管理机关的立法职责及立法事项。县级档案行政管理机关的立法职责主要有三个方面:一是做好档案法规规章的细化工作。其一,分类细化,如国家档案局制定了《乡镇档案工作试行办法》,省、市也细化制定了《乡镇档案管理细则》,但仍然不细,还可以进一步分类细化,即可以分为《乡档案管理实施细则》《镇档案管理实施细则》等;其二,具体细化,如将《乡镇档案工作试行办法》进一步细化为《乡级机关档案工作细则》《乡级机关会计档案整理细则》等;其三,层级细化,如根据上级规定,具体制定《县级机关档案工作细则》《县级机关文件材料归档范围和保管期限》等。二是制定体现地域化特点的政策类规范性文件。由于不同的县所处的地域不同,它们产生的档案的种类和开展的档案工作内容存在差异,这就需要根据其地域的特点来制定相应的政策类规范性文件来贯彻国家、省、市的档案法规规章。三是制定探索经验型政策类规范性文件。处在工作实践第一线的县级档案行政管理机关,负有具体探索新经验的任务。在其取得经验后,县、区应先制定政策类规范性文件加以调整,同时为国家、省、市提供典型和案例。

2. 树立正确理念,实施全面档案行政执法,落实执法必严

档案行政执法不仅仅是实施档案行政处罚、档案行政监督检查等,这只是狭义的档案行政执法。所谓实施全面档案执法,就是将档案法律法规所规定的权利与义务,通过各种档案行政执法方式、方法和途径转化为公民、法人及档案行政执法者的行为规范,保障档案行政相对人的权益,维护档案行为秩序。

实施全面档案行政执法的途径有以下几个方面。

（1）制定政策类规范性文件。制定政策类规范性文件，也就是将档案法律以及相关法律中有关档案事务的原则性条款具体化，使其在实际档案工作中能够得到具体贯彻落实。

（2）解释档案法律。在档案行政执法的过程中，面对的是大量的不同单位、不同主客观情况、不同环境以及不同事由的个案，因而，档案法律法规不可能全部"对号入座"。在多数情况下，档案行政管理机关则是以口头或书面的方式，向档案行政相对人说明档案行政执法行为的理由。这种由口头或书面说明理由的形式就是针对某个个案的对档案法律的解释。一般来说，口头方式多用于档案行政监督检查等执法行为，书面方式多用于档案行政强制、档案行政许可以及档案行政处罚等执法行为。

（3）调整档案法律关系，保障档案行政相对人的权益。档案行政执法可以调整各种档案法律关系，以保障档案行政相对人的权益，其形式主要有档案行政确认、档案行政许可及档案行政裁决等。

（4）查处违法现象，保障档案法律实施。查处档案违法现象就是为了保障档案法律的实现而设定的机制。查处档案违法现象的形式主要有档案行政强制、档案行政监督检查及档案行政处罚等。

目前，档案行政执法大多停留在宏观和浅表层面，档案行政执法并未完全"落地"。为此，将档案行政执法具体化，才能真正实现档案行政执法。首先，档案行政执法应由宏观转向微观，由笼统转向具体。档案行政执法的具体化，不仅可以使档案法律法规规定的内容落到实处，也能增强档案行政执法的严密性。其次，档案行政执法具体化的关键是"贯标"。"贯标"即贯彻国家档案标准和档案行业标准，这是由档案行政执法对象的特殊性和标准的法规性质决定的。

3. 正确理解司法，走档案行政司法化之路，落实公正司法

司法不仅是司法机关的职责，也是行政机关的职责，它的差异只是在于管辖范围、程序繁简以及法律效力的不同上。

（1）档案行政执法司法化。档案行政执法司法化的主要内容有：档案行政执法程序的司法化、档案行政执法听证的司法化、档案行政执法记录文件材料形成司法化和档案行政执法机关内部运行机制的司法化等[5]。如何实现档案行政执法司法化,既是一个理论问题,更是一个实践问题。

（2）档案行政司法行为规范化。档案行政司法行为是指档案行政管理机关依照相关法律,遵照准司法的程序审理与裁决有关档案或者档案事务的争议与纠纷,进而对当事人之间的权利、义务关系产生影响的具有法律效力的行政行为。档案行政司法行为主要有：档案行政调解行为、档案行政裁决行为、档案行政听证行为和档案行政复议行为等。规范上述档案行政行为是各级档案行政管理机关依法行政的关键环节之一。

（3）有效实现档案行政执法与刑事司法的衔接。《档案法》与《刑法》的相关条款,为档案行政执法与刑事司法的衔接提供了法律依据,奠定了法律基础。档案行政执法与刑事司法的衔接主要包括证据衔接和程序衔接两个方面[6]。建立档案行政执法与刑事司法衔接的机制是档案行政执法机关向公安机关、检察机关等刑事司法机关移交涉嫌档案犯罪案件及其相关工作的一系列制度设计和程序安排,是档案行政执法机关查处涉嫌档案犯罪案件的最后一个环节的工作规定。这是档案行政管理机关的制度安排和执法实践的薄弱之处,急需加强研究和进一步展开实践探索。

4. 转变守法观念,积极构建档案守法环境,落实守法之责

档案守法的主体是档案行政管理机关,还是档案行政管理相对人,人们对此的认识不尽相同。"通过档案法制的宣传,使广大公民、法人和其他组织充分认识到《档案法》在管理国家档案事业中的重要意义和作用……是全体公民、法人和其他组织都必须遵守的法律依据,不依法办事就要受到法律制裁。"[7]"通过档案普法,增强全社会的档案法制观念,使人人都知法、遵法、守法,从而达到依法治档的要求。""将档案法规定的档案权利和义务,变成国家机关、社会组织、企业事业单位和广大公民在处理档案事务中共同遵守的行为规范。"[8]这好像已成为一种惯性认识,即档案守法的主体是档案行政相对人,但却掩盖或忽视了法律对象上的另一个更重要的方面：国家档案行政管理机关是政府的组成部分,也是档案行政守法主体。"如果一个社会可以二元为民众与政府,或权利与权力;那么,就守法而言,准确的法律表述是,守法应当是政府而非民众的事,此正如权力必须守法,权利则无须守法,只要不违法即可。"[9]这就是说,档案守法的主体应当是档案行政管理主体而不是档案行政相对人。

这一认识可从宪法层面上得到支持。"政府由人民的需要和意志产生,政府受到人民制定的法律限制。""就政府的权力来说,人民权利是政府权力的基础,人民是权力的唯一合法源泉。"[10]我国《宪法》明确规定:"中华人民共和国一切权力属于人民。"而"防止政府权力失控的有效途径是,要求政府行使权力时应当遵守法律的规定"[11]。或者说,政府守法是实现一切权力属于人民的重要保障。政府守法是宪法的要求,所以,政府守法不仅践行了《宪法》明确规定的一切权力属于人民的庄严宣告,并且可以构建良好的社会守法环境,以减少公众的违法行为,可以节约社会管理成本。

档案守法环境中的守法是广义的守法,即指在档案行政管理主体守法的基础上,构建档案行政管理主体积极守法、档案行政相对人维护法律的环境。档案守法不仅是依法治档的重要内容,也是实现档案法治的根本要求。为实现这一要求,"必须建立一个良好的、健全的有利于全社会守法的制度环境、政策环境、舆论环境及其他相关的设施,使得每个主体在行为之前都用法律来衡量自己的行为,并使得人们不能、不敢亦不愿违法"[12]。

构建良好的档案守法环境,主要取决于档案行政管理主体的守法,而并不取决于档案行政相对人的不违法。因为档案行政相对人法治观念的培养与形成,不能依靠空洞的说教,也不能依据强制和命令,必须靠他们对现实档案法治状态的实际体验,而这主要取决于档案行政管理主体对法律的尊重、遵守与服从;对档案行政相对人而言,守法不取决于档案法律规定了什么,而取决于档案法律在档案行政管理主体那里被尊重、服从及执行的情况。所以,构建良好的档案守法环境是档案行政管理主体的重要职责与任务。

档案行政管理主体在构建良好档案守法环境中的职责是:第一,完善档案行政法规。主要是按照档案法律法规赋予的权力补充和细化档案行政法规,填补档案立法中的空白。同时,使档案行政相对人明白哪些是自己应尽的义务,清楚知道哪些情况做了便是违法。第二,严格档案行政执法。档案行政执法的核心就是坚持依法行政,做到公正文明严格规范执法,坚持依法管理档案事务,严格按照法定程序行政,维护档案行政相对人的合法权益。第三,公正司法。要公正严肃地查处档案违法案件,杜绝违法不纠的现象,引导档案行政相对人自觉护法不违法。

参考文献

[1]陈忠海.依法治档所依之"法"是什么?——是《档案法》还是与档案、档案工作有关的一切法律、法规和规章[J].档案管理,2011(3):10-14.

[2]陈忠海.依法治档中的"治档"应作何理解?——谁来治、治什么、如何治[J].档案管理,2011(4):12-14.

[3]莫于川.法治视野中的行政指导行为——论我国行政指导的合法性问题与法治化路径[J].现代法学,2004(3):3-13.

[4]张淑芳.论技术规则对行政法规范的渗入[J].湖北警官学院学报,2005(4):5-10.

[5]陈忠海,吴雁平.论档案行政执法司法化[J].档案学通讯,2014(1):80-54.

[6]陈忠海,刘东斌.论档案行政执法与刑事司法的衔接[J].档案学研究,2014(2):18-22.

[7]齐晶.试论档案行政执法工作中存在的问题与对策[J].经济研究导刊,2010(23):207-208.

[8]潘玉民.论档案行政执法与档案普法的关系[J].档案学通讯,2003(3):18-20.

[9]邵建.守法的对象是政府而非民众[N].南方都市报,2012-4-11(31).

[10][11]杨建华.政府守法的宪政学理论基础——一切权力属于人民[J].太原理工大学学报(社会科学版),2002(2):18-20.

[12]李洁萍.论法治进程中的守法因素[J].华南农业大学学报(社会科学版),2005(3):111-115.

该文发表在《档案学研究》2015年第4期

对《档案法》修订草案中几个问题的认识
——兼与徐拥军、李晶伟、蔡美波先生商榷

陈忠海

摘　要　针对《中国档案》2016年第7期公布的《〈中华人民共和国档案法〉修订草案(送审稿)》，徐拥军、李晶伟、蔡美波在《档案学通讯》2016年第6期发表了《对〈档案法〉修订草案的几点意见》一文，提出了许多建设性的意见。但文中的有些意见依然有值得商榷之处，比如认为《档案法》修订草案中法定定义存在问题、《档案法》与其他法规不协调，以及《档案法》修订草案中的相关条款未能很好地体现以人为本的立法理念，等等。我们认为，这三个问题并不存在大的瑕疵，需要从新的角度加以解读和认识。

关键词　档案法　档案工作　法律修订　修订草案

《档案学通讯》2016年第6期发表了徐拥军、李晶伟、蔡美波撰写的《对〈档案法〉修订草案的几点意见》（以下简称"徐文"）一文，文中对《中国档案》2016年第7期公布的《〈中华人民共和国档案法〉修订草案(送审稿)》[1]提出了修改建议。"徐文"中的许多意见都很中肯，对《中华人民共和国档案法》（以下简称《档案法》）的进一步修改有着积极的意义。但是，其中有些意见值得商榷，比如对《档案法》法定定义的认识问题、《档案法》与其他法规的不协调问题，以及如何理解以人为本的立法理念问题，等等。

对《档案法》修订草案中几个问题的认识——兼与徐拥军、李晶伟、蔡美波先生商榷

一、关于档案定义的问题

《档案法》修订草案第三条将档案定义为:"本法所称的档案,是指机关、团体、企业、事业单位、其他组织和个人在各项工作和活动中形成的,对国家、社会和单位、个人具有利用价值、应当归档保存的各种形式和载体的文件、记录和数据。""徐文"认为:其"语言比较粗糙,文字表述存在较多欠缺"。"首先,将'文件、记录和数据'作为属概念并列十分不妥,因为三者的概念外延互有交叉,不如现行《档案法》中的'历史记录'概括、深刻。其次,下定义时经常采取'种差+属'方法,档案的本质属性应在档案定义中有所体现,而修订草案中的定义明显缺失对档案本质属性的抽象概括。然后,'归档'字义上是指'归入档案',而整句话本身是给'档案'下定义,即'档案是指归入档案的某物',这样理解就有循环定义之嫌。再者,将对'个人有利用价值'的档案纳入本法调整的范围是否适合,值得商榷。因为《档案法》的调整对象应该是属于国家所有的档案,以及虽不属于国家所有但对国家和社会有保存价值的档案,至于属于个人所有、仅对个人具有利用价值的档案,不宜列入《档案法》调整的范围。最后,此定义删除了现行《档案法》中的'直接'二字,难以体现档案原始记录的本质属性;而将'保存价值'改为'利用价值'是否合理,也值得再仔细琢磨。"[2] 关于档案定义的问题,"徐文"认为其"语言比较粗糙,文字表述存在较多欠缺",以及"此定义删除了现行《档案法》中的'直接'二字,难以体现档案原始记录的本质属性"的观点应当是没有错的。档案法定定义的表述应当语言精细、文字明确。《档案法》修订草案中关于档案定义的表述的确有些粗糙,不太精准。当然,对于法定档案定义的目的和表达方式,还是应当具体情况具体分析。

1. 法定档案定义不应等同于学理档案定义

在我国,法定档案的范围通常被理解为法理层面上的档案定义。所谓法理层面上的档案定义,就是法律规定的档案定义,具体体现为《档案法》中的"本法所称档案是指……"。"法理层面上的档案定义具有以下特点:①明确性。法理层面上的档案定义,必须具有明确的含义和范围。其含义对于哪些是法律调整范围的档案必须明确规定,否则就会给执法带来困难,就会使执法者无所适从。②强制性。强制性要求所有在《档案法》调整范围内的档案部门(包括档案局、档案馆和档案室等)必须整理、保管好法定档案,并按规定提供利用。明确性与强制性是相辅相成的,明确性是前提,只有明确了前提,强制性才可能有的放矢。

"所谓学理层面上的档案定义,就是档案学术上探讨研究的档案定义。学理层面上的档案定义具有以下特点:①严谨性。学理层面上的档案定义必须是严谨的,包括限定词、属概念和逻辑关系。尽量能自圆其说,尽量减少漏洞,避免顾此失彼。②系统性。学理层面上的档案定义的系统性是与严谨性紧密相连的。系统性要求档案定义在定义本身严谨性的条件下,其在档案学基础理论系统中也是严谨的,不能只管档案定义本身的严谨而不顾其在理论系统中的严谨。学理层面上的档案定义应当与档案学的基础理论和基本概念相吻合。"[3]

从法定档案定义与学理档案定义的区别中可以看出,法定档案定义与学理档案定义是不同的,不应当将法定档案定义等同于学理档案定义。从学理、法理两个层面上看,二者的关系是:学理档案定义大于法定档案定义。也就是说,学理档案的范围要比法定档案的范围大,法定档案的范围小。"法理档案定义是用来确定档案部门管理档案的范围的,法理档案定义不能超出学理档案定义的范围,法理档案定义与学理档案定义是同心圆的关系,而不是交叉圆的关系。法理档案定义研究的重点是在学理档案定义的框架下,为档案管理部门确定一个具体的需要调节和管理档案的范围,为各个单位组织履行保管档案的义务、为档案行政管理部门依法管理档案事务进行档案执法监督,提供具体可操作的依据。而学理档案定义研究的重点是科学地界定哪些是档案,学理档案定义要与档案学的基础理论和基本概念相吻合,应尽量没有漏洞或少有漏洞。"[4]也就是说,对于法理档案与学理档案不能用一个标准或模式来定义,也不能用学理档案定义代替法理档案定义。确定法理档案定义时不宜采用对学理档案定义时采取的"种差+属"方法对其进行抽象概括,而需要的是明确的概念、明确的含义和明确的范围。"文件、记录和数据"作为法定档案定义的属概念具有明确的含义和范围,因而并无不妥。尽管三者概念的外延互有交叉,但这并不影响人们对法定档案定义的理解,也不妨碍依法治档和档案依法行政。如果将三者作为学理档案定义的属概念并列就显不妥,因为三者概念的外延互有交叉而不严谨。如何找到一个能够概括三者共性的概念则是学理档案定义应当研究的问题,不是法定档案定义需要解决的问题,因而不是法定档案定义的缺陷。从某种意义上说,法定档案定义或者说法理层面上的档案定义并非严格意义上的"档案定义",它只是对《档案法》调整范围内档案的某种限定。

2."归档"字义上不是指"归入档案"

"归档"从字义上讲并不一定是指"归入档案"。对于"归档"的研究,就有产生档案说、形成条件说、刻意保存行为说、主体行为说、移交说等观点。前四种观点可以归为一类,就是归档产生档案的意思,其区别不过是角度不同、阐述的复杂程度不同而已。对于"移交"说,基本上说明了归档的性质,归档实质上被看作是一项档案移交工作。虽然,"归入档案"的观点多,"归档"被认为就是产生档案,但都不能说明"归档"的真正含义。"归档"的真正含义从理论上到实践上其实就是移交档案的工作。"'归档'这一档案学专门的术语,从其产生之初就有档案工作的含义,而且,随着时代的发展,虽然其含义有所变化,内容有不断丰富的趋势,但是,其档案工作的基本和主要含义并没有太大的改变。"[5]

最早解释"归档"一词的是1932年世界书局出版的邹炽昌编的《公文处理法》一书。书中这样解释:"什么是归档呢?因为一件案件发生,必不止一件便了,大概都有继续办理的。所以每一次公文发出后,来文与稿件,必须逐件粘连,装订一起。或积累多了,便要装订若干卷,存在框柜的同一个格段内:这就叫作归档。"[6]这段对"归档"的解释,意思就是整理档案。1994年出版的《档案学词典》对"归档"的解释是:"文书、业务部门将工作活动中处理完毕,将有保存价值的文件材料,按规定制度整理组卷后,定期向档案室移交集中的过程,是文书处理工作的最后环节,档案工作的起点。"[7]其中心意思就是"按规定制度整理"后"定期向档案室移交"档案。主要内容是整理档案、移交档案。这里的"归档"是指"档案工作的起点",而不是"档案的起点"。任汉中、王茂跃认为:"文件在归档前就是档案了。""正因为是档案才需要归档,但不能反过来说,只有归档后才是档案,没有归档就不是档案。"[8]"归档仅仅是一种改变档案保管权的行为,是档案保管机构获取档案的必经手段,仅此而已。只要是档案,无论是否经过归档,都是档案;我们承认存档与归档是文书工作的术语,实际上证实了这样一点:先有档案,然后才有档案的归档,即存档在前,归档在后,并不是文件归档以后才转化为档案。这样就无异于否定了归档是文件转化为档案的一般条件和标志的传统结论。"[9]刘新安、李可意认为:"根据归档的实践我们可以看到,在这一过程中,既不对档案实体的载体,也不对档案的内容进行任何的加工,案卷没有发生任何形式的变化。"[10]也就是说归档并没有产生档案,档案依旧是档案,档案(案卷)没有因为归档而发生任何改变。很显然,"归档"是归入档案或者产生档案的观点,在理论和实际工作方面都是讲不通的。因此,《档案法》修订草案对档案的定义并不存在"档案是指归入档案的某物"的意思,也没有循环定义的嫌疑。退一步说,"归档"就是指"归入档案"的意思,这对于《档案法》来说,或者说对于法定档案定义来说,也无不妥。法定档案定义需要严谨,但它更需要明确。《档案法》调整的档案范围就是应当"归档"的"文件、记录和数据",或者已经"归档"的"文件、记录和数据",其他的都不是《档案法》调整的档案范围,非常明确清晰。

3.《档案法》的调整对象是以档案的价值来界定的

"徐文"认为:"将对'个人有利用价值'的档案纳入本法调整的范围是否适合,值得商榷。因为《档案法》的调整对象应该是属于国家所有的档案,以及虽不属于国家所有但对国家和社会有保存价值的档案,至于属于个人所有、仅对个人具有利用价值的档案,不宜列入《档案法》调整的范围。""徐文"的观点有正确的一面,也有需要补充的一面。

对《档案法》修订草案中几个问题的认识——兼与徐拥军、李晶伟、蔡美波先生商榷

首先,《档案法》的调整对象是以档案的价值来界定的。现行《档案法》调整的对象是"对国家和社会有保存价值的"档案,《档案法》修订草案调整的对象是"对国家、社会和单位、个人具有利用价值"的档案。虽然说现行《档案法》和《档案法》修订草案都规定了产生档案者(也就是档案所有者),现行《档案法》规定的是"国家机构、社会组织以及个人",《档案法》修订草案规定的是"机关、团体、企业、事业单位、其他组织和个人",但这并不表明《档案法》的调整对象是以所有权来界定的,而只是表明《档案法》的调整对象——档案来源的范围,最后却都限定在档案的价值上。

应当认识到,档案的所有权与档案的价值是两个不同的概念。《档案法》调整对象的一部分是法理意义上的国家所有的档案,而不是国家所有的全部档案。同样,《档案法》调整对象的另一部分是法理意义上的其他不属于国家所有和属于个人所有的档案,它只是其他不属于国家所有和属于个人所有档案的一部分。

其次,将对"个人有利用价值"的档案纳入《档案法》调整的范围是适合的。国家保存档案不是为了保存而保存,主要是为了利用。国家保存公共资源档案的费用,是每一个纳税人的钱,因此,公共档案资源必须为每一个纳税人服务。国家档案机构不仅保存对国家和社会有利用价值的档案,更要为每一个纳税人保存和提供利用对"个人有利用价值"的档案,这也是国家档案机构应尽的义务。近年来,各级国家综合档案馆在保存和提供利用对"个人有利用价值"档案方面做了大量工作,产生了积极而有效的作用。例如,据上海浦东新区档案馆统计,"2013年以来,民生档案利用仍然是档案利用的主体,产证档案和婚姻档案两项合计利用占比超过55%,社员建房、独生子女、土地档案、知青子女回沪等民生档案利用率随利用总数增长而稳定增加,这六类档案利用占比达到85%"[11]。据南京市鼓楼区档案馆统计,"在近十年档案利用中,非公务的公民个人利用占70%之多"。"公民个人为解决财产继承、经济纠纷、婚姻关系、学历资历证明、工作调动、劳动保险、身份确定等问题查阅档案

的越来越多。"[12]从这些档案利用统计分析中可以看出,对"个人有利用价值"的档案对服务民生的贡献有多大,同时,也可以看出对"个人有利用价值"档案的工作量占国家综合档案馆工作量的比重有多大。如果不将对"个人有利用价值"的档案纳入《档案法》调整的范围,会使国家综合档案馆依法管档、依法用档失去法律依据,有可能使国家综合档案馆的民生档案丧失来源,进而阻碍档案部门服务民生工作的健康发展。

最后,"至于属于个人所有、仅对个人具有利用价值的档案,不宜列入《档案法》调整的范围"的问题,也应当具体分析。《档案法》修订草案中的表述没有将"属于个人所有、仅对个人具有利用价值的档案"列入《档案法》调整范围的意思。《档案法》修订草案的表述是"本法所称的档案,是指机关、团体、企业、事业单位、其他组织和个人在各项工作和活动中形成的,对国家、社会和单位、个人具有利用价值、应当归档保存的各种形式和载体的文件、记录和数据"。如果只看"本法所称的档案,是指……个人在各项工作……对……个人具有利用价值",似乎有将"属于个人所有、仅对个人具有利用价值的档案"列入《档案法》调整的范围的意思。但是,再往下看,其表述的是"本法所称的档案,是指……个人在各项工作……对……个人具有利用价值、应当归档保存",有了"应当归档保存"就不一定是将"属于个人所有、仅对个人具有利用价值的档案"列入《档案法》的调整范围。如果将"归档"理解为"归入档案",那么这句话还似乎有将"属于个人所有、仅对个人具有利用价值的档案"列入《档案法》调整范围的意思。而如果将"归档"理解为"移交档案"工作或者说是移交给档案室档案的工作,那么,这句话就没有将"属于个人所有、仅对个人具有利用价值的档案"列入《档案法》调整范围的意思。为此,希望《档案法》修订草案或者《档案法实施办法》修订案能对"归档"一词做出界定,以便消除歧义和误解。

二、关于与其他法规不协调的问题

"徐文"认为,《档案法》修改草案与《中华人民共和国政府信息公开条例》(以下简称《条例》)不协调。修订草案第四十六条提出:"国家行政机关涉及公共利益和政务公开需求的档案,除涉及国家秘密、安全、个人隐私外,可依申请公开。"但是,《条例》提出政府信息有主动公开和依申请公开两种方式,并在第十六条规定:"行政机关应当及时向国家档案馆、公共图书馆提供主动公开的政府信息。"而修订草案只提到依申请公开一种,由于《档案法》中有档案封闭期的限制,这意味着《条例》中依法应主动公开的信息在成为档案后可能被封闭保存,需退回到依申请公开的程度[13]。"徐文"指出的《档案法》修订草案与《条例》不协调的问题,有些概念与关系需要辨析。

其一,《档案法》与《条例》是上下位法的关系,《档案法》是上位法,《条例》是下位法,上位法不能围绕着下位法修改,上位法也不应照搬下位法的具体条款去修改,上位法的修改可以原则性地采纳下位法的某些规定,并根据新情况、新环境和新成果做出新的规定。至于下位法的某些看似合理正确的规定,如果不符合立法精神,也不符合上位专业法立法原则,或者下位法规定的某些看似属于专业法调整规范范围的规定,而实际上并不属于专业法调整规范范围的内容,上位专业法就不需要修改。

其二,对于《条例》提出政府信息有主动公开和依申请公开两种方式,而《档案法》修订草案只提到依申请公开一种方式的问题。第一,《档案法》与《条例》调整规范范围不一样。《条例》调整规范的是政府行政机关的政府信息,因此,《条例》可以规定"行政机关应当及时向国家档案馆、公共图书馆提供主动公开的政府信息"。而《档案法》是专业法,其调整规范的是档案,因而不能直接过多过深地调整规范政府行政机关的内部事务。《条例》可以要求政府行政机关主动公开政府信息,但《档案法》就不宜要求政府行政机关主动公开档案,只能根据一般行政立法原则和行政法原则,做出"机关、企业、事业单位档案利用应当以保障单位管理、运行为主。国家行政机关涉及公共利益和政务公开需求的档案,除涉及国家秘密、安全、个人隐私外,可依申请公开"(《档案法》修订草案第四十六条)的规定。第二,《条例》调整规范的是政府行政机关的政府信息,而

《档案法》调整规范的是档案,但政府信息并不等于档案。

其三,对于"《档案法》中有档案封闭期的限制,这意味着《条例》中依法应主动公开的信息在成为档案后可能被封闭保存,需退回到依申请公开的程度"的问题。《条例》的实施,引发了档案界对档案法律法规中档案开放规定的重新认识,不少学者认为应当修改档案法规,缩短档案封闭期限,使政府信息公开与档案信息开放相一致。当然,也有不同的观点,理明先生认为,"档案设置30年的封闭期与政府信息公开并不矛盾",《条例》不仅不与《档案法》冲突,反而是对当前实行的档案封闭制度的有效补充和最佳保障[14]。

事实上,政府信息与档案信息是两个不同的概念,政府信息不等于档案。如果按照文件是档案的前身,档案是由文件转化而来的观点,政府信息又大都是以文件形式出现的,那么,政府信息就等于档案信息,或者说"记载政府公开信息的文件,绝大部分在法定归档期内将转化为档案,因此,档案包含经归档处理的政府公开信息,相互之间存在一定的前后演变关系,具有同源性的特点。因此,可以说,档案开放就是政府信息公开的一部分"[15]。而理明先生认为:政府信息公开不等于档案信息公开,承载政府公开信息的文件与其内容相同的档案,"二者既有联系,又有区别"。"所谓区别者,文件转化为档案是有条件的";"文件归档有法定的范围,尤其要强调归档文件的原始性,即不具有原始记录性的文件,不能随意转化为档案。就拿现行文件来说吧,一份已公开的现行文件,人们能够识读到其中的内容信息,而当该份文件归档的时候,档案人员还要收集这份文件形成过程中产生的背景信息,如文件的起草人信息、修改经办人与修改经办信息、签发人与签发信息,等等。这些背景信息与正式颁发的文件一起,构成了该份文件的档案,也正是这些背景信息,保持了该份文件的原始记录性,使得该文件具有了档案的本质特征。一份重要的文件,正式发布时只有短短的几页纸,但当它归档时,要形成数十甚至数百页档案,道理就在这里。所以,从信息量来讲,一份已公开现行文件与其归档的档案是无法划等号的"[16]。事实上,从形式、组成到内容,文件和档案都不一样,也就是说政府信息不等于档案。政府信息公开也不等于档案公开。那些认为修改《档案法》,使政府信息公开与档案信息开放相一致的观点,其实都是把政府信息等同于档案信息了[17]。所以,根本不存在"《档案法》中有档案封闭期的限制,这意味着《条例》中依法应主动公开的信息在成为档案后可能被封闭保存,需退回到依申请公开的程度"的问题。

关于与同位法的协调问题,"徐文"认为:《档案法》"修订草案第七十七条对伪造档案和故意销毁档案行为的惩罚与《中华人民共和国会计法》第四十三条对伪造会计凭证、第四十四条对故意销毁会计凭证的惩罚力度不一致"[18],存在不协调的问题。对这一问题也需要具体分析。

其一,一般情况下,涉及相同的专业问题时,其他法向专业法靠拢。如果是其他法形成在前,由于没有相应的专业法,则不必向专业法靠拢,但是,如果后来有了专业法,那么,形成在前的其他法在修订时,就应当向专业法靠拢。而比专业法形成在后的其他法,则应当向专业法靠拢。也就是说,在制定或修订专业法时,其他法涉及相同的专业问题,只是参考依据,而不是靠拢的依据。因为,有可能涉及相同的专业问题会涉及许多其他法,不管是依据最大公约数还是最小公约数都不合适,只能根据本专业的特点,参考其他法涉及相同的专业情况,再做出适合本专业特点的相应规定。以《中华人民共和国会计法》(以下简称《会计法》)为例,如果涉及档案的问题,《会计法》应向《档案法》靠拢。现行的《会计法》是1985年颁布实施,1999年修订的。1999年修订的有关档案方面的问题就应当向1988年实施的《档案法》靠拢。而2016年的《档案法》修订草案没有必要向1999年修订的《会计法》靠拢,它最多只能将其列为参考之一。

其二,《会计法》中说的会计凭证不一定是《档案法》规范的档案。《会计法》第二十三条规定:"各单位对会计凭证、会计账簿、财务会计报告和其他会计资料应当建立档案,妥善保管。"也就是说,会计凭证在没有"建立档案"之前,并不是档案。而《档案法》修订草案第三条规定,归档保存的各种形式和载体的文件、记录和数据才是档案。按照"徐文"理解的"归档"是"归入档案",只有"归档"的才是档案的话,会计凭证如果没有"归档",或者说没有移交到档案室就不是档案。在这里不能用学理档案定义去理解《档案法》和《会计法》中的档案,也不能轻易认为会计凭证就是档案,而应当根据《档案法》和《会计法》的有关规定去认识会计凭证到底是不是《档案法》和《会计法》所指的档案。另外,《会计法》中第四十三条"伪造、变造会计凭证、会计账簿,编制虚假财务会计报告,构成犯罪的,依法追究刑事责任",以及第四十四条"隐匿或者故意销毁依法应当保存的会计凭证、会计账簿、财务会计报告,构成犯罪的,依法追究刑事责任"规定中的"会计凭证",并没有指明是否是"建立档案"的"会计凭证",也没有指明是否是已经"归档保存"的"会计凭证",因此,不能认定这两条中的"会计凭证"就是档案。所以,故意销毁会计凭证并不等于故意销毁档案。因而,《档案法》修订草案与《会计法》不存在对同一行为"惩罚力度不一致"的现象,因而,《档案法》修订草案与《会计法》也就不存在不协调的问题。

三、关于以人为本立法理念的问题

对于以人为本立法理念的问题,"徐文"认为:"《档案法》修订应体现'以人为本'的立法理念,应该从公民的档案利用需求出发,保障公民权利,实现公民权利与义务的对等。但是,修订草案第一条提到立法目的,主要强调'服务和促进国家治理体系和治理能力现代化建设',虽然修订草案第四条增加了'并享有合法利用档案的权利'的表述,但实现'以人为本'还需要相应的行政救济和司法救济制度作为保障。"[19]"徐文"认为"服务和促进国家治理体系和治理能力现代化建设"的《档案法》立法目的没有体现"以人为本"的立法理念,显然是对"国家治理体系和治理能力现代化建设"的理解有些偏差。

2013年,中国共产党十八届三中全会提出:"全面深化改革的总目标是完善和发展中国特色社会主义制度,推进国家治理体系和治理能力现代化。"什么是国家治理体系?习近平总书记指出:"国家治理体系就是在党领导下管理国家的制度体系,包括经济、政治、文化、社会、生态文明和党的建设等各领域体制机制、法律法规安排,是一整套紧密相连、相互协调的国家制度。"什么是国家治理能力?习近平总书记指出:"国家治理能力就是运用国家制度管理社会各方面事务的能力,包括改革发展稳定、内政外交国防、治党治国治军等各个方面。"对于治理能力现代化:"首先,从治理主体角度讲,有效的治理,突出强调社会公共事务的多方合作治理。""其二,从权力运行角度讲,有效的政府治理,必须合理定位政府职能。""其三,从组织结构角度讲,有效的治理,必须以科学合理的政府组织结构为基础。""从治理目标来看,就是要实现国家治理体系现代化。一是规范化,无论政府治理、市场治理和社会治理,都应该有完善的制度安排和规范的公共秩序;二是法治化,任何主体的治理行为必须充分尊重法律的权威,不允许任何组织和个人有超越法律的权力,真正'把权力关进制度的笼子里';三是民主化,即各项政策要从根本上体现人民的意志和人民的主体地位,各项制度安排都应当充分保障人民当家做主;四是效率化,国家治理体系应当有效维护社会稳定和社会秩序,有利于提高经济效益和行政效率;五是协调性,从中央到地方各个层级,从政府治理到社会治理,各种制度安排作为一个统一的整体相互协调、密不可分。"[20]一句话概括,"国家治理体系和治理能力现代化建设"就是要以人为本管理国家。虽然看起来,《档案法》修订草案主要强调"服务和促进国家治理体系和治理能力现代化建设"是间接"以人为本",但是,实际上档案行政管理就是"国家治理体系和治理能力现代化建设"的一部分,作为行政法的《档案法》规定的条款,就是直接在"以人为本"的立法理念下确立的。不管直接"以人为本"还是间接"以人为本",其实都体现的是"以人为本"。因而,说《档案法》修订草案没有体现"以人为本"的立法理念是不尽符合事实的。

另外,虽说《档案法》修订草案没有相应的行政救济和司法救济制度,但并不能就此否定《档案法》修订草案体现了"以人为本"的立法理念。对于《档案法》修订草案没有相应的行政救济和司法救济制度,可以进一步修改完善,也可以通过《档案法实施办法》的修订加以具体规定。

倒是如果将对"个人有利用价值"的档案排除在《档案法》调整的范围之外,公民还怎样"享有合法利用档案的权利"？怎样来体现"以人为本"呢？

总之,《档案法》修订是一个系统工程,涉及方方面面,不管是立法者,还是提建议者,都应当考虑到各个方面的因素,使《档案法》的修订不出大的硬伤,使新修订的《档案法》尽量做到无瑕疵或少瑕疵。

参考文献

[1]《中华人民共和国档案法》修订草案(送审稿)[J].中国档案,2016(7):17-22.

[2][13][18][19]徐拥军,李晶伟,蔡美波.对《档案法》修订草案的几点意见[J].档案学通讯,2016(6):7-10.

[3][4]一束草根.草根手记(9)法理、学理、俗理三个层面上的档案定义——档案定义乱谈之三[EB/OL].(2012-07-11)[2017-01-16].http://www.danganj.net/bbs/viewthread.php?tid=14946.

[5]刘东斌.档案直接形成论[M].郑州:河南大学出版社,2016:330-334.

[6]邹炽昌.公文处理法[M].上海:世界书局,1932:123.

[7]吴宝康,冯子直.档案学词典[M].上海:上海辞书出版社,1994:149.

[8]任汉中,王茂跃."归档"理论内涵和意义[J],档案管理,2010(3):4-8.

[9]王茂跃.存档与归档术语刍议[J].档案管理,2006(5):15-16.

[10]刘新安,李可意.论归档工作[J].档案学研究,2001(4):24-25.

[11]丁红勇.浦东新区档案馆2013年档案利用分析[J].中国档案,2014(5):61-62.

[12]徐梅.对区县级档案馆档案开放工作的思考——以南京市鼓楼

区档案馆为例[J].档案与建设,2010(7):54-55.

[14][16]理明.政府信息公开≠档案信息公开[J].浙江档案,2008(1):26-28.

[15]何欢欢.政府信息公开与档案开放——兼论档案开放制度改革[J].档案管理,2009(4):16-18.

[17]陈忠海,刘东斌.从政府信息公开看《档案法》的修改[J].档案学研究,2010(3):30-32.

[20]张燕玲.如何准确理解国家治理体系和治理能力现代化[J].理论导报,2014(4):13-14.

该文发表在《档案学通讯》2017年第2期

依法治档研究

对《档案法》修改草案时代背景的认识及修改建议

陈忠海

摘　要　《〈中华人民共和国档案法〉修订草案（送审稿）》是档案立法环境、档案法律适用环境和档案执法环境发生巨大变化的产物。其中的立法宗旨建议修改为"为了规范档案的形成、管理和保护行为，保障公民利用档案的权利，促进国家和社会发展，根据宪法，制定本法"。法定档案范围中"应当归档保存的各种形式和载体的文件、记录和数据"建议修改为"已经归档和应当归档保存的各种形式和载体的文件、记录和数据"。"档案工作实现统一领导、分级管理的体制"建议修改为"档案工作实行统一领导，分级、分专业管理的体制"。档案工作原则中的"便于社会各方面利用为原则"建议修改为"便于社会各方面和公民利用为原则"。

关键词　档案法　立法宗旨　法定档案范围　档案工作体制　档案工作原则

《中国档案》2016年第7期正式公布了《〈中华人民共和国档案法〉修订草案（送审稿）》[1]。"修订草案在现行《档案法》六章二十七条的基础上，新增加三章六十二条，删除一条，修订幅度很大。立法者试图将近几年档案工作中出现的新问题，全部在修订草案中予以体现。""作为一部部门基本法，《档案法》修改事关档案事业的全局，可谓牵一发而动全身,必须慎重行事。""否则,将直接影响《档案法》的权威性、严肃性与稳定性。"[2]《档案法》的修改是时代发展、社会进步和档案事业变革的产物,但其修改草案中的立法宗旨、规范的范围、档案工作体制和档案工作原则等涉及全局,应当坚持慎重修改的原则。

一、对《档案法》修改时代背景的认识

现行《档案法》1988年生效,1996年第一次修订,距今已经20余年。在这20余年间,《档案法》的立法环境、法律适用环境和档案执法环境都发生了巨大的变化,《档案法》的修改显得十分迫切。

1. 档案立法环境发生了变化

《中华人民共和国宪法》(以下简称《宪法》)是国家的根本大法,它规定的是国家生活中最根本、最重要的问题,体现着一个国家的政治、经济、文化、社会等方面的根本制度和方针政策原则,是国家的立国、治国之本。在档案立法的过程中,立法者必须认识到"《宪法》是《档案法》立法的基础和依据"[3],"《宪法》的规定,是制定档案法律、法规和规章的根本依据"[4]。《档案法》的立法与修改必须服从于《宪法》,并"严格依据《宪法》的规定,对《档案法》调整范围进行全面认真的梳理"[5]。

1982年《宪法》颁布以来,历经了1988年、1993年、1999年、2004年四次修订。1988年修订了两条,即《宪法》第十一条增加规定:"国家允许私营经济在法律规定的范围内存在和发展。私营经济是社会主义公有制经济的补充。国家保护私营经济的合法的权利和利益,对私营经济实行引导、监督和管理。"《宪法》第十条第四款:"任何组织或者个人不得侵占、买卖、出租或者以其他形式非法转让土地。"修改为:"任何组织或者个人不得侵占、买卖或者以其他形式非法转让土地。土地的使用权可以依照法律的规定转让。"1993年《宪法》修订了九条,其中四条都与《档案法》有关,最主要的一条是确立社会主义市场经济体制。《宪法》第十五条:"国家在社会主义公有制基础上实行计划经济。国家通过经济计划的综合平衡和市场调节的辅助作用,保证国民经济按比例地协调发展。"

"禁止任何组织或者个人扰乱社会经济秩序,破坏国家经济计划。"修改为:"国家实行社会主义市场经济。""国家加强经济立法,完善宏观调控。""国家依法禁止任何组织或者个人扰乱社会经济秩序。"1999年《宪法》修订了六条,其中四条与《档案法》有关,最主要的两条是依法治国与非公有制经济。《宪法》第五条增加一款,作为第一款,规定:"中华人民共和国实行依法治国,建设社会主义法治国家。"《宪法》第十一条:"在法律规定范围内的城乡劳动者个体经济,是社会主义公有制经济的补充。国家保护个体经济的合法的权利和利益。""国家通过行政管理,指导、帮助和监督个体经济。""国家允许私营经济在法律规定的范围内存在和发展。私营经济是社会主义公有制经济的补充。国家保护私营经济的合法的权利和利益,对私营经济实行引导、监督和管理。"修改为:"在法律规定范围内的个体经济、私营经济等非公有制经济,是社会主义市场经济的重要组成部分。""国家保护个体经济、私营经济的合法的权利和利益。国家对个体经济、私营经济实行引导、监督和管理。"2004年《宪法》修订了十四条,其中四条与《档案法》有关,最主要的一条是《宪法》第十一条第二款:"国家保护个体经济、私营经济的合法的权利和利益。国家对个体经济、私营经济实行引导、监督和管理。"修改为:"国家保护个体经济、私营经济等非公有制经济的合法的权利和利益。国家鼓励、支持和引导非公有制经济的发展,并对非公有制经济依法实行监督和管理。"

现行《宪法》已经修订了四次,其中每次修订的内容都有与《档案法》相关的条款。但是,《档案法》除了1996年做了小幅修改后就再也没有修改过。"自1982年《宪法》施行以来,在确定我国由计划经济体制向市场经济体制转变,国家实行公有制为主体、多种所有制经济共同发展的基本经济制度,国家保护公民合法私有财产不受侵犯等四次重大修改后,已与《档案法》制定时的背景有较大的改变。因此,《档案法》修改首先就应依据《宪法》的规定进行调整,特别是在涉及档案所有权及处置上,必须要依据《宪法》精神,既不能与《宪法》相违背,又必须依据1982年《宪法》2004年修订后的精神作出相应的规定。""《档案法》从大方面必须依据

《宪法》，对调整档案事务的方面不能有遗漏，要覆盖各个方面（方面不能少、内容不能漏）；也不能违背《宪法》，即不能规定与《宪法》不同的要求。特别是2004年《宪法》关于'国家在社会主义初级阶段，坚持公有制为主体、多种所有制经济共同发展的基本经济制度'和'公民的合法的私有财产不受侵犯'的规定，《档案法》违背之处必须加以修改。"[6]"在《宪法》对非公有制经济先后进行4次重大修改的情况下，《档案法》至今没有修改，其档案法律定义仍然'禁锢'在'国有档案'范畴，从这一点来看，《档案法》明显滞后于《宪法》。"[7]很显然，《档案法》的修改势在必行。

2. 法律适用环境发生了变化

现行《档案法》1987年颁布，同年，中国共产党第十三次全国代表大会提出了"社会主义有计划商品经济的体制应该是计划与市场内在统一的体制"的观点，这也是我国社会主义市场经济体制的探索时期提出的社会主义市场经济体制的雏形。虽然在1987年中共十三大提出了"社会主义有计划商品经济的体制应该是计划与市场内在统一的体制"的观点，但对1987年颁布的《档案法》并没有太大的影响，1987年颁布的《档案法》基本上还是计划经济的产物。"现行《档案法》还带有明显的计划经济特征。"[8]

1993—2002年为我国社会主义市场经济体制建立时期。1992年中国共产党第十四次全国代表大会正式确立"我国经济体制改革的目标是建立社会主义市场经济体制"。1993年11月，中国共产党十四届三中全会通过的《中共中央关于建立社会主义市场经济体制若干问题的决定》，勾画出社会主义市场经济体制的基本框架。在这种情况下，1996年《档案法》进行了第一次修改，此时离1987年颁布《档案法》仅仅过了不到10年。对于1996年的《档案法》修改，全国人大法工委副主任乔晓阳讲道："这次修改主要针对三个方面的问题：一是为适应社会主义市场经济条件下档案管理出现的新情况，增加了必要的规定，如国有企业在转制过程中档案的转让问题，集体或者个人所有的档案出卖问题等。这类问题的实施主要由国家档案局制定具体的规定及办法。二是强调了档案的利用，虽然利用这一方面修改的文字并不多,但是表明国家对档案的利用问题是非常重视的,突出了档案馆在开放档案中的职责。三是强化了档案行政部门的管理手段,赋予了档案行政管理部门行政处罚权。"乔晓阳还强调:"应当说明的一点是,这次档案法的修改,只是对当前非改不可的问题作了修正,并不是说通过这次修改现在档案管理中的一切问题都解决了,有些问题希望同志们在工作中继续加强研究。"[9]

2003年至今为我国社会主义市场经济体制完善时期。2002年10月中国共产党第十六次全国代表大会宣告,我国社会主义市场经济体制初步建立。2003年召开的中国共产党十六届三中全会,通过了《中共中央关于完善社会主义市场经济体制若干问题的决定》,标志着中国经济体制改革进入完善社会主义市场经济体制的新时期。中国共产党十八届三中全会指出"使市场在资源配置中起决定性作用和更好发挥政府作用",非常清晰地阐明了在新的历史起点上完善我国社会主义市场经济体制的总体思路。这时离现行《档案法》颁布已经30年了,离《档案法》的第一次修改也已经20年了。从《档案法》的修改历程与我国社会发展的历程中可以看出,《档案法》颁布这30年正是我国由社会主义计划经济体制向社会主义市场经济体制转变的时期,尤其是在后20年我国社会主义市场经济体制完善时期,我国各个方面和领域都发生了翻天覆地的变化,《档案法》适用的环境也发生了翻天覆地的变化,"社会主义市场经济的充分发展,极大地改变了社会生活的面貌,档案工作的对象、领域和环境发生了深刻变化,一些新的经济形式和社会组织进入档案领域,现行《档案法》缺少相应的管理措施"[10]。而且在《档案法》第一次修改时,乔晓阳就强调:"应当说明的一点是,这次档案法的修改,只是对当前非改不可的问题作了修正,并不是说通过这次修改现在档案管理中的一切问题都解决了。"也就是说,在《档案法》第一次修改时有许多问题并没有解决,一直拖到现在。《档案法》已经不能适用社会主义市场经济体制环境,《档案法》的修改是顺势而为。

3. 档案执法环境发生了变化

社会主义市场经济是法治经济,不仅需要健全的法制体系,需要适应社会主义市场经济体制的法律,更需要维护社会主义市场经济体制并能有效执行的法律。社会主义市场经济体制要求行政管理部门要依法行政,也就是通过依法行政来维护社会主义市场经济体制稳定和健康发展。当然,要做到依法行政,更需要与依法行政相适应的法律,使依法行政有法可依。

1999年修订的《宪法》第五条增加了一款,规定:"中华人民共和国实行依法治国,建设社会主义法治国家。"2004年国务院发布了《全面推进依法行政实施纲要》,提出:"行政机关实施行政管理,应当依照法律、法规、规章的规定进行;没有法律、法规、规章的规定,行政机关不得作出影响公民、法人和其他组织合法权益或者增加公民、法人和其他组织义务的决定。"依法行政是社会稳定,经济发展,国家长治久安的必要保证。只有依法办事,在法律规定的范围内开展行政管理工作,才能保护人民群众的利益,对那些不履行义务、违法乱纪的人进行严厉的打击,以保证安定团结的大局。依法行政是约束政府工作人员避免出现违法行政,以免对社会和人民群众造成严重后果,同时也是在公平、公正、公开的情况下保护广大人民群众的根本利益。一方面,各级政府机构以法律为依据管理各种事务,要求公民、法人或其他组织依法享受权利、履行义务,对那些不能够正当行使权利和不能够很好履行义务的人追究法律责任。另一方面,政府机构工作人员也必须依法管理各项事务,在行使行政权力时,必须以法律为准绳,以事实为依据,必须用法律这把尺子衡量是非对错,而不是由行政管理者的主观意识所决定。行政权力必须在法律允许的范围内使用,绝对不能够越权或者违法施政。法律约束被管理的公民,同时也约束行使行政管理的国家公务人员。依法行政是行政管理为人民服务的切实保障。

市场经济从一定意义上讲是法治经济。市场经济越迅速发展,对法治化要求就越高。这样,一方面需要市场主体的行为必须受到法律的规范和约束,有效地利用法律、法规调整社会利益分配;另一方面作为市场管理者,各级政府机构的行政行为必须更加规范有序,在规定的范围内行使行政权力。没有健全的法律,就没有良好的经济秩序,也难以做到依法行政,不能够依法行政,就不能促进市场经济的法制化,就不可能改善投资环境,也就不可能促进生产力的大发展。

1978年,中国共产党十一届三中全会确立"有法可依、有法必依、执法必严、违法必究"的十六字方针,是"依法治国"的1.0版。中国共产党十八届四中全会通过的《中共中央关于全面推进依法治国若干重大问题的决定》提出"科学立法、严格执法、公正司法、全民守法"的新十六字方针,则是"依法治国"升级版的2.0版。"有法可依"就是要建立统一、完备、科学的法律体系和制度,即立法能够适应不断发展的经济、政治、文化和社会生活的需要,及时对各种社会关系进行规范。法律体系应当力求完整、科学、严谨、系统;各部门法应当合理划分,彼此协调,共同发挥作用;法律规范应当明确、肯定、具体,具有可操作性。所谓科学立法是指立法过程中必须以符合法律所调整事态的客观规律作为价值判断,并使法律规范严格地与其规制的事项保持最大限度地和谐,法律的制定过程尽可能满足法律赖以存在的内外在条件。

中国共产党十八届三中全会提出:推行地方各级政府及其工作部门权力清单制度,依法公开权力运行流程。中国共产党十八届四中全会又提出了"权责法定"的要求,即各级政府必须坚持在党的领导下、在法治轨道上开展工作,加快建设职能科学、权责法定、执法严明、公开公正、廉洁高效、守法诚信的法治政府。依法全面履行政府职能,完善行政组织和行政程序的法律制度,推进机构、职能、权限、程序、责任法定化。中国共产党十八届四中全会还提出行政机关不得法外设定权力,没有法律法规依据不得做出减损公民、法人和其他组织合法权益或者增加其义务的决定。推行权力清单制度,体现了法治政府对行政主体行使权力的要求。

不论是社会主义市场经济体制的完善需要健全的法制体系,还是《宪法》规定要求依法治国,抑或中国共产党强调要依法行政、推行权力清单制度,都说明档案行政管理部门行使行政管理的环境变化了,也就是档案行政执法的环境变化了,这就要求档案行政管理部门要依法行政、依法行使档案行政管理权。这在客观上也就需要一部适应社会主义市场经济体制、规范档案行政权力、保证档案行政权责相当的《档案法》。显然,现行《档案法》是不能适应这一要求,不能承担这一任务的一部法律。《档案法》的修改恰逢其时。

二、关于《档案法》修订草案中几个主要问题的修改建议

1. 立法宗旨

行政法泛指有关国家行政管理的法律、法规。行政法有一般行政法和特别行政法之分。一般行政法,指具有以下内容的法律法规:规定国家行政管理的基本原则、方针、政策;国家机关及其负责人的地位、职权和职责;国家机关工作人员的任免、考核、奖惩;有关行政体制改革和提高行政机关的工作效率;等等。特别行政法,指规范各专门行政职能部门如教育、民政、卫生、统计、邮政、财政、海关、人事、土地、交通等方面的管理活动的法律、法规。行政法与刑法、民法一样,是现代法律体系中的三大基本法律部门之一,在我国社会主义法律体系中具有极其重要的地位。行政法的作用概括起来主要表现在以下三个方面:①维护社会秩序和公共利益;②监督行政主体,防止行政权力的违法和滥用;③保护公民、法人或其他组织的合法权益。

《档案法》属于行政法中的特别行政法,也称部门行政法,应当彰显或突出行政法的基本作用。《〈档案法〉修订草案(送审稿)》第一章总则第一条:"为了加强档案的形成、管理、保护和利用,服务和促进国家治理体系和治理能力现代化,根据宪法,制定本法。"其中,"加强"一词是规范性文件的目的表述,不是规范的法律语言,建议将其修改为"为了规范档案的形成、管理和保护行为,保障公民利用档案的权利,促进国家和社会发展,根据宪法,制定本法"。在这里,用"规范档案的形成、管理和保护行为"的表述,体现了法律的基本功能;用"保障公民利用档案的权利"的

表述,彰显了时代精神和特征,同时有利于促进利用服务工作的开展;用"促进国家和社会发展"的表述,涵盖国家和社会,显然要比"服务和促进国家治理体系和治理能力现代化"的表述全面,内涵也更加丰富。这些都充分显示了《档案法》应有的立法宗旨,体现行政法处理政府与社会关系的基本职能,更能使《档案法》成为制定其他相关法律法规依据的母法。当然,《档案法》需要规范档案的形成、管理和保护行为,更应当是规范档案行政管理行为,约束档案行政权力的基本准则。但是,由于历史的原因,现行《档案法》更像一部档案馆法,而不是一部完全意义上的行政法。现行《档案法》中的27条条款,直接涉及档案馆行为的就有12条之多,而直接涉及档案行政管理部门行政管理行为的只有7条。显然,现行《档案法》难以达到行政法的要求,也难以起到规范档案行政权力的作用。时代的发展,需要我们对现行《档案法》进行科学的修改,以适应变化了的档案行政执法环境,进而保障档案行政管理部门真正能够做到有法可依、依法行政。

2. 法定档案范围

《〈档案法〉修订草案(送审稿)》第一章总则第三条:"本法所称的档案,是指机关、团体、企业、事业单位,其他组织和个人在各项工作和活动中形成的,对国家、社会和单位、个人具有利用价值,应当归档保存的各种形式和载体的文件、记录和数据。""应当归档保存的各种形式和载体的文件、记录和数据"中的"应当归档保存",更多的是指即刻或将要发生的一种应然状态和实际,对已经发生的状态和实际缺乏概括,建议将其修改为"已经归档和应当归档保存的各种形式和载体的文件、记录和数据"。

3. 档案工作体制和原则

《〈档案法〉修订草案(送审稿)》第一章总则第六条"档案工作实行统一领导,分级管理的体制",建议修改为"档案工作实行统一领导,分级、分专业管理的体制"。分级、分专业管理是不少行业,包括档案行业长期行之有效的管理体制,我们谓之"条块结合"的管理体制。这种客观存在需要我们予以明确,以便使档案工作体制的表述和《〈档案法〉修订草案(送审稿)》第二章档案机构及其职责第十一条"国家行业或者专业主管部门,根据档案法律法规的要求,在其职权范围内负责本系统或者本专业的档案工作的管理"相衔接。

《〈档案法〉修订草案(送审稿)》第一章总则第六条"档案管理以维护档案的真实、完整、准确、安全,便于社会各方面利用为原则"中的"便于社会各方面利用为原则",建议修改为"便于社会各方面和公民利用为原则"。增加"公民"一词,一是与《〈档案法〉修订草案(送审稿)》第一章总则第一条中的"保障公民利用档案的权利"相一致,同时彰显"以人为本""为民服务"的立法思想和立法理念。

如果对上述三条做出修改,《档案法》修订草案中的相关内容也会得到相应的修改。这对完善《档案法》修订草案来说,应当是一种进步的做法。

参考文献

[1]《中华人民共和国档案法》修订草案(送审稿)[J].中国档案,2016(7):17-22.

[2]徐拥军,李晶伟,蔡美波.对《档案法》修订草案的几点意见[J].档案学通讯,2016(6):7-10.

[3]廉毓,刘宗国.以邓小平法制思想推动依法治档[J].兰台世界,1998(7):7-8.

[4]潘玉民.论档案法规体系[J].北京档案,1999(11):10-12.

[5][6]王岚.国家治理视角下《档案法》修改的思路与思考[J].档案学研究,2015(1):41-48.

[7]曲正阳.《档案法》中档案法律定义之缺陷及其修改[J].档案学研究,2004(5):41-45.

[8][10]《中华人民共和国档案法》修订草案(送审稿)起草说明[J].中国档案,2016(7):14-16.

[9]依法行政 促进档案的管理和利用——全国人大法工委副主任乔晓阳在第二次全国档案法制工作会议上的讲话[J].中国档案,1996(9):17.

该文发表在《档案管理》2017年第3期

比较法视域下的我国法定"公共档案"定义方法探析

陈忠海 杨欢欢

摘 要 借鉴外国档案法律法规对"公共档案"定义的经验,总结外国法定"公共档案"定义的共性和差异,分析各国在定义"公共档案"的所有权归属倾向、立法定位、保存与管理主体的确立,以及保存时间和公开利用限制的规定等五个方面产生差异的原因,在此基础上,从形成者与形成过程、价值、特点、属概念以及与其他法律法规协调等五个方面对定义我国"公共档案"的方法提出建议。

关键词 公共档案 法律法规 外国 比较法

一、引言

20世纪80年代以来,许多国家出台法律明确了法定"公共档案"的范围,确立其司法地位,力图达到规范公共档案的管理和保护行为,保障民众依法利用公共档案权利的目的。相比之下,我国没有"公共档案"的相关立法,也没有法定"公共档案"的概念。自1981年以来,我国档案学界对公共档案的研究从无到有,但成果数量较少,对"公共档案"及相关概念均未达成共识。服务型政府的构建,档案馆公共服务职能的实现,档案信息资源的开放共享,以及《政府信息公开条例》《档案法》等相关法律法规涉及的"公共档案"的保护和利用工作的开展,都需要对法定"公共档案"的概念予以明确。因此,借鉴外国相关法律法规中"公共档案"的定义方法,寻求定义我国法定"公共档案"的思路,对于促进法定"公共档案"概念的形成和确立具有现实意义。

二、国内法律法规涉及"公共档案"范围的分析

在我国,法定档案的范围习惯上也称之为法定档案定义。我国没有"公共档案"的专门立法,在与档案相关的法律法规中也没有"公共档案"的专属定义。但无论从形成过程,还是从价值作用的角度来看,我国法律法规中对"档案""政府信息"等概念的定义实际上与外国法律法规中"公共档案"的定义存在交叉重合的部分。例如,《中华人民共和国档案法》(1987年制定,1996年修订)第一章第二条:"本法所称的档案,是指过去和现在的国家机构、社会组织以及个人从事政治、军事、经济、科学、技术、文化、宗教等活动直接形成的对国家和社会有保存价值的各种文字、图表、声像等不同形式的历史记录。"《〈中华人民共和国档案法〉修订草案(送审稿)》第一章第三条:"本法所称的档案,是指机关、团体、企业、事业单位、其他组织和个人在各项工作和活动中形成的,对国家、社会和单位、个人具有利用价值、应当归档保存的各种形式和载体的文件、记录和数据。"[1]《中华人民共和国政府信息公开条例》(2008年5月1日起施行)第一章第二条:"本条例所称政府信息,是指行政机关在履行职责过程中制作或者获取的,以一定形式记录、保存的信息。"尽管定义的属概念不尽相同,但三部法律法规中的形成者均包含了公共性的机关、团体、企业、事业单位,也都强调了所管理客体(历史记录,文件、记录、数据,信息)对社会的保存价值。"公共档案"与国家公共安全、国防利益、信息安全等领域均有交集,其重要价值不言而喻。然而,我国却缺少对公共档案的基本定义和法定定义,这不利于对"公共档案"的认识及保护和利用工作的有序开展。

三、外国法定"公共档案"定义的比较分析

1. 外国法定"公共档案"定义述略

笔者以1983年出版的《外国档案法规选编》作为研究外国公共档案

比较法视域下的我国法定"公共档案"定义方法探析

立法的主要文献。书中二十一个国家中共有马来西亚、斯里兰卡、塞内加尔共和国、扎伊尔共和国、英国、法兰西共和国、加拿大和澳大利亚等八国或特设公共档案法案,或在档案法中有着明确的公共档案定义。这八国至今仍沿用书中所列的档案法律法规,相关法律及公共档案定义,具体表述如下表所示。(因澳大利亚为联邦制国家,书中所列为维多利亚州的公共档案法规,不具有代表各州乃至全国立法的普遍意义,故不列入本表。)

七国法定"公共档案"定义①

法律名称	公共档案定义	备注(对定义的补充说明)
《马来西亚国家档案法》(1966年3月18日颁布,1971年9月23日修订)	二、名词解释 "公共档案"是指: "(一)如下公共文件: 1.保存二十五年以上的; 2.馆长确定的具有全国意义或历史价值的; 3.移交到国家档案馆或馆长能经常进行检查的其他保存所的。(二)馆长为国家档案馆收集的任何文献,薄册或其他材料。"[2]	二、名词解释 "公共机关",指马来西亚联邦政府中的部、委、局、公司、机关、地方政权或其他机构。"公共文件",指任何公共机构在进行公务活动中或者任何官员、工作人员在完成公务活动中正式收到的或产生的文件、证件、记录、登记册、印刷材料、账簿、地图、图样、图表、照片、缩微胶片、影片、录音带等。 "国家档案馆",指根据本法建立的马来西亚国家档案馆。

---

① 英美等国家"Act"一般仅指一部法律,与"Law"所表示的"一系列的法律(a series of acts, rather than one)"的概念有本质区别。因此,本表将英国和加拿大两国特设的公共档案法律翻译为"法案"而不是"法"。此处翻译与《外国档案法规选编》一书中的翻译不同。

续表

法律名称	公共档案定义	备注(对定义的补充说明)
《斯里兰卡国家档案法》(1973年12月11日批准)	二十四、术语解释 "公共档案",指在国家档案馆永久保存的全部公共文件、手稿、文献和印刷材料。[3]	二十四、术语解释 "公共文件"或"文件",指政府机关在公务活动中产生或收到的原稿、证件、函件、登记册、报告、账簿、地图、图表、计划书、图样、照片、影片、录音带等,包括原件或复制件。 "印刷材料",指用机器或其他方法印刷的、含有情报资料的书籍、杂志、传单、报纸或其他出版物。 "国家档案馆",指根据本法建立的国家档案局。 注:"斯里兰卡国家档案局是斯里兰卡国家教育文化情报部的下属机构。局、馆合二为一。"[4]

续表

法律名称	公共档案定义	备注(对定义的补充说明)
《塞内加尔共和国档案法》(1981年2月2日)	第二章 公共档案 第二条 公共档案包括：一是由国家、地方机关、公共事业单位、国营公司、受国家监督的公私合营公司、负责管理公共事业的私营组织以及公务助理人员和司法助理人员产生的文件整体；二是以捐献、遗赠或购买的形式被国家或地方机关获取的档案。[5]	第二章 公共档案 第三条 公共档案是国家遗产的组成部分，服务于国家机关和公民。 第四条 公共档案是公产的一部分。占有公共档案的自然人、机关、企事业单位或团体必须负责保存。公共档案是不可转让的。公共档案必须按法令规定的条件才能销毁。
《扎伊尔共和国档案法》(1978年7月11日 第78—13号)	第二章 公共档案和私人档案 第三条 国家公共机关的所有档案都是公共档案，都是国家遗产的组成部分。[6]	第二章 公共档案和私人档案 第四条 公共档案供读者大众利用。公共档案是不可转让、不受时效约束和不能被扣压的。
《英国公共档案法案》(1958年颁布)	第十章 解释 第一条 所属于或形成于任何英国女皇陛下政府部门的文件，或是任何由英国女皇陛下政府控制的机构、委员会、团体以及社会组织的文件都应属于公共档案①。[7]	第十章 解释 第一条 "档案"，不仅包括书面档案，而且包括以其他任何一种媒介传达信息的档案。[8]

---

① 原文为:(a) records of, or held in, any department of Her Majesty's Government in the United Kingdom, or (b) records of any office, commission or other body or establishment whatsoever under Her Majesty's Government in the United Kingdom, shall be public records.

续表

法律名称	公共档案定义	备注(对定义的补充说明)
《法兰西共和国档案法》(1979年1月3日,第79—18号)	第二章 公共档案 第三条 "公共档案"是:一、国家、地方机关、公共机构和公共企业在活动中形成的文件;二、负责管理公共事业或该事业中某项业务的私人机构在活动中形成的文件;三、公务助理人员或司法助理人员的文件原本和目录。[9]	第二章 公共档案 第三条 公共档案不论由谁占有,均不受时效约束。[10]
《加拿大公共档案馆法案》(1952年颁布)	六、公共档案 公共档案由公共法令与文件以及各类不同性质的历史文献所组成。公共档案由联邦档案专员按照本法条文或内阁的决定,负责管理。[11]	《加拿大内阁关于开放公共文件的指示》(1978年11月14日)第一条定义"公共文件",是指通讯文件、工作文稿或其他文件、地图、图样、照片、影片、缩微胶卷、录音磁带或其他不管其形式或制成材料的文件。[12]

2. 外国法定"公共档案"定义的共性分析

由上表所示,七国的法定公共档案定义基本上符合"属+种差"的定义方法。首先,除扎伊尔共和国将"档案"作为"公共档案"属概念外,其余六国均将"文件"作为"公共档案"的属概念或属概念之一,马来西亚和斯里兰卡将其细分为"公共文件"。这与当时的历史背景密不可分:"20世纪40年代末至80年代初,现代档案学的代表如美国著名档案学家谢伦伯格和德国著名档案学家阿·布伦内克等人以'文件'作为档案定义的属概念的观点,在档案学界、档案立法界和其他科学界产生巨大影响。"[13]而今,"文件"作为档案定义的属概念仍然被国际上多数国家的档案机构、档案组织与档案学者认可和使用。这在一定程度上体现了各国对于公共档案前期形成过程的关注、对文件生命周期整体和全局的重视。其次,各国在对公共档案定义时,不论是强调其产生于"公共机关",描述其产生过程所具有的公共性,还是强调其"具有全国意义或历史价值",都阐明了公共档案的社会属性,认为它涉及大多数民众的利益、对社会大部分人具有利用价值。正是因为认识到公共档案的重要性,各国除对公共档案进行法律定义外,还对公共档案的出境、销毁、出让、使用等均十分重视,并通过立法加以规范和控制。

3. 外国法定"公共档案"定义的差异分析

七国对公共档案定义的具体内容存在着一定的区别,集中表现在六个方面:①有些定义侧重强调公共档案形成者的"公共性"、形成过程的"公开性",有些定义则侧重强调公共档案对社会的"公共价值"。②公共档案是否包括图书、杂志等其他文献材料。③公共档案的所有权是否收归国有,是否将私人档案作为公共档案的对立概念。④公共档案的保管、管理具体规定的差异:保管存放地点是限制为公共档案馆,还是国家档案馆、省档案馆均可;其管理是否需要接受档案局的监督。⑤公共档案是否是永久保存的档案。⑥公共档案是否均能开放,是否受到如开放时限等的约束。据此,可以得出如下总结:

第一,各国虽未明确"公共档案"所有权的构成,但定义侧重的差异实质上反映出了各国对于公共档案所有权的态度倾向。第一类是在定义中侧重强调形成者为"公共机构"的国家,如塞内加尔共和国和扎伊尔共和国。两国都在法规中申明:"公共档案都是国家遗产的组成部分",将"私人档案"作为"公共档案"的对立概念。其中,塞内加尔规定公共档案包括"以捐献、遗赠或购买的形式被国家或地方机关获取的档案";"是公产的一部分""是不可转让的";"必须按法令规定的条件才能销毁";"凡要输出具有民族价值或公认的历史价值的任何私人档案,必须事先获得塞内加尔档案局局长的批准"。扎伊尔明确"国家公共机关的所有档案都是公共档案"。两国存在认为"公共档案应归国有""国有档案为公共档案主要来源"或"公共档案应由国家强制力加以控制"态度倾向。第二类是在定义中侧重强调公共档案对社会的"公共价值"的国家,如马来西亚、斯里兰卡和加拿大。三国主要在定义中强调公共档案"具有全国意义或历史价值""在国家档案馆永久保存",由"各类不同性质的历史文献所组成"。这明显是将全部或部分国有档案、私人档案列入了公共档案的范围,而未按档案所有权加以明确划分。法兰西共和国的定义看似包含了国有档案和私人档案两部分,但其定义明显侧重强调形成人员的公职性、形成机构的公有性和形成过程的公开性,在档案法中明显地将公共档案和"私人档案"区别论述。同样地,英国立法也对公共档案形成机构的政府属性和政府可控性加以强调。《英国公共档案法案》第八章法庭档案第四条规定:"英格兰或威尔士法庭保管的任何私人文件,如果其保存时间超过了五十年仍无人认领,经保管案卷法官同意后,公共档案馆馆长可要求将这些文件移交给公共档案馆。这些文件即成为本法所指的公共档案。"[14]由此可见,英法两国仍有较强的"公共档案非私有""私人档案可以通过所有权的变更成为公共档案的来源"的态度倾向。

第二,对于法定公共档案是否包括图书、杂志等其他文献材料,实质上反映出了各国对于档案、档案馆的立法定位。除了规定法定公共档案包括"公共文件"外,马来西亚还规定应包含"馆长为国家档案馆收集的任何文献,簿册或其他材料",斯里兰卡规定应有"印刷材料",即"用机器或其他方法印刷的、含有情报资料的书籍、杂志、传单、报纸或其他出版物"。两国都认为公共档案应在国家档案馆进行保存。由法定概念可以看出,这两国尚未对档案、图书、文献等概念加以明确区分,档案馆、图书馆、博物馆的角色定位和区别并不清晰。

第三,公共档案保存、管理主体的确立,受到一个国家档案馆类型和档案事业管理体制的影响。马来西亚和斯里兰卡两国没有实体"公共档案馆",因此在法律中要求公共档案"保存在国家档案馆"中。七国中法国和塞内加尔实行集中制的档案事业管理体制。法国档案局作为全国唯一的行政管理机关,统一掌管全国的档案事业建设。这在《关于法国公共档案部门的权限及与各机关为收集、保存和提供利用公共档案进行合作的法令》第一章第二条中体现为"法国档案局管理国家档案馆和省档案馆,监督除外交档案和国防档案外的所有公共档案"[15]。《塞内加尔共和国档案法》第二章公共档案第七条规定保存公共档案的公共档案馆属于档案局,接受其管理和监督[16],这同样体现了集中管理档案工作的思想。分散式档案事业管理体制的特征之一是中央和地方政府均未设立档案行政管理机关,由各档案馆保管档案。《英国公共档案法案》第四章公共档案的保存地点第二条:"选择公共档案保存地点时,大法官应尊重临时负责档案保管工作人员对档案保存地点所做的任何安排。在不同意这些安排时,要尽可能实际地从下述原则出发:任何一类法庭档案都应保存在该法庭活动或所在的那个郡或自治市区域内。"[17]这在一定程度上体现出英国中央和地方档案工作"分权管理、各司其职"的原则。

第四,公共档案保存时间的限定不同。扎伊尔、法国认为其"不受时效约束",斯里兰卡认为应"永久保存",马来西亚则具体为"25年以上"……这与各国根据基本国情制定的鉴定标准以及档案保管期限表有关。

第五,各国的立法中均未把"公共档案"和"可公开档案"的概念等同。立法虽然规定公共档案可以开放、为社会利用,如扎伊尔法律规定"公共档案供读者大众利用",塞内加尔法律规定"公共档案服务于国家机关和公民"等,但参考法律法规,发现这些国家对公共档案的开放利用都有相关规定和限制。例如,何时开放、开放的公共档案类型等具体规定存在的差异,这与各国具体国情以及注意与本国相关法规协调等因素密不可分。《法兰西共和国档案法》第二章公共档案第六条规定"存放到公共档案馆之前已供自由查阅的文件,在存入档案馆后,对任何要求查阅这部分档案的人继续开放,没有任何限制",但同时规定这些档案"期满三十年才可自由查阅",在第七条更详细明确了其余可供自由查阅的公共档案的期限,如"处理与私人生活有关的诉讼案的文件,或涉及国家安全或国防的文件,从产生之日算起满六十年,这些文件的明细表,按行政法院的法令编制"[18]。同样,《扎伊尔共和国档案法》第五章档案的提供利用第二十四条规定"公共档案从其产生之时起,原则上即可利用,无时间的限制",但也在第二十五、第二十六条对涉及国家的内政、国防和外交利益以及个人私生活的档案,提出了五十年或更长的提供利用限制[19]。

四、定义我国"公共档案"方法的相关建议

与外国不同,我国法律法规和学术界尚未给出"公共档案"明确的定义。这在一定程度上造成了认识的混乱,影响了实际工作的开展。据此,笔者从概念的构成要素和法律法规建设两个角度提出五点定义"公共档案"方法的建议。

1. 定义"公共档案"的形成者和形成过程要明确

外国法定"公共档案"中定义形成者的方式有两种。第一种是笼统概括为"国家公共机关",第二种是具体列举式。第二种又分为:仅列举形成机构和同时列举形成机构及形成人员两种类型。

不管是哪种定义方式和类型,都必须明确"公共档案"的形成者和形成过程的具体含义,由此可以确定"公共档案"的所有权归属,从而确定"公共档案"的相关法定责任和权利。如果"公共档案"形成者仅指政府机关或部门,形成过程仅包括政府公务活动,那么将"私人档案"作为"公共档案"的对立概念,认为"公共档案归国家所有"或"国有档案为公共档案主要来源"的规定就是合理的。如果认为"公共档案"的形成者包括私人机构或个人,形成过程包括所有与社会公共事务相关活动的话,就不应该将"公共档案"与"私人档案"的概念对立起来。例如一些人往往很难明确其档案的"公共"或"私人"意义,这就需要国家法律法规明确这些人形成档案的"公共"部分,并对其实施监督权和控制权。例如美国《总统文件法案》(Presidential Records Act)规定:"凡是总统的文件(当然包括

个人书信等)都属于国家财产。"[20]《法兰西共和国档案法》第三章私人档案第十一条明确规定:"出于具有历史意义而涉及公共利益的私人档案,由档案管理部门提议,经文化部长决定,可作为历史档案进行登记。"[21]

2. 定义"公共档案"的价值要全面辩证

由于各国对公共档案价值的定义在一定程度上反映出各国对公共档案所有权归属的态度,因此,定义"公共档案"的价值时不能与同样反映公共档案所有权归属的公共档案的形成目的、形成者和形成过程等定义相矛盾。定义"公共档案"的价值,要遵循"全面不遗漏、辩证有侧重"的原则。

就我国而言,如果定义公共档案的形成者仅指政府机关或部门,形成过程仅包括政府公务活动,同时定义只有具有社会公共价值的才是公共档案,一定程度上会造成认识的混乱和矛盾。因为政府机关或部门在政府公务活动中产生和积累的档案属于国有。而国有档案、集体档案、个人档案都可能反映经济、政治、科学、文化、军事等方面的状况,对国家和社会可能都具有不可或缺的重要价值。所以,具有社会公共价值的"公共档案"自然就包含了部分国有档案、集体档案和个人档案。如果在其形成者的定义中不包括私人机构和个人,这样的定义就是前后矛盾的。只有避免定义的前后矛盾,才能不引起理论和实际工作的混乱。

划分角度不同,对公共档案价值的定义也有所不同。"全面不遗漏"指的是定义"公共档案"的价值时既要定义其对形成者的价值,也要定义其对利用者的价值;定义其历史文化价值时,也不能忽视其间接的经济价值等。"辩证有侧重"指的是在同一价值分类标准下,要明确"公共档案"不同价值的地位。这样在开展"公共档案"利用工作时,才能把握住主要矛盾,才能突出重点。

3. 定义"公共档案"的属概念要充分考虑实践发展

一般而言,制定和修订法规的难度较大,时间跨度较长。因为法律法规的修改往往涉及较多的程序,需要综合多方面的意见,而且不能频繁地更改。在确定法定"公共档案"概念时,立法者和学者要立足我国缺乏有关立法经验的实际,积极借鉴外国的经验和国内既有的学术成果,充分考虑信息化时代运用"信息""数据"等属概念的合理性,使"公共档案"的内涵更具概括性、外延更广,这样才能提高法律法规指导实际工作的针对性和有效性。

与"文件""信息""档案"之间的关系类似,从文件生命周期的视角看,"公共信息""公共文件""公共档案"是同一事物的不同发展阶段价值形态变化的体现。"公共信息"需要"公共文件"对其进行载体的固化,是"公共文件""公共档案"承载的内容;具有保存价值的"公共文件"才能转化为"公共档案"。但是这种"公共信息"——"公共文件"——"公共档案"的转变实为质变,这种本质的区别需要不同性质的立法加以规范,不能混为一谈。

在一定时期内,"文件"作为"档案"属概念的档案定义,有效地指导了档案工作。然而,伴随大数据时代的到来,相较于"信息""数据"等概念,"在定义档案的价值、转化过程和保存方式、形成时间等方面,'文件'作为档案属概念越来越难以成立"[22]。

另一方面,"公共档案"的属概念不能过大。单独以"信息""数据"等作为其属概念,看似迎合了信息化社会发展趋势,但实质上"图书也是数据、信息、知识的记录,因此该属概念仍过大"[23]。既未明确公共档案和其他类型档案的区别,也不符合我国社会分工细化的现状及发展趋势。同理,将书籍、杂志、文献等作为公共档案的属概念也不合适。不管是拟一个单独的概念,如"原始性符号记录",还是将"文件""记录""数据"等多个概念结合作为"公共档案"的属概念,都体现了法律界、档案学界适应档案工作实践发展的努力。但这些概念只有接受实践检验,适应一定时期的档案工作实际,才是真正适宜的法定定义的属概念。

4. 定义"公共档案"的特点要立足中国国情

"公共档案"不应只是一个虚无空泛的概念或理念,而应具备实践价值。法律定义"公共档案"的直接目的是促进实际工作或生活中公共档案的保护和利用工作,而要实现这一目的就必须立足于本国国情。照搬照抄外国的法定公共档案定义,不仅无法契合我国档案工作实际,还会阻碍我国档案公共服务的完善,禁锢档案事业的可持续发展。

第一,"公共档案"不等同于"可公开的档案"或"可利用的档案"。由于与国家、社会和个人的利益紧密相关,并非所有的公共档案都可以公开利用,必须对其内容和价值进行判断,对公开、利用的时间、范围和具体内容加以限制。三个概念包括的范围存在交叉,如果把"可公开的档案""可利用的档案"作为"公共档案"的定义项,违背了定义项中不能直接或间接地包括被定义项的定义规则。同时,法国"公共档案均不受时效约束"的定义,由于包括含混的"时效"概念,容易造成"公共档案永久保存""公共档案均可以公开利用"等误解。

第二,以"保存在公共档案馆"作为限定"公共档案"的必要条件,将会在档案学界引起较大争论,同时也不符合我国国情。我国"公共档案馆"的相关研究始于1980年,"公共档案馆的要素和'公共性质'界定、来源和建设内容、社会功能理论定位和实践定位在学界至今尚未形成定论"[24]。对于"综合档案馆向公共档案馆转型"这一说法,学者仍存在争议。有人认为,与其说将综合档案馆建设成为公共档案馆,"不如说是从法理意义上的公共档案馆向实际意义上的公共档案馆转型更为准确"[25]。

第三,我国属于集中制的档案事业管理体制,档案行政管理部门的监督领导作用在立法中不能忽略。我国档案工作有其地域差异和各自的特点,对于"公共档案"保存地点、保存时间、开放利用需要满足哪些条件等相关规定,同样需要国家各级档案行政管理部门结合各地的具体实际加以综合考量。如果照搬照抄外国定义,很可能会使法律中的规定形同虚设,无法为档案业务人员所理解,从而无法真正落实。

5.定义"公共档案"的角度要体现关联性

确立我国法定公共档案概念需要同一系列相关法律法规相协调。从"不造成矛盾冲突"的角度理解协调的含义比较贴切,比如各法律法规中相关概念定义的清晰、规范,各法律法规管辖范围的明确,一系列相关规定的衔接一致,涉及的共同主体(如政府、公共管理机构或公共管理部门、档案行政管理部门、档案馆等)角色定位的精准等。

目前,我国《档案法》《政府信息公开条例》等步入修订或重新制定的"快车道",例如,《档案法》正在修订之中,《政府信息公开条例》要往《公共信息公开法》方向修改,这意味着一系列的法律法规将随之变化,"公共档案"相关法律法规要充分考虑这些因素的影响。英国除了《英国公共档案法案》,还有《信息自由法案》(Freedom of Information Act)、《数据保护法案》(Data Protection Act)、《信息环境法规》(Environmental Information regulations)、《历史手稿委员会令》(Historical Manuscripts Commission Warrant)[26]等一系列法律法规保障公民的知情权,较为系统地规范了信息环境。在英国国家档案馆官方网站对《英国公共档案法案》"常问问题汇总"板块里明确了"同样需要遵守《文件管理业务规范》(Code of Practice on the Management of Records)和《行政事务行为准则》(Civil Service Code)的规定"[27]。比较而言,我国目前仅有《政府信息公开条例》《档案法》《保密法》《企业信息公示暂行条例》等档案相关法律法规,需要不断增加符合时代发展的新的法律法规。在修订《档案法》《档案法实施办法》时,需要注意与相关法律法规,尤其是与大家期盼出台的《中华人民共和国公共信息公开法》的协调。

五、结论

从立法的角度看,学者们普遍认为现行《档案法》和《档案法实施办法》主要规范的是档案系统,特别是国家各级档案馆的行为,缺乏对社会档案管理和利用行为的规制。《档案法》(国家档案局送审稿)力求将未来新的《档案法》打造成为以规范社会档案管理和保护行为,保障公民利用档案权利,促进国家和社会发展为宗旨的母法。《档案法》(送审稿)经有关程序修订施行后,还有一个制定《档案法实施办法》的任务。制定《档案法实施办法》时,可否沿着"一部办法、两条路线"的思路进行,即在

《档案法实施办法》中分别规定"公共档案"和"私人档案"的归档、收集、管理、保存(保护)、公开和利用等内容。对"公共档案"的定义强调其形成者为"公共机构"(机关、团体、国有或国家控股企业、国家全额或部分资助的事业单位社会组织,如公共事业管理机构、学校等),对"私人档案"的定义则从价值形态强调其具有历史意义或涉及公共利益。

第一,明确"公共档案"的所有权为国家所有。"私人档案"和"集体档案"发生所有权变更,转变为国有档案后才有可能成为"公共档案"。同时,明确国家档案行政部门对"私人档案"中具有历史意义或涉及公共利益的部分依法行使监督权和检查权。

第二,明确公共档案涉及公共利益并具有公共价值,但不能把"具有历史意义或涉及公共利益"作为判断是否为"公共档案"的唯一条件。

第三,不应将"公共档案"的保管场所限定在"公共档案馆"。因为我国档案学界对"公共档案馆"的概念和性质尚存争议,若将保存在"公共档案馆"作为判断是否为"公共档案"的必然条件会造成认识的混乱。同时,"公共档案"来源具有多样性,不可能都集中到"公共档案馆"进行保存,因为那样做的结果必然会拆散部分全宗档案间原有的有机联系,不符合按"来源原则"整理档案的要求。

第四,"公共档案"的属概念应与新修订的《档案法》中对"档案"定义的属概念保持一致。同时,还要考虑与未来的《公共信息公开法》中"公共信息"定义保持继承发展的关系,避免出现概念自相矛盾或混乱。

第五,对"公共档案"的保存时间和公开利用限制的具体规定,还有待专家、学者们的论证。在具体定义时,学者们需要遵守定义的规则,避免定义项与被定义项外延、内涵的交叉,注意不能包含含混的概念,更需要根据我国的历史、语言和认知习惯等具体情况来具体选择定义的方法。

参考文献

[1]政策法规司.国家档案局关于《中华人民共和国档案法》修订草

案(送审稿)公开征求意见的公告[EB/OL].(2016-05-25)[2016-06-03].http://www.saac.gov.cn/news/2016-05/25/content_142062.htm.

[2][3][5][6][8][9][10][11][12][14][15][16][17][18][19][21]中国档案学会对外联络部,《档案学通讯》编辑部.外国档案法规选编[M].北京:档案出版社.1983:12,26,58,67,134-135,136-137,137,195,198,133,153,59,130,137,70,138.

[4]曹梅林.斯里兰卡国家档案工作简介[J].四川档案,1990(2):4.

[7]Legislation.gov.uk.Public Records Act 1958[EB/OL].[2016-05-30].http://www.legislation.gov.uk/ukpga/Eliz2/6-7/51.

[13]郑锦霞.百年档案定义略论——兼论我国文件与档案关系问题[J].档案管理,2007(1):32-34.

[20]Presidential Records Act (PRA) of 1978.[EB/OL].[2016-05-30].http://www.archives.gov/presidential-libraries/laws/1978-act.html.

[22]刘智勇.我国现有档案定义的缺陷[J].档案学研究,1995(4):21-23,11.

[23]丁海斌,李娟.从信息划分与定义规则出发再谈档案定义[J].档案,2011(6):6-9.

[24]陈忠海.公共档案馆理论研究评析[J].档案学研究,2010(1):9-11.

[25]郭红解.析公共档案馆[J].中国档案,2007(2):30.

[26]Legislation and regulations.[EB/OL].[2016-05-30].http://www.nationalarchives.gov.uk/information-management/legislation/.

[27]Public Records Act-frequently asked questions.[EB/OL].[2016-05-30].http://www.nationalarchives.gov.uk/information-management/legislation/public-records-act/pra-faqs/#obligations-other-acts.

城建档案法规与规章调查分析
——以华东地区9个较大的市和上海市为例

陈忠海　曹佳瑜

摘　要　以华东地区9个较大的市和上海市为例,对其城建档案管理法规和规章进行统计分析,在总结成绩和概括特色的同时,从中发现存在的问题,提出改进的建议。

关键词　华东地区　城建档案　地方性档案法规　地方性档案规章　较大的市　上海市

华东地区经济和社会发展整体水平较高,城建档案立法工作开始较早,内容丰富,具有典型性和代表性。本文选取华东地区9个较大的市,包括山东省济南市、淄博市,安徽省合肥市、淮南市,江苏省南京市、苏州市、徐州市,江西省南昌市,浙江省宁波市①,以及上海市,对其城建档案管理法规和规章进行统计分析,在总结成绩和概括特色的同时,从中发现存在的问题,提出改进的建议。

---

① 国务院批准的较大的市。"较大的市"是一个法律概念,《中华人民共和国立法》对较大的市做了明确的规定,即:①省(自治区)人民政府所在地的市;②经济特区所在地的市;③经国务院批准的其他城市。这三类城市的人大及其常委会根据本地的具体情况和实际需要,在不同宪法、法律、行政法规和本省(自治区)的地方性法规相抵触的前提下可以制定地方性法规,报省(自治区)人大常委会批准后施行;其政府可以根据法律、法规和地方性法规,制定规章。目前,我国的"较大的市"有49个,其中省会城市27个,经济特区城市4个,国务院批准的其他城市有18个,包括唐山、大同、包头、大连、鞍山、抚顺、吉林、齐齐哈尔、青岛、无锡、淮南、洛阳、宁波、淄博、邯郸、本溪、苏州、徐州。

一、对城建档案管理法规和规章特征的分析

1. 立法时间分析

通过对华东地区9个较大的市以及上海市（直辖市）等10个城市（以下简称华东地区10个城市）的调查，共获得地方性行政法规2部，地方性行政规章10部。12部规范性法文件展示了近30年10个城市城建档案管理立法工作的基本成就。华东地区10个城市城建档案管理现行法规和规章及其生效时间，见下表所示。

华东地区10个城市城建档案管理现行法规规章及其生效时间[1]-[12]

法规性文件	颁布机构	生效时间
《南京市城市建设档案管理办法》	南京市人民政府	2008年8月3日
《徐州市城市建设档案管理办法》	徐州市人民政府	2011年10月1日
《苏州市城市建设档案管理办法》	苏州市人民政府	2004年7月22日
《宁波市城市建设档案管理规定》	宁波市人民政府	2002年10月10日
《南昌市城市建设档案管理条例》	南昌市人大常委会	2006年7月1日
《济南市城市建设档案管理规定》	济南市人大常委会	2002年1月1日
《上海市城市建设档案管理暂行办法》	上海市人民政府	2010年12月20日
《淄博市城市建设档案管理办法》	淄博市人民政府	2009年7月1日
《淄博市城市建设档案管理实施办法》	淄博市人民政府	2011年11月1日
《合肥市城市建设档案管理办法》	合肥市人民政府	2001年10月1日
《〈合肥市城市建设档案管理办法〉实施细则》	合肥市人民政府	2002年9月29日
《淮南市城市建设档案管理办法》	淮南市人民政府	2007年10月22日

调查表明，早在1980年前后，已有南京、徐州、合肥、宁波等8个城市先后颁布了相关法规和规章，开始依法管理城建档案工作的进程。为适应经济、社会发展和城建档案管理工作的需要，自2000年以来，华东地区

10个城市相继出台了新的地方性法规和规章用于规范和指导本市城建档案管理工作。例如,徐州市2004年出台了新的规范性法文件对原有规定进行更新,2011年又出台新的规章对2004年的规定进一步进行了补充和完善,这是距今最新的城建档案管理规章之一,在体现地域特色和时间特色方面具有代表性。

2. 立法地域分析

统计数据显示,各地城建档案管理立法规模不一,法规规章颁布与修改时间差异较大,非发达城市和内陆城市立法步伐更快,这与各个城市经济、社会的发展水平和城市规模并非完全一致,它更多体现的是区域差异,尤其是当地政府、人大重视程度的不同所带来的影响。例如,淄博市人民政府和合肥市人民政府在制定和发布《淄博市城市建设档案管理办法》《合肥市城市建设档案管理办法》之后不久,又以市政府的名义制定和发布了《淄博市城市建设档案管理实施办法》《〈合肥市城市建设档案管理办法〉实施细则》,进一步提高了规章的可操作性。

3. 立法技术分析

(1) 整体架构分析。华东地区10个城市的12部城建档案管理法规和规章,其整体框架主要有两种:分章节论述和按条款列举。其中,7部为分章节论述,5部为按条款列举。分章节进行论述的文件均分为总则、附则两部分,内容主要包括城建档案的管理与利用、归档范围、移送与接收及法律责任等模块。可见,各个城市城建档案管理立法的重点主要集中在城建文件的归档、城建档案的管理与利用以及法律责任等几个方面。

(2) 立法目的、立法依据分析。12部地方性法规和规章均在总则的第一、第二条对城建档案管理立法的目的做了相似的描述,即"为了加强对城建档案的管理,规范城建档案的收集、整理和保管工作,充分发挥城建档案在城市规划、建设、管理中的作用,制定《管理办法》或《实施细则》"。各地城建档案管理立法多以《中华人民共和国档案法》、国务院《建设工程质量管理条例》及省级城建档案管理办法为依据,制定市级城建档案管理法规和规章,践行了统一领导、分级管理的原则,体现了一定的地方特色。

（3）立法内容分析。共性包括：第一，各市法规和规章对城建档案的定义差异不大，均是指在城市规划、建设、管理活动中直接形成的对国家和社会具有保存价值的文字、图纸、图表、声像等各种载体的历史记录。第二，各市的城建档案由相应地区市级城建档案馆接收保管，城建档案管理工作的主管单位均为城市规划或建设行政主管部门，业务上受同级档案行政管理部门指导。第三，对建设工程的竣工图都有极为严格的要求，必须有完善的竣工图，不完整或缺失的都要根据相关规定由相应部门补绘并归档。第四，文件的实施范围描述方式分为两种："在本市行政区域内形成、管理、利用城建档案的单位和个人"或"本市行政区域内城市建设档案形成、收集、整理、保管、利用等管理活动"。

特色包括以下方面：特色之一，实行两套制归档。《南京市城市建设档案管理办法》第十七条、《〈合肥市城市建设档案管理办法〉实施细则》等法律条文中均涉及"建设工程档案不得少于两套，城建档案馆（室）、建设单位各保存一套"，该规定在一定程度上为城建档案保存的完整性提供了法律保障。特色之二，城建档案利用逐渐受到重视。如《苏州市城市建设档案管理办法》第七条规定"城建档案的管理应当逐步采用新技术，实现信息化管理"，第三十二条规定"城建档案馆应定期公布开放档案目录，并简化利用手续，为利用者提供方便。我国公民和组织持有合法证明，可以利用已经开放的城建档案"，体现出文件制定者先进的服务思想和立法理念。特色之三，建立城建档案管理网络。《合肥市城市建设档案管理办法》第四条规定"建立以市、县城建档案馆（室）为中心，以城建档案形成单位的档案馆（室）为基础的城建档案管理网络"，先由形成单位予以归档管理，然后根据相关规定，将档案移交给城建档案馆（室），二者有机衔接，这将从根源上避免城建档案外流和管理不善等问题的发生。特色之四，城建档案业务工作与行政管理活动紧密结合。《徐州市城市建设档案管理办法》第五条、第九至第十一条规定档案业务机构隶属于规划（建设）行政主管部门，详细阐述了城建档案工作者参加城市建设工程的竣工验收、审核和城建档案馆(室)接收长期、永久保存的城市建设竣工档案等内容。

二、对城建档案管理法规和规章中存在问题的分析

1. 罚款数额差异大，裁量阶次少

有些法规和规章对于法律责任和奖惩的内容存在表述含糊、标准不够明确的情况。如涉及处罚金额，有的规定1万至10万元，有的规定2000元，还有的规定执法部门可以自主裁量。法规和规章确定的罚款数额的巨大差别、罚款裁量阶次的过少和不加约束的行政裁量权限的授予，无疑增加了执法的随意性，当国有单位、国有组织和国有企业以及党政机关出现问题时，惩罚措施往往不易落到实处。

2. 城建档案管理立法工作跟不上城市建设发展的步伐

具体体现在：一是地方性法规规章多，全国统一的法规规章少。随着《行政许可法》的出台和完善，地方性法规和规章的规范力度变得越来越弱。二是地方性规章多，由人大通过的地方性法规少。从选样调查的对象看，地方性法规有2部，只占总量的17%，明显偏低。三是一些城市法规和规章的修改周期过长，修法工作进展缓慢。从10个城市的现行法规、规章看，最早的修订于2001年，最晚的修订于2011年，之间相差10年。还有几部修订于2002年，距今也有12年之久。四是城建档案法规规章与建设主管行业法规规章之间存在一些矛盾之处，且缺乏有效的协调机制，影响了城建档案工作的顺利开展。

3. 对电子文件归档和电子档案管理的要求有所缺失

信息时代的到来使得电子文件激增，文档一体化催生城建档案馆对电子文件归档和电子档案管理的需求。在华东地区的10个城市中，只有徐州市在2011年出台的《徐州市城市建设档案管理办法》中对电子文件归档有所涉及。该《办法》第八条"要求建设工程项目应当同时报送纸质和电子竣工档案，档案必须符合《建设工程文件归档整理规范》(GB/T20328—2001)和《建设电子文件与电子档案管理规范》(CJJ/

Tl l7.2007)",而其他 11 部地方性法规和规章对此均无相关的规定和要求。

4.法规和规章的地方特色不够突出

12 部地方性法规和规章,普遍存在结构相似、内容相近甚至雷同的现象,未能突出体现各个城市的地方特色。纵观华东地区 10 个城市,有的以交通建设为主,有的以历史建筑出名,各地产业结构各不相同,城市建设规模不一,经济、社会发展水平具有一定的差别,立法内容至少应当在部分条款中用于展示自己独特的风貌和建设实际。

三、完善城建档案管理法规和规章的建议

城建档案管理立法工作要实事求是,以城市建设的基本需要和社会发展的最新需求为出发点,加快相关法规和规章的废、改、立进程,确立城建档案法规规章与建设主管行业法规规章之间的协调机制,及时化解二者存在的矛盾和冲突。在立法的过程中,应当充分调动相关领域专业人员和专家学者的积极性,充分汲取他们的建设性意见和建议,以弥补现有法规和规章中存在的不足,从而更好地发挥地方性法规和规章应有的作用。

近年来,大数据和智慧城市理论和实践对档案工作提出了更高的要求,只有实现城建档案管理的信息化才能更大限度地满足城市建设发展的需要。华东地区各个城市乃至全国都应该重视信息化进程对城建档案管理立法工作的影响。城建档案管理主管部门及其所在地的市政府、市人大常委会只有适应社会发展的需求,不断地补充法规和规章的相关内容,提出和制定符合时代发展的新任务和新要求,才能保证城建档案信息的完整性、真实性和安全性,进而为城建档案管理工作的信息化和现代化奠定基础,提供保障。

参考文献

[1]南京市人民政府.南京市城市建设档案管理办法[EB/OL].(2008-08-03)[2014-05-26]http://www.njzffz.gov.cn/gfxwj/szfgfxwj/201404/2014-04-10_13623.htm.

[2]徐州市人民政府.徐州市城市建设档案管理办法[EB/OL].(2011-09-26)[2014-05-26]http://www.pxcjda.com/onews.asp?id=435.

[3]苏州市人民政府.关于修改《苏州市城市建设档案管理办法》的决定[EB/OL].2004-07-22[2014-05-26]http://www.zfxxgk.suzhou.gov.cn/sjjg/szszfhcxjsj/201212/t20121210_182879.html.

[4]宁波市人民政府.宁波市城市建设档案管理规定[EB/OL].2002-09-04[2014-05-26]http://www.dangan.ningbo.gov.cn/zcfg/jbfg/200711/t20071122_815.html.

[5]淄博市人民政府.淄博市城市建设档案管理办法[EB/OL].2009-06-10[2014-05-26]http://www.zbzjz.com/ReadNews.

[6]淄博市人民政府.淄博市城市建设档案管理实施办法[EB/OL].(2011-09-29)[2014-05-26]http://law.lawtime.cn/d684659689753_1_p4.html.

[7]济南市人大常委会.济南市城市建设档案管理规定[EB/OL].(2001-12-07)[2014-05-26]http://xxgk.jinan.gov.cn/xxgk/jcms_files/jcms1/web1/site/art/2012/10/10/art_8_41769.html.

[8]淮南市人民政府.淮南市城市建设档案管理办法[EB/OL].(2007-10-22)[2014-05-26]http://www.hncj.gov.cn/html/zcfg/zcfgszfgz/2008/0104/1791.html.

[9]合肥市人民政府.合肥市城市建设档案管理办法[EB/OL].(2001-07-16)[2014-05-26]http://www.hefei.gov.cn/n1070/

n304559/n310546/n313291/859059.html.

[10]合肥市人民政府.《合肥市城市建设档案管理办法》实施细则[EB/OL].2002-09-2[2014-05-26]http://www.hefei.gov.cn/n1070/n304559/n310576/n313486/n5709286/n5709290/n5745498/5752575.html.

[11]南昌市人大常委会.南昌市城市建设档案管理条例[EB/OL].(2006-07-01)[2014-05-29]http://baike.baidu.com/link?url=qHdV4kX1yQAcS-Z-pGo4vKxbw_L4v9AirH67_YbiUtkZTGKvMsGBIpw-yqfNlvTd0IBICRwN6i3gRrfBqCq-K.

[12]上海市人民政府.上海市城市建设档案管理暂行办法[EB/OL]2010-12-20[2014-05-29]http://www.shanghai.gov.cn/shanghai/node2314/node3124/node3164/node3169/userobject6ai769.html.

该文发表在《档案管理》2014年第5期

档案行政指导方式探讨

陈忠海　吴雁平

摘　要　档案行政指导依据不同的标准可划分为不同的类别，主要有依功能、依方式及相对人是否特定、依有无具体法律依据、依是否应相对人要求、依行政指导主体与相对人关系、依行政指导行为的救济、依行政指导的层次、依行政指导是否应当具备一定的法定形式和依行政作用领域等划分方式。这些分类方法既是相对的，也存在一定的相容与交叉。不同的角度划分和阐释，便于我们对档案行政指导有一个全面、客观的认识。

关键词　档案行政管理　档案行政指导　分类方式

随着社会向现代市场经济的转型、政府职能的转变和国家民主政治的发展，档案行政指导已经逐步取代行政命令成为档案行政管理机关施政的主要手段。自2000年以来，档案学界重点对档案行政指导的概念、依据、特征、范围、制度、作用与意义、存在的问题与建议等方面展开了研究。例如，2000年谢凌奕在《北京档案》第8期发表《浅析档案行政指导》，2006年金梅在《北京档案》第3期发表《行政指导应用于档案行政管理初探》，2008年袁光在《中国档案》第5期发表《加强档案行政指导规范的思考》，2009年姚笑云在《北京档案》第2期发表《档案行政指导的规范化与规制约束》，2011年杨立人、简莹莹在《档案学通讯》第1期发表《档案行政指导制度的建立与完善》，等等。学者们的研究产生了一批重要成果，取得了不小的成绩。但对档案行政指导方式的单独研究成果却极为少见,目前仅有谢凌奕的《浅析档案行政指导》和袁光的《加强档案行政指导规范的思考》等少数文章间接地涉及这一主题。个别档案部门,例如昆明市呈贡县档案局在其《行政指导工作手册》中,只是从个别角度对档案行政指导方式进行了划分。因而,对不同档案行政指导方式展开进一步的探讨是十分必要的。

一、档案行政指导方式划分的理论与实践

1. 依行政指导的功能划分

杨建顺在 1998 年出版的《日本行政法通论》中认为,从行政指导的作用看,一般可将其分为助成性行政指导、规制性行政指导和调整性行政指导三大类。助成性行政指导是指以帮助和促进相对人自身利益或事业的发展为目的,即为相对人出主意的行政指导,故又称为出主意的行政指导。规制性行政指导是指为了维持和增进公共利益,预防危害公共利益的现象发生,对违反公共利益的行为加以规范和制约的行政指导。调整性行政指导是以调整相互对立的当事人之间的利害关系为目的的行政指导[1]。这种划分方式在理论界得到了广泛认同,在中国知网数据库中,1999 年至今使用这种分类方式的文献就有 110 篇。

助成性行政指导与规制性行政指导有两点不同:一是出发点不同。前者为私益,后者为公益。二是实效性保证不同。由于助成性指导是针对管理对象的利益,其服从与否纯属自愿,这就没有保证实效性之必要。与此不同的是,规制性指导的目的指向是公共利益,必须保证实效,对方不愿意服从也不能随便放弃指导,而且为了使对方能接受政府意见,还要进行说服、劝导,必要时采用指导以外之措施,"先礼后兵",迫其就范[2]。

这种划分方式也得到了实务界的广泛认同,并在档案行政指导实践中得到应用。例如,昆明市呈贡县档案局在其《行政指导工作手册》中这样表述:以行政指导的功能差异为标准,可分为规制性行政指导、调整性行政指导和助成性行政指导。规制性行政指导是指行政机关为了维护和增进公共利益,对妨碍社会秩序、危害公共利益的行为加以预防、规范、制

约的行政指导。调整性行政指导是指行政相对方之间发生利害冲突而又协商不成时,由行政机关出面调停以求达成妥协的行政指导。助成性行政指导是指行政机关为行政相对方出主意以保护和帮助行政相对方利益的行政指导[3]。

2. 依行政指导的行为是否具体划分

最早使用这种划分方式的是刘立新于1995年发表在《法学家》第3期的《日本行政指导述评》一文。他认为,以指导对象是否具体为标准可以分为两类:①抽象的行政指导。即没有特定对象的行政指导,它与抽象行政行为相对应。这种指导的对象是不确定的、众多的。诱导性行政指导多数属于此类,抽象的行政指导一般是基于计划和政策而实施的。②具体的行政指导。即具有特定指导对象的行政指导,它与具体行政行为相对应。这种指导的对象是确定的、为数不多的。规制性行政指导、调整性行政指导、助成性行政指导多数属于具体的行政指导。这种指导带有局部性、个别性、临时性的特点。具体的行政指导是抽象行政指导的延伸和发展,是抽象行政指导的具体化[4]。

此外,还有抽象性行政指导、具体性行政指导和抽象具体两可性行政指导的三分法。2002年莫于川在《行政指导要论:以行政指导法治化为中心》一书中使用了这种划分方式。2010年,莫于川在其执笔起草的地方政府规章《行政指导实施办法》专家建议稿第四章行政指导的实施方式中,具体阐述了这种划分方式[5]。

这种划分方式同样得到了实务界的认同与应用。例如,启东市人民政府于2012年12月20日颁布的《全面推行行政指导工作的实施意见》中,就如何理解和规范行政指导行为做出了全面详细的规定。①抽象行政指导行为。一是行政机关制定指导性计划、指导性规划,将其广泛运用于经济和社会发展工作;二是行政机关采用发布信息、公布实情的方式,为行政相对人提供优质的信息服务,正确引导行政相对人的行为选择。②具体行政指导行为。一是指导、引导、辅导。对特定行政相对人采取指导、引导、辅导等方式,使其能够自愿按行政机关指出的路径或符合行政管理目标的方向去做出行为。二是劝告、劝诫、劝阻。对特定相对人采取劝告、劝诫、劝阻等方式,启发开导行政相对人,使其改正错误或接受行政机关的意见。三是告知、指点、提醒。采取告知、指点、提醒等方式,对行政相对人没有注意或想不到的问题和事项善意地告知,促使其加以注意和警惕,避免不必要的错误和损失。四是商讨、协商、沟通。采取商讨、协商、沟通等方式,与行政相对人共同商量讨论、交换意见,使双方能够彼此增进了解,促使行政相对人行为趋于合理。五是斡旋、调解、协调。采取斡旋、调解、协调等方式,来协调争执双方的关系,促使行政相对人各方消除误解、做出让步、达成妥协,以利于排解纠纷,化解矛盾,促进社会稳定与协调发展。③即时行政指导行为。各行政机关要灵活运用行之有效的即时行政指导方式,在巡查、监管、办案、登记等日常工作中,通过提示、提醒、预警、劝告、教育等方式,广泛、及时、普遍地开展即时行政指导。要紧紧围绕我市经济社会发展的热点、重点,紧紧围绕本镇乡、本部门行政管理职能过程中出现的难点、弱点,紧紧围绕行政相对人的需求和政府的期盼,提高行政指导的针对性和互动性,真正方便群众办事、服务企业、服务社会。各行政机关要及时总结推广行政指导经验,努力扩大行政指导受益面,实现行政指导的对象由单个企业向同类企业甚至整个行业延伸。通过指导一个企业,规范受益一类企业;通过指导一个项目,规范受益一个行业,使行政指导成果普遍惠及企业,促进经济社会又好又快发展[6]。

3. 依行政指导是否有法定的依据划分

最早使用这种划分方式的是刘立新于1995年发表在《法学家》第3期的《日本行政指导述评》一文。他认为,以法律根据之有无为标准来划分:①法律明文规定得为劝告、助言等行政指导,这种行政指导也被称为"正式行政指导"。在日本,这类行政指导为数众多,如儿童福社法、环保诸法(大气污染防止法、水质污染防止法、噪音规制法)、水防法、都市计划法、独占禁止法、企业合理化促进法等。②法律虽未明文规定得直接进行行政指导,却对该事项法律赋予行政机关命令、许可、撤销、停止等处分权限,行政机关以该权限为后盾而进行行政指导。在日本这类行政指导

为数不少,如对违反建筑基准法之建筑,虽有修复、拆除的命令权限,却先予以警告或劝告。又如虽有公害防止法规定的命令、禁止权限,却先劝其自行改善。这种类型的行政指导代替了行政权的行使,虽然是非强制性的任意措施,却因有行政处分等行政权为后盾,相对方心理压力相当大,不得不服从之。③法律对行政机关能否为行政指导及其他行政行为均无明文规定时,行政机关依照组织法所规定的一般权限而为行政指导。此种类型的行政指导也被称为"独立的行政指导"或"应急的行政指导",它存在的理由是:虽有紧急行政需要,但因没有法律根据而无法行使行政权,仅能以这种行政指导应急[7]。

此种划分方式在理论界亦有广泛认同。在中国知网数据库中,1995年至今使用这种分类方式的文献就有122篇。

此种划分方式也得到了实务界的广泛认同,并在档案行政指导实践中得到了应用。例如,昆明市呈贡县档案局就在其《行政指导工作手册》中使用了这种划分方式。其表述为:以行政指导有无具体的法律依据为标准,可分为有法律根据的行政指导和无法律根据的行政指导。前者是指有法律、法规、规章等明文规定的,后者则是没有明文规定的。不论何种行政指导均应遵循行政法治的基本原则,做到合法、合理[8]。

4.依行政指导是否应相对人的要求划分

最早使用这种划分方式的是汪永成于1999年发表在《江海学刊》第1期的《现代市场经济中的行政指导:行政学的分析》一文。就助成性行政指导,他认为,它是行政机关及其公务人员为帮助管理对象实现其利益所进行的指导,即通过这种官民配合方式实现"民"之利益的目的。这种指导又有两种形式:一是行政机关向对方提出建议,二是管理对象主动要求行政机关给予建议和指导。就前者而言,政府是站在家长主义的立场行事;就后者而言,政府提供的咨询、指示类似于"公共产品",公众均可"消费",不具有排他性,且人民向政府提出有关指导的申请时,如无正当理由不能拒绝[9]。

这一方式在实务界已经被普遍采纳。例如,《湖南省行政程序规定》第一百零四条、《山东省行政程序规定》第一百零九条、《海口市行政程序规定》第八十七条第四款、《汕头市行政程序规定》第一百一十一条、《酒泉市行政程序规定》第一百六十三条(启动程序)都采用了相同的规定:行政机关可以主动实施行政指导,也可以依当事人申请实施行政指导。

这两种行政指导方式在档案行政指导中应用非常之广。档案行政管理机关普遍运用的检查指导、普查、专项检查等均属于主动实施的行政指导;而日常应档案行政相对人的请求实施的业务指导,则属于档案行政管理机关依当事人申请实施的行政指导。

5. 依行政指导主体与相对人的关系划分

最早使用这种划分方式的是董炯于1994年发表在《法商研究》(中南政法学院学报)第4期的《试论行政指导在市场经济中的作用》一文。他认为,从行政指导所针对对象可将行政指导分为内部行政指导和外部行政指导[10]。

1998年,包万超在《行政法论丛》第1卷发表《转型发展中的中国行政指导研究》一文。他认为,根据行政指导针对对象的性质为标准,可分为内部行政指导和外部行政指导。前者针对下级行政机关,后者针对行政相对人。他充分肯定了这种分类标准在中国具有的特殊意义:①内部行政指导大量存在,相当一部分指导性政策、纲要是直接面向下级行政机关的,甚至有一大批规定了具体指导模式而对行政相对人有直接指导意义的政策、纲要、规定等也只在行政系统内部颁行。1997年4月20日,国家教委颁布了关于《普通高等学校毕业生就业工作暂行规定》,这个指导性规章却以"内部文件"的形式下发,没有在《人民日报》或《中国教育报》等任何一份报刊上全文刊出,而只做简单的报道、介绍。诸如此类的行政指导文件怎么会产生良好的功效呢?因此,认真关注和研究中国的内部行政指导有利于克服行政指导制度的技术问题和规范化问题。类似的指导性政策在日本和韩国都作为外部行政指导而直接、全文向社会公布。②内外行政指导之分之于中国的救济制度也有特殊意义。司法审查只针对外部行政行为(美、日、英等国家也审查对相对人不利影响的内部行政行为),因此,如何界定行政指导的"内"和"外",在中国,这不但影响行政功能的实现程度,而且直接决定行政相对人的权利是否得到救济这一重大问题[11]。

这种划分对档案行政指导有着特别重要的意义。在目前的档案管理体制下,档案行政指导的对象绝大部分属于内部行政指导。第一,档案行政管理机关上下级间为业务指导关系,虽非隶属关系,但同为政府内部工作部门,与一般意义上的档案行政管理相对人性质完全不同;第二,档案行政管理机关与其他同级行政机关属于同级人民政府工作部门,档案行政管理机关对其档案工作进行的行政指导,属于同级政府的内部指导,其他同级行政机关也不同于一般意义上的档案行政管理相对人;第三,在局馆合一体制下,档案馆属于档案局的内设机构,因此,档案行政管理机关对同级档案馆的行政指导也属于内部指导。

当然,也有相当数量的外部行政指导行为发生。例如,档案行政管理机关对国有企业、事业单位开展的指导工作,或应某些民营企业和民办高校的请求,档案行政管理机关对其开展的指导工作。再如,2002年沈阳市档案局联合市文明办、市民政局等部门开展的"档案进家庭"活动等。

6. 依行政指导行为的救济角度划分

1999年莫于川教授在《行政指导论纲》中介绍,从救济角度来考察行政指导也有它独特的价值。日本学者铃木庸夫从有利于明确责任、提起行政诉讼和实施国家赔偿的角度出发,将行政指导分成四类:其一为期望谋求型的行政指导;其二为协议手续型的行政指导;其三为制裁担保型的行政指导;其四为官方监督型的行政指导[12]。

陆伟明、周继超在《行政指导在行政执法中的规范运用》一书中,将行政指导依行为导致的法律责任分为行政机关的违法行为、行政机关的疏忽、相对人的法律责任三种。

(1)行政机关的违法行为。行政机关违反相关法律法规,或超出自己的职权范围对相对人做出了行政指导,给相对人的合法利益造成损害的,应该负有赔偿责任。如果因为行政机关的工作人员恶意做出不利于相对人的行政指导造成相对人合法利益损害的,在追究工作人员责任的同时,还应对相对人的损失做出合理的补偿。

(2)行政机关的疏忽。由于行政机关疏忽大意造成相对人权益受损,行政机关的责任是尽快纠正错误,将相对人所受损失降到最低。

(3)相对人的法律责任。如果行政机关做出正确的行政指导,而相对人不予听从,仍然实施了违法行为后,受到了行政强制措施的制裁导致利益受损,责任则完全由相对人承担。当相对人意识到行政指导行为存在错误,而出于自身利益考虑仍然服从该指导的,其引起的损害后果也应由相对人自己承担[13]。

这种分类方式在档案实务界并无直接应用。但了解这种分类方式,有助于我们在实施档案行政指导时,对行政指导可能产生的法律后果、应承担的法律责任及对相对人造成损害时的救济措施做到心中有数。这既有利于增强档案行政指导人员的法制观念,更有利于档案行政指导人员在档案行政指导实践中减少错误,更好地实现档案行政管理的目的。

7.依行政指导的层次划分

依据行政指导层次的不同,行政指导可分为宏观行政指导和个别行政指导两种。前者是指行政主体对不特定的行业和相对方进行的指导;后者指行政主体针对特定的行业、地区和相对方进行的指导[14]。

这种划分方式在实践中特别适用于档案行政指导。这是因为,档案行政管理是一个跨行业、跨地区、跨单位的工作,既有对不特定的行业、地区和相对方进行的指导,如国家档案局对全国档案工作的行政指导行为,某一地区档案行政管理机关对其辖区内档案工作进行行政指导的行为;也有针对特定的行业、地区和相对方进行的指导,如国家档案局对全国农业农村档案工作进行的行政指导,某省档案行政管理机关对所辖某县档案工作进行的行政指导,等等。

8.依行政指导是否应当具备一定的法定形式划分

肖陆军认为,依行政指导是否应当具备一定的法定形式,行政指导可分为要式行政指导与非要式行政指导两种。所谓要式行政指导,是指必须具备某种法定形式才能生效的行政指导;所谓非要式行政指导,是指不

需要法定形式亦成立的行政指导,但绝不允许非要式行政指导有超越法律精神、原则、政策或公序良俗的特权[15]。

这种划分方式和即时行政指导与非即时行政指导的划分方式有相似之处,可以通俗地理解为是否按照法定程序并使用格式化文书的指导方式。在档案行政指导实践中,我们习惯采用的是非要式行政指导;使用要式行政指导对我们来讲是一个新课题,也是一种新观念、新方式、新方法。常熟市档案局、昆山市档案局、昆明市呈贡县档案局等单位在使用要式行政指导方面进行了有益的尝试。它们针对要式行政指导制定了《常熟市档案局行政指导工作实施意见》《昆山市档案局行政指导工作实施意见》《昆明市呈贡县档案局行政指导工作手册》,明晰了档案行政指导的项目内容、要求和方法,拟定了《行政辅导意向书》《行政建议书》《执法提示书》《执法事项提示书》《行政警示书》《整改告诫书》《执法巡查工作记录表》《行政约见书》《轻微违法警示书》《责令立即(限期)改正违法行为通知书》《重大案件回访书》等行政指导格式化文书。

9. 依行政指导作用的领域划分

依据行政作用的领域为标准,行政指导可分为教育行政指导、公安行政指导、卫生行政指导、工商行政指导等若干类别。通过研究各行业(各部门)的行政指导,有助于我们发现其异中之同和同中之异,从而更好地把握行政指导的规律[16]。

依据此种划分方式,档案行政指导属于其中类别之一。

二、结语

行政指导从不同的角度观察会呈现出不同的特征,可谓"横看成岭侧成峰,远近高低各不同"。上述划分方式并不是完全的,同时,每一种分类方式又是相对的。各种分类方式不仅不相互排斥,而且还存在一定程度上的相容与交叉。选择多种视角对档案行政指导进行观察,既可以为我们深入研究档案行政指导提供有益的帮助,也可以为我们创新档案行政指导实践提供丰富的选项。

参考文献

[1]杨建顺.日本行政法通论[M].北京:中国法制出版社,1998:537-540.

[2][9]汪永成.现代市场经济中的行政指导:行政学的分析[J].江海学刊,1999(1):54-58.

[3][8]呈贡区档案局网.昆明市呈贡县档案局行政指导工作手册[EB/OL].(2011-09-28)[2014-02-05].http://km.xxgk.yn.gov.cn/canton_model12/default.aspx?departmentid=9774.

[4][7]刘立新.日本行政指导述评[J].法学家,1995(3):85-92.

[5]莫于川.建设服务型政府的一种制度创新努力——某市政府规章《行政指导实施办法》专家建议稿(中国人民大学方案)[EB/OL].(2010-03-31)[2014-02-05].http://epub.cnki.net/kns/brief/default_result.aspx.

[6]市政府关于印发全面推行行政指导工作实施意见的通知[EB/OL].启东市政府法制网,(2003-01-15)[2014-02-05].http://www.qdfzb.gov.cn/Gfxwj-Show.asp?id=63&iid=5.

[10]董炯.试论行政指导在市场经济中的作用[J].法商研究(中南政法学院学报),1994(4):7-11.

[11]包万超.转型发展中的中国行政指导研究[C]//行政法论丛(第1卷),北京:法律出版社,1998:293-294.

[12]莫于川.行政指导论纲[M].重庆:重庆大学出版社,1999:49.

[13]陆伟明,周继超.行政指导在行政执法中的规范运用[M].北京:知识产权出版社,2013:53.

[14][15][16]肖陆军.行政指导概论[J].广西教育学院学报,2002(5):43-51.

本文发表在《档案学研究》2015年第1期

"依法管档"研究的主要内容、特征及问题分析

陈忠海 吴雁平

摘 要 "依法管档"研究的主要内容与特征可以概括地表述为"依法管档"含义丰富,但专指性较弱;在相关文献中提及者众,论及者寡,专论者无;"依法管档"多与"依法治档"同时使用,均被视为档案部门的职责与任务;"依法管档"广泛运用于各行各业;强调"依法管档"需要法制观念与法制思维。同时,"依法管档"在研究与实践中也存在一定的问题,即"依法管档"及相关词组没有明确的界定,使用随意;《档案法》被赋予了法律之外的期望;更多地强调行政执法与行政执法权;寄期望于通过宣传教育提升全社会的普遍守法意识,这应当引起我们的重视。此外,为便于今后研究的开展,文章对"依法治档""依法管档"和"依法用档"三个概念做出界定。

关键词 依法管档 依法管理档案 依法治档 依法用档

1987年第六届全国人大常委会委员分组审议《中华人民共和国档案法(草案)》时首次提出"依法管理档案"[1]概念,同年9月2日浙江省副省长许行贯同志在省直单位办公室主任会议上第一次使用了"依法管档"[2]一词。此后,"依法管档"被广泛使用,并成为近30年来档案界使用频率最高的词组之一。为分析"依法管档"研究的主要内容、特征以及在研究与实践中存在的问题,本文对1987年至2015年1月31日间中国知网全文数据库中包含"依法管档"或"依法管理档案"的文献进行梳理和分析,具体内容如下。

一、"依法管档"研究的主要内容与特征

1. "依法管档"含义丰富,但专指性较弱

"依法管档"作为《中华人民共和国档案法》(以下简称《档案法》)的伴生概念,是中国档案法制建设进程中一个具有里程碑意义的词汇。其在中国档案事业法制化进程中具有广泛的含义,同时也是一个专指性较弱的词汇,具体表现在以下三个方面,即内涵时而笼统,时而单一;外延时而大,时而小;对象时而虚,时而实。

内涵笼统时,"依法管档"是"依法管理档案"的简称,泛指对全部档案工作的依法管理。在此基础上,一些学者认为:"依法治档、依法管档,是法制社会中档案发展的必然趋势"[3];"依法管档的法制观念即体现于房地产交易管理部门的档案工作必须遵循相关法律规定,必须严格执行部门建立的各项规章制度,将档案管理工作置于法律规范和部门制度的制约之下"[4]。因此,"领导应当高度重视高校档案和档案工作,做到依法治档、依法管档"[5];"要加快引导机制和约束机制建设,积极研究、探讨、制定有关民营企业档案工作的法规、规章,使民营企业档案工作有法可依、有章可循、依法管档,以约束机制的建立促进动力机制的完善"[6]。

内涵单一时,"依法管档"具体指依法管理档案实体或电子档案。从档案管理"建""收""管""用"的全过程来看,这时的"依法管档"更多地强调对档案实体的管理。持此种观点的学者认为:"档案管理不仅应当执行上级制定的各项规章制度和国家标准,还应依据本单位具体情况,制定本单位切实可行的档案管理标准及制度,包括档案室工作职责、档案人员工作守则、档案材料收集、管理制度等,从制度上保障税收档案的集中化管理,真正做到依法建档、依法治档、依法管档、依法用档"[7],并认为,"依法管档、依法治档是档案工作能够顺利开展的保障"[8]。

外延大时,"依法管档"与宏观层面的"依法管理档案事业"等同。如黑龙江省委常委、省委秘书长刘国中在2011年黑龙江省档案工作会议上

指出:"进一步深入贯彻实施档案行政执法责任制,加强档案行政执法队伍建设和档案行政执法检查,加大对违法案件查处力度,形成依法治档、依法管档、依法用档的良好环境,不断提高依法管理档案事业的能力和水平。"[9] 同年,四川省宜宾市档案法制工作调研组在《宜宾市档案普法工作的思考》一文中强调:"进一步加大常规执法检查力度,对全市机关、企事业单位开展执法检查,通过强有力的制度和措施确保机关、企事业单位依法管档、依法治档,推进全市档案事业健康快速发展。"[10] 这里的"依法管档"所指便是依法管理黑龙江省或宜宾市的档案事业。

外延小时,"依法管档"是指"依法管理档案工作",即与微观层面的档案工作的管理一致。比如王颖霞认为:"档案行政管理部门领导的依法治档、依法管档的法治意识,直接对执法检查工作起着决定性的作用。"[11] 指的是档案行政管理部门依法进行的档案"执法检查工作"。葛慧在《强化管理:基层档案工作的固本之策》一文中强调:"要通过建立档案收集制度,完善相关制度和配套措施,细化各项条款,建立长效机制,确保档案收集工作各个环节都有章可循、有据可依,切实做到依法建档、依法治档、依法管档。"[12] 指的是依法进行的"档案收集工作"。刘丽平认为:"开展档案鉴定工作是依法治档、依法管档的重要手段,是企业档案事业更快更好发展的必经环节。"[13] 指的是依法进行的"档案鉴定工作"。

对象虚时是指"依法管理档案事务";对象实时是指管理档案实物。

基于上文分析,我们认为,"依法管档"含义丰富,但专指性较弱却是一个不争的事实。

2."依法管档"文献提及者众,论及者寡,专论者无

在中国知网文献检索平台上,以"依法管档"或"依法管理档案"为检索词,按全文项进行检索,共检索到文献2830篇,但按主题项进行检索,获得文献162篇,只占全文中提及"依法管档"和"依法管理档案"文献数量的4.45%;按篇名项进行检索获得文献39篇,仅占全文中提及"依法管档"和"依法管理档案"文献数量的1.38%。而以"论依法管档"和"论依法管理档案"为检索词,按全文、主题和篇名项进行检索,没有1篇专

门论述"依法管档"和"依法管理档案"的文献。

3. "依法管档"多与"依法治档"同时使用,均被视为档案部门的职责与任务

以"依法管档"或"依法管理档案"为检索词,在全文项中可以检索到相关文献2830篇,发现"依法管档"和"依法管理档案"多与"依法治档"同时使用。在中国知网文献检索平台上,用"依法管档"并"依法治档"或"依法管理档案"并"依法治档",在全文项中可以检索到文献1249篇,占到了全部2830篇文献的近半数(44.13%)。有些文献更是直接将"依法管档"和"依法治档"使用在文章的题目上,如王德杰于2007年发表在《城建档案》上的《依法治档依法管档——对城建档案工作的认识和思考》,吴长权于2011年发表在《中国档案报》上的《依法治档依法管档——湖南长沙市档案局馆加强法制工作》,等等。通过句子检索发现,在同一段中同时含有"依法治档"和"依法管档"的文献有375篇;同时含有"依法管理档案"并"依法治档"的文献有605篇;同时含有"依法治档"和"依法管档"的文献有190篇;同时含有"依法管理档案"并"依法治档"的文献有34篇。

"依法管档"与"依法治档"被大量地同时使用,源于相关学者认为二者均是档案部门的职责与任务。比如赵硕认为,"在依法治国战略重要思想的引领下,我国档案工作也应依法治档、依法管档、依法用档,全部工作纳入法制的轨道"[14];彭朝辉认为,"依法治档、依法管档,是法制社会中档案发展的必然趋势"[15];邢金荣强调,"依法管档、依法治档是档案工作能够顺利开展的保障"[16];季学利则指出,"在依法治国战略方针的指导下,档案部门必须逐步健全法制,树立法制权威,做到依法治档、依法管档"[17]。

4. "依法管档"被广泛运用于各行各业

从文献作者所从事的行业看,"依法管档"涉及面十分广泛。法院档案工作者认为,"作为一名档案管理工作者,必须坚持以《档案法》为指导,认真贯彻执行党和国家有关档案工作的法律、法规,提高自身的政治、

业务素质、严格依法治档、依法管档,牢固树立档案为审判工作服务的意识,真正做到档案收集齐全、整理系统、鉴定准确、保管齐全、利用方便、管理科学"[18];城建档案工作者认为,"城建档案管理机构应加强依法管档、依法治档工作,大力开展执法检查,确保城市'生命线'的正常运行"[19];医院档案工作者认为,应当"自觉遵守病案管理法律法规,做好依法建档、依法治档、依法管档,坚决维护病案原始记录,严禁任何人涂改、伪造病案,确保病案的真实性、可靠性和完整性"[20];高校的档案工作者认为,"在高校档案文化建设活动中大力推进'依法治档、依法管档'工作,加强法制宣传教育,可以有效地提高师生对档案的重视程度"[21];企业档案工作者认为,依法管理企业档案"以便更好地开展企业档案工作,使企业档案管理在法制化轨道上加快发展"[22];档案行政管理机关的领导则要求"开展档案法制'六进'(进机关、进乡村、进社区、进学校、进企业、进单位)活动,引导广大机关、乡村、社区、学校、企业和单位依法管档、依法治档"[23]。

5. 强调"依法管档"需要法制观念与法制思维

"法制观念是指人们对法制的看法和态度,其核心是对依法办事的态度"[24],而档案法制观念则是档案工作者对档案法制的看法与态度。"依法管档"的核心是在依法管理档案时,心中要有法。这就要求"档案工作人员一定要学法、懂法,牢固树立法制观念"[25];"在档案工作中依法履行职责,认真学法、带头守法、严格执法,不但要掌握本行业的法律法规,而且要了解国家各项法律法规以及相关业务法规,如《宪法》《刑法》《刑事诉讼法》《民法》《保密法》《行政诉讼法》,才能做到依法管档、依法治档、依法监督指导、依法规范管辖区域内的档案工作"[26]。

"法律意识是指人们对于现行法和有关法律现象的观点和态度的总称"[27],可以将其理解为人们法制观念的自觉。而这种意识的形成不是天生的、自然形成的,需要通过普遍的、长期的法律教育才能形成。"档案人员的法律意识是做好档案工作的保证,必须强调法规教育,做到依法建档、依法治档、依法管档。"[28]

而所谓法律思维,"大体上是指法律人根据现行有效法规范进行思考、判断和解决法律问题的一种思维定势,一种受法律意识、法律思想和法律文化所影响的认知与实践法律的理性认识过程"[29]。档案工作者已经认识到:"各级档案管理部门要有开放思维、现代管理思维、法制思维,推动档案工作实现三个转变,即由封闭向开放、由重保管向重服务利用转变,由重行政管理向依法管理转变,由传统方式管理向数字化方式管理转变,不断增强服务能力,努力提高档案管理水平"[30],在"依法治国""依法治档"的大环境下,更"要树立依法治档理念,自觉运用'法制思维'和'法治方式'解决档案工作重点难点问题"[31]。

二、研究和实践中存在的主要问题

1."依法管档"及相关词组没有明确的界定

"依法管档"作为一个含义丰富,但专指性较弱的词汇。在具体使用时,更是内涵时而笼统,时而单一;外延有时大,有时小;对象此时虚,彼时实,没有明确的界定。

正是由于"依法管档"及相关词组的内涵与外延没有明确的界定,人们常常将"依法管档""依法管理档案""依法管理档案事业""依法管理档案工作""依法管理档案事务"等视为同一词汇,随意使用,常常在一篇文章中出现用词前后不一、相互交叉、随意替换的情况。比如,黄晓利、贾涛、李淑华于2000年发表在《佳木斯教育学院学报》上的《高校档案工作应增强法制意识》一文中,就有四次使用"依法管档",一次使用"依法管理档案工作"的情况,而文中没有对这两个词组做出任何说明。

2.《档案法》被赋予了法律之外的期望

《档案法》作为我国档案工作的根本大法,是档案行政法规、规章及规范性文件的依据。因此,"依法管档"不能超越《档案法》所规定的范围。比如,《档案法》第六条规定:"县级以上地方各级人民政府的档案行政管理部门主管本行政区域内的档案事业,并对本行政区域内机关、团体、企业事业单位和其他组织的档案工作实行监督和指导。"家庭与个人档案显然不在《档案法》规范范围之内,但一些作者的文章内容不少是针对家庭档案的"依法管档"。其中,南通市要求农户建档就是一例。该市专业户、示范户这"两户"家庭档案兴建较早,"但由于产业结构的不断调整,各专业考虑效益的高低及部分专业户怕建档露富缴税等原因,使少数专业户的家庭档案不能持续下去"[32],他们根据这个情况采取以下办法:"一是亲自帮助他们整理、组卷,使档案达到规范化。二是广泛宣传国家纳税政策和部分家庭档案可以保密的政策。"[33] 1991年时全市共有建档两年以上的专业户427户,科技示范户71户,两户共有档案、资料8396卷。再如,邵阳市档案局局长龚超群同志在介绍"2013年工作计划安排"时曾说道:"进一步扩大建档范围,继续做好荣誉档案和重点档案征集工作以及家庭建档工作,在年内出版《邵阳先进模范荣誉档案》,开展镇馆之宝、优秀家庭档案评选活动,评选'十佳'镇馆之宝和'十佳'家庭档案。"[34] 仅在中国知网数据库中就检索到在文献中同时包含"依法管档"和"家庭档案"的文献20篇。借着"依法管档",《档案法》被部分地区和一些学者赋予了超出这部法律本身之外的许多期望。

3. 更多地强调行政执法与行政执法权

有关档案执法权,不少档案工作者认为:"档案行政执法是《中华人民共和国档案法》赋予档案行政管理机关的权力,是档案行政管理部门进行依法管理档案的重要依据"[35],"是档案行政主管部门依法行政、依法管理档案的重要内容"[36],必须"按社会主义市场经济、政治体制改革增加档案行政执法部门的职能和依法管理档案工作的刚性法条,以适应当前和今后档案工作的客观需要"[37],并强调应当"将档案行政执法检查作为依法管理档案的重要手段,并使之经常化、制度化、规范化,加大执法处置力度严肃查处档案违法案件"[38]。

从文献中可以看到,1991年之后,档案工作者开始从关注档案执法,向关注档案执法与档案行政执法权的享有与授权并重转移。"就以某些基层档案行政管理机关——档案局为例,《档案法》颁布没有多久,就有提出《档案法》不具可操作性,要求明确执法机关的身份,享有行政处罚权,要求细化对违法行为的处罚条款"[39],同时也指出:"我国档案工作的基本原则和档案行政管理部门的执法权,是实现档案管理社会化的最基本条件。"[40]虽然1996年修订的《档案法》"明确了档案部门以及有关部门档案管理的职责以及行政执法、监督权,使'维护档案的完整与安全,便于社会各方面的利用'这一目标的实现有了具体要求和法律保证"[41]。但现实中,"档案行政管理部门在档案的销毁方面对保管单位故意或错误对档案进行销毁的行为无法处理,对已知的违法行为无权查处,查处本身就是违法,在这种制度安排下,档案行政管理部门在档案的销毁方面将难以发挥应有的作用"[42],存在着"档案行政执法权过于分散,目前档案行政管理部门不是唯一的档案行政执法部门,具备档案行政执法资格的还有城市建设、土地管理等部门"[43]和"档案行政执法主体资格不确定或缺失"[44]、"法律赋予档案行政管理部门的行政执法权和行政处罚权是十分有限的"[45]等问题。

4. 寄期望于通过宣传教育提升全社会的普遍守法意识

不少档案工作者寄期望于通过宣传教育提升全社会的普遍守法意识,从而提高"依法管档"或"依法管理档案"的效果。在全文中含有"依法治档"或"依法管理档案"的2830篇文献中,有303篇涉及守法,占比超过了10%。一些作者认为:"要通过学习、宣传、贯彻《条例》,牢固树立档案法制观念,形成自觉学法守法、依法管理档案事业的良好风气"[46],从而"形成自觉学法懂法守法、依法管理档案事业的良好风气,营造良好的工作氛围和工作环境"[47],并"通过广泛深入的宣传,让全社会都知法、懂法、增强法律观念,自觉地守法、执法、依法管理档案事务,实现档案管理的法制化"[48]。

三、几点思考

1. "依法治档""依法管档"和"依法用档"三个概念的界定

《档案法》第一章总则中第一条明确指出:"为了加强对档案的管理和收集、整理工作,有效地保护和利用档案,为社会主义现代化建设服务,制定本法。"[49]实现这一立法目的,涉及档案的收集、整理与保护,档案的利用与服务,档案依法行政与依法监督四个方面,为此,需要分别定义"依法治档""依法管档"和"依法用档"三个概念。

"'依法治档'有广义和狭义之分。广义的'依法治档'是以档案法律体系所提供的规范为依据,科学地管理档案事务,合理地调整档案社会关系,推动档案事业进步,促进经济和社会发展的过程。"[50]"各级党委和政府,档案行政管理部门和相关部门,档案馆(室)、相关机构及其工作人员和公民是'治档'的主体。"[51]它的主要内容有四个方面:一是依法行政。就是档案行政管理机关依法行使档案行政管理权,依法管理档案事务。二是依法管档。就是档案馆、档案室等档案管理部门依法对档案进行管理。三是依法用档。就是国家机关、社会组织和公民依法利用档案。四是依法监督。就是依靠各级人大和有关部门以及广大人民群众,建立起档案法律监督体系,促进档案法律、法规的正确实施。

狭义的"依法治档"是指各级档案行政管理机关及其工作人员依据宪法和法律赋予的职权,在法律规定的职责范围内,按照法定的程序,对国家和社会各项档案事务实施管理,并对自身做出的档案行政行为后果依法承担相应责任的活动,即档案依法行政。

"依法管档"就是各级各类档案管理机构和其他机构以及公民依法收集、整理和保护对国家和社会有保存价值档案的活动。

"依法用档"是指社会组织和公民为达成某种目的,按照宪法和法律规定,合理利用公私机构档案的行为。

2. 溯本清源,全面理解《档案法》的立法目的

深入学习和研究《档案法》,明确拥有和行使各种行政权与执法权的最终目的,以及达到这个目的的程序与路径,这是我们研究"依法管档"的基础,实现"依法管档"的前提。

3. 认真思考对国家与对社会有保存价值档案的不同与差异

《中华人民共和国档案法》第二条规定:"本法所称的档案,是指过去和现在的国家机构、社会组织以及个人从事政治、军事、经济、科学、技术、

文化、宗教等活动直接形成的对国家和社会有保存价值的各种文字、图表、声像等不同形式的历史记录。"[52] 现在,在政府职能转变与社会组织作用强化的趋势下,应当从管理国家全部档案的层面,认真审视与讨论对国家有保存价值档案与对社会有保存价值档案的区别,从理论上探讨对社会档案依法管理的必要性与可行性。

4. 主动执法是档案行政管理机构存在的唯一出路

当今社会,主动执法是档案行政管理机构存在的唯一出路。主动执法是什么?说白了"就是找事"。但"找事"并不是随便找,是在"依法管档"的范围内"找事"。这个范围是什么?如何"找事"?这需要我们及时、认真地思考并寻求出合理的答案。

参考文献

[1]六届全国人大常委会委员分组审议档案法草案[J].湖北档案,1987(4):9.

[2]许行贯副省长在省直单位办公室主任会议上的讲话[J].浙江档案,1987(9):9-12.

[3][15]彭朝辉.档案信息网络建设与发展的几点思考[J].山西档案,2005(A1):39.

[4]辛伟.对做好房地产交易管理中心档案工作的思考[J].商业经济,2010(20):66-67.

[5]朱春瑜.再析高校合并后的档案工作[J].兰台世界,2005(5):59-60.

[6]于辉,岳权.做好民营企业档案工作的策略[J].黑龙江档案,2011(1):82.

[7]王艳.论税务系统档案的集约化管理[J].档案天地,2014(11):47-48.

[8][16]邢金荣.高校人事档案信息化管理探究[J].兰台世界,2012

(11):50-51.

[9]刘国中同志在全省档案工作会议上的讲话[J].黑龙江档案,2011(1):5-6.

[10]宜宾市档案普法工作的思考[J].四川档案,2011(4):8-9.

[11]王颖霞.区县档案行政执法工作待加强[J].中国档案,2013(9):44.

[12]葛慧.强化管理:基层档案工作的固本之策[J].黑龙江档案,2011(4):36.

[13]刘丽平.企业档案鉴定工作难以开展的原因及对策[J].兰台世界,2009(2):29-30.

[14]赵硕.数字化仿真复制技术在档案工作中的应用研究[D].南宁:广西民族大学,2012.

[17][21]季学利.新时期档案事业的发展趋势[J].山东档案,2005(2):5-6.

[18]程宗璋.简论人民法院诉讼档案管理的若干问题[J].彭城职业大学学报,2000(1):20-22.

[19]耿玲玲.城市地下管线工程档案管理[J].档案管理,2012(3):81-82.

[20]李廷珊,陈振兆,丁惠.病案管理信息化建设的重要性与措施[J].现代医院,2013(3):135-136.

[22]牟继红.多措并举提高企业依法管档水平[J].黑龙江档案,2009(6):61.

[23]汪晓勇.以讲话精神为引领推动江西档案事业创新发展[N].中国档案报,2014-12-08(1).

[24]吴秋生,徐蕾.管理层观念与内部控制[J].商业研究,2011(5):78-82.

[25]宇亮.增强法制观念依法管理档案[J].湖南档案,1988(1):12-13.

[26]张会民.档案专业人才队伍的建设与培养[C]//中国档案学会.实践·创新·发展——全国地(市)、县(市)档案局馆长论坛文集.北京:中国档案出版社,2007:5.

[27]马丽娟.农村基层干部权力观教育研究[D].哈尔滨:哈尔滨工程大学,2013.

[28]邹晶,高洪菊.电力多种经营企业档案工作的现状与对策[J].黑龙江档案,1997(5):20-21.

[29]刘治斌.法律思维:一种职业主义的视角[J].法律科学:西北政法学院学报,2007(5):52-61.

[30]本报通讯员.加快工作进度确保如期开馆[N].太行日报,2014-09-13(1).

[31]郭淑媛,徐春艳.分片集中观摩互评取长补短——哈尔滨市档案局创新年度目标考核形式[J].黑龙江档案,2014(1):6.

[32][33]王融荣,陆芬英.南通市农业科技档案馆的馆藏档案特点与任务[J].档案学研究,1991(4):70-72.

[34]振奋精神再创佳绩——局馆长新年谈发展[J].档案时空,2013(2):8-13.

[35]刘凤琴.新形势下搞好档案行政执法的思考[J].理论学习,2007(4):49-50.

[36]程旭.加强档案行政执法的若干思考[J].黑龙江史志,2012(2):53,63.

[37]马耀明.浅议贫困县档案管理工作中存在的问题和对策[C]//甘肃省档案学会.档案安全与档案服务——2011年甘肃省档案工作者年会论文集.甘肃庆阳,2011:10.

[38]王晓红.以科学发展观为指导推动档案工作新发展[J].攀登,2009(4):130-132.

[39]吴雁平.《档案法》操作性相关研究文献综述——《档案法》"操作性"考[J].档案管理,2013(2):62-65.

[40]周毅.试论档案工作的发展规律[J].档案学通讯,2002(2):10-14.

[41]刘国能.历史的必然——《档案法》的颁布与修改[J].中国档案,2002(9):13-16.

[42]程训方,刘东斌.对"鉴定档案"和"销毁档案"的思考——《档案法》审视之九[J].档案管理,2006(1):24-27.

[43][44]蒋锦萍.档案行政执法问题探析[J].浙江档案,2004(12):14-15.

[45]丁梅.档案行政执法难的成因探究[J].档案学研究,2007(6):40-42.

[46]张洪祥.认真贯彻实施新的《湖北省档案管理条例》努力促进湖北档案事业全面协调持续发展[J].湖北档案,2004(Z1):15.

[47]范高云.浅谈新时期高职院校系部档案管理[J].办公室业务,2013(17):184,186.

[48]殷弘.档案行政执法刍议[J].黑龙江档案,2006(4):43.

[49][52]中华人民共和国档案法.中华人民共和国国家档案局[EB/OL].[2015-05-05]http://www.saac.gov.cn/xxgk/node_1605.htm.

[50]陈忠海.依法治档所依之"法"是什么?——是《档案法》还是与档案、档案工作有关的一切法律、法规和规章[J].档案管理,2011(3):10-14.

[51]陈忠海.依法治档中的"治档"应作何理解?——谁来治、治什么、如何治[J].档案管理,2011(4):12-14.

该文发表在《档案学通讯》2015年第4期

论档案行政执法司法化

陈忠海 吴雁平

摘 要 为有效地提高行政效率,实现公平正义,西方发达国家对行政体制进行改革,将行政程序日益司法化,即用司法化的程序代替传统的行政程序,进而保障公民对行政活动的知情权和参与权。运用相对成熟的司法程序对档案行政执法程序、档案行政执法听证程序、档案行政执法案件记录文件材料形成和档案行政执法机关内部运行机制进行丰富和改良,是一种更好地解决纠纷的程序制度选择。

关键词 档案行政执法 行政执法程序 司法程序

档案行政执法是档案行政管理中最为常用的行政行为,也是对档案行政管理相对人权益造成影响最为直接的行政行为。

一、档案行政执法概念的界定

档案学界与档案实务界对档案行政执法的内涵尚未达成共识,因而对档案行政执法的表述也就多种多样。档案行政执法可以分为狭义说(国家档案行政机关)和广义说(国家机关)二种。而依据对档案行政执法含义界定的宽窄,亦可以细分为最狭义说、狭义说、一般说、广义说和最广义说五种。为了提高研究对象的专指性,有必要对这五种表述的含义与特征进行梳理,进而明确本文对档案行政执法含义的界定。

1. 最狭义说

最狭义的档案行政执法仅指档案行政监督检查。档案行政监督检查,简称档案行政检查,是指具有档案行政监督检查职能的档案行政主体,依据法定的监督检查职权,对其行政管辖范围内的行政相对人是否遵守法律、法规和规章,以及是否执行有关行政决定、命令等情况,进行能够影响相对人权益的监督检查行为。

赵连裕认为,档案行政执法是指国家档案行政管理部门依照职权和档案法律、法规的规定,对被管理人的档案权利义务的行使和履行情况,直接实施监督检查的行政行为[1]。理论研究上持这种观点的人很少。《南京市档案行政执法检查和专项监督检查实施意见》第二条规定:"本意见所称档案行政执法监督检查,是指市档案局依据法定职责和程序对全市法人、其他组织贯彻落实档案法律法规情况进行全面了解、查询、纠正和处理的活动。"档案实务界使用这一表述的也很少。

档案行政监督检查具有主体主动性,具有不考虑相对人意愿的特征。它是保障档案行政目的实现的重要行政手段,也是档案行政执法主体作出正确的行政强制和行政处罚的前提和基础。

2. 狭义说

狭义的档案行政执法是指档案行政处罚和档案行政强制。理论研究上持此观点的人比较少。潘玉民认为,档案行政处罚是指享有档案行政处罚权的档案行政法主体,根据档案法律规范,依照法定的程序,对公民、法人或者其他组织的档案违法行为实施的行政制裁[2]。依据国家档案局2000年5月10日发布的《档案行政处罚程序暂行规定》第十一条的规定,档案行政处罚的种类包括:警告、罚款和没收违法所得三种。

对于行政强制,2011年颁布的《行政强制法》第二条规定:"本法所称行政强制,包括行政强制措施和行政强制执行。行政强制措施,是指行政机关在行政管理过程中,为制止违法行为、防止证据损毁、避免危害发生、控制危险扩大等情形,依法对公民的人身自由实施暂时性限制,或者对公民、法人或者其他组织的财物实施暂时性控制的行为。行政强制执行,是指行政机关或者行政机关申请人民法院,对不履行行政决定的公民、法人或者其他组织,依法强制履行义务的行为。"而对档案行政强制,国家档案局尚未做出明确说明。有学者认为,档案行政强制执行是指组织和公民个人不履行档案法律、法规、规章规定的义务,档案行政管理部门依法强制其履行义务的行政行为[3]。

档案行政处罚、档案行政强制与档案行政监督检查有相同的特征,也有不同的特点。相同之处是都具有主体主动性,并不考虑相对人的意愿,都是保障档案行政目的实现的重要行政手段;所不同的是,档案行政处罚和档案行政强制具有更强的权力性与强制性。

3. 一般说

从理论研究上讲,持一般档案行政执法观点的人比较多。例如,张燕燕、徐广虎认为,档案行政执法是指国家档案行政管理部门依照档案法律、法规、规章所规定的职权和程序,通过行政监督检查、行政处罚、行政许可、行政复议等具体行政行为实施《档案法》等国家法律的活动[4]。从实务界来看,使用这类表述的最多。1992年3月30日,国家档案局发布的《档案执法监督检查工作暂行规定》第二条指出:"本规定所称档案执法监督检查,是指各级档案行政管理部门对贯彻实施档案法规的监督检查以及依法对违反档案法规行为的查处。"2007年12月,《杭州市档案行政执法责任制考核办法》第三条规定:"本办法所称档案行政执法,是指档案行政管理部门在工作中依据档案法律、法规和规章,行使行政检查、行政许可、行政处罚和行政监管措施等管理职权的行政行为。"2011年,《菏泽市行政执法档案管理办法》第三条规定:"本办法所称行政执法档案,是指行政执法单位在实施行政许可、行政处罚、行政强制、行政征收、行政检查等行政执法活动中形成的各种执法文书、图表、声像和电子载体等历史记录。"其中,将档案行政执法界定为行政执法单位实施的行政许可、行政处罚、行政强制、行政征收、行政检查等行政执法活动。

这个意义上的档案行政执法,是与档案行政立法、档案行政司法相对应的具体行政行为。档案行政执法具有主体(档案行政部门)特定,对象

(人或事)特定,以落实档案法律规范为目的特征。不仅包括档案行政监督检查、档案行政处罚、档案行政强制等最狭义和狭义的档案执法行为,还包括档案行政许可、档案行政复议、档案行政听证、档案行政奖励、档案行政确认、档案行政裁决等直接影响相对人权利义务的行政行为。

4. 广义说

广义的档案行政执法,是指档案行政管理部门按照法定职责、权限和程序执行、适用档案法律法规的行政行为[5]。这一表述得到了大多数研究者的认同,使用频率最高。从实务界看,使用这一表述的相对较多。例如,《广东省档案行政执法责任制实施办法》规定:"档案行政执法是指档案行政执法主体及其行政执法人员依据法律、法规和规章,行使行政职权、履行行政职责的行为。"[6]

这类表述包括档案行政部门的全部行政行为,即档案行政决策、档案行政立法(制定档案行政规章、规定、办法和其他规范性文件)、档案行政司法和其他档案行政管理行为。

5. 最广义说

最广义的档案行政执法,是指档案法律法规的执行,它不仅包括档案行政管理部门组织实施档案法律法规的活动,而且也包括非档案行政管理部门的组织机构和个人组织实施档案法律法规的活动[7]。也就是说,国家有关机关对妨害档案管理活动,导致行政违法或刑事犯罪行为具体适用法律的活动也是其内容之一。持这一理论观点的学者较少,在实务界尚未应用与引用。

在上述的五种表述中,最狭义说、狭义说和最广义说在理论研究上认同者少,实务界没有应用或者应用很少,不适合作为本文的概念使用。一般说和广义说在理论研究与实际应用中较多,相对而言,理论界认同广义说多于一般说,实务界认同一般说则多于广义说。

档案行政执法司法化既是一个理论问题,更是一个实践性问题,选择实践中认同最多的一般说有利于引起实务界的共鸣,其研究成果也更易于得到实务界的认可。因此,我们同意这种说法,即档案行政执法是指县级以上人民政府档案行政管理部门依照档案法律、法规、规章的规定,对行政相对人采取的影响其权利义务,以及对行政相对人行使档案权利、履行档案义务进行监督检查的行政行为[8]。

二、档案行政执法司法化

运用相对成熟的司法程序对档案行政执法程序,包括档案行政监督检查、档案行政处罚、档案行政强制、档案行政裁决、档案行政许可、档案行政复议、档案行政听证、档案行政奖励、档案行政确认等直接影响相对人权利义务的行政行为加以规范,是今后一个时期档案行政执法的发展方向。

1. 档案行政执法程序司法化

档案行政执法程序是指除档案行政听证之外的档案行政监督检查、档案行政处罚、档案行政强制、档案行政裁决、档案行政许可等行政行为过程。限于篇幅,这里仅以档案行政处罚程序为例进行论述。以司法化的程序代替传统的行政处罚程序,使行政处罚更加公正、透明,更好地保护行政相对人的权益,已成为行政处罚程序发展的共同趋势[9]。为了规范档案行政处罚程序,国家档案局早在2000年5月10日就发布了《档案行政处罚程序暂行规定》。但我国档案行政处罚工作的历史不长,加之受"重实体,轻程序"传统思想的影响,在档案行政处罚结果与过程之间,往往偏重对结果的关注,忽视了对过程的关注。具体表现在:有的未按照《行政处罚程序规定》填写立案审批表,予以立案;在向行政相对人下达行政处罚决定书之前,未下达行政处罚意见告知书;下达处罚决定时,不能保障行政相对人享有的陈述权、申辩权、重大处罚的听证权,同时在处罚决定书中未告知行政相对人有关权利救济的途径;等等。行政处罚程序是使行政处罚顺利进行的重要保障,行政处罚应当严格按照我国《行政处罚法》《行政处罚程序规定》和《档案行政处罚程序暂行规定》确定的程序进行,以保证行政处罚决定的合法、有效、正确和适当。法院在审理行政案件时,首先审查的就是行政机关在做出原行政处罚时程序是否合法。

如果程序违法,法院不再对事实是否违法进行审理,而直接裁决撤销原行政行为。档案行政管理部门在实施行政处罚时,有任何程序上的违法,就将面临着被起诉并承担败诉的法律责任的风险[10]。

行政执法司法化趋势的内涵包括审理机构的独立性、程序的公开性、参与性、当事人地位的平等性、对抗性等,这些司法化的程序性制度是在长期的纠纷解决实践中经反复适用而最终形成的。司法化程序的根本特征就是公正与对抗,只有地位上的平等,才会有行政相对人真正的对抗,只有公开和当事人的参与,才会有透明的公正,只有裁判者的独立,才会真正实现公正的程序和公正的结果[11]。其中,是否有与档案行政相对人平等的理念最为关键。而在这种平等理念没有真正普遍形成的情况下,认真执行档案行政处罚程序在档案行政执法过程中就显得尤其重要。档案行政处罚程序司法化,涉及告知、调查、检查、取证、文件审核、处罚、决定送达、处理等全部档案执法程序。只有建立司法化的档案行政执法程序,才能从程序上保证档案行政执法的公正性、权威性,才能提高档案行政执法的执行力。实现处罚程序的司法化是行政处罚程序进一步发展的必然方向,这也是行政处罚行为的性质和特点决定的[12]。随着档案行政权力运行的法治化进程,档案行政执法行为程序的严谨规制将越来越明显,档案行政执法将越来越注重程序和关注过程。

2. 档案行政执法听证程序司法化

在所有档案执法行为中,档案行政执法听证的司法化倾向最为明显。听证程序的性质是为保障行政处罚公正、公平实施的一种司法救济手段,适用范围一般是指给予较重的行政处罚的案件,即罚款数额较大的案件。条件是在行政处罚中,根据当事人的请求进行。《行政许可法》实施后,随着行政执法实践的发展,听证程序在两个方面发生了很大变化。一是适用范围不断丰富。听证程序源于《行政处罚法》,本限于行政处罚案件,后延伸到行政执法中,现更是拓展到行政许可、行政审批项目以及行政管理行为和行政决策中,有关部门都要举行听证程序。二是原来由当事人提出申请、行政机关组织的方式,变化为凡关系群众利益的、社会影响较大的事件,行政机关主动组织一定范围内的听证会。它在行政执法过程中架起了一座行政管理人同行政相对人沟通的桥梁,充分体现了行政机关践行"三个代表",加强执政能力,关心群众利益,完善自身形象的根本出发点。这是听证程序不断发展的方向和理论基础,也应当是我们研究和讨论听证程序的立足点[13]。档案行政处罚听证的核心是质证和申辩。听证是为了使行政处罚公正合理的一种制度,听证应体现出公平和公正。公平地解决问题的方式有时比公正的处理结果更重要[14]。

虽然《档案行政处罚程序暂行规定》明确了档案行政处罚听证范围,对于保护档案行政管理相对人(即当事人)的合法权益,防止和减少档案行政处罚错误起到了积极的作用[15]。但就整个档案行政处罚听证制度来说,在调整对象、主体、程序、效果方面还存在着一些缺陷。比如,听证范围过于狭小,行政损害的事前自卫严重受到限制;听证主持人员和案件调查人员利益趋同,极大地影响了当事人听证权利的充分行使;听证程序缺少关键环节,保护功能难以体现出来;听证要求与听证双方的听证素质反差太大,听证制度没有发挥应有的作用;等等[16]。

要克服上述缺陷,完善档案行政执法听证制度,就必须使档案行政执法听证司法化。这是因为,听证程序起源于司法制度,其理论根源是英国法中的自然正义原则。公正性、公开性和权利性问题是听证制度的理念和功能,但不是听证制度特有的理念,不滥用自由裁量权,一事不再罚等原则也有关公正性;政府信息公开,法无明文规定不处罚等原则也有关公开性;不得非法使用强制措施,保护商业秘密和个人隐私等原则也有关权利性。听证制度的首要特征应是程序性。听证程序派生于司法,还须植根于司法,因此,行政的司法化应是听证程序的基础[17]。而档案行政执法听证的司法化则是档案行政执法司法化的重要组成部分。

3. 档案行政执法记录文件材料形成司法化

档案行政执法记录文件材料是档案行政执法行为的重要书面材料,在不同的档案行政执法行为中会形成不同的记录文件材料。这里,我们只讨论档案行政执法案件调查时形成的记录文件材料和档案行政执法处罚通知文件材料。

（1）档案行政执法案件记录文件材料形成司法化。档案行政执法案件记录文件材料司法化是指以司法文书的要求来规制档案行政执法案件记录文件材料的形成。虽然《档案执法监督检查工作暂行规定》第十五条规定"查处违反《档案法》案件，必须以事实为根据，以法律为准绳，做到事实清楚，证据确凿，定性准确，处理恰当，手续完备"，但对具体的档案行政执法案件的记录文件材料如何写，什么样的格式，要求是什么，并没有详细的规定。《档案行政处罚程序暂行规定》有了进一步的细化。《档案行政处罚程序暂行规定》第十五条规定："档案行政执法人员在调查处理档案行政处罚案件时，应当依法搜集证据。证据包括物证、书证、证人证言、视听资料、当事人陈述、调查笔录、勘验笔录和鉴定结论及其他依法可作为证据的。"第十六条规定："档案行政执法人员在调查处理档案行政处罚案件时，应当询问当事人或者其他知情人，并制作档案行政处罚询问笔录。询问笔录应当由被询问人签名或者盖章。"但这对于没有经过系统训练的普通档案行政执法人员来讲，还是显得原则与笼统，在具体执法实践时往往还是不知如何撰写这些记录文件材料，或者是撰写时不得要领，导致记录文件材料存在认定事实简单、证据分析模糊、定性不够严谨、适用法律法理说明不清、结论缺乏推导等这样或那样的缺陷，因此影响档案行政执法行为的效力。

解决上述问题，就非常必要借鉴司法文书的写法要求，规制档案行政执法案件记录文件材料的形成。"司法化"的档案行政执法案件调查记录文件材料，应当包括五个方面的内容：一是案件概况，二是调查经过及证据，三是违法事实，四是定性分析，五是处罚依据及建议[18]。同时，在上述内容中还必须体现做出行政行为的依据、调查取证的描述性说明、适用法律的依据三个方面的要求。所谓做出行政行为的依据就是要在档案行政执法案件调查记录文件材料中写明已查清的违法事实和证据，包括时间、地点、经过、手段、情节、证物、违法所得及违法行为造成的后果。调查取证的描述性说明就是要准确说明调查经过，包括调查人员、调查时间、范围、方法、步骤,有无协作办案单位,是否采取行政强制措施以及有无扣留涉案物品,有无移送司法机关及其他部门处理情况等。适用法律的依据就是要全面完整详细地展示法律依据,说明选择适用某项法律的理由,要有说明推理过程。这样做,客观上使案件调查文件材料更加严谨、更加接近于司法文书。这样的文件材料不仅使档案行政执法的当事人比较容易接受档案行政处罚,而且在行政复议或行政处罚听证中易于得到裁决机关和听证代表的认同。

(2)档案行政执法处罚通知文件材料形成司法化。档案行政执法处罚通知文件材料司法化是指在行政处罚案件形成行政处罚文书时更多地注重说理,力戒简单武断。

1992年,国家档案局颁布的《档案执法监督检查工作暂行规定》第十条规定:"《档案执法监督检查通知书》应写明被监督检查单位或个人所违反的具体档案法规条款和违法事实以及改进要求。"2000年,国家档案局颁布的《档案行政处罚程序暂行规定》第十七条规定:"档案行政管理部门在作出行政处罚决定之前,应当告知当事人作出处罚的事实、理由和依据以及当事人依法享有的权利。"但这都是笼统的原则性要求,对于基层档案行政执法人员很难起到具体的指导与示范作用。因此,我们有必要借鉴工商行政管理部门推行的"说理式"行政处罚文书的经验,使档案行政执法处罚通知文件材料司法化。

档案行政处罚决定书是送达给当事人的,因此,档案行政处罚决定书如何"说理",应该站在当事人的角度来评析。既然是"说理式"处罚决定书,就应该在"说"和"理"上下功夫。因此,处罚决定书"说理",应当着重通过改进语言文字表述方法,阐明调查证据与判定事实之间的逻辑必然,表明执法机关的立场态度,并对处罚定性、定量做出法律解释和事理论证,进一步增强行政处罚决定书的说服力和公信力[19]。

一份好的"说理式"处罚决定书,应当具备制作细致、分析周密、论证严谨、说理透彻等明显特点,应当能够体现执法者的公正立场,对当事人什么是对的、什么是错的;法律支持什么、反对什么以及为什么支持、为什么反对,都应有清楚的表述,言之有物、言之有据、言之有理。有"五种理"需要说透,即认定事实的事理、适用法律的法理、行使自由裁量的情理、逻辑思维的哲理和答复当事人陈述、申辩的道理[20]。

司法化的档案执法案件调查文件材料可以客观真实地记录整个档案行政执法的过程,能够使我们更为理性地实施档案行政执法,进而保障档案行政执法行为的客观公正。这样做,一方面提高了档案工作依法行政的效率,另一方面也提高了依法治档的水平。这就要求档案执法人员必须具备扎实的法律知识功底,提高自身对立法本意、法律条文的全面把握和深刻理解;不仅要不断提高拟制处罚决定书的文字水平,还要有严谨的逻辑思维能力和高超的法律运用技术水平,从程序和实体两方面严格落实依法治档、依法行政的要求。

4. 档案行政执法机关内部运行机制司法化

政府行政行为可分为内部行政行为与外部行政行为,内部行政行为虽然仅在行政机关内部产生效力,对外不具有法律效力,但由于它对行政决策、执行以及公务员行为起着极为重要的作用,也就必然影响机关行政效率和外部行政行为,因此,推进依法行政,同样要使内部行政行为法治化,要建立社会化、法治化的内部行政行为决策、救济体系[21]。只有在档案行政司法化理念的指导下,实现档案行政执法机构在内部运行机制上的司法化,才能保证档案行政执法从内容到形式上都更加严谨、公开、公平。

档案行政机关内部行政运行机制需要司法化,即程序化和规范化。档案行政机关内部运行的程序规定能够有效地防止档案行政机构内部人员滥用职权、提高档案行政执法工作效率、加强执法人员之间的相互监督,也有助于档案行政机构内部的责任追究。同时,档案行政机构内部程序的规范化、制度化、体系化也是加强档案行政机构内部行政管理的有效方法之一。但是,我国传统行政观念从特别权力关系理论出发,认为行政程序法只是调整、规范外部行政行为的程序,而不调整、规范内部行政行为的程序。这导致我国目前内部行政程序很不完善,内部程序的规定比较混乱,有法律规定的,有行政规章或地方法规规定的,也有政府机关内部自行规定的[22]。因此,约束档案行政管理机关及其行政执法工作人员的行为,提高档案行政管理机关和其工作人员的行政管理水平,除了对他们有实体法方面的要求外,更重要的就是对他们的行政行为还要有程序法方面的要求,将内部行政行为法治化,真正实现档案执法机构内部运行机制的司法化。

三、结语

作为一种法观念的倡导,档案行政执法司法化的研究在档案学界才刚刚开始。档案界,尤其是档案行政执法系统对此还未予以应有的重视。我们可以借鉴法学界和工商管理界的研究成果和实践经验,一方面积极拓展该领域的研究方向,另一方面注重对该领域实践经验的总结,进而达到逐步丰富依法治档理论和实践内容的目的。

参考文献

[1]赵连裕.浅议档案行政诉讼应诉中的处理[J].北京档案,1991(6):28-29.

[2]潘玉民.论档案行政执法主体的依法执法[J].北京档案,2002(12):14-17.

[3]胡元潮.《档案法》及其实施办法讲座——第十一讲档案行政执法[J].浙江档案,1991(11):40-41.

[4]张燕燕,徐广虎.对档案行政执法工作的再认识[J].档案与建设,2008(7):23-25.

[5]许建华.论档案行政执法[J].档案学通讯,2000(4):15-18.

[6]广东省档案行政执法责任制实施办法[J].广东档案,2006(4):7-9.

[7]管先海.对依法治档的理性思考[J].北京档案,2005(4):31-33.

[8]小普.小普说法(6):档案行政执法的基本要求[J].中国档案,2009(6):6.

[9][11]葛炜.我国行政处罚程序司法化研究[J].玉溪师范学院学报,2006(1):50-54.

[10]李爱芝.档案行政处罚中存在的问题与对策[J].四川档案,2010(4):31-32.

[12]徐璐艳.行政处罚程序司法化研究[D].扬州:扬州大学,2012:5.

[13]乔明香.论档案听证程序的适用[J].山西档案,2005(1):39-41.

[14]黄志勇.档案行政处罚听证程序若干问题探讨[J].档案时空,2003(10):20-22.

[15][16]黄志勇.试论档案行政处罚听证制度的缺陷与完善[J].档案管理,2004(6):26-27.

[17]匡科.司法化是行政处罚听证程序的基础——兼论行政处罚听证程序的改进[J].中国工商管理研究,2003(10):55-57.

[18]吴琪明.推行案件调查终结报告"司法化"促进行政执法公正化[J].工商行政管理,2006(21):63-65.

[19][20]江苏省镇江工商局.推行说理式文书 促进执法规范化[J].工商行政管理,2009(3):72-73.

[21][22]郭华.内部行政行为法治化的构建[J].闽江学院学报,2007(3):66-71.

该文发表在《档案学通讯》2014年第1期

依法治档研究

论档案行政执法与刑事司法的衔接

陈忠海　刘东斌

摘　要　行政法与刑事司法衔接工作是近年来行政执法机关、司法机关和社会各界共同关注的一项工作。《档案法》与《刑法》的相关条款,为档案行政执法与刑事司法的衔接提供了法律依据,奠定了法律基础。档案行政执法与刑事司法的衔接主要包括证据衔接、程序衔接两个方面。

关键词　档案行政执法　刑事司法　《档案法》《刑法》法律关系

行政执法与刑事司法衔接是一个源于行政执法实践的现实问题。十几年来,这一问题越来越多地引起行政执法机关、司法机关和社会各界的共同关注,理论界的研究相对落后于实践层面的需求和行动。当今行政执法与刑事司法衔接工作机制的建立是实践需求与理论研究相互作用的结果。

一、行政执法与刑事司法衔接的表述

从时间节点上看,学者们在研究行政执法与刑事司法衔接时先后探讨了两个问题:一是行政执法与刑事司法的衔接机制,二是行政执法与刑事司法的衔接。二者其实是同一个问题。

2007年9月11日,《法制日报》发表蔡岩红撰写的《上千海洋违法案无一受刑事处罚》一文。他认为,行政执法与刑事司法衔接机制是指具有法定行政管理权限的机关或组织,在行政执法过程中将涉嫌构成犯罪的行为从行政执法过程中分离出来,自然过渡和转移到刑事司法程序中,进而进行侦查、追诉并最终汇入刑事审判的机制。

也有一些学者对行政执法与刑事司法衔接机制给出了不同的表述。朱小岗、樊霄鹰认为,行政执法与刑事司法衔接机制,是指在查处涉嫌犯罪的行政违法案件过程中,各有关部门在各司其职、各负其责的前提下,相互配合、相互制约,确保依法追究涉嫌犯罪人员的刑事责任的办案协作制度[1]。

对行政执法与刑事司法衔接的表述要晚于行政执法与刑事司法衔接机制。

赵素江认为,行政执法与刑事司法的衔接,就是行政机关在行政执法过程中发现涉嫌犯罪的案件需要刑事处理时,案件从行政执法程序向刑事司法程序流转的过程[2]。

2012年3月12日,《检察日报》发表的《高检院工作报告词解》指出,行政执法与刑事司法衔接指行政执法机关、公安机关、检察机关在信息共享、案件移送、协调配合、监督制约等方面建立工作制度,保证涉嫌犯罪案件依法及时进入司法程序。这应当是官方最权威的表述。

二、行政执法与刑事司法衔接工作与理论研究的演进

从实践上看,2001年4月27日,《国务院关于整顿和规范市场经济秩序的决定》第十三条要求:"……加强行政执法与刑事执法的衔接,建立信息共享、沟通便捷、防范有力、查处及时的打击经济犯罪的协作机制,对破坏市场经济秩序构成犯罪行为的,及时移送司法机关处理。"文件是将行政执法与刑事司法的衔接作为政府履行职责的制度提出的,并在之后的整顿和规范市场经济秩序活动中付诸实践。

从理论研究上看,2004年2月3日,《检察日报》刊发杜树生的《行政执法与刑事司法衔接乃强化法律监督的新实践》一文。文章虽然不到600字,但却是第一篇关于行政执法与刑事司法衔接的论证文献。2005

年,上海浦东新区人民检察院的徐燕平撰文,重点阐述了以信息共享机制、案件移送机制、联席会议机制、协同工作机制"四项机制"和备案审查权、提前介入权、调卷审查权、移送通知权、违法纠正权、专项检查权"六项监督权"构成的行政执法与刑事司法相衔接工作机制的基本架构。这个架构也成为日后行政执法与刑事司法相衔接研究的框架[3]。2008年,东南大学法学院周佑勇、刘艳红撰文,首次提出了程序机制是行政执法与刑事司法衔接的核心的观点。他们认为,行政执法与刑事司法的衔接问题一直是困扰我国法律实践的难题。要从根本上解决这一问题,必须着眼于两者相衔接的程序机制,即建立和完善涉嫌犯罪案件的移送、受理与处理机制,证据收集与转换制度以及相配套的信息交流机制、联席会议机制和提前介入制度[4]。2006年,北京市平谷区人民检察院的张彩荣、母光栋撰文,首次讨论了行政执法与刑事司法衔接中的证据转换问题[5]。2009年,北京市人民检察院的郭华撰文,进一步论述了行政执法机关移送案件的证据转化的程序问题[6]。2011年,时任最高人民检察院侦查监督厅副厅长的元明先生第三次就行政执法与刑事司法相衔接撰文,提出了行政执法与刑事司法衔接工作的发展设想:一是进一步完善相关法律法规和规定,提高行政执法与刑事司法衔接工作的效率和水平;二是严格依法办案,认真解决衔接工作中的问题;三是加强立案监督和行政监察,为移送工作提供保障;四是推动各地搭建数据平台,实现案件信息共享;五是狠抓一批大案要案,并查办不移交案件背后的职务犯罪,推动行政执法与刑事司法衔接工作深入开展[7]。

在上述研究中,有两个明显的特点:一是行政执法与刑事司法衔接研究的实践性非常强,来自司法工作一线的检察官在研究中有着不可替代的重要作用。行政执法与刑事司法衔接的三个核心问题,即程序衔接、证据转化和立法中有两个源于行政执法与刑事司法实践工作,这也说明实践性问题的解决离不开实践工作者的思考和探索。二是行政执法与刑事司法衔接研究从司法(检察)领域向其他专业领域扩展。从文献看,涉及的领域有著作权、知识产权、烟草专卖、工商、草原、法律监督、医疗卫生、食品药品、农业、社会管理、税务、质量监督、公安、国土资源、网吧、医疗美容、证券、渎职侵权、林业、动物防疫、证券等众多行业和领域。

三、档案行政执法与刑事司法衔接的法律依据与现实需求

1. 档案行政执法与刑事司法衔接的法律依据

首先,《档案法》在第五章法律责任中明确规定了档案行政违法的法律责任,处罚标准及与刑事司法的衔接。第二十四条规定:有下列行为之一的,由县级以上人民政府档案行政管理部门、有关主管部门对直接负责的主管人员或者其他直接责任人员依法给予行政处分;构成犯罪的,依法追究刑事责任:

(一)损毁、丢失属于国家所有的档案的;

(二)擅自提供、抄录、公布、销毁属于国家所有的档案的;

(三)涂改、伪造档案的;

(四)违反本法第十六条、第十七条规定,擅自出卖或者转让档案的;

(五)倒卖档案牟利或者将档案卖给、赠送给外国人的;

(六)违反本法第十条、第十一条规定,不按规定归档或者不按期移交档案的;

(七)明知所保存的档案面临危险而不采取措施,造成档案损失的;

(八)档案工作人员玩忽职守,造成档案损失的。

在利用档案的过程中,有上述条款第一项、第二项、第三项违法行为的,由县级以上人民政府档案行政管理部门给予警告,可以并处罚款;造成损失的,责令赔偿损失。

企业事业组织或者个人有第一款第四项、第五项违法行为的,由县级以上人民政府档案行政管理部门给予警告,可以并处罚款;有违法所得的,没收违法所得;并可以依照本法第十六条的规定征购所出卖或者赠送的档案。

第二十五条规定:携运禁止出境的档案或者其复制件出境的,由海关予以没收,可以并处罚款;并将没收的档案或者其复制件移交档案行政管

理部门;构成犯罪的,依法追究刑事责任。

第二十四条、第二十五条两次使用了"构成犯罪的,依法追究刑事责任"。这句话的含义是当档案行政执法机关发现某种档案行政违法行为已经超出《档案法》规定的处罚限度,触及《刑法》中与档案相关的条款,构成犯罪时,需交由司法机关处置。这是档案行政执法与刑事司法相衔接的法律依据之一。

其次,《刑法》第三百二十九条规定,抢夺、窃取国家所有档案的,处五年以下有期徒刑或者拘役。

违反《档案法》的规定,擅自出卖、转让国家所有档案,情节严重的,处三年以下有期徒刑或者拘役。

有前两款行为,同时又构成本法规定的其他犯罪的,依照处罚较重的规定定罪处罚,亦是档案行政执法与刑事司法相衔接的法律依据之一。

此外,《刑法》第九十一条第三款规定:"在国家机关、国有公司、企业、集体企业和人民团体管理、使用或者运输中的私人财产,以公共财产论。"将在国家档案馆寄存的所有权并不属于国家的档案也视为公共财产,明确地列入了法律保护的范围。"以……论"在刑法理论中属于一种"拟制规定",这种规定使原来不符合某种规定的行为也按该规定处理,即将不同者在法律上视为等同[8]。

《刑法》第九十一条第三款就是这种"拟制规定"。"正因为这种规定,才将本来属于私人财产的物品按照公共财产论处,也使得集体或个人所有的由国家代为保管的档案同样也拟制成国有档案,理应受到法律的保护。"[9]另外《刑法》修正案中增设的隐匿、故意销毁会计凭证、会计账簿、财务会计报告罪;窃取、收买、非法提供信用卡信息资料罪;非法提供个人信息罪和非法获取个人信息罪。上述几个罪名的法律条款中并没有出现"档案"一词,但是在相关的司法解释及最高人民法院给出的典型案例中,这些罪名所侵犯的对象恰恰又是《档案法》第二条所确定的"档案"二字[10]。这在事实上将《档案法》与《刑法》联系了起来,为档案行政执法与刑事司法衔接提供了法律依据。

最后,《刑事诉讼法》第五十二条第二款关于"行政机关在行政执法和查办案件过程中收集的物证、书证、视听资料、电子数据等证据材料,在刑事诉讼中可以作为证据使用"的规定,为档案行政执法证据进入刑事司法诉讼提供了法律依据,从而奠定了档案行政执法与刑事司法衔接的法律基础。

2. 档案行政执法与刑事司法衔接的现实需要

《档案法》《刑法》与《刑事诉讼法》的相关条款,为档案行政执法与刑事司法的衔接提供了法律依据,奠定了法律基础。但如何实现档案行政执法与刑事司法的有效衔接,档案行政管理机关及其执法人员在理论和实践两个方面都很欠缺。

在我国现行的档案执法实践中,档案执法机关对违反《档案法》的行为,主要是通过行政处罚予以制裁。从理论上讲,当某种档案行政违法行为超出《档案法》规定的处罚限度时,档案行政执法机关应当将其移送刑事司法机关,由司法机关依照司法程序进行处置;或者由司法机关主动介入,根据《刑法》的相关规定,对属于情节严重或者后果比较严重等情形而构成犯罪的行为进行刑罚处置。

在现实中,一方面,由于档案行政执法机关与刑事司法机关还没有建立起一套相对成熟的档案行政执法与刑事司法衔接机制,档案行政执法机关更乐意自行对档案违法行为行使行政处罚,管得了就罚,管不了就不了了之;另一方面,由于许多人对档案法律法规并不熟悉,从事档案管理和研究工作的人对《刑法》也并不了解,最终导致很多公民甚至是档案管理人员都无法将《档案法》与《刑法》相联系,来抵制档案犯罪[11]。这也是我们将《档案法》视为软法的缘由之一。此外,档案行政管理机关仍然青睐于手把手的业务指导,没有将依法治档、查处档案违法行为当作档案行政管理的核心工作,导致实践经验匮乏,案例稀少。

依法治档就是要努力营造有法可依,有法必依,执法必严,违法必究的档案工作法制化氛围。这四项原则是一个相互关联的有机整体,缺一不可,不可偏废。而档案行政执法与刑事司法衔接机制的建立正是档案工作法制化的重要内容,是新形势下依法治档工作的重要抓手。

四、档案行政执法与刑事司法衔接的主要方面

笔者认为,档案行政执法与刑事司法的衔接主要包括证据衔接、程序衔接两个方面。

1. 证据衔接

行政证据是指行政执法主体依法定程序收集的、用来证明案件真实情况的一切事实;刑事诉讼证据是指司法机关依法定程序收集的、用来证明案件真实情况的一切事实[12]。我国在刑事、行政、民事司法中使用的证据,是分别由《刑事诉讼法》《行政诉讼法》《民事诉讼法》规定的。《刑事诉讼法》第四十八条规定证据包括:物证;书证;证人证言;被害人陈述;犯罪嫌疑人、被告人供述和辩解;鉴定意见;勘验、检查、辨认、侦查实验等笔录;视听资料、电子数据。《行政诉讼法》第三十一条规定证据包括:书证;物证;视听资料;证人证言;当事人的陈述;鉴定结论;勘验笔录、现场笔录。《民事诉讼法》第六十三条规定证据包括:当事人的陈述;书证;物证;视听资料;电子数据;证人证言;鉴定意见;勘验笔录。所有证据都必须具有真实性、合法性和关联性三个基本属性。因此,行政证据本身只要没有重大的瑕疵或者获得没有严重违反法定的程序,其作为可接受的刑事诉讼证据加以使用,不会影响刑事案件的审判质量。

按照《行政处罚法》和国务院2001年7月颁布施行的《行政执法机关移送涉嫌犯罪案件的规定》的要求,行政执法机关在行政执法过程中应当将涉嫌犯罪案件移送公安机关,公安机关必须受理。但在当时《刑事诉讼法》和《行政执法机关移送涉嫌犯罪案件的规定》都没有规定当案件进入刑事诉讼程序后,原行政执法机关所收集的材料能否作为刑事侦查、起诉和审判的证据使用。2012年新修订的《刑事诉讼法》第五十二条规定:"行政机关在行政执法和查办案件过程中收集的物证、书证、视听资料、电子数据等证据材料,在刑事诉讼中可以作为证据使用。"该条款允许行政执法证据可以在刑事诉讼中使用,为行政执法证据与刑事司法证据的衔接提供了法律依据,也为档案行政执法与刑事司法的证据衔接提供了法律依据。

2. 程序衔接

程序衔接,即档案行政执法机关如何将涉嫌档案犯罪的案件进行移送、刑事司法机关如何受理并对案件进行处理。虽然对于案件移送在《行政执法机关移送涉嫌犯罪案件的规定》中已有较为详细的规定,但"行政执法与刑事司法相衔接的核心是程序问题"[13]。对档案行政执法与刑事司法的衔接程序进行研究,有助于推动档案行政执法机关将涉嫌构成档案犯罪的案件依法移送给刑事司法机关处置,避免出现以档案行政处罚代替刑事处置,减少有罪不究现象的发生。

行政执法程序与刑事司法程序衔接包括三个方面的内容:档案行政执法机关移送的程序,司法机关对档案执法机关移送档案案件的受理及处理程序,档案行政执法与刑事司法衔接程序中的证据收集与转化。尽管案件的移送、受理及处理是行政执法与刑事司法相衔接的关键程序问题,但是这些程序性的设计还必须有合适的配套制度来加以有效的保障[14]。

案件移送,即行政执法机关在查处行政违法案件过程中,将涉嫌行政犯罪的案件及时、主动地移送有管辖权的司法机关依法按刑事司法程序先行处理。这是"刑事先理"原则的基本要求,也是行政执法与刑事司法相衔接的首要环节。我国《行政处罚法》第二十二条明确规定:"违法行为构成犯罪的,行政机关必须将案件移送司法机关,依法追究刑事责任。"《刑事诉讼法》的相关条文也规定了检察机关对公安机关的立案监督制度。

司法机关对移送案件的受理及处理程序,与行政执法机关对案件的移送程序相衔接的另一重要程序机制,是司法机关对案件的接受程序[15]。对此,有关规定基本上明确了公安机关和人民检察院接受和处理移送案件的程序。在现实中,由于某种原因,追究行政违法责任的行政执法程序有时会发生在追究刑事责任的刑事诉讼程序之先。这主要有三种情况：一是行政执法机关无法判断违法行为是否构成犯罪，但又需要及时对行为人追究行政责任，而先行适用了行政执法程序；二是行政执法机关定性错误，将行政犯罪案件作为一般行政违法案件而对行为人先行追究了行政责任；三是行政机关明知行政违法行为已经构成了犯罪而故意作为一般行政违法行为对行为人先行予以处理。

行政执法程序因上述原因先于刑事诉讼程序时，主要应分别不同情况处理好案件移送与刑事案件立案时的衔接关系。对于上述第一种情况，行政机关先行追究了行政责任之后，如果发现该行为已经构成行政犯罪，应该立即移送有管辖权的司法机关立案再处理。对于上述第二种情况，由于是行政机关主观认识上的错误所导致的，行政机关往往不会主动移送司法机关立案。但违法行为是否构成犯罪只能由司法机关依法以刑事诉讼程序才能最终认定，所以司法机关一旦发现行政机关定性确系有错误，罚不足以治罪，虽予以行政制裁但还须追究行为人的刑事责任时，有权要求行政机关将案件移送作为刑事案件予以立案或者自行决定立案处理。对于上述第三种情况，由于是行政机关故意不移交司法机关立案造成的，对此，应当根据有关规定，由本级或者上级人民政府，或者实行垂直管理的上级行政执法机关，责令限期移送，并对其正职负责人或者主持工作的负责人、直接负责的主管人员和其他直接责任人员根据情节轻重，分别给予相应的行政处分；构成犯罪的，依法追究刑事责任，以保证行政执法机关严格将查处行政违法活动中发现的犯罪案件及时移送司法机关[16]。

通过完善行政执法机关内部的衔接，在其内部实现调查、处理相分离，建立健全错案追究制度；通过完善刑事司法机关内部的衔接，在其内部建立起对行政执法机关移送案件统一处理的工作流程，进而完善档案行政执法机关与刑事司法机关之间的衔接。

五、结语

行政执法与刑事司法相衔接工作机制是检察机关会同公安机关和有关行政执法机关探索实行的旨在防止以罚代刑、有罪不究，形成执法司法合力的工作机制,其核心是规范行政执法机关向公安机关等刑事司法机关移送涉嫌犯罪案件及其他相关工作的一系列制度设计和程序安排[17]。这对于档案行政管理机关和档案行政执法者来讲,既是一个新的实际问题,又是一个新的理论问题,需要我们在实践中不断探索,更需要我们针对性地展开研究。

参考文献

[1]朱小岗,樊霄鹰.机制保障 有效衔接——对完善烟草行政执法与刑事司法有效衔接的实践与思考[J].上海商业,2010(12):60-62.

[2]赵素江.如何规制"以罚代刑"[N].医药经济报,2012-09-07(3).

[3]徐燕平.行政执法与刑事司法相衔接工作机制研究——兼谈检察机关对行政执法机关移送涉嫌犯罪案件的监督[J].犯罪研究,2005(2):50-57.

[4][13~16]周佑勇,刘艳红.行政执法与刑事司法相衔接的程序机制研究[J].东南大学学报(哲学社会科学版),2008(1):47-52,124.

[5]张彩荣,母光栋.浅析行政执法与刑事司法衔接中的证据转换[J].中国检察官,2006(12):50-52.

[6]郭华.行政执法与刑事司法衔接机制的立法问题研究——以公安机关的经济犯罪侦查为中心[J].犯罪研究,2009(1):25-40,47.

[7][17]元明.行政执法与刑事司法相衔接的理论与实践[J].人民检察,2011(12):116-120.

[8~11]王莹,李雅柳.《刑法》对档案保护的新进展——从维护国有档案到保障个人信息[J].档案与建设,2010(10):13-15.

[12]谢治东.行政执法与刑事司法衔接机制中若干问题理论探究[J].浙江社会科学,2011(4):54-59,156.

该文发表在《档案学研究》2014年第2期

依法治档研究

档案行政司法研究相关文献的调查与分析

陈忠海　吴雁平

摘　要　对档案行政司法研究相关文献做出调查,认为档案行政司法研究具有学科交叉性,档案行政司法研究与国家重大档案法制事件、重要档案法律法规修订与颁布有着直接的关系,取得国家级和省级基金项目资助的成果较少,研究的层次主要集中在社会科学领域,研究的核心作者群已经形成,研究的作者集中在档案行政管理部门和高校,档案学核心期刊发表该主题文献最多等特征。研究中存在的主要问题是:研究涉及学科集中度高,但研究成果的专指性不强;研究成果年度分布不均,研究行为持续性较好,但平稳性较差;研究成果的理论性与实践性大体相当,略偏重于理论性;合作研究提升较快,但仍显薄弱;与档案行政司法相关的关键词使用频率不高,并据此提出四点建议。

关键词　档案法治　档案行政司法　统计分析法

"档案行政司法是指享有档案行政司法权的档案行政管理主体,按照法律、法规或者规章的规定,在其职权范围内按照司法化的行政程序,依法对档案行政争议或者档案民事纠纷进行处理的一类行政管理方式。"[1]档案行政司法实践的发展是推动档案行政管理法制化的重要内容之一。档案行政司法理论研究的进展,在一定程度上反映了档案行政司法实践发展的历程,体现出学术界对档案行政司法认识的深化,同时也表达着社会对其进一步完善的期望。本文运用统计分析的方法,对期刊中有关档案行政司法的文献及其特点进行分类分析,总结档案行政司法研究的状况和存在的问题,提出相关建议。

一、文献检索说明

以"CNKI"为文献检索平台,以"期刊"为检索入口,以条件:年between(1900,2015 and 主题=档案 and 主题=行政复议 or 主题=档案 and 主题=行政强制 or 主题=档案 and 主题=行政诉讼 or 主题=档案 and 主题=行政裁决 or 主题=档案 and 主题=行政司法)(精确匹配)检索,共检索到282篇文献。下面从档案行政司法研究的状况和存在的问题两个方面,对检索到的相关文献进行具体分析。

二、对档案行政司法研究文献状况的调查

1.文献的学科分布状况

结合CNKI文献分类目录关于学科领域的划分,发现282篇期刊文献的学科分布涉及"行政法及地方法制""档案及博物馆""诉讼法与司法制度"等24个具体领域。各学科具体发表文献数量及占比情况,见表1。其中,行政法及地方法制151篇,占53.55%;档案及博物馆101篇,占35.82%;诉讼法与司法制度14篇,占4.97%;图书情报与数字图书馆1篇,占1.79%。

表1 文献学科分布状况

序号	学科	文献数量	百分比
1	行政法及地方法制	151	53.55%
2	档案及博物馆	101	35.82%
3	诉讼法与司法制度	14	4.96%
4	法理、法史	9	3.19%

续表1

序号	学科	文献数量	百分比
5	行政学及国家行政管理	5	1.77%
6	公安	4	1.42%
7	民商法	3	1.06%
8	人才学与劳动科学	3	1.06%
9	企业经济	3	1.06%
10	农业经济	3	1.06%
11	医药卫生方针政策与法律法规研究	3	1.06%
12	图书情报与数字图书馆	2	0.71%
13	中国政治与国际政治	2	0.71%
14	宏观经济管理与可持续发展	2	0.71%
15	考古	2	0.71%
16	建筑科学与工程	1	0.35%
17	审计	1	0.35%
18	中国近现代史	1	0.35%
19	经济法	1	0.35%
20	预防医学与卫生学	1	0.35%
21	中国民族与地方史志	1	0.35%
22	农业工程	1	0.35%
23	财政与税收	1	0.35%
24	贸易经济	1	0.35%
合计		316	112.06%
实际文献数		282	100.00%
超出文献数		34	12.06%

从表1中可见,文献总篇数为316篇,超过实际文献数量(282篇)34篇,文献有12%以上的重叠,也就是说研究有明显的学科交叉性。

2. 文献的年度分布状况

经统计,从 1989 年至 2015 年的 27 年间,均有相关文献发表。全部年度年均发表文献 10.44 篇,最高年发表文献 24 篇,最少年发表文献 1 篇。文献的具体年度分布,见表 2。

表 2 文献年度分布状况

序号	年度	文献数	占比	序号	年度	文献数	占比	序号	年度	文献数	占比
1	1989	1	0.35%	10	1998	14	4.96%	19	2007	10	3.55%
2	1990	3	1.06%	11	1999	7	2.48%	20	2008	12	4.26%
3	1991	10	3.55%	12	2000	18	6.38%	21	2009	15	5.32%
4	1992	9	3.19%	13	2001	8	2.84%	22	2010	13	4.61%
5	1993	3	1.06%	14	2002	17	6.03%	23	2011	15	5.32%
6	1994	4	1.42%	15	2003	10	3.55%	24	2012	12	4.26%
7	1995	5	1.77%	16	2004	9	3.19%	25	2013	20	7.09%
8	1996	6	2.13%	17	2005	11	3.90%	26	2014	13	4.61%
9	1997	7	2.48%	18	2006	6	2.13%	27	2015	24	8.51%
合计	文献数			282		占比			100.00%		

分析表 2 得知,有关档案行政司法研究,整体上是一个不断升温、不断增长的过程,其间有三个高峰阶段。第一个高峰期出现在《档案法实施办法》颁布实施之后的 1991—1992 年。第二个高峰期出现在 1998—2002 年,这是《档案法》与《档案法实施办法》修改重新颁布之时。第三个高峰出现在 2013 年之后,这是在依法治国方略的背景下,《档案法》进入再次修改程序之时。

可以说,档案行政司法研究与国家重大档案法制事件、重要档案法律法规修订、颁布有着直接的关系。国家重大法制事件、重要档案法律法规修订、颁布和档案行政管理政策的变化对档案司法研究具有重大影响。

3. 文献的基金分布状况

从文献的基金分布看,有9篇文献得到了国家社会科学基金、黑龙江省社会科学基金的资助,占全部文献的3.19%。各基金文献数量与占比,见表3。

表3　文献基金分布状况

序号	基金	文献数量	百分比
1	国家社会科学基金	8	2.84%
2	黑龙江省社会科学基金	1	0.35%
合计		9	3.19%

4. 文献的研究层次分布状况

根据相关文献研究的具体内容,研究的层次可划分为基础研究、行业指导、政策研究、职业指导、基础与应用基础研究、行业技术指导等6个层次。各层次具体文献数量及占比情况,见表4。

表4　各层次文献数量分布状况

序号	研究层次	文献数量	百分比
1	基础研究(社科)	147	52.13%
2	行业指导(社科)	110	39.01%
3	政策研究(社科)	13	4.61%
4	职业指导(社科)	6	2.13%
5	基础与应用基础研究(自科)	5	1.77%
6	行业技术指导(自科)	1	0.35%
合计		282	100.00%

从大类看,社会科学文献276篇,占97.87%;自然科学文献6篇,占2.13%。研究成果基本上集中在社会科学领域。

5. 文献作者的分布状况

282篇期刊文献中署名的有320篇次(包括合著),共涉及270名作者(包括全部作者)。其中,发表2篇以上的有36位作者,占全部作者的13.33%。36位作者共发表文献86篇,占署名文献的26.88%。根据普莱斯定律的相关内容,可以认为这36位作者构成该主题研究的核心作者。核心作者及发表论文数量,见表5。

表5 发表2篇以上文献作者分布状况

序号	作者	文献数量	百分比	序号	作者	文献数量	百分比
1	向德才	5	1.56%	19	孙福堂	2	0.63%
2	吴雁平	5	1.56%	20	孙德成	2	0.63%
3	黄志勇	5	1.56%	21	苏华清	2	0.63%
4	赵连裕	3	0.94%	22	马绪超	2	0.63%
5	小普	3	0.94%	23	马秋影	2	0.63%
6	刘东斌	3	0.94%	24	刘子芳	2	0.63%
7	高洁	3	0.94%	25	刘迎红	2	0.63%
8	陈忠海	3	0.94%	26	刘杰	2	0.63%
9	周兆杰	2	0.63%	27	刘飞宇	2	0.63%
10	郑金月	2	0.63%	28	李河桥	2	0.63%
11	赵静萍	2	0.63%	29	李兵	2	0.63%
12	张卓	2	0.63%	30	蒋锦萍	2	0.63%
13	张旭宏	2	0.63%	31	冯志民	2	0.63%
14	袁光	2	0.63%	32	丁传斌	2	0.63%
15	杨立人	2	0.63%	33	崔文俊	2	0.63%
16	杨红卫	2	0.63%	34	程训方	2	0.63%
17	肖阳	2	0.63%	35	陈兆祺	2	0.63%
18	王学毅	2	0.63%	36	陈伟斌	2	0.63%
合计	篇数		86		占比		26.88%

6. 文献作者所属机构的分布状况

从文献作者所属机构分布情况来看,282 篇文献标明作者的单位中发表 2 篇文献以上的单位有 28 个,共发表文献 82 篇,占全部 282 篇文献的 29.08%,接近三分之一,已经成为研究这一问题的核心单位。具体单位及发表文献数量,见表 6。

表 6 核心单位文献数量分布状况

序号	机构	文献数量	百分比	机构类型
1	中国人民大学	6	2.13%	高校
2	河南省濮阳市档案局	5	1.77%	档案行政管理机关
3	福建省大田县档案局	5	1.77%	档案行政管理机关
4	黑龙江大学	5	1.77%	高校
5	北京市档案局	5	1.77%	档案行政管理机关
6	湖北省秭归县档案局	5	1.77%	档案行政管理机关
7	河南省开封市档案局	5	1.77%	档案行政管理机关
8	江苏省档案局	3	1.06%	档案行政管理机关
9	辽宁省大连市档案局	3	1.06%	档案行政管理机关
10	郑州大学	3	1.06%	高校
11	国家档案局政策法规研究司	3	1.06%	档案行政管理机关
12	福建省永安市国土资源局	2	0.71%	国土资源行政管理机关
13	四川省档案局	2	0.71%	档案行政管理机关
14	上海市档案局	2	0.71%	档案行政管理机关
15	吉林大学	2	0.71%	高校
16	湖北省秭归县道路运输管理所	2	0.71%	交通行政管理机关
17	上海大学	2	0.71%	高校
18	湖北省档案局	2	0.71%	档案行政管理机关
19	吉林省卫生厅	2	0.71%	卫生行政管理机关

续表6

序号	机构	文献数量	百分比	机构类型
20	浙江省档案局	2	0.71%	档案行政管理机关
21	江苏省南通市档案局	2	0.71%	档案行政管理机关
22	河南省南阳市档案局	2	0.71%	档案行政管理机关
23	苏州大学	2	0.71%	高校
24	河南省许昌市档案局	2	0.71%	档案行政管理机关
25	解放军总装备部绵阳档案馆	2	0.71%	档案馆
26	太原市档案局	2	0.71%	档案行政管理机关
27	福州大学	2	0.71%	高校
28	湘潭大学	2	0.71%	高校
合计		82	29.08%	

在全部28个核心单位中,档案行政管理部门16个,占57.14%;发表文献50篇,占全部文献的18.44%。高校8个,占28.57%;发表文献24篇,占8.51%。其他行政管理单位3个,占10.71%;发表文献6篇,占2.13%。档案馆1个,占3.57%;发表文献2篇,占0.71%。档案行政管理部门无论单位数,还是发表文献数量均居第一位。这说明,正是由于档案行政司法的实践活动还没有常态化、系统化和精深化,档案行政管理部门工作人员,特别是其执法部门的工作人员主动关注和研究这一主题是合乎逻辑、近乎情理的。

7. 期刊文献来源的分布状况

从期刊文献来源分布来看,282篇文献来自90种期刊。发表2篇以上的期刊33种,占36.67%;发表文献225篇,占79.79%。其中档案学期刊24种,刊文207篇;其他期刊9种,刊文18篇。档案学核心期刊9种,刊文118篇,其中中文社会科学引文索引(CSSCI)期刊2种,刊文13篇。发表文献数量最多的24种期刊均为档案学期刊。具体分布情况,见

表7。

表7 期刊文献来源分布状况

序号	期刊	文献数量	百分比	期刊类型及层次
1	中国档案	25	8.87%	档案学核心
2	档案管理	22	7.80%	档案学核心
3	兰台世界	17	6.03%	档案学核心
4	档案与建设	12	4.26%	档案学核心
5	北京档案	11	3.90%	档案学核心
6	四川档案	11	3.90%	档案学普刊
7	档案天地	10	3.55%	档案学普刊
8	黑龙江档案	10	3.55%	档案学普刊
9	档案	9	3.19%	档案学普刊
10	档案学通讯	9	3.19%	档案学核心（CSSCI）
11	山西档案	9	3.19%	档案学核心
12	浙江档案	9	3.19%	档案学核心
13	湖北档案	7	2.48%	档案学普刊
14	云南档案	7	2.48%	档案学普刊
15	城建档案	5	1.77%	档案学普刊
16	湖南档案	5	1.77%	档案学普刊
17	山东档案	5	1.77%	档案学普刊
18	上海档案	5	1.77%	档案学普刊
19	档案学研究	4	1.42%	档案学核心（CSSCI）
20	兰台内外	4	1.42%	档案学普刊
21	档案时空	3	1.06%	档案学普刊
22	贵州档案	3	1.06%	档案学普刊
23	陕西档案	3	1.06%	档案学普刊
24	机电兵船档案	2	0.71%	档案学普刊
25	办公室业务	2	0.71%	其他

续表7

序号	期刊	文献数量	百分比	期刊类型及层次
26	法制与社会	2	0.71%	其他
27	公法研究	2	0.71%	其他
28	法律文献信息与研究	2	0.71%	其他
29	税收征纳	2	0.71%	其他
30	医学动物防制	2	0.71%	其他
31	政治与法律	2	0.71%	其他
32	中国房地产	2	0.71%	其他
33	中国社会保障	2	0.71%	其他
合计		225	79.79%	

档案学期刊,特别是档案学、档案事业类核心期刊是刊载这一研究主题成果最多的期刊群。这在一定程度上说明,业内主要期刊审稿专家和总编了解档案行政司法研究的重要性,关注和支持该主题的研究及其进展。

8.文献关键词频次的分布状况

从文献关键词频次分布来看,282篇文献中,使用频率在2次以上的有34个,使用最多的是:档案(16次),政府信息公开(10次),档案管理(7次),行政诉讼、行政执法(各5次),行政强制、档案法、知情权、行政指导(各4次),档案行政指导、行政复议、管理、信息公开、行政管理、《档案法》、档案行政权力、司法审查(各3次);使用频率为2次的关键词有:案例、档案开放、档案行政执法、作用、文书、行政处罚、对策、档案法制、执法主体、行政司法、档案行政诉讼、档案工作、征购、代为保管、政府信息、档案利用、档案公开。具体频次分布及占比,见表8。

表8 文献关键词频次分布状况

序号	关键词	使用频率	占高频关键词比例	序号	关键词	使用频率	占高频关键词比例
1	档案	16	13.68%	18	案例	2	1.71%
2	政府信息公开	10	8.55%	19	档案开放	2	1.71%
3	档案管理	7	5.98%	20	档案行政执法	2	1.71%
4	行政诉讼	5	4.27%	21	作用	2	1.71%
5	行政执法	5	4.27%	22	文书	2	1.71%
6	行政强制	4	3.42%	23	行政处罚	2	1.71%
7	档案法	4	3.42%	24	对策	2	1.71%
8	知情权	4	3.42%	25	档案法制	2	1.71%
9	行政指导	4	3.42%	26	执法主体	2	1.71%
10	档案行政指导	3	2.56%	27	行政司法	2	1.71%
11	行政复议	3	2.56%	28	档案行政诉讼	2	1.71%
12	管理	3	2.56%	29	档案工作	2	1.71%
13	信息公开	3	2.56%	30	征购	2	1.71%
14	行政管理	3	2.56%	31	代为保管	2	1.71%
15	《档案法》	3	2.56%	32	政府信息	2	1.71%
16	档案行政权力	3	2.56%	33	档案利用	2	1.71%
17	司法审查	3	2.56%	34	档案公开	2	1.71%
合计	篇数	117		占比		100.00%	

三、对档案行政司法研究存在问题的分析

1. 研究涉及学科集中度高,但研究成果的专指性不强

从期刊文献的学科分布情况来看,虽然涉及学科较多,但研究成果文献主要集中在与法制法律和档案相关的学科,相关文献占比达到了97.528%,但与司法相关的研究文献占比只有14.96%。多数文献只是

在探讨其他问题时,间接地涉及档案行政司法问题。这说明该领域的研究还比较表面化,对核心问题的研究不够深入。另外,通过文献分析发现,直接对档案行政司法问题进行探讨的研究成果不多,多数研究文献的专指性不强。

2. 研究成果年度分布不均,研究行为持续性较好,但平稳性较差

从文献的年度分布情况来看,1989 年至 2015 年,虽然每年度均有相关文献发表,呈现出较好的持续性,但平稳性较差。既便是在三个高峰时段,研究的活跃度也忽高忽低,起伏不定。总体说来,虽然研究呈现出不断升温的趋势,但文献的年度分布差异较大,即便是在研究高峰期,文献的年度分布也有比较大的差距。这说明档案行政司法研究还没有成为学术研究的前沿和热点问题。

3. 研究成果的理论性与实践性大体相当,略偏重于理论性

从文献研究的层次来看,理论性研究比重较大,即理论性研究占到近 55%,实践性研究占 45% 多。这种状况的出现,与档案行政司法工作开展较少,经验总结和业务研究开展困难有直接的联系,即由于缺乏理论抽象的实践基础,档案学界只得重点从理论层面展开论述。从我国档案行政司法实践的实际情况来看,从理论与实践相结合的角度开展研究的条件仍然不够成熟,应在借鉴相关领域实践经验的基础上,积极促进档案行政司法理论研究的发展,为档案行政司法实践的发展提供理论指导,为日后实践工作的有效推进提供思想基础。

4. 合作研究提升较快,但仍显薄弱

在个人合作研究方面,282 篇文献中合著 46 篇,占 16.31%,合作程度不是很高,但提升速度较快。1989 年至 1999 年 11 年间个人合作文献 10 篇,2000 年到 2010 年 11 年间个人合作文献 22 篇,2011 年到 2015 年 5 年间个人合作文献达到了 14 篇。

在单位合作研究方面,全部 206 篇标明单位的文献中 2 个单位作者合著的只有 15 篇,合作率为 7.28%,相对与个人合作率显得过低。除了其他因素外,这与缺乏国家级、省部级和厅局级科研项目立项有着重要的

关联性。因为科研项目的开展可以汇聚研究队伍,容易形成合作成果和系统成果。

5. 与档案行政司法相关的关键词使用频率不高

从文献关键词频次分布来看,282 篇文献中使用频率 2 次以上的关键词超过 34 个,使用关键词多达 100 余个,但使用频率在 5 次以上的仅有档案、政府信息公开、档案管理、行政诉讼、行政执法 5 个。而行政诉讼(5 次)、行政强制(4 次)、行政复议(3 次)、司法审查(3 次)、行政司法(2 次)、档案行政诉讼(2 次)。与档案行政司法相关的关键词使用频率最多的只有 5 次,多数只有 2~3 次,全部加到一起也只占 34 个高频词的 16.24%。这一方面反映出档案学作者对标引关键词不够重视,档案学期刊对标引关键词要求不高。另一方面可以看出,档案学界对档案行政司法的研究还处在表面化状态,还没有对其核心问题,如行政裁决、档案行政执法司法化、档案行政复议等展开精细化和系统性的研究。在转变政府职能、强化依法行政的时代背景下,这是档案学界应当重视并着力加强研究的一个领域。

四、几点建议

1. 关注法治政府建设背景下的档案法治机关建设

国家计划到 2020 年基本建成法治政府[2],而法治政府建设的核心是法治机关的建设。这一方面需要国家和地方各级档案行政管理部门明确自身法治建设的目标、任务、内容、途径、方式方法,并将其纳入十三五规划和年度工作计划加以实施;另一方面更需要学术界回应社会发展需要,及时研究档案法治建设的各种理论问题,不断总结实践经验,切实将档案法治上升到档案学术研究的前沿课题,进而形成研究热点。

2. 突出档案行政司法核心主题的研究

引起档案行政司法的因素很多,如政府已公开现行文件利用、政府信息公开、档案开放利用、档案征购与代为保管、档案行政执法等,但核心主

要主题则是档案司法审查、档案行政强制、档案行政复议、档案行政诉讼、档案行政执法与刑事司法的衔接等问题。学术界应当在将影响因素和核心主题结合研究的基础上,突出核心主题的研究,因为这是时代赋予的紧迫任务,需要我们做出积极的响应。

3.将档案行政司法列入重要科研选题

国家档案局、中国档案学会及其基础理论委员会和省级档案局、省级档案学会可以将档案行政司法主题作为主要科研课题组织有关力量展开系统和持续的研究,以期获得与时代和社会发展相适应的成果。

4.档案学核心期刊开辟档案法治专栏

在刊载档案法治文章方面,《档案管理》杂志社自2008年以来每年都发表数篇乃至十数篇以上的论文,成为表达档案法治研究成果的重地。建议其他档案学核心期刊,特别是《档案学研究》《档案学通讯》两种学界权威期刊将档案法治作为征稿的主要选题,开辟专栏,发表高水平的论文,起到引领学术发展的示范作用。

参考文献

[1]刘东斌.论档案行政司法[J].档案管理,2013(6):4-6.

[2]中共中央,国务院.法治政府建设实施纲要(2015—2020)[EB/OL].(2015-12-27)[2016-09-19].http://news.xinhuanet.com/2015-12/27/c_1117591748.htm.

该文发表在《档案学研究》2017年第5期

档案行政诉讼若干理论问题探讨

陈忠海 吴雁平

摘 要 自1990年以来,档案学界对档案行政诉讼的研究从无到有,取得了相应的成果。但这些成果与档案行政管理的现状和依法治档的要求,还存在着不小的差距。本文对档案行政诉讼的概念、特征和范围等三个基本问题研究的成果做出总结,展开讨论。

关键词 档案行政诉讼 档案行政主体 档案行政相对人

一、引言

截至2014年,在中国知网文献数据库中以篇名为检索项,以"档案"+"行政诉讼"为检索词,共检索到文献26篇。除去10篇与档案行政诉讼案例介绍、分析的文献和2篇报道性文献外,以档案行政诉讼为研究对象的文献只有14篇。14篇文献涉及档案行政诉讼的概念、特征、范围、程序、法律适用、代理人、第三人的举证责任和档案行政诉讼中的辩论技巧等诸多问题。总体看来,研究主题众多,但针对各个主题的深入持续研究不足。本文仅就档案行政诉讼的概念、特征和范围等三个基本问题研究的成果做出总结,展开讨论。

二、对档案行政诉讼三个理论问题的总结与讨论

1. 档案行政诉讼的概念

现有文献中有关档案行政诉讼的概念主要有4种,基本上由1989年

颁布、1990年施行的《中华人民共和国行政诉讼法》（以下简称《行政诉讼法》）第二条"公民、法人或者其他组织认为行政机关和行政机关工作人员的具体行政行为侵犯其合法权益，有权依照本法向人民法院提起诉讼"演化而来。这些概念的表述与《行政诉讼法》第二条没有冲突，可以说是中规中矩，但与2014年颁布、2015年施行的《行政诉讼法》和法学界近年来的研究成果相比较，就有一些值得研究与商讨的地方。

第一种是肖阳1990年在《档案》上发表的《档案行政诉讼》中的表述："档案行政诉讼是由于档案行政机关的具体行政行为侵权所引起的诉讼活动。它有两个必要条件：第一，必须是档案行政行为中有侵权行为的发生；第二，这种行为所侵害的对象必须是受到法律保护的档案法律关系。这两个必要条件区别于一般行政诉讼。"[1]这一定义存在两点不足：一是将侵权主体只界定为档案行政机关，过于狭窄。档案行政机关工作人员，档案"行政机关以外的授权性行政主体没有被纳入定义"[2]。二是"该定义将法院的审查和裁判对象只界定为具体行政行为，显得偏窄，它忽略了法院对原告一方的审查，例如，对原告起诉条件和诉讼主张的审查"[3]。

第二种是王小红、王良钧1998年在《档案管理》上发表的《档案行政诉讼的特点及应诉对策》中的表述："档案行政诉讼是人民法院根据公民、法人、其他组织的申请，依法对档案行政机关的具体行政行为是否合法进行审查，并作出裁判的活动。"[4]这一定义存在三点缺陷：一是同第一种定义一样，它仍然将侵权主体界定为行政机关，行政机关以外的授权性行政主体没有被纳入定义。二是此定义"只将法院的审查对象和范围局限于具体行政行为的合法性"[5]，比第一个定义更为狭义。三是该定义使用了"公民、法人、其他组织"的表达方式，"该表达方式的问题在于'公民'的使用不妥，因为，同法人对应的概念是自然人而非公民。从理论上说，公民权存在着受到限制或剥夺的可能，它不能涵盖所有的自然人。从实践来看，外国人和无国籍人并非是中华人民共和国公民，但是，他们依据《行政诉讼法》也可以提起行政诉讼。所以，将'公民'换成'自然人'来表达比较贴切,也能体现WTO规则框架中的非歧视原则,这种替换已在法院的民事审判工作中得以确认"[6]。

第三种是陈伟斌2004年在《山西档案》上发表的《档案行政诉讼中法律适用和法律冲突》中的表述:"档案行政诉讼,是指国家审判机关即人民法院依法审理和解决机关、团体、企业、事业单位和其他组织以及公民个人不服档案行政管理部门处理的行政案件的活动。"[7]这一概念有四点问题:一是同第一种定义一样,它仍然将侵权主体界定为行政机关。二是"机关、团体、企业、事业单位和其他组织以及公民个人"的表述不够贴切。三是概念中没有涉及诉讼的表示。档案行政诉讼不是法院主动审理和解决机关、团体、企业、事业单位和其他组织以及公民个人不服档案行政管理部门处理的行政案件的活动;而是人民法院依行政相对人申请提起诉讼,依法定程序审查行政主体行政行为的合法性,并判断相对人的主张是否妥当,进而做出裁判的一种活动。法院不会在没有机关、团体、企业、事业单位和其他组织以及公民个人对档案行政机关提起诉讼的情况下,主动审查档案行政主体行政行为的合法性。四是将档案行政机关的行政行为限定为"档案行政管理部门处理的行政案件"过于狭窄,因为档案行政行为的范围远远大于档案行政案件的范围。

第四种是小普2010年在《中国档案》"小普说法"系列文章《档案行政诉讼的应诉》中的表述:"档案行政诉讼,是指行政管理相对人不服档案行政管理部门作出的涉档具体行政行为,以该档案行政管理部门为被告提起的诉讼。"[8]这一概念除存在上述第三种概念存在的四个缺点外,还有一个最主要的缺点,就是缺少了行政诉讼法律关系中与诉讼双方没有利害关系的参与者——人民法院。"行政诉讼是人民法院通过审判方式进行的一种司法活动。称之为司法活动,是因为解决行政争议的方式和途径不止司法一种,有行政复议机关的复议活动,也有行政申诉处理活动,还有权力机关的监督处理活动。行政诉讼专指法院运用诉讼程序解决行政争议的活动。"[9]法院是通过审判方式解决行政争议的唯一机关。

此外,潘玉民教授在其2002年出版的《档案法学基础》一书中,亦对档案行政诉讼进行了定义。他认为:"档案行政诉讼,是指公民、法人或其他组织认为档案行政管理部门的具体行政行为侵犯其合法权益时,依法向人民法院提起诉讼,由人民法院进行审理并作出裁判的活动。"[10]这一定义同样存在三点不足,首先,有关"公民、法人或其他组织"的表述存在问题,这一点在第二种定义中已经阐述。其次,如同第一定义一样将法院的审理和裁判的对象只限定为"具体行政行为"。最后,只是笼统地表述了由"人民法院进行审理并作出裁判",没有提及人民法院在审理中应当依程序审查行政主体行政行为的合法性,并判断相对人的主张是否妥当这些必要要素。

对于行政诉讼的定义,笔者比较认同姜明安教授2011年在《行政法与行政诉讼法》(第五版)中关于行政诉讼概念的表述。他认为:"行政诉讼是指行政相对人与行政主体在行政法律关系领域发生纠纷后,依法向人民法院提起诉讼,人民法院依法定程序审查行政主体行政行为的合法性,并判断相对人的主张是否妥当,以作出裁判的一种活动。"[11]基于这种表述,笔者认为,档案行政诉讼的概念可以表述为:档案行政诉讼是指档案行政相对人与档案行政主体在档案行政法律关系领域发生纠纷后,依法向人民法院提起诉讼,人民法院依法定程序审查档案行政主体行政行为的合法性,并判断档案行政相对人的主张是否妥当,以做出裁判的一种活动。

2. 档案行政诉讼的特征

行政诉讼的特征指的是行政诉讼区别于民事诉讼、刑事诉讼的不同点或特殊性。同样,档案行政诉讼的特征指的是档案行政诉讼区别于档案民事诉讼、档案刑事诉讼的不同点或特殊性;同时也是指档案行政诉讼区别于一般行政诉讼的不同点或特殊性。要了解档案行政诉讼的特征,首先要了解行政诉讼的特征。对行政诉讼的特征,法学界也存在不同看法。胡园认为,行政诉讼具有以下特征:"行政诉讼的目的主要是保护作为一方当事人的行政管理相对人的合法权益;行政诉讼的内容是解决行政争议;行政诉讼的当事人是特定的,其诉讼地位是不能互换的,原告只能是行政管理相对人,被告只能是行政机关及其工作人员,二者的诉讼地位不能互换;行政诉讼适用行政诉讼程序,同时补充适用民事诉讼程序;行政诉讼的结果主要是对行政行为的合法性和适当性作出评价,从而作出相应的判决。"[12] 罗薇认为,行政诉讼具有以下特征:"①行政诉讼是由法院主持解决行政争议,属于司法监督范畴。②行政诉讼原则上只审查具体行政行为的合法性,只有在'行政处罚显失公正'时才可以变更。③法院受案范围较窄,申请采用书面形式,审查采用庭审形式,较为烦琐。行政诉讼采取两审终审制。④行政诉讼必须缴纳一定数额的诉讼费。"[13] 朱冀认为:"我国的行政诉讼具有以下几个特征:行政诉讼是解决行政纠纷的一种诉讼活动,是发生纠纷的相对人一方或多方,请求与纠纷各方没有利害关系的国家司法机关,按照能确保公正的程序解决纠纷的一种活动。行政诉讼的原告只能是相对人,即认为行政机关的具体行政行为侵犯了自己合法权益的公民,法人和其他组织。行政诉讼的被告只能是作出具体行政行为的行政机关或法律,法规授权的组织。"[14] 而姜明安教授则将行政诉讼的特征概括为:"行政诉讼是法院通过审判方式进行的一种司法活动,是通过审查行政行为合法性的方式解决行政争议的活动。行政诉讼是解决特定范围内行政争议的活动。按照行政诉讼法的规定,法院是解决行政机关实施具体行政行为时与公民、法人或者其他组织发生的争议。《行政诉讼法》第十二条规定的排除范围内的行政争议不属于行政诉讼的解决的争议,由另外的救济途径解决。如因国务院以下的行政机关颁布的规范性文件引发的行政争议可以通过行政复议程序来解决;因行政法规和行政规章引发的争议通过立法法规定的规范审查程序解决。行政诉讼当事人地位具有特殊性。一方面,行政诉讼的原告恒定为作为行政管理相对一方的公民、法人或者其他组织;行政诉讼的被告恒定为作为行政主体的行政机关和法律、法规授权的组织。另一方面,行政诉讼当事人的权利义务具有恒定性。行政诉讼原告享有起诉权、撤诉权,而被告不享有起诉权和反诉权,同时对具体行政行为合法性承担举证责任。"[15] 综上有关行政诉讼的特征的表述,不同年代有不同的认识,但核心内容没有发生根本性的变化。

在档案学界,王小红、王良钧认为:"①档案行政诉讼的原告是作为档案行政执法活动中的被管理者的公民、法人、其他组织。②档案行政诉讼的被告是档案行政管理部门。③档案行政诉讼是人民法院对档案行政管理部门的具体行政行为是否合法进行审查的活动。④只要公民、法人、其他组织主观上认为档案行政管理部门侵犯了其合法权益就可以提起诉讼。"[16] 蒋锦萍认为:"行政诉讼具有原被告恒定性、诉讼客体(具体行政行为)特定性等特征。"[17] 对照前面法学界对行政诉讼特征的阐述,笔者认为,档案学界对于档案行政诉讼特征的认识存在一定的偏差。首先,将"档案行政诉讼的原告是作为档案行政执法活动中的被管理者的公民、法人、其他组织"视为档案行政诉讼的特征有两点不妥:一是档案行政执法活动不是档案行政行为的全部,因此,将档案行政诉讼的原告限定是作为档案行政执法活动中的被管理者的公民、法人、其他组织不妥。二是将作为档案行政诉讼原告的公民、法人、其他组织,当作"被管理者",有背行政诉讼的平等原则,表达有误。其次,将"档案行政诉讼的被告是档案行政管理部门"视为档案行政诉讼的特征亦有不妥。因为档案行政机关以外的法律、法规授权的档案行政主体没有被纳入档案行政诉讼的被告。再次,蒋锦萍关于"行政诉讼具有原被告恒定性、诉讼客体(具体行政行为)特定性等特征"的表述并无不妥,但过于笼统。笔者认为,除上述特征外,档案行政诉讼另一特点是档案行政诉讼的原告更多的是一般公民、法人、其他组织以外的其他行政管理机关或法律、法规授权的行政主体。将这一点作为档案行政诉讼的特征,是由目前档案行政管理活动的对象多为政府机关和国有企事业单位决定的。"当行政机关与法律、法规授权的组织不是作为行政主体,而是作为管理相对人时,也可以成为行政诉讼的原告。"[18]

潘玉民教授将档案行政诉讼的特征概括为:人民法院独立行使档案行政争议的审判权;以档案行政管理部门为被告;以档案行政复议为前置程序;必须依照《行政诉讼法》规定程序进行[19]。对"人民法院独立行使档案行政争议的审判权"和"必须依照《行政诉讼法》规定程序进行"两条作为档案行政诉讼的特征,笔者没有异议。对"以档案行政管理部门为被告"的不同观点在前面已有阐述,不再重复。对于"档案行政诉讼以档案行政复议为前置程序",笔者认为潘玉民教授的理解可能有误。我国《行政诉讼法》(1990年版第三十七条,2015年版第四十四条)规定:"对属于人民法院受案范围的行政案件,公民、法人或者其他组织可以先向行政机关申请复议,对复议决定不服的,再向人民法院提起诉讼;也可以直接向人民法院提起诉讼。法律、法规规定应当先向行政机关申请复议,对复议决定不服再向人民法院提起诉讼的,依照法律、法规的规定。"

根据这一规定,笔者的理解是,如果法律、法规规定在提起行政诉讼之前,必须先申请行政复议的,公民、法人或者其他组织必须依照法律、法规的规定,先进行行政复议;如果法律、法规没有特别的规定,在向人民法院提起行政诉讼之前,是申请行政复议,还是直接提起行政诉讼,由公民、法人或者其他组织自己决定。行政复议不是行政诉讼的前置程序,档案行政复议也不是档案行政诉讼的前置程序。

这一点在《行政诉讼法》的相关条款中都给予了肯定。比如,1990年版第三十八条规定:"公民、法人或者其他组织向行政机关申请复议的,复议机关应当在收到申请书之日起两个月内作出决定,法律、法规另有规定的除外。申请人不服复议决定的,可以在收到复议决定书之日起十五日内向人民法院提起诉讼,复议机关逾期不作决定的,申请人可以在复议期满之日起十五日内向人民法院提起诉讼。法律另有规定的除外。"2015年版第四十五条规定:"公民、法人或者其他组织不服复议决定的,可以在收到复议决定书之日起十五日内向人民法院提起诉讼。复议机关逾期不作决定的,申请人可以在复议期满之日起十五日内向人民法院提起诉讼。法律另有规定的除外。"再如,1990年版第三十九条规定:"公民、法人或者其他组织直接向人民法院提起诉讼的,应当在知道作出具体行政行为之日起三个月内提出,法律另有规定的除外。"2015年版第四十六条规定:"公民、法人或者其他组织直接向人民法院提起诉讼的,应当自知道或

者应当知道作出行政行为之日起六个月内提出。法律另有规定的除外。"上述条款的存在,已经明确了行政复议不是行政诉讼的前置程序。除《行政诉讼法》的这些规定外,现有的档案行政管理法规规章中也没有将档案行政复议作为档案行政诉讼前置程序的规定。

因此,笔者认为,档案行政复议并不是档案行政诉讼的前置程序,自然,档案行政复议作为档案行政诉讼前置程序也就不能成为档案行政诉讼的特征之一了。

3. 档案行政诉讼的范围

行政诉讼范围是一个动态的系统性概念,也是一个有着多重维度的概念。"就当事人角度而言,行政诉讼的范围系指公民、法人或者其他组织针对行政主体的哪些行政行为不服,可以向人民法院提起行政诉讼以求法律救济的范围;就司法机关角度而言,行政诉讼的范围是指人民法院可以受理哪些行政案件,或者称人民法院主管的范围。就这两个视角而言,行政诉讼的范围都是指'行政行为的可诉性'范围。"[20]因此,行政诉讼范围就是"行政诉讼受案范围,也称行政审判权范围,或称可诉行为范围,它是指人民法院受理行政争议案件的范围"[21]。行政诉讼范围,规定了各级人民法院对行政行为监督的范围和其所能调整的行政法律关系的范围,同时也规定了公民、法人和其他组织权益受到行政主体侵害时所拥有诉权的范围。从这个意义上讲"行政诉讼范围,是指当事人提起行政诉讼的范围和法院受理行政案件范围的统一"[22]。关于我国行政诉讼范围的变化,胡建淼教授2005年在《中国行政诉讼范围的演变与趋向——划定·限制·恢复·拓展》一文中有过这样的总结:"中国行政诉讼的范围于1989年由行政诉讼法作统一划定,但1991年最高人民法院《关于贯彻执行〈中华人民共和国行政诉讼法〉若干问题的意见(试行)》越权缩小了行政诉讼的范围,2000年最高人民法院公布的《关于执行〈中华人民共和国行政诉讼法〉若干问题的解释》恢复了行政诉讼法所规定的原本范围,与此同时,中国行政诉讼的范围在四个方面得到扩张,即教育权、抽象行政行为、不作为与教育行政案件。"[23]2014年11月1日第十二届全国人民代表大会常务委员会第十一次会议通过的《全国人民代表大会常务委员会关于修改〈中华人民共和国行政诉讼法〉的决定》对行政诉讼的受案范围再次进行了调整,将原来的第十一条改为第十二条,并由原来的8款修改增加到12款。"这是行政诉讼法自1989年制定后作出的首次修改。修改的最大亮点,是扩大了行政诉讼的受案范围,表现在:一是具体列举了除人身权、财产权以外的其他一些社会权利,比如社会保障权、公平竞争权等;二是把部分行政合同也纳入到受案范围;三是把'具体行政行为'修改为'行政行为',更加便利了立案难问题的解决。此外,对于规章以下的规范性文件,也就是俗称的红头文件,《决定》规定可以在提起具体诉求时提出审查请求。"[24]再如,将行政机关滥用行政权力排除或者限制竞争的,违法集资、摊派费用的,没有依法支付最低生活保障待遇或者社会保险待遇的等行政行为纳入了受案范围。对公民权利的保护已经不仅仅限于人身权和财产权,权利范围在单行法中不断扩大。

档案学界论及"档案行政诉讼范围"或"档案行政诉讼受案范围"的文章有3篇。第一篇是肖阳于1990年发表在《档案》上的《档案行政诉讼》。肖阳认为:"档案行政诉讼的范围,是指在档案行政诉讼中,根据有关法规依照行政诉讼程序应依法保障档案行政行为的合法权益。档案管理引起的档案行政诉讼有:①随意变更或解密国家所有档案的;②损毁、丢失或者搜自销毁属于国家所有的档案的;③擅自提供、抄录、散布属于国家所有档案的;④涂改、伪造档案的;⑤出卖属于国家所有档案的;⑥倒卖档案牟利或者私自将档案卖给外国人的;⑦携运禁止出境的档案及其复制件出境的;⑧档案工作人员玩忽职守造成档案损失的。"[25]这是1990年《行政诉讼法》颁布实施后,目前在公开发表的文献中所能看到的最早一篇专门论述档案行政诉讼的文献。当然,从现行《行政诉讼法》的规定及行政诉讼研究的最新成果看,肖阳有关档案行政诉讼范围的表述存在下述问题:第一,行政诉讼保护的是公民、法人和其他机构的合法权益不受行政行为的侵害,即保障的是公民、法人和其他机构的合法权益,而非行政行为的合法权益。推而论之,档案行政诉讼保护的是公民、法人和其他机构的合法档案权益不受档案行政行为的侵害,即保障的是公民、法人和其他机构的合法档案权益,而非档案行政行为的合法权益。第二,作者所列8种行为,是《档案法》第二十四条所规定的由县级以上人民政府档案行政管理部门、有关主管部门对直接负责的主管人员或者其他直接责任人员依法给予行政处分的行为;如果构成犯罪,依法追究刑事责任的行为,而不是《行政诉讼法》所规定的行政诉讼范围,亦称行政诉讼受案范围。第三,档案行政诉讼的对象是档案行政主体的行政行为,而作者所列8种行为却是档案行政管理相对人可能的行为。第四,如果档案行政管理行政相对人认为,档案行政管理主体基于上述行为对其实施的行政行为,侵害了其合法权益,是可以进行档案行政诉讼的,但档案行政诉讼的范围却不仅仅只限于档案行政管理主体基于上述行为所实施的行政行为。第五,并不是所有的档案管理活动都会引起档案行政诉讼,只有那些被作为档案行政管理相对人的公民、法人和其他组织,认为侵害了其合法权益,诉诸人民法院,并为人民法院接受的档案行政行为才会引起档案行政诉讼。

第二篇是潘玉民2003年发表在《上海档案》上的《论档案法系》。文中,潘玉民只提及了"档案行政诉讼的受案范围",没有对这一概念进行任何阐述。但在其2002年出版的《档案法学基础》一书有专门阐述。他认为:"档案行政诉讼的受案范围,是指人民法院受理档案行政案件的范围。它确定人民法院依法受理哪些档案行政案件,也就是说哪些档案行政案件由人民法院受理并负责解决。"[26]将档案行政诉讼的受案范围归纳为:不服档案行政处罚的案件;不服档案行政强制措施的案件;认为档案部门不履行义务的案件;认为档案行政管理部门侵犯档案财产所有权的案件;认为档案部门超越职权侵犯合法权益的案件。书中以已公开的案例对档案行政诉讼案件的受案范围进行了佐证。

第三篇是孙德成于2000年发表在《中国档案》上的《如何减少档案执法中的行政争议和行政诉讼》。他认为:"《行政诉讼法》规定的人民法院受案范围的八项内容,有四项与档案行政管理部门的职能、职权等有关,易引起行政争议的有三个方面:①档案行政管理机关执行没收(违法)、罚款时;②档案行政管理机关不履行保护有关人员人身权(如肖像权、名誉权)时;③档案行政管理机关违法要求履行义务时。……易引起争议的关键是档案行政管理机关自身的因素,即档案执法活动的合法性问题"[27]。

　　上述表述是依据旧《行政诉讼法》的第十一条的八款规定,结合档案工作实践做出的概括,但缺少新《行政诉讼法》第二条、第十二条和第五十三条的相关内容。例如,新法第二条将行政机关和行政机关工作人员侵犯公民、法人或者其他组织合法权益的"具体行政行为"改为"行政行为"。第五十三条将规章以下的规范性文件,即俗称的红头文件纳入了附带性审查范围,档案行政管理机关的一些"抽象行政行为"也被纳入其中。新法第十二条可诉行政行为中的"行政征收和征用行为","行政机关滥用行政权力排除或限制竞争的行为,行政机关不依法履行、未按照约定履行或违法变更、解除有关协议的行为",涉及档案的征集、征购,与档案部门有关的档案中介服务机构的协调与监督,档案代管和外包服务协议的履行等事项。在权利保护范围上,新法第十二条对农村土地承包经营权、农村土地经营权的保护,以及将权利保护范围扩大到公民、法人和其他组织的各项合法权益,涉及农村土地经营权档案的管理与利用,公民、法人和其他组织利用开放的档案和政府已公开的现行文件等事项。这些都需要我们做出新的总结和概括。

　　综上所述,档案学界对档案行政诉讼范围或档案行政诉讼受案范围的研究成果大多出现在2002年之前,数量十分有限,根据新修改的《行政诉讼法》的精神和内容界定档案行政受案范围的成果还未见到。同时,档案学者认为,档案行政诉讼的范围是指在档案行政诉讼中,根据有关法规依照行政诉讼程序应依法保障档案行政行为的合法权益的认识,与法学界认为的就当事人角度而言,行政诉讼的范围系指公民、法人或者其他组织针对行政主体的哪些行政行为不服,可以向人民法院提起行政诉讼以求法律救济的认识相距甚远。因此,我们应当对照新《行政诉讼法》第二条、第十二条和第五十三条之规定,认真梳理档案行政管理工作中的各种行政行为,系统研究这些行政行为后果的可诉性与不可诉性。根据档案行政管理工作的内部事务性与管理对象多为行政事业单位的特点,档案学界在关注外部行政行为可诉性的同时,需要特别关注和展开对内部行政行为可诉性与不可诉性的研究。

三、结语

档案行政诉讼实践的开展和新《行政诉讼法》的颁布,要求档案学界从理论到实践两个方面做出回应。当务之急,是从理论上厘清档案行政诉讼的基本理论问题,澄清认识,达成共识。在此基础上,对档案行政诉讼的实践展开研究,总结经验,进而不断规范档案行政行为,以适应社会变革和档案事业治理体系和治理能力现代化的需要。

参考文献

[1][25]肖阳.档案行政诉讼[J].档案,1990(6):17-18.

[2][3][5][6]杨寅.行政诉讼概念重解[J].中国法学,2002(4):59-68.

[4][16]王小红,王良钧.档案行政诉讼的特点及应诉对策[J].档案管理,1998(05):17-18.

[7]陈伟斌.档案行政诉讼中法律适用和法律冲突[J].山西档案,2004(5):39-40.

[8]小普.小普说法(12):档案行政诉讼的应诉[J].中国档案,2010(1):37.

[9][15][18]姜明安,余凌云.行政法[M].北京:科学出版社,2010:638,638-639,639.

[10][19][26]潘玉民.档案法学基础[M].沈阳:辽宁大学出版社,2002:312,312-313,313-315.

[11]姜明安.行政法与行政诉讼法(第五版)[M].北京:北京大学出版社,2011:102.

[12]胡园.律师怎样接受行政诉讼代理委托[J].现代法学,1990(6):87-90.

[13]罗薇.行政相对人你无须沉默——试析行政相对人法律救济的实现形式[J].党政干部学刊,2000(9):41-42.

[14]朱冀.论行政诉讼的举证责任[J].法制与社会,2007(9):470.

[17]蒋锦萍.初、中级档案职称考试教材解读《档案事业概论》(三)[J].浙江档案,2010(3):44-46.

[20][23]胡建淼.中国行政诉讼范围的演变与趋向——划定·限制·恢复·拓展[J].政法论坛,2005(5):5-11.

[21]费鸣.关于重构我国行政诉讼受案范围的设想[D].上海:华东政法学院,2004.

[22]李荣荣.紧急状态下公民权利的保障——基于公法救济之行政诉讼的视角[J].甘肃行政学院学报,2008(6):98-104.

[24]张先明.行政诉讼法制定25年后首次大修[N].人民法院报,2014-11-02(1).

[27]孙德成.如何减少档案执法中的行政争议和行政诉讼[J].中国档案,2000(7):12-13.

该文发表在《档案学研究》2016年第1期

论档案行政裁决

陈忠海　吴雁平

摘　要　档案行政裁决属于档案行政司法行为。了解档案行政裁决的特征、种类、原则,构建档案行政裁决的运行机制,既是档案工作法制化建设的需要,也是依法治档的重要内容之一。

关键词　档案行政裁决　档案行政司法　档案行政管理

行政裁决属于行政司法行为。随着经济发展、社会进步和档案法制建设进程加快,档案行政裁决已经出现在我们日常的档案行政管理工作之中,成为我们必须面对的一项重要工作内容。由于档案行政管理机关对档案行政裁决的实践不多,因而大多数档案工作者对其了解不多,相关的理论研究成果也十分稀少。

一、档案行政裁决的概念

关于档案行政裁决的概念,档案学术界与实务界尚无界定。法学界学者胡建淼、吴恩玉曾做出过一般性概括[1]。笔者依据现有的研究成果,认为档案行政裁决是指档案行政主体依照法律授权,以中间人的身份对平等主体之间发生的、与档案行政管理活动密切相关的、特定的档案民事纠纷进行审查并做出裁决的具体档案行政行为。

二、档案行政裁决的特征

1. 档案行政裁决的主体是法律法规授权的行政机关

杨红卫认为,民事法律主体因发生争议而导致的民事纠纷的解决,一般以人民法院裁决为原则,只有经法律明确授权的行政机关,才能成为行政裁决的主体[2]。这就是说,并不是任意一个行政机关都可以成为行政裁决的主体。就档案行政裁决而言,只有对档案行政管理事务有管理职权的档案行政管理机关,经相关法律法规明确授权,才能成为档案行政裁决的主体。在档案法律法规中,由于对档案侵权纠纷和权属纠纷没有明确规定,因此,档案行政管理机关是否档案行政裁决的主体,目前尚存法律缺失。在具体档案行政执法实践中,若出现这种情况,只能"通过政府部门进行指定管辖"给予解决,这说明《档案法》的具体规定已经落后于档案行政执法的实践[3]。

2. 档案行政裁决的档案民事纠纷与档案行政管理有关

当事人之间发生了与档案行政管理活动密切相关的档案民事纠纷,是档案行政裁决的前提。虽然档案行政管理机关通过政府部门指定管辖可以获得对档案民事纠纷的裁决权,但"并非所有的民事权益都可以作为行政裁决的对象"[4]。只有在民事纠纷与档案行政管理密切相关,即该民事纠纷属于档案行政管理范畴的情况下,档案行政管理机关才能对该民事纠纷进行裁决。从档案这一特殊领域来讲,判别是否与档案行政事务(或档案行政管理活动)有密切关系的标准,我们认为,主要应有三个方面:一是是否属于档案行政管理部门的监督范畴;二是涉及的档案事务是否关系国家利益和社会公共秩序;三是档案是否属于对国家和社会具有保存价值或应当保密的[5]。

3. 档案行政裁决是一种具体的档案行政行为

档案行政管理机关依照法律法规的授权或通过政府指定管辖的方式针对档案民事纠纷进行裁决,是对已经发生的档案民事纠纷依其法定职权做出的法律结论。这种档案行政裁决具有具体行政行为的基本特征。档案行政相对人不服档案行政裁决的,可依法申请档案行政复议或提起档案行政诉讼。

4. 档案行政裁决属档案行政司法,具有准司法性质

档案行政裁决是档案行政管理机关行使裁决权的活动,具有法律效

力。档案行政管理机关在实施行政裁决时,是以第三者的身份居间裁决档案民事纠纷,因此,裁决是一种特殊的司法行为,所以应该遵循必要的司法规则;同时,又是以行政机关的身份裁决争议,所以其又是一种行政行为,又应当依据一般行政程序来进行[6]。

5. 档案行政裁决是依申请的行政行为

争议双方当事人在争议发生后,可以依据法律法规的规定,在法定的期限内向档案行政管理机关申请裁决。没有当事人的申请行为,档案行政管理机关不能自行启动裁决程序。

三、档案行政裁决的种类

根据我国目前相关法律法规的规定,行政裁决分为侵权纠纷、权属纠纷、损害赔偿纠纷裁决三种类型[7]。它包括:侵权纠纷的裁决、补偿纠纷的裁决、损害赔偿纠纷裁决、权属纠纷的裁决、国有资产产权裁决、专利强制许可使用费裁决、劳动工资裁决、经济补偿裁决、民间纠纷裁决,等等。由于现行档案法律法规中对档案裁决的种类并没有明确规定,我们只能将档案行政裁决笼统地划分为档案侵权纠纷、档案权属纠纷、档案损害赔偿纠纷裁决三种。所谓档案侵权纠纷裁决,是指对由于一方当事人的合法档案权益受到他方的侵犯而产生纠纷的裁决;所谓档案权属纠纷裁决,是指对双方当事人因某一档案实体的所有权或使用权的归属产生争议的裁决;所谓档案损害赔偿纠纷裁决,是指对一方当事人在其合法档案权益受到侵害后,要求侵害者给予损害赔偿所引起纠纷的裁决。

四、档案行政裁决的原则

1. 合法原则

行政合法原则是行政法基本原则之一。档案行政裁决作为一种档案行政行为,从受理到做出裁决的全过程都必须依法进行。既要符合实体法的要求,也要符合程序法的规定;既要符合档案法的专业性要求,也要符合行政法的一般性规定。

2. 公平合理原则

档案行政管理机关运用行政裁决权,必须公平、公正、合理。公平合理原则遵守的是民法中平等自愿、公平、诚实信用和善良风俗原则。由于档案行政裁决针对的是平等主体之间民事争议,档案行政管理机关在进行档案行政裁决时就拥有一定自由裁量权。这样,档案行政管理机关必须处于独立第三人地位,以公断人身份进行裁决。同时,档案行政管理机关必须客观全面地认定事实,正确运用法律,公开裁定程序,保证双方当事人在法律面前人人平等,以期实现档案行政裁决的公平、合理。

3. 回避原则

行政裁决权是中立性权力,任何人不能作为自己案件的法官,裁判者不能偏心,必须保持不偏不倚的立场,平等地对待纠纷的双方当事人[8]。档案行政管理机关在档案行政裁决中要做到超脱于双方当事人,处于中立地位,就必须实行回避原则。执行档案行政裁决权的档案行政管理机关工作人员,如果与被裁决的民事争议或争议的双方当事人有直接或间接的法律上的权利义务关系,应当依当事人的申请或主动退出纠纷的裁决。如果本应回避的公务人员未回避,该行政主体在做出裁决的过程中就丧失了中立地位的公断人性质,由此做出的裁决便是程序违法的无效行政行为,这种作为既践踏了行政合理原则,也蹂躏了民法的公平、正义的理性内核[9]。

4. 先行调解原则

由于档案行政裁决处理的是与档案行政管理有关的档案民事争议,而调解是民事诉讼的必经程序,因此,完全可以将档案行政调解作为档案行政裁决的前置程序。调解作为解决纠纷的一种手段和制度,有着其独特的作用,它可以减少诉讼,节省费用和有利于安定团结[10]。档案行政管理机关进行档案行政裁决时应当充分尊重当事人的意志,如果当事人双方自愿要求调解,那么档案行政管理机关就应当进行调解。

5. 裁决与调查相分离原则

档案行政管理机关对有关档案行政相对人权利义务问题做出决定,

调查与做出裁决的职能必须实行分离。即负责调查的档案行政管理机关工作人员不能参与档案行政裁决,负责裁决的档案行政管理机关工作人员原则上应当由没有参与调查的档案行政管理机关工作人员担任。因为档案行政裁决纠纷往往发生在档案行政管理机关行使档案行政管理权过程中,档案行政管理机关中某一内部机构或某一工作人员对其中违法行为处理完后应将涉及赔偿、确权等民事争议交由另一内部机构或其他工作人员裁决,可以避免档案行政管理机关工作人员对违法一方当事人存有偏见,可以防止档案行政管理机关工作人员进行档案行政裁决时先入为主,避免出现先行裁决再收集调查事实证据的做法。

6. 效率原则

现代立法、执法与司法都需要注意符合经济效率原则。档案行政管理机关在进行档案行政裁决时,应当遵守法定时限,不拖延;积极履行法定职责,不推诿;提高办事效率,不扯皮;真正为公民、法人和其他组织提供优质服务。

五、档案行政裁决运行机制的构建

构建档案民事纠纷解决机制——档案行政裁决有较为迫切现实需要。当前应尽快开展以下三方面的工作。

1. 明确档案行政裁决的法律地位

现行档案法律法规缺乏对档案行政裁决的明确规定,进而导致实践中档案行政管理机关缺乏法律依据去行使对档案民事纠纷的行政裁决权,一旦遇到相关当事人的行政裁决请求只能进行行政调解,使档案民事纠纷无法通过行政渠道化解。因此,有必要通过修改已有法律法规或制定专门法规来明确档案行政裁决的地位,为裁决档案民事纠纷提供法律依据。

2. 规范档案行政裁决的程序

档案行政裁决的程序是档案行政管理机关裁决档案民事纠纷所采取和必须遵循的步骤和方式。归纳相关法律规定和档案行政管理实践,档案行政裁决的程序应当包括以下几个方面的内容:申请和受理——启动档案行政裁决的初始环节;回避与调查——档案行政裁决中不可或缺的重要环节;听证与对质——档案行政裁决中体现公正的环节;调解与裁决——档案行政裁决的终端环节;执行——档案行政裁决的后续环节。

3.加强档案行政裁决专业队伍建设,提高档案行政裁决人员专业与法律素养

档案行政裁决人员档案专业技能和法律水平高低直接影响档案行政裁决这一新的民事纠纷解决机制效能发挥。加强档案行政裁决专业队伍建设,提高档案行政裁决人员专业与法律素养是档案法制建设和依法行政实践中的一项长期而重要的任务。

参考文献

[1]胡建淼,吴恩玉.行政主体责令承担民事责任的法律属性[J].中国法学,2009(1):77-87.

[2][3][5]杨红卫.从一起纠纷案例析档案行政裁决权限的设定[J].山西档案,2006(6):31-32.

[4][6]彭云业,张慧平.论行政裁决[J].理论探索,2000(5):56-57.

[7]余涛.行政附带民事诉讼制度研讨[J].湖北警官学院学报,2004(2):60-65.

[8][9][10]郭永长,杨素华.试论完善我国的行政裁决制度[J].行政与法,2003(10):36-39.

该文发表在《档案管理》2014年第2期

论国家治理现代化视角下的档案守法

陈忠海 袁 永

摘 要 档案守法包含两个方面的基本内容：一方面是档案行政管理机关守法，指的是各级档案行政管理机关不能滥用权力，在法律规定的职权范围内依照法定程序开展档案管理活动；另一方面是档案行政管理相对人守法，作为档案行政管理相对人的公民、机构法人和社会团体依照档案法律法规的规定行使权利并履行相关义务。目前档案守法存在的不足是：档案守法之困惑，无法可守；档案守法之尴尬，定位模糊、功能不清；档案守法之障碍，可操作性差，执行困难；档案守法之不足，衔接协调能力弱；等等。为解决上述问题，在修改《档案法》《档案法实施办法》时，进一步明确档案法律法规的行政法定位，使之成为调整档案社会关系的基本规范；普遍开展档案行政执法，积极探索行之有效的工作方式方法，总结出有推广价值的工作经验；搞好相关人才的培养工作，特别是档案行政管理人员的培训工作，为法治政府机关的建设注入新的活力。

关键词 国家治理现代化 档案守法 档案法治体系

中国共产党十八届四中全会《关于全面推进依法治国若干重大问题的决定》研究了全面推进依法治国若干重大问题，明确了全面推进依法治国的重大任务，提出了全面推进依法治国的总目标是建设中国特色社会主义法治体系和建设社会主义法治国家，通过建设社会主义法治体系来促进国家治理体系和治理能力现代化。为尽快实现与国家治理体系和治理能力现代化的顺利接轨,各级档案部门就需要建立、健全和实际运用档案法治体系去管理档案事业,大力推进依法治档。

依法治档主要包括档案立法、档案执法、档案司法和档案守法等四个方面[1],其中档案立法是前提、档案执法是核心、档案司法是基础、档案守法是目标。档案立法、执法和司法,都是为了更好地实现档案守法;要实现全民档案守法这一最终的目标,需要档案学界为国家档案治理体系和治理能力现代化建设提供理论支撑,更需要档案行政管理机关和档案行政管理相对人努力践行档案法律法规,丰富依法治档的实践。

一、对国家治理现代化与档案守法的基本认识

1. 国家治理现代化的内涵

国家治理现代化,指的是国家治理体系和治理能力现代化。中国共产党十八届三中、四中全会都提到了"国家治理体系和治理能力现代化"这一概念。中国共产党十八届三中全会公报提出:"全面深化改革的总目标是完善和发展中国特色社会主义制度,推进国家治理体系和治理能力现代化。"[2]中国共产党十八届四中全会公报指出:"依法治国,是坚持和发展中国特色社会主义的本质要求和重要保障,是实现国家治理体系和治理能力现代化的必然要求……";"我们党必须清醒看到,同党和国家事业发展要求相比,同人民群众期待相比,同推进国家治理体系和治理能力现代化目标相比,法治建设还存在许多不适应、不符合的问题……";"全面推进依法治国,总目标是建设中国特色社会主义法治体系,建设社会主义法治国家。这就是,在中国共产党领导下,坚持中国特色社会主义制度,贯彻中国特色社会主义法治理论,形成完备的法律规范体系、高效的法治实施体系、严密的法治监督体系、有力的法治保障体系,形成完善的党内法规体系,坚持依法治国、依法执政、依法行政共同推进,坚持法治国家、法治政府、法治社会一体建设,实现科学立法、严格执法、公正司法、全民守法,促进国家治理体系和治理能力现代化"[3]。

上述论述表明,国家治理现代化实质上就是中国共产党在对国家进行治理的过程中,采用符合现阶段发展的方式、方法来建立一整套紧密相连、相互协调的有中国特色的、现代化的治理体系,然后借助这一整套治理体系作用于治理能力现代化的提升;治理体系和治理能力是一个相辅相成、彼此作用的有机整体,有了好的治理体系才能提高治理能力,提高治理能力后才能充分发挥治理体系的效能。国家治理现代化的最终目标是为了实现好、维护好、发展好最广大人民群众的根本利益。

2. 档案守法的基本内容

档案守法是依法治档的重要组成部分,是关系到依法治档能否实现的关键因素。它包含两个方面的基本内容:一方面是档案行政管理机关的守法。这里的守法指的是各级档案行政管理机关不能滥用权力,在法律规定的职权范围内依照法定程序开展档案行政管理活动。档案行政管理机关是政府不可分割的组成部分,代表政府的形象,在开展档案行政管理过程中必须守法,这不仅能有效地引导档案行政管理相对人守法,而且对依法治档有着重要的意义和积极的作用。另一方面是档案行政管理相对人的守法。作为档案行政管理相对人的公民、机构法人和社会团体依照档案法律法规的规定行使权利并履行相关义务。每个公民、机构法人和社会团体等都应主动了解法律法规的内容,认真遵守各项规定,为创造良好的档案守法环境贡献自己的力量。

3. 国家治理现代化视角下档案守法的实质

习近平指出:"国家治理体系和治理能力是一个国家制度和制度执行能力的集中体现;两者相辅相成,单靠哪一个治理国家都不行。"[4]由此可见,国家治理体系侧重于制度上的安排统筹,而国家治理能力则着眼于制度的执行能力。推进国家治理体系和治理能力现代化建设,最紧迫、最重要的任务应该是坚持依法治国。

国家治理现代化视角下的档案守法,其实质是各级档案行政管理机关以中国共产党十八届三中、四中全会精神和中央办公厅、国务院办公厅《关于加强和改进新形势下档案工作的意见》为指导,建立健全符合现阶段档案工作发展实际的法治体系,以完备的法治体系为基础提升档案行政管理的能力与水平。在档案行政管理相对人方面,则要求其提升自身的法律素养,对档案法律法规做到知道、懂得和遵守。

二、对我国档案守法现状的分析

1. 档案守法之困惑:无"法"可守

我国有关档案方面的法律只有《中华人民共和国档案法》(以下简称《档案法》),行政法规有《中华人民共和国档案法实施办法》(以下简称《档案法实施办法》)和30余部地方性档案法规和规章。在文本内容方面,《档案法》共有六章二十七条,《档案法实施办法》共有六章三十一条,内容涵盖的范围较小,可操作性不强;地方行政法规和规章大同小异、地方特色不突出,未能很好地达到细化《档案法》和《档案法实施办法》的目标。

档案行政管理机关所遵守的法律法规是《档案法》《档案法实施办法》和相应的地方性法规与规章。随着新形势的不断发展和新情况的不断涌现,档案管理工作也随之变得复杂起来,现行档案法律法规的缺陷和不足早已无法为解决这些新情况、新问题提供可靠的法律依据,无"法"可守的困惑自然而然地出现了。

档案行政管理相对人面临无"法"可守的矛盾更加突出。由于档案事业并不直接服务和作用于我国经济建设大局,这就导致了大多数行政管理相对人档案意识、档案观念非常淡薄,连档案是什么都说不清楚,更别提自觉遵守档案法律法规的有关规定了。

2. 档案守法之尴尬:定位模糊、功能不清

我国现行《档案法》是在1987年9月5日由第六届全国人民代表大会常委会审议通过,距今已有30年;1996年进行了第一次修改,距今也过去了20年。我国法律法规的立改废释是为了更好地同社会主义市场经济体制和社会治理体制与机制运行接轨,并提供与之适应的法律制度保障。现行《档案法》带有明显的20世纪八九十年代的烙印,20年以前

的法律定位和功能划分显然无法满足今天社会档案事务管理的需要,更无法协调纷繁复杂的各种档案利益关系,出现诸多方面的不适应。

例如,《档案法》第六、七、八条对档案机构的职责做了相应的规定,指出各级人民政府的档案行政管理部门主管本行政区域和分管范围内的档案事业,并对本行政区域内机关、团体、企业事业单位和其他组织的档案工作实行监督和指导。而实际情况却是,现阶段我国仍以经济建设为中心,那些与经济建设大局有直接关系的政府部门、企业事业单位、社会组织等往往能得到各级政府与社会各界的青睐和重视,而作为间接服务于经济建设的各级档案行政管理部门则很难得到各级政府与社会各界应有的关注和理解,这就导致各级档案行政档案管理部门开展行政管理工作,特别是档案执法工作时举步维艰、困难重重。当然,这里也存在个别档案行政管理部门不主动作为和不敢执法、不会执法的问题。不良的执法环境和自身努力的不足最终导致一些档案行政管理部门不主动行使《档案法》赋予的职责,不少档案部门和业界人士对《档案法》的强制性产生了动摇,《档案法》的法律定位、功能作用被广泛质疑。

《档案法》属于行政法类型是毋庸置疑的,揆诸《档案法》结构、内容不难发现,其规范的是档案行政管理部门的行为、维护的是档案部门的利益,作为行政法的基本作用则很少被显现出来。如《档案法》第九条"在档案的收集、整理、保护和提供利用等方面成绩显著的单位或者个人,由各级人民政府给予奖励"。"忠于职守,乐于奉献"是每个公务人员最基本的职业道德。《中华人民共和国公务员法》明确规定了国家公务人员应当履行的义务有"按照规定的权限和程序认真履行职责,努力提高工作效率;忠于职守,勤勉尽责;遵守纪律,恪守职业道德,模范遵守社会公德"[5]等,而《档案法》却有对单位、个人进行奖励的条文规定,维护部门利益的特征可见一斑。

3.档案守法之障碍:可操作性差,执行困难

现行《档案法》相当多的法律条文存在不适应目前档案工作的实际情况,内容陈旧,可操作性差的问题十分突出。

《档案法》第十三条:"各级各类档案馆,机关、团体、企业事业单位和其他组织的档案机构,应当建立科学的管理制度,便于对档案的利用……"档案馆和档案机构应当建立科学的管理制度,言外之意是不是也可以不建立管理制度;"科学的管理制度"指的是什么样的制度?档案行政管理机关判断行政管理相对人的管理制度是"科学的"抑或"不科学的",依据是什么?第二十五条:"携运禁止出境的档案或者其复制件出境的,由海关予以没收,可以并处罚款……"档案复制件的范围是什么?对纸质档案进行拍照形成图像或其他形式的电子记录数据,属不属于档案复制件?通过不被监管的私人电子邮件将上述电子记录数据发送到境外电子邮箱的行为又该怎样定性呢?……

《档案法》已经施行30年了,仅在1996年进行过一次修改,与国家治理现代化的不适应性日益凸显。涵盖面小、调整档案社会关系能力弱和可操作性差,使其失去了为档案守法提供保障的能力,在一定意义上成为档案治理体系和治理能力建设的障碍。

4. 档案守法之不足:衔接协调能力弱

任何一部法律法规不管它是多么健全完善,也不论它是多么具有前瞻性,它都不可能不留死角地调节所有的社会关系,即便是协调本专业领域内的利益关系也无法做到面面俱到。随着专业分工的不断细化,各专业领域的法律法规不断健全,这些领域的法律法规在规范各自专业领域的同时,也在很多地方涉及与该专业有关的档案和档案工作。因此,档案法律在贯彻与落实的过程中,必不可少地会与这些专业领域的法律及其他规范等发生关系[6]。

作为一部专业领域的法律,《档案法》的内容只有六章二十七条,用来调整全国范围内的档案关系远远不够,这就需要加强与其他法律法规的衔接协调,而《档案法》在这方面做得远远不够。在《档案法》第十四条和第二十五条有"必须按照国家有关保密的法律和行政法规的规定办理""构成犯罪的,依法追究刑事责任"等诸如此类的模糊描述,几乎起不到加强法律法规之间相互衔接协调的作用。在新一轮《档案法》修改工作中亟须加强《档案法》与《宪法》《刑法》《文物保护法》《环境保护法》《物权法》《政府信息公开条例》等法律法规的衔接协调,为《档案法》提供更加有益的补充,使档案守法拥有更多的依据和可靠的保障。

三、国家治理现代化视角下实现档案守法的途径

1. 档案立法是前提

国家治理现代化视角下档案守法实现的途径有很多种,其中最具有现实意义的实现途径之一就是完善档案法律法规,早日形成现代化的档案法治体系。加快《档案法》的修订速度,增删条文内容,出台配套的行政法规是最重要的环节。

2015年10月新修订的《食品安全法》由原来《食品卫生法》的45条增加到154条,增加了3.4倍多;《文物保护法》也由原来的33条修改为80条,增加了47条之多;《行政诉讼法》由原来的75条修改为103条,同时做了61条修改意见;《环境保护法》也增加了37条[7]。在国家治理现代化这一新的战略机遇期,其他领域一刻都没停下完善法律法规的脚步。国家档案局在2016年5月发布《档案法》修订草案,公开征求社会意见,使《档案法》修改迈开了实质性一步,接下来还有更加重要的工作要做。

(1)将修订草案提交全国人大常委会审议,争取新的《档案法》尽早生效。新的《档案法》没被公布实施前,现行《档案法》依然具备法律效力,这也就意味着前文中提到的档案守法的各种矛盾和风险还不会解决与消失。国家有关部门应"急国家之所急、想群众之所想",早日将一部具有现代化意义的、高水平、高质量的新《档案法》呈现给国家、社会和民众。

(2)建立健全法规规章,为档案法治体系提供强有力的补充。法律在社会中起兜底的作用,是规范社会和公民行为的最后一道防线,它的有效实施离不开行政法规、部门规章的支撑。国家档案局应在新的《档案法》生效后迅速响应,制定《档案法实施办法》及其他部门规章,如《档案鉴定办法》《各级国家档案馆开放档案办法》等。行政法规和部门规章是

对《档案法》最直观的说明和细化,是建立健全国家档案法治体系的主要内容,不仅可以为档案法治体系的形成提供必要的补充,也为档案守法打下了坚实的基础。

(3) 做好档案法律法规的解释和政策类规范性文件的运用。档案守法所指的"法",不仅仅包括直接成文的法律法规、部门规章和地方性法规,还应该包括对这些法律法规的解释和政策类规范性文件。通俗地说,也就是与档案、档案工作有关的一切法律、法规和规章[8]。档案法律法规针对的是大量的不同单位、不同主客观情况、不同环境以及不同事由的个案,不可能全部"对号入座"[9],这就需要对档案法律法规进行解释,进行通俗易懂的说明,以便档案行政相对人能够更好地理解与遵守。政策类规范性文件是档案法律法规和地方性法规规章得以具体实施的基本工具,具有操作性强、调控及时、上传下达等优点,能够确保档案法律法规和地方性法规规章在基层不打折扣地被执行,是确保档案守法的重要手段。档案法律法规的解释和政策类规范性文件的运用,不仅符合国务院法制办对立法的精细化要求,而且有效提升了档案法律法规的可操作性、前瞻性,也为档案守法提供了具体的依据。

2. 明确定位是条件

这里的"定位"不仅仅包括档案法律法规的定位,而且还应包括档案机构特别是档案行政管理部门的定位。档案法律法规的定位会对档案守法的实现产生直接的影响。

档案法律法规的"定位",包含档案法律法规的性质是什么、调节哪些利益关系、在国家法治体系中起什么作用等内容。前文提到的档案守法存在的诸多问题,也正是档案法律法规所面临的不足;加之在现实中,大部分档案行政管理部门也拿不出应用档案法律法规的经典案例,对"定位"问题的回应软弱无力。正因为如此,档案法律法规常被档案工作者视为"软法""无用法",在这种错误观念的影响下,档案守法根本无从谈起。因此,为档案法律法规正名、明确档案法律法规的定位非常必要。

我国法律体系除根本大法《宪法》外,其他的法律可分为刑法、民法、经济法和行政法四大法系,其中,行政法功能之一是对行政职能部门在各自专业领域的管理活动进行规范,同时规定行政管理相对人的行为。档案法律法规完全符合这一功能,对《档案法》的定位应当清晰明确——《档案法》是不折不扣的行政法,是以规范社会档案管理和保护行为,保障公民利用档案权利,促进国家和社会发展为宗旨的母法。它是由国家制定的、具有强制约束力的档案领域最高法律,是国家法治体系不可或缺的一个部分。明确档案法律法规的定位,可以为档案守法提供方向性的指引,避免档案守法走弯路、走错路。

3. **具体执行是关键**

2014年5月,中共中央办公厅、国务院办公厅印发了《关于加强和改进新形势下档案工作的意见》,对档案法律法规的具体执行提出精细化要求:指出各级档案行政管理部门要切实提高依法履职能力,提高执法监督指导能力;依法管理各单位的档案事务,严肃查处各类档案违法案件[10]。

面对新形势下档案守法的各种困境,推动档案法律法规的具体执行就成了实现档案守法的重要抓手。首先,各级档案行政管理部门应彻底摒弃"被边缘化"的错误观念,要敢于执法、主动执法,按照档案法律法规的规定不折不扣地管理国家和社会档案事务;其次,多部门联动已成为当前行政管理中的常态化执法模式,档案行政管理部门理应加强与有关部门的交流合作,开展多样化、深层次的联合执法活动。另外,档案行政管理部门还需不断创新工作方式、探索新的工作经验以适应日益复杂的档案事务,真正将档案法律法规的具体执行落到实处。

4. **人才培养是支撑**

任何一个国家、任何发展时期,各行各业都需要大量的专门人才。国家治理现代化需要什么样的人才呢?一方面,需要具有现代化思维意识和较强执行力的人才。中国共产党十八届三中全会吹响了深化改革的号角,开启了国家治理现代化的序幕,这就需要一批跟得上时代的、具有现代化思维的人才去蹚"改革的深水区"。"档案守法深水区"在于制度建设和具体执行,而法律条文不完善、执法困难重重、司法力量薄弱等问题的存在,要求培养具有现代化思维意识和较强执行力的档案专门人才。另一方面,需要专业面广、知识面全的高素质人才。在改革开放不断深入和国家治理现代化逐步推进的今天,我国经济社会发展呈现出精细化、专业化、全面化的趋势,培养和造就一大批专业面广、知识面全的高素质档案人才就显得极为迫切。例如,培养出既了解档案管理又精通法律法规的新型专业人才,对推进档案治理体系和治理能力现代化的作用是显而易见的。

同时,提升公民素质也是关键因素之一。国家治理现代化,最理想的状态就是实现全体公民素质的现代化。不只是档案守法这一领域,条条块块的现代化治理都需要公民素质的现代化。公民素质的现代化没有捷径可走,只有期望国家努力提高各级教育的质量与水平、创造良好的法治环境与氛围和加强在岗人员,特别是档案行政管理人员的培训而逐步予以实现。

作为一名普通的中国公民,我们能做到的首先就是努力提升自身各方面的素质,特别是法律素养,做学法、知法、懂法、守法的合格公民。档案守法作为国家治理现代化的一部分,将会在国民素质现代化的过程中得到升华和实现。

参考文献

[1][9]陈忠海,刘东斌.论依法治档[J].档案学研究,2015(4):41-45.

[2][3]中央政府门户网站.中共中央关于全面推进深化改革若干重大问题的决定[EB/OL].(2013-11-15)[2016-10-14].http://www.gov.cn/jrzg/2013-11/15/content_2528179.htm.

[4]李林.依法治国与推进国家治理现代化[J].法学研究,2014(9):3-17.

[5]国家公务员局门户网站.中华人民共和国公务员法[EB/OL].

（2008-10-30）[2016-10-14]. http://www.scs.gov.cn/zcfg/201409/t20140902_370.html.

[6]陈忠海,刘东斌,周林兴,等.档案法立法研究[M].上海:上海世界图书出版公司,2013:132.

[7]王岚.国家治理视角下《档案法》修改的思路与思考[J].档案学研究,2015(1):41-48.

[8]陈忠海.依法治档所依之"法"是什么？——是《档案法》还是与档案、档案工作有关的一切法律、法规和规章[J].档案管理,2011(3):10-14.

[10]中国档案资讯网.关于加强和改进新形势下档案工作的意见[EB/OL].（2014-5-5）[2016-10-14]. http://www.zgdazxw.com.cn/news/2014-05/05/content_45061.htm.

该文发表在《档案学通讯》2017年第1期

依法治档研究

论档案行政指导

刘东斌

摘 要 档案行政指导是一种新型行政行为,也应是档案行政管理机关重要和常用的行政行为。本文对档案行政指导的性质、特点、原则、分类、作用、范围、控制等方面做了一些阐述。

关键词 档案行政 行政指导 档案行政指导 依法行政

行政指导是"第二次世界大战"后,在日本首先出现的一个当代行政法意义上的概念。行政指导作为一种灵活有效的行政管理手段,在日、德、美、韩等市场经济发达的国家得到了广泛运用。在我国,随着社会主义市场经济体制的建立和政府职能的转变,行政指导在经济领域和社会管理领域也已经得到广泛运用。在档案行政管理领域也开始得到运用,如,昆山市档案局已经发布了《昆山市档案局行政指导工作实施意见》,昆明市呈贡县档案局制定了《昆明市呈贡县档案局行政指导工作手册》。

档案行政指导,是指县级以上档案行政管理机关(以下简称"档案行政管理机关")为实现特定的行政目的,在其法定的职权范围内或者依据法律、法规、规章和政策,以指导、劝告、提醒、建议、协商、制定和发布指导性政策、提供技术指导和帮助等非强制性方式,引导公民、法人和其他组织做出或者不做出某种行为的活动。档案行政指导也是依法治档、依法行政的重要组成部分。

一、档案行政指导的性质

1. 档案行政指导是一种档案行政行为

"行政行为是行政主体行使行政职权,为达到行政目的的一切行为。它包括直接或间接产生法律效果的和尚未产生行政法律效果的行为。即行政行为不仅包括行政法律行为,还包括行政事实行为";"行政指导是一种新型的行政行为"[1]。对于档案行政管理来说档案行政指导也是一种新型的行政行为,是一种有别于档案业务指导的行政行为。"档案行政指导是一种不以行政强制为特征的新型行政手段或方式。"[2]

2. 档案行政指导不具有强制力

档案行政指导"是档案行政主体为实现档案行政目的,通过倡导、引导、劝告和激励等方式,指导档案机构和档案工作者按照某种规范作为或者不作为的一种不具有强制拘束力的行政行为"[3]。

档案行政指导不具有法律上的强制力,这是档案行政指导区别于传统行政行为的最关键的因素。档案"行政指导在法律上的非强制性表现为:①行政指导推行的手段具有非强制性,它只是使用建议、劝告等非常柔性的行政手段实施指导;②行政指导目的的实现不以强制力为后盾,相对人不接受行政指导时,行政主体不得擅自强制执行,或申请法院强制执行;③行政相对人拒绝行政指导后不会遭致行政主体的不利处分"[4]。

3. 档案行政指导具有弱权力性

档案行政指导虽然没有法律上的强制力,相对人可以接受,也可以不接受,档案行政管理机关不得因相对人的不接受而对其予以不利处分,它主要依靠相对人的自觉、自愿产生作用。但是,档案行政指导之所以能够发挥作用,是因为其背后有能够发挥强制作用的档案行政权力在发挥间接控制的作用。因为档案行政指导行为是依职权而为,具有组织法上的依据,这又说明档案行政指导是一种权力行为。不过,权力本身有强弱之分。档案行政指导主要依靠档案行政管理机关以其所处的优势地位等影响力而非强制力作用于相对人,使相对人在自觉、自愿的前提下接受档案行政指导来实现其所要达到的档案行政管理的目的。因而,"同其他带有强制力的强权行政行为相比,行政主体基于行政职权作出的行政指导只是一种弱权力性行政行为,这种弱权力主要表现为一种具有公信力的影响力"[5]。

二、档案行政指导的特点

(1)档案行政指导权既是法律、法规和规章赋予档案行政管理机关的一项权力,又是一项必须履行的职责。档案行政指导坚持法律优先的原则,即必须在法律法规的范围内进行。首先,档案行政指导必须在职能范围之内进行,不能越权或者无权指导。其次,档案行政指导相对于行政权力行为是一种柔性的档案行政管理方式,但同样是一种职权行政行为,必须受到相关法律法规精神、原则、规则或者政策的限制。

(2)档案行政指导是档案行政管理机关非强制性行政行为。主要采用指导、劝告、提醒、建议、协商、制定和发布指导性政策、提供技术指导和帮助等非强制性手段获得档案行政管理相对人接受管理,档案行政管理相对人有权自主做出决定接受或拒绝接受、听从、配合行政指导。档案行政管理机关在实施行政指导的过程中,不得采取或者变相采取强制措施迫使当事人接受行政指导,并不得因当事人拒绝档案行政指导而对其采取不利措施。

(3)档案行政指导是一种事实行为,它不产生法律效果,是档案行政管理机关为实现一定的档案行政管理目的的行政行为。开展档案行政指导的根本目的,是遏制档案违法行为,帮助档案行政管理相对人实现一定利益,促进社会档案事务和谐发展。

(4)档案行政指导行为是一种不以档案行政相对人意志为转移,可以由档案行政管理机关单方面实施的行为。档案行政指导行为由档案行政管理机关单方面实施就可以完成,并不必然要求档案行政相对人的配合。

(5)档案行政指导是具有一定引导性和诱导性的行政行为。档案行政主体通过指导、劝告、提醒、建议协商、制定和发布指导性政策、提供技术指导和帮助等积极行政行为,引导和诱导档案行政相对人自觉做出档案行政主体所希望的行为。

(6)档案行政指导是一种主动、灵活、多元的行政行为。

三、档案行政指导的原则

1. 自愿性原则

档案行政指导行为应当以档案行政相对人自愿为前提,充分尊重档案行政相对人的自主选择,通过综合指导说理,使档案行政相对人认同和自愿接受,以达到预期的档案行政管理目的。

2. 合法性原则

档案行政管理机关应当在法定职责、职能和管辖事务范围内开展行政指导,所实施的指导行为应当合乎法律规范和基本法理,不得侵害行政管理相对人的合法权益。

3. 合理性原则

档案行政管理机关实施行政指导必须基于正当的动机和目的,必须是为了社会的公共利益或是为了行政相对方的合法权益。不得基于个人或小团体的私利或其他不正当目的,利用优越于行政相对方的地位强加于行政相对方,迫使行政相对方接受档案行政指导。

4. 公开、公平、公正性原则

档案行政管理机关实施档案行政指导除涉及国家秘密、商业秘密、个人隐私外都应公开,将档案行政指导的依据、内容、方法、程序及档案行政管理相对人的权利等在办公场所、工作网站公示,依法保障档案行政管理相对人的知情权、参与权和救济权。平等对待档案行政相对人,在相关条件基本相同的情况下,对不同档案行政相对人应当实施相同或者类似的档案行政指导。不能差别对待,不能厚此薄彼,不得偏袒徇私。

5. 灵活、效率、便民性原则

档案行政管理机关应当灵活实施档案行政指导,根据具体情况选择相应的形式。注重降低行政成本、提高效能,为档案行政相对人提供高效、便捷的指导服务。

四、档案行政指导的分类

档案行政指导有多种分类方式,按功能可以分为以下三类:

1. 规制性档案行政指导

规制性档案行政指导是档案行政管理机关为了维护和增进公共利益,对妨碍社会档案秩序、危害公共档案利益的行为加以预防、规范、制约的档案行政指导。主要适用于需要预防当事人可能出现的妨害档案行政管理秩序的违法行为。

2. 调整性档案行政指导

调整性档案行政指导是行政相对方之间发生利害冲突而又协商不成时,由档案行政管理机关出面调停以求达成妥协的行政指导。主要适用于对自然人、法人和其他社会组织之间发生的利害冲突进行调整。

3. 助成性档案行政指导

助成性档案行政指导是档案行政管理机关为行政相对方出主意以保护和帮助行政相对方利益的行政指导。主要适用于需要从技术、政策、安全、信息等方面帮助公民、法人和其他组织增进其档案合法利益的。

五、档案行政指导的作用

档案行政指导具有以下四个方面的积极作用:

1. 有利于拓展档案行政监管的领域,弥补现行档案法律手段的不足

现代社会的发展一日千里,新的行业领域、新的记录形式、新的记录载体不断涌现,而档案法律由于受立法成本、档案法所调整的社会关系发展程度、档案立法者的认识水平等限制,具有明显的滞后性,不可能及时对所有新出现的行业领域、新的记录形式、新的记录载体等做出明确的规

定。因此，灵活地适用档案行政指导予以调整和补充单纯档案法律手段的不足就显得尤为重要。档案行政指导可以灵活自如地采用随机应变的对应措施对这些新兴行业领域、新的记录形式、新的记录载体实施管理，从而弥补档案法律手段的不足，拓展了档案行政管理的领域，并可为以后立法或修改完善已有档案法律奠定良好基础。

2. 有利于完善档案行政管理机关的职能

随着政府职能的转变，档案行政管理机关也应随之转变。一方面，要加强对社会档案事务和馆藏档案的管理；另一方面，要为社会提供优质、高效、便捷的档案事务与档案信息服务。而档案行政指导正是适合于这种需要，如档案行政指导中的信息发布制度，有利于为档案行政相对人提供准确、完整的信息；档案馆（室）示范制度，有利于帮助档案行政相对人合理分配资源，以最小的投入获得对本单位档案的最佳保护。另外，档案行政指导是一种柔性行政行为，与传统的附带强制命令色彩的档案"业务指导"的行政管理方式和以处罚、审批等档案行政执法手段为主的强制性行政方式相比，具有明显的亲和力，其将管理者与被管理者置于一个相对平等的地位，更有利于档案行政管理工作的开展。

3. 有利于提高档案行政管理的效能，降低档案行政成本

现代社会的发展日趋复杂化和多元化，国家为推进社会公益，往往是通过扩大行政权力，加强行政干预来实现。但行政强制并不是万能的，常常会因为行政相对人有形或无形的抵制而大大降低功效。档案行政指导作为一种权力色彩较弱的档案行政管理手段，会促使相对人主动参与实现档案行政目的或自觉服从于档案行政管理机关意志，有利于将档案行政目的内化为被管理者的自主意识，从而提高档案行政管理效能。另外，档案行政指导中的告诫制度，可以通过对处于违法萌芽状态或轻微违法尚未对他人或社会公益造成危害的行为的及时警示，督促档案行政相对人及时改正错误，避免进入立案调查等档案行政处罚程序，从而降低了档案行政成本。

4.有利于促进"服务性档案管理机构"的实现

运用规制性的档案行政指导,通过告诫、规劝、提醒、提示等方式,可以减少或避免档案行政相对人违法现象的发生,有助于实现日常档案行政指导与档案行政执法的统一;运用调整性的档案行政指导,通过协调、劝告、调停的方式,解决档案所有者与档案利用者之间,档案所有者与档案保管者之间,档案利用者与档案保管者之间的矛盾、纠纷、冲突,有助于维护档案所有者、利用者和保管者的合法权益;运用助成性的行政指导,通过引导、辅导、培训、信息发布等方式,可以帮助和促进档案行政相对人通过合理有效管理档案与档案事务,实现自身利益的增加和事业发展,有助于实现服务社会发展的根本目的。

六、档案行政指导的范围

档案行政指导的范围是指档案行政管理机关依照法律法规赋予的权限,对所管辖的档案事务进行档案行政指导的范畴和界限。依据档案法规规章与规范性文件的有关规定,笔者认为,档案行政指导适用范围可以归纳为:①需要从技术、政策、安全、信息等方面帮助当事人增进其档案事务方面的合法利益;②需要预防当事人可能出现的妨害档案行政管理秩序的违法行为;③指导帮助行政相对人完善档案管理行为,预防或者避免行政相对人违反档案行政管理法律、法规、规章行为发生的;④需要对自然人、法人和其他社会组织之间发生的档案事务方面的利害冲突进行调整的;⑤法律法规赋予档案行政管理机关监督管理职责,但未明确监督管理措施和手段的;⑥其他需要档案行政管理机关实施行政指导的情形。

七、档案行政指导的控制

从依法行政上说,法律不承认非强制性的档案行政指导行为可以随意实施,它要受到法律和行政程序的约束与调整。

1.对档案行政指导的法的约束

档案行政指导必须依法指导,所依据的"法"不仅包括法律规范(组织法、行政法、权力机关制定的涉及档案工作的各种法律法规章以及各级档案行政管理部门制定的规范性文件等),还包括法治精神(如正义、平等、保障人权等)。档案行政指导作为档案行政主体的行为,必须有"法"上明确的管理档案事务及范围的授权,"档案行政指导行为必须在所规定的权限范围内作为,凡超越规定的权限范围的档案行政指导,即为无效的档案行政指导"[6]。

2. 对档案行政指导的程序约束

"档案行政指导必须通过正当程序来运作,建立相应的程序制度来有效地保护行政管理相对人,防止行政专横,提高行政效率,实现行政目标,这也是行政法治的内在要求。"[7]档案"行政指导的程序规则应适用行政程序的一般程序规则。即抽象的行政指导适用行政立法等抽象行政行为的一般程序规则,具体的行政指导适用具体行政行为的一般程序规则"[8]档案行政指导还应建立与完善相关程序程度,如审议制度、信息公开与告示制度等相关制度。

3. 对档案行政指导的司法约束

为防止档案行政指导的滥用、误用,并充分发挥档案行政管理功能,必须将档案行政指导纳入法制化轨道,接受司法审查,保证司法救济。"将行政指导纳入行政诉讼受案范围是对行政指导进行监督和对相对人提供救济的最好的方式","体现'有损害必有救济'的责任行政的要求"[9]。司法约束包括行政诉讼、行政复议、行政赔偿和行政补偿等。

八、结语

档案行政指导作为一种新型的行政行为,在档案行政管理依法行政中将日益发挥积极的作用。当然,档案行政指导的法治建设则是一项任重道远的系统工程,需要档案学术界和实践界结合我国的具体档案行政管理实际,不断研究解决档案行政指导的诸多理论与实践问题,科学地理解和运用档案行政指导,不断探索和完善其具体操作方式,加强档案行政指导制度建设,实现档案行政指导规范化与法治化。

参考文献

[1][4][5]上海市人民政府行政法制研究所"行政指导"课题组.中国行政指导的实践与理论研究(上)[J].政治与法律,2003(3):35-46.

[2][3]陈婷婷.浅谈我国档案法的特点[J].经营管理者,2013(20):232.

[6][7]袁光.加强档案行政指导规范的思考[J].中国档案,2008(5):16-17.

[8]吴华.论行政指导的性质及其法律控制[J].行政法学研究,2001(2):45-52.

[9]杨成.论行政指导的司法审查[J].云南行政学院学报,2008(1):160-163.

该文发表在《档案管理》2014年第1期

论档案行政指导的基本原则

刘东斌

摘　要　档案行政指导的原则是贯穿档案行政指导始终、起着重要指导和规范作用的基本准则。档案行政指导应遵循的基本原则主要有：合法性原则、自愿性原则、合理性原则、灵活效率原则、诚实信用原则、可救济性原则等。

关键词　档案行政指导　档案行政管理机关　依法行政　指导原则

一、引言

档案行政指导的原则是贯穿档案行政指导始终、起着重要指导和规范作用的基本准则。档案行政指导是档案行政管理机关在其职责范围内，基于档案行政主体的权威和对信息的充分占有，为实现一定的档案行政管理目标，将其意志，以引导、建议、说服、劝告、鼓励、宣传、推广、协调、指导性计划、导向性政策等非强制手段，谋求引导档案行政相对人接受并付诸实践的行政行为。档案行政指导是档案行政管理机关柔性地管理档案事务的手段。然而事物总有两面性，既有有利的一面，也有不利的一面，档案行政指导也不例外。如果滥用档案行政指导，甚至借档案行政指导之名，行档案行政命令之实，干预社会档案事务，其副作用也不可等闲视之。因而对档案行政指导的规范控制既是档案行政管理机关开展档案行政指导工作应当予以注重的一个问题，也是需要档案理论界研究探讨的重要问题。笔者着重讨论档案行政指导所应遵循的基本原则,以期对档案行政指导的规范实施提供参考。

二、档案行政指导应遵循的基本原则

1. 合法性原则

合法性原则是行政法原则中的一项普适性原则,也是依法行政的核心原则。它要求一切行政法律关系主体都必须严格遵守行政法律规范,尤其是行政主体在行使行政权,实施行政行为时,应当有明确的法律依据,在法律规定的权限范围内,并且程序和内容均不得违反法律规定。档案行政指导作为一种特殊的行政行为自然也要受到这一行政法基本原则的制约。当然,档案"行政指导所依据的法是广义的法,涵盖行政法的成文和不成文法法源"[1]。"现在我国依法行政的'法',从广义上理解则既包括宪法、法律、法规、规章中一切有关公共行政管理的规定",还"应包括一些基本的法理(包括立法的精神、一般法律原则及人们对法现象所形成的其他普遍共识),在特殊条件下还包括那些尚未上升为法律规范的国家政策"。"在我国发展现代市场经济的条件下,在行政作用法上没有具体法律规范的某些情况下,一些基于法律精神、原则或政策规定而实施的行政指导行为,也具有广义的'法'的依据,符合现代依法行政的原理,是现代依法行政的一种特殊表现形式"[2]。之所以应对档案行政指导的依据之"法"做广义的理解,是因为档案行政指导本身具有灵活性和多样性特点,更由于时代的快速发展与"立法滞后"的原因,对其进行一一规制既不太现实,也无法做到。而且档案行政指导的一个重要作用就是可以弥补法律的不足,如果必须以成文行为法的规定作为依据,那么档案行政指导的功能就无法完全实现。由于档案"行政指导的根据是法律原则和政策,所以它与依法行政的原则并不矛盾。相反,由于它更为积极和有效,能对传统依法行政原则予以必要补充,克服传统依法行政观念的缺点和不足,所以,在一定程度上更符合现代法制原则"[3]。

档案行政指导应该从以下几个方面遵循合法性原则。

(1)档案行政指导的主体必须合法。档案行政指导必须由合法成立的行政机关和法律法规授权的组织在其权限以内做出才有效。因而,没有合法成立的机关和法律法规授权的组织做出的档案行政指导以及在其权限范围以外所做出的档案行政指导都是无效的指导,而且构成越权行为。

(2)档案行政指导的职权必须合法。"所有行政指导必须有组织法上的法律依据"[4],因而档案行政主体的档案行政指导必须在法律规定的职权范围内来实施。

(3)档案行政指导的内容必须合法。档案行政指导的内容不得违背宪法、法律、行政法规、行政规章和其他档案行政规范性文件之规定。即便是无具体档案行政行为法规定的档案行政指导,也不得违背宪法和法律的基本精神、法的基本原则及国家政策。

(4)档案行政指导的依据必须合法。档案依法行政是依法治档的基本要求,一切档案行政活动都必须具有法的依据,当然这里的法应该是上文说的广义的法。"档案行政管理部门的行政指导必须在其权限范围内作出。至于是否需要行为法的依据,学界并无定论,一般认为不需行为法依据,但必须遵循有关的政策和法律精神。这种认识符合行政指导灵活性的特点,有助于其发挥填补法律空白的作用。"[5]

(5)档案行政指导的程序必须合法。档案行政管理机关在实施档案行政指导的过程中,应符合法定程序,以避免违法或不当的档案行政指导。因此,实施档案行政指导应当遵循严格的程序,其主要内容包括档案行政指导信息公开制、档案行政指导实施告知制、档案行政指导决策听证制等。

2. 自愿性原则

自愿性原则是指档案行政指导行为应当以档案行政相对人自愿为前提,充分尊重档案行政相对人的自主选择。就是说档案"行政相对人可以接受也可以拒绝某一行政指导,行政主体不得对其采取强制措施或其他不利行政处理行为。这是一个根本的原则,是行政指导的生命。行政机关如果无视此原则,极易构成违法侵权"[6]。因此,它要求档案行政管理机关实施档案行政指导行为时,不能像采取单方性的行政指令行为那样可以不考虑档案行政相对人的意愿,而必须充分尊重档案行政相对人的自主权利,只能采取指导、说服、劝告等非强制方式,通过档案行政相对人的认同和自愿接受,达到预期的档案行政管理目的。档案行政相对人拒绝接受档案行政指导的,不得采取或者变相采取行政强制行为以及其他不利于档案行政相对人的档案行政处理手段强迫其接受档案行政指导。因为档案行政指导行为对档案行政相对人不具有法律上的约束力。自愿,本意是人在没有外在强迫下做自己想做的事。法律上的"自愿"还应加上在不损害他人合法权益的前提下的条件。档案行政指导不是档案行政管理机关的权力性行为,其没有国家强制力为后盾,档案行政相对人不愿意接受档案行政指导行为,档案行政管理机关也不能借助国家强制力驱使档案行政相对人违心接受。否则,档案行政管理机关的档案行政指导行为就质变为具有强制力的档案行政指令了。

3. 合理性原则

合理性原则是合法性原则的补充,它要求档案行政指导不仅应当合法,而且应当合理、正当。档案行政管理机关实施档案行政指导必须基于正当的动机和目的,必须是为了社会的公共利益或是为了档案行政相对人的合法权益。合理性原则要求档案行政指导行为必须最大限度保障档案行政相对人对档案行政指导的可接受性。这种可接受性表现为档案行政相对人主观上对接受档案行政指导的有利的法律结果的认识。从利己这一人性本能出发,档案行政相对人对于可选择的档案行政指导,其必然会将自己利益在限定的范围内最大化。如果档案行政相对人认为档案行政指导对其可能产生不利结果,或者没有什么益处,一般不会接受档案行政管理机关做出的档案行政指导行为。因而,档案行政管理机关在实施档案行政指导时,档案行政指导内容应当正当、合理,要充分考虑到被指导对象的主观和客观因素,所实施的档案行政指导应当是社会所需、档案行政相对人所求。综合考虑经济与社会效益,采取的方式方法要兼顾"常识、常理、常情",尽量避免给档案行政相对人带来不必要的负担或将损害降低到最低,努力实现法律效益、社会效益和经济效益的有机统一。不得基于个人或小团体的私利或其他不正当目的,利用优越于档案行政相对人的地位强加于档案行政相对人,更不能迫使档案行政相对人接受该档案行政指导。

4. 灵活效率原则

灵活效率原则是档案行政指导行为最具特色的一条原则。"行政指导属于认知表示行为的一种,所谓的认知表示,是指行政主体履行职责作出的判断、认识和引导等不以直接或者间接影响行政相对人权利义务为目的的行为。这一类事实行为具有公开性、观念性、服务性、无拘束力、权威性特征。因此,行政指导活动采用的方式往往比较灵活,因时因事而手段各异。"[7]灵活效率原则要求档案行政管理机关必须善于判断、把握时机,根据客观情势和档案行政管理目的而采取灵活多样的档案行政指导措施,对快速发展的档案事务做出有效的反应,而不能消极无为、坐视不管,以致增大社会管理成本。"档案行政指导有多种方法,如会议与文献指导、咨询与示范指导、集中与个别指导等,还有各种方式如通知、建议、劝告、鼓励等,操作程序简便,能及时灵活处置相关档案事务,不直接产生法律后果,可以避免因行政责任而引起的法律纠纷与行政诉讼,实现了行政成本的节省。"例如"随着私人档案在国家全部档案中所占比重的快速上升,对其中具有国家和社会保存价值的私人档案的管理已愈益引起人们的重视,并提至管理日程"。而由于"私人档案管理涉及因素复杂,管理难度大,行政指导的灵活性优势在这方面显露无遗,从而实现有效灵活的调控,将微观管理引到一个健康有序的发展轨道上来,这在某种意义上也就达到了私人档案宏观管理的目的,实现了行政效率的提高"[8]。可以说,如果失去了灵活性和效率,也就失去了档案行政指导行为的实用价值。

5. 诚实信用原则

"在行政法领域,所谓诚实信用原则,是指行政主体在实施行政行为的过程中必须真诚地以公益为目的,遵守承诺,履行义务,并为失信行为承担责任。""诚实信用原则作为民法上的帝王条款,要求行政指导行为必须真实客观,要求行政主体恪守诺言,可谓规制行政指导行为中的种种乱象的有力武器。"[9]诚实信用原则对档案行政指导有以下几点具体要求:

(1)动机纯正。所谓动机纯正,是指档案行政主体在实施档案行政指导过程中,主观上是出于社会公共利益,并想通过非强制性的指导行为达到管理档案事务的目的。但是,在现实中也难免会出现档案行政指导者在做出指导行为的过程中掺杂了一些不正当考虑的情况,例如在实施档案行政指导时过多地考虑政绩的现象等。而这类动机不尽纯正的档案行政指导违反了诚实信用原则的基本要求,属于违法的档案行政行为。

(2)禁止反言。"诚实信用原则适用于行政指导,被认为是'禁反言法理'在发挥作用。禁反言法理,是指禁止主张违背自己过去的言行,以此损害曾将相信过去言行的相对人的利益。"[10]禁止反言是指档案行政主体在实施某种档案行政指导行为后,应当严守承诺,不得违背自己过去的言行,损害相信档案行政主体言行的档案行政相对人的利益。档案行政指导作为档案行政主体的行为,必须考虑到在社会中的影响,以及档案行政主体做出某种档案行政指导所承担的档案行政主体形象和责任问题,即便是在档案行政指导中没有违法,也会影响到档案行政主体理性、中立、科学的立场,更何况事实上会因为档案行政主体随意变更档案行政指导而引起混乱。

(3)信赖保护。"信赖保护原则就是要求政府对自己作出的行为或承诺应守信用,不得随意变更,不得反复无常。""只有确立信赖保护原则,行政相对人才会信赖行政机关,遵循行政指导,行政之目的才能实现。"[11]

档案行政指导遵循信赖保护原则,主要包括以下五个方面的内容:一是档案行政相对人接受档案行政指导做出相应行为之后,档案行政主体不得否认其做过行政指导,或者否认其承诺的利益;二是档案行政主体实施档案行政指导之后,不得随意予以更改或者废止;三是档案行政相对人遵照档案行政指导并达到设定的条件时,档案行政主体不得拒绝或者迟延履行其所承诺的利益;四是档案行政相对人因听从违法、不适当、错误的档案行政指导,或者因档案行政指导的反复、不履行承诺等行为遭受损失的时候,档案行政相对人有权基于信赖保护原则,要求档案行政主体予以赔偿或者补偿;五是如果档案"行政主体所推行的行政指导在自身和行政相对人均无过错的情况下,给行政相对人造成重大损失,那么行政主体应当给予适当的补偿,否则行政相对人对政府便会产生信任危机"[12]。

6. 可救济性原则

"可救济性原则要求当行政机关实施的行政指导行为违法或不当,致使被指导者的利益造成严重损失时,应当赋予被指导者救济的权利,公民可以通过行政复议或行政诉讼等方式要求有权机关对该行政指导行为予以撤销或纠正,并要求对公民受到的损失加以赔偿或补偿。可救济性原则是对行政指导行为的监督和保障。"[13] 只有这样才可以防止档案行政主体滥用档案行政指导违法或不当干预档案事务。

可救济性原则要求建立档案行政指导的法律责任及救济制度,它要求档案行政管理机关不得利用档案行政指导方式灵活、简便、隐蔽等特点,来有意回避、混淆乃至推诿行政责任。若因违法、错误瑕疵的档案行政指导,而给档案行政相对人造成损失的,要允许索赔,或由档案行政管理机关依据一定的行政程序进行赔偿。

三、结语

档案行政指导应该遵循的这些基本原则并不是孤立存在的,而是互相渗透、互相依存的关系。档案行政主体在实施档案行政指导行为的过程中,不仅应严格遵循每一项原则,更要在运用中使其交叉渗透,全面把握,规范实施。这对实现档案行政指导法治化和促进依法治档的健康发展均具有重要的意义。

参考文献

[1][7]冯露君.行政指导应遵循的法律原则——以重庆市北碚区实施行政指导为样本[J].山西警官高等专科学校学报,2013(2):39-43.

[2]莫于川.法治视野中的行政指导行为——论我国行政指导的合法性问题与法治化路径[J].现代法学,2004(3):3-13.

[3]周长岱.建立、完善档案行政指导制度[J].中国档案,2001(5):11-12.

[4]朱敏.浅谈行政指导基本原则和制度的建构[J].科技创业,2006(1):171-172.

[5]姚笑云.档案行政指导的规范化与规制约束[J].北京档案,2009(2):29-30.

[6]上海市人民政府行政法制研究所"行政指导"课题组.中国行政指导的实践与理论研究(下)[J].政治与法律,2003(4):14-23.

[8]张燕.析档案行政指导在私人档案管理中的运用[J].山西档案,2003(1):21-23.

[9]赵越.诚实信用原则在不同类型行政指导中的量度分析[J].沈阳干部学刊,2013(1):39-40.

[10]王静,李季.诚实信用原则与行政指导[J].理论与改革,2009(6):141-143.

[11]钟头朱.论信赖保护原则在行政指导中的适用[J].呼伦贝尔学院学报,2007(2):49-51.

[12]唐朝阳.试论行政指导的基本原则[J].苏州职业大学学报,2003(4):25-26.

[13]王景斌,方芳.行政指导与公共卫生安全[J].当代法学,2005(6):114-119.

该文发表在《档案管理》2014年第3期

论档案行政指导的功能

刘东斌

摘 要 档案行政指导是依法治档、档案依法行政的重要组成部分,它具有多方面的现实功能,主要有:平衡协调功能、补充替代功能、协商疏通功能、引导促进功能、目标提升功能以及预防抑制功能。

关键词 档案行政指导 档案行政管理机关 档案行政相对人 功能

一、引言

档案行政指导,指档案行政管理机关在其法定的职责或其所管理的档案事务范围内,为实现一定的档案事务管理目的,适时灵活地依据法律、法规、规章和政策,以指导、劝告、提醒、建议、协商、制定和发布指导性政策、提供技术指导和帮助等非强制性方式,引导公民、法人和其他组织做出或者不做出某种行为的活动。档案行政指导也是依法治档、依法行政的重要组成部分,其在档案行政管理依法行政中将日益发挥积极的作用。因此,探讨档案行政指导的功能,有目的地去加以实践运用,以充分发挥档案行政指导的作用则成为各级档案行政管理部门和学术界研究的一个新课题。

二、档案行政指导的功能

1. 档案行政指导的平衡协调功能

"平衡作为现代行政法的基本精神,具有极其丰富的内涵"[1],而《档案法》是一部行政法,档案行政指导作为《档案法》的一项基本内容,自然秉承了这一精神,并在档案行政指导的具体功能上体现出来。

(1)档案行政管理机关与档案行政相对人的双赢互动。传统的档案行政管理是以行政手段为主的管理方式,其行政手段一般以单方性、强制性为特征,档案行政相对人常常处于被动的、服从的地位,其与处于相对优势的档案行政管理机关形成相对紧张的对抗关系,两者之间的关系是不平衡的,也不协调。而作为依法治档下的档案依法行政管理理念的档案行政指导则力图将档案行政相对人放在平等的地位上,以求用温和的、协商的方式达成共识、取得合作。由于档案行政指导不具有强制属性,而是以完全尊重档案行政相对人的自我判断和自我选择的方式取得预期管理目标,其平衡和协调功能是显而易见的。"随着服务型政府的确立,行政主体与行政相对人之间也逐步建立起一种和谐、相对平等的行政关系,而行政指导制度的建立与完善有利于这种关系的形成和发展。"[2] "档案行政管理机关利用所具有的档案专业知识、政策、信息等优越条件,采取非命令式的积极行政手段,能较好地协调和平衡公共利益与私人利益、效率与公平等不同利益和目标的关系,还能对被指导者尤其是新型社会经济组织的档案工作起到协调和平衡作用。"[3]

(2)原则与规则的协调一致。档案行政指导的依据不仅包括法律法规,还包括符合法律原则的更加有弹性的宽泛的规范技术标准等。只要档案行政指导不与法律原则相冲突就可为之。"从现代行政法体系看,技术规则渗入到行政法规范中已经成为一个不可逆转的事实。"[4] "因此,技术标准的入规是省级档案行政管理机构的'立法之责'"[5],其入规的技术标准也是档案行政指导的依据。而没有入规的规范技术标准等,同样也都是档案行政指导的依据。对档案行政指导的这种最为宽泛的法治约束,与档案行政指导在现实中所起到的作用是相一致的。从档案行政管理机关与档案行政相对人以及档案工作的特殊性来看,对于档案行政指导而言,法治精神和法治理念的制约显然要比严格的法律本本更为适宜。

2. 档案行政指导的补充替代功能

档案行政指导之所以有补充替代功能,是因为相对稳定或已显滞后的档案法律与动态发展着的档案事业的发展现实之间存在着差距。法律无论制定得如何缜密,都是永远滞后于社会生活的,因而制定法律的速度是永远赶不上社会发展速度的。档案行政指导最重要的功能就在于它能够贴近档案社会生活,对快速变化的客观世界具有灵敏的反应。档案行政指导能够以档案行政管理目标为导向而不单单以规则为导向的特点,恰恰可以在档案法律与档案事业之间搭起一座桥梁。档案行政指导措施可以及时调整经济与社会生活加速发展过程中出现的档案"立法滞后"和"法律缺位"的现象,而且,可通过先行采取档案行政指导措施来替代档案法律强制手段进行调整,以期更为及时有效地实现档案行政管理的目标。档案行政指导的这一功能主要体现在如下两个方面:

(1)由于经济与社会快速发展,档案领域的扩大,同时也使档案事务更加繁杂。而档案法律由于受立法成本、档案法所调整的社会关系发展程度、档案立法者的认识水平等限制,具有明显的滞后性,于是就出现了档案"立法滞后"和"法律缺位"的现象,因此及时灵活地采取档案行政指导措施予以调整,以补充档案法律手段之不足,就成为客观的要求。档案行政管理机关可以采取灵活的档案行政指导手段达到协调档案事业的目的。如随着我国社会主义市场经济体制的建立和发展,出现了大量的非公有制企业,但对非公有制企业档案事务的管理,在档案法律中几乎是"空白"。而档案行政指导的这一功能,"已在北京市档案局对非公有制企业进行的档案行政管理中得到很好的体现。2004年开始的对非公有制企业档案管理工作的监管工作中,档案行政管理部门采取的是引导的方式,不同于过去对机关、团体、事业单位的业务指导,也没有完全照搬管理国有企业档案工作的做法,而是在摸清非公有制企业规模、类型的基础上提供档案服务。在具体实施时,北京市档案局采用的是与北京市工商业联合会联合印发《北京市非公有制企业档案管理指南》的方式,之所以采用'指南'这样的词汇,体现了自主建档、坚守商业秘密、无偿指导、建档标准不搞一刀切等原则,得到了非公有制企业的普遍认同,并取得了很好的行政效果"[6]。

(2)已有关于做出档案行政命令行为的具体法律规定,但采用法律强制手段尚不必要或不及时,或成本太高、效果较差、后遗问题较多。在此情况下也可通过"弱行为前置"的方式,即先行采取档案行政指导措施(属于弱行为),来替代法律强制手段(属于强行为)进行调整,以期更有效地实现档案行政管理目标。"对于某些行政事项,虽有作出行政处理、采取强制行政手段的法律依据,但呆板地采取强制性措施可能会导致某些负效应(摩擦、抵触、行政诉讼),如果用行政指导这种'软力量''软约束'来替代强制措施会达到殊途同归的效果,而且成本会更低。"[7]如有些集体或个人所保存的对国家和社会具有保存价值的档案,其没有妥善保管,有可能导致档案严重损毁和不安全,违反了《档案法》的相关规定,档案行政管理机关的工作人员可先采取说明解释、说服、教育告诫等档案行政指导方式向其做工作,如果最终仍未能奏效(这毕竟已是少数的情况),再采取相应的"代为保管等确保档案完整和安全"的强制性手段措施。

3. 档案行政指导的协商疏通功能

社会生活的多元主体之间的利益矛盾和冲突是难免的,在现在快速发展和变革时代,这种利益矛盾和冲突有增无减,因此需要通过各种渠道和手段来予以协商、疏导、疏通,而行政指导正是这样一种比较灵活有效的协商疏通手段。具体而言,档案行政指导的这一功能体现在以下两个方面:

(1)档案行政指导有利于保障各方的权益,协商疏通各方之间的关系。档案行政管理机关利用所具有的政策、信息等优越条件,运用档案行政指导,通过协商、劝告、调停的方式,可以解决档案所有者与档案利用者之间,档案所有者与档案保管者之间,档案利用者与档案保管者之间的矛盾、纠纷、冲突,有助于维护档案所有者、利用者和保管者的合法权益,从而起到协商疏通档案事务各方之间关系的功能。

(2)档案行政指导充分体现了构建以人为本的和谐社会的要求。档案"行政指导是一种非强制性的'柔性'行为,它的实行注重与行政相对人的相互沟通和协调配合,并且必须获得行政相对人的同意或协助,这种行为方式与'刚性'的行政法律行为相比更容易被人接受,也更符合大众心理和社会需求,从而提高行政相对人自觉守法的意识,使档案行政管理部门与行政相对人之间形成一种相对融洽的合作关系"[8],体现了构建以人为本和谐社会的要求。

4. 档案行政指导的引导促进功能

行政指导的特点之一是具有利益诱导性或综合引导性、示范性。由于行政指导行为不具有强制性,就更需要以内容的合理性作为吸引和劝导行政相对人做出预期行为的内在机制。传统的行政行为以强制和惩罚为手段使行政相对人因胆怯而守法,而行政指导则以期望和说服为手段使行政相对人自愿听从而使法律得到遵守。目前,人们对行政管理规范的遵守,并不是出自惧怕与畏罚,绝大多数的行政相对人之所以服从法律是出于他们自身趋利避害的需要,同时其日益提高的是非观念、法律意识和道德水准等,也是他们自觉选择的内在动力。

由于行政机关掌握知识、信息、政策等方面的优越性,行政指导更具有一种导向和促进作用,能够合理引导、影响相对人的行为选择。特别是在现代社会主义市场经济条件下,行政机关与行政相对人之间更多地具有一种平等协商、相互尊重的关系,前者不能随意向后者发号施令,更不能随意支配后者的行为和单方剥夺后者的权利;而需要采取柔和的行政指导措施则才可起到引导、影响相对人的行为选择之作用,以增进和保护社会公益,促进社会主义市场经济和社会秩序的健康顺利发展。

档案行政管理部门是档案事业的主管机构,承担着对档案事业实行

"统筹规划,组织协调,统一制度,监督指导"的职能,在档案知识、信息、政策的掌握上具有不可替代的主体优越性,档案行政管理部门如通过档案行政指导将其掌握的信息传授给档案行政相对人,将会有效引导和促进档案事业又好又快发展。

5. 档案行政指导的目标提升功能

档案行政管理的目的就是管好那些产生和保管"对国家和社会有保存价值的"档案的国家机构、社会组织及个人与之相关的档案事务,更好地为社会主义现代化建设服务。但是,由于种种原因,为社会主义现代化建设服务的档案事务并没有达到理想的状态。而且,即使采取强硬的档案行政执法措施,也不可能在短时间内就从较差的状态迅速过渡到较好的状态。常规性的档案行政管理需要采取较为缓和的、逐步推进的法律手段和措施去引导档案行政相对人改变管理和利用档案信息资源的行为方式,以达到档案行政相对人能够将做好档案工作自然地融入日常工作和生产中。档案行政指导因采取比较柔和的操作方式,在尊重档案行政相对人的选择基础上实现档案行政管理机关与档案行政相对人的有效沟通,而将规范的档案管理思想与法律制度指示给相对人,并以非强制性的方式引导其行为,推进档案事业的发展,因而档案行政指导在档案行政管理目标的提升方面发挥了巨大的作用。

在发挥档案行政指导的目标提升功能方面,档案行政管理部门做了大量的工作。如各地档案行政管理部门开展的由档案行政相对人自愿选择的机关档案工作规范化管理认证、企业科技事业单位档案工作规范化管理认证、档案信息化建设示范单位测评、数字档案室等级评估、社会主义新农村建设档案工作示范乡(镇、街道办事处)村(居委会)测评等,以及上文说的《北京市非公有制企业档案管理指南》,这些档案行政指导措施,极大地推动了档案行政管理目标的提升。

6. 档案行政指导的预防抑制功能

法律虽也具有预防抑制功能,但对于一般的大众而言,是一种深深藏在惩罚功能之后、只能靠体悟和推断才能获得的认识。这一点对于常规

的行政处罚而言,同样如此。相比之下,行政指导的预防抑制功能显得非常明了:首先,行政指导将行政目的和意图明白地表达出来,通过解释法的真实意图从而让相对人明白,法律希望他做什么和不做什么;而行政处罚只是将行政法的外缘界限廓清,仅警告相对人不要过线,过线则罚,但在红线之内可以做什么,则没有明确的指示。可见,行政指导将行政法预防抑制功能放在第一位,而将惩罚功能放在第二位。其次,行政指导是一种具体行为方式的指示,它明确地将行为的方式和预期结果告诉相对人,从而给人们的工作生活指引了方向。行政指导的这种处理方式虽像打预防针一样简单,但省却了事后补救的烦琐。

行政指导对于可能发生的损害经济秩序和社会公益的行为,可以起到防患于未然的预防作用。对于刚萌芽的损害行为,则可起到防微杜渐的抑制作用。在损害社会利益的行为尚处于酝酿和萌芽状态或初现弊端时,最宜采用行政指导这种不具有国家强制力的积极行政方式进行调整。"在经济利益多元化的社会中,社会利益群体之间存在着为增加自身利益而损害别人利益即存在着利益冲突的可能性。在这些可能性尚处于萌芽状态之时,采用行政指导(主要是调整性指导)这种积极、主动而又非强制性的方式进行调控,可以起到防患于未然的作用,这要比冲突、损害发生后的事后补救无疑好处甚多。"[9]档案行政指导能有效地预防抑制档案违法行为。如档案行政指导中的告诫制度,可以通过对处于违法萌芽状态或轻微违法尚未对他人或社会公益造成危害的行为的及时警示,督促档案行政相对人及时改正错误,避免进入立案调查等档案行政处罚程序。因为"档案违法行为大多是由于档案行政相对人对档案工作不重视,档案管理制度不完善,档案工作人员理论水平差、业务能力低、责任心不强、对档案法律法规、工作内容和标准不了解等原因造成的。这些完全可以在违法行为没有形成或尚处于萌芽状态时,利用行政指导的方式予以消除,以做到防微杜渐、防患于未然"[10]。

三、结语

档案行政指导是一种十分有效的现代行政管理方式,也是依法治档、档案依法行政的重要组成部分,它具有多方面的现实功能。档案行政指导强调用档案事务的无限性去填补档案法律的局限性和相对滞后性;档案行政指导用协商和参与的方式整合社会档案意识,使档案意识在社会现实中真正生根发芽、茁壮成长;在法律的事后补救功能和事先防范功能的选择上,档案行政指导显然在向积极预防的方向上迈进。总之,档案行政指导在协调各种档案事务关系当中,显示出主动、灵活、积极、多样的特点,它的功能是全面而柔性温和的,这更有利于对档案事务的管理,应该引起档案界的重视与研究。

参考文献

[1]罗豪才.现代行政法的平衡理论[M].北京:北京大学出版社,1998:31.

[2]杨立人,简莹莹.档案行政指导制度的建立与完善[J].档案学通讯,2011(1):43-46.

[3][6]金梅.行政指导应用于档案行政管理初探[J].北京档案,2006(3):32-33.

[4]张淑芳.论技术规则对行政法规范的渗入[J].湖北警官学院学报,2005(4):7-12.

[5]刘东斌.论各级档案行政管理部门的立法之责[J].档案管理,2013(3):4-6.

[7][9]汪永成.现代市场经济中的行政指导:行政学的分析[J].江海学刊,1999(1):54-58.

[8][10]林琳,刘巍.档案行政指导工作浅析[J].黑龙江档案,2011(3):66.

该文发表在《档案管理》2014年第2期

论档案行政权力清单制度

刘东斌

摘 要 档案行政权力清单制度的主要特点是:合法性、约束性、公开性和双重性。档案行政权力清单制度主要有五个方面的内容:清权、减权、确权、晒权、制权。建立档案行政权力清单制度的现实意义与作用,在于实现档案行政管理依法行政、加强社会监督制止权力滥用行为、维护档案行政相对人的权利。

关键词 档案行政权力 档案行政职权 权力清单制度

党的十八届三中全会提出:推行地方各级政府及其工作部门权力清单制度,依法公开权力运行流程。党的十八届四中全会又强调:依法全面履行政府职能,推进机构、职能、权限、程序、责任法定化,推行政府权力清单制度。推进权力清单制度已成为全面深化改革的重要内容。档案行政管理部门作为行政管理部门也必然要推行权力清单制度,因此,本文就档案行政权力清单制度做一下初步的探讨。

一、行政权力的主要特征

1. 公共性

公共性是行政权力区别于一般权力的最主要的特征。行政权力对国家事务的管理是以实现公共利益为目标的,它的运作集中体现在公共管理和公共服务过程中为社会提供的公共物品和公共服务。因此,行政权力本质上是一种公共权力。"行政权力的设置和行使,是要通过执行国家的法律、法规、政策等,来维护和实现公共利益。因此,国家行政机关及其公务员在行使行政权力时,必须以为社会公众提供服务为导向,以实现社会公共利益为宗旨。如果以权谋私,那就偏离了行政权力行使的目的。"[1]

2. 强制性

行政权力是国家力量的象征。行政权力以其强制性保证体现公共利益的国家法律、法规、政策等得到落实。行政权力的行使方式主要表现为强制性地推行政令,强制性成了行政权力有效地执行国家意志的显著特征,任何个人和组织都不应抵制或违抗,否则就会受到相应的制裁。"行政权力行使是以国家强制力或暴力的威慑为后盾的,它所推行的法律、法规、政策等是行政客体必须接受的。"[2]正是这种强制性使行政权力所制定的各种行政法规、计划、政策、命令等,对全社会都具有普遍的约束性和权威性。

3. 有限性

行政权力是有限的,"行政权有限性是指根据行政权的性质和特征,行政权应当是有限的,行政权必须以公民权利为界限,行政权的行使必须受到法律的制约"[3],对于国家行政机关来说,行政权力也是必须履行的职责和义务。行政权力的这种职责和义务的统一性决定了它必须受宪法、法律法规的约束和社会监督。未经法律授权,国家行政机关不得擅自增加职权,否则就是乱作为,即"法无授权不可为"。如果国家行政机关放弃对行政权力的行使或消极应对则是不作为,同样也属于违法,即"法定职责必须为"。

4. 膨胀性

从行政权力的增长趋势来看,行政权力具有明显的膨胀性。"行政权力的自我膨胀导源于行政权力的自身结构、行政权力的性质以及行政权力客体的状况。行政权力的运动是自上而下的放射状结构,且每经过一层中介,其放射都要扩大一定的范围;而各级权力行使者又常常产生扩大权力的本能冲动,这就使行政权力具有一种无限延伸的动力。"[4]而随着社会的不断发展,需要国家行政机构管理的社会事务会不断增多,行政权力的作用范围也就不断扩大,行政权力必然要随之增大。这三种因素相互作用,行政权力的扩张就难以避免。这一特性表现为两种情况:一是行政权力的自然增长。这是由行政权力的结构功能正向发展所决定的,属正常状态。二是行政权力的恶性膨胀,属异常现象。

通过上述特征分析表明,行政权力在贯彻国家意志的同时,很容易侵害行政相对人的权益,也容易出现腐败、低效、不作为、乱作为等异化现象。只有实行权力清单制度,才能有效避免行政权力的无限扩张与膨胀,保证其在宪法和法律框架之内规范运行,使其发挥积极作用,避免消极作用。

二、档案行政权力清单制度的主要特点

基于行政权力的特征,档案行政权力清单制度主要具有以下特点。

1.合法性

由于档案行政权力是由法律授予的,那么制定档案行政权力清单制度时就必须依据法律,符合法律,不得与法律相抵触。档案行政权力清单制度的设立、运行、监督、评价及调整,都必须在法律的框架内开展,不能突破法律限制进行法外行政。其一,档案行政权力要合法。即档案行政职权必须由法律授权规定,档案行政行为必须在法律规定的职权范围内行使职权。即职权法定、越权无效。其二,行使档案行政权力的程序合法。档案行政管理部门行使档案行政权力的过程,应符合法定程序,以避免违法或不当的档案行政行为。

2.约束性

档案行政权力清单规范的是档案行政权力,档案行政权力清单之内的行政权力是必须履行到位的职责,档案行政管理部门不能"缺位"不作为;档案行政权力清单之外的,原则上是属于社会和公民的活动范畴,档案行政管理部门绝对不能"越位"乱作为。对于档案行政管理部门来说

是"法定职责必须为,法无授权不可为"。"缺位"不作为与"越位"乱作为都属违法行为,因此,档案行政权力清单制度具有约束性,只有刚性的法律约束才能使档案行政权力清单制度发挥应有的作用。档案行政权力清单一旦制定公布,就将对档案行政管理部门产生强制约束力,如果违反档案行政权力清单的规定,滥用档案行政权力,将要承担相应的法律责任。

3. 公开性

列出档案行政权力清单,不能密而不发,不能只向内部公开,也不能部分地公开档案行政权力,而是除极少需要保密的事项外,要全面向社会公开档案行政管理的各项档案行政权力的内容、运行程序、执行主体、责任追究机制、目标结果,等等。档案行政权力清单本身也体现着公开性。"权力清单应体现出及时性与公开性,即权力清单中的诸要素,诸如权力范围、行使过程、完整性、准确性等,要以特定的方式向社会公众公开,保证社会公众能够及时、便捷地获知权力清单的内容。这是对权力清单程序性与及时性的综合要求,更是对权力清单公开的主动性要求。"[5]

4. 双重性

档案行政权力清单制度具有双重性功能。一方面,档案行政权力清单制度对于档案行政管理部门来说,界定了档案行政权力的边界,划定了档案行政权力活动的范围。可以有助于档案行政管理部门的工作人员树立档案行政权力的边界意识和范围概念,清楚应该做什么、不应该做什么、应该怎么做。另一方面,档案行政权力清单制度对于档案行政相对人来说,它可以方便档案行政相对人了解档案行政权力运行过程,获取档案行政管理有关信息,还可以加强档案行政相对人依据档案行政权力清单对档案行政管理部门进行有针对性的监督。

三、档案行政权力清单制度的主要内容

档案行政权力清单制度主要包括以下五个方面的内容。

1. "清权"——全面梳理档案行政职权

根据法律、法规、规章和"三定"方案的规定,对档案行政管理部门主

要职责及内设机构职责进行全面清理,将每一项职责进一步细化为具体的权力事项,逐条逐项分类登记,确保其真实性、准确性和完整性。对于梳理出来的档案行政职权事项,规范列明职权名称、实施依据、承办机构等。同时,开展部门履职分析,重点是部门职能是否全面正确高效履行、履职方式是否适应社会发展需要、履职中存在的突出问题及对策建议。

2."减权"——简政下放档案行政职权

在梳理档案行政职权的基础上,对每一项档案行政职权的法律依据、行使程序、运行绩效情况进行科学评估,按照"职权法定、简政放权、转变政府职能"的要求,大力削减不合法、不合时宜的档案行政权力事项。其一,职权取消。没有法律法规规章依据以及部门自行设定的职权予以取消。其二,职权转移。对档案行政相对人有关档案事务水平能力的评价、认定,以及相关从业资格、资质类管理,原则上交由第三方实施或由社会组织自律管理。其三,职权下放。直接面向基层、量大面广、由地方管理更方便有效的档案事务事项,应当下放。

3."确权"——确定规范档案行政职权

在梳理档案行政职权的基础上,确立认定符合法律、法规、规章和"三定"方案规定的档案行政职权,按照规范化的要求构建档案行政权力列表清单目录,制定相应的档案行政权力运行流程图、法定依据等,将档案行政管理部门的档案行政权力和责任与档案行政相对人的权利和义务清清楚楚地规定下来,让档案行政管理双方都明白各自权益与办事流程。

4."晒权"——公开公布档案行政职权

就是公开档案行政权力清单、操作规程和流程图,将确权后的档案行政权力,编制成《档案行政权力清单》,内容包括档案行政权力名称、法定依据、责任部门、运行流程图等具体事项,并以各种形式对外公布,如在门户网站公示、在办公大厅张贴,等等,主动接受档案行政相对人的监督。同时,根据档案行政权力运行的实际效果和各方面提出的意见建议,及时对档案行政权力清单及运行流程进行动态调整。

5. "制权"——强化监督档案行政职权

强化档案行政权力运行监督,主要有两个方面:其一,构建内部监督体系。建立相应的绩效考核和责任追究机制,明确考核和问责的主体、范围、程序,切实防止不作为和乱作为。并且确保在部门或个人发生超越档案行政清单擅权、违法违规行使权力、不作为等问题时,能够受到及时查处和追责。其二,搭建外部监督体系。构建适时稳定的测评机制和及时归纳来自社会各界反馈的机制,通过网络评廉、召开服务对象座谈会、向服务对象发放征求意见表,或者聘请社会监督员,定期听取意见建议等形式强化外部监督。

四、建立档案行政权力清单制度的现实意义与作用

1. 建立档案行政权力清单制度是实现档案行政管理依法行政的重要手段

依法治档、依法行政一直是档案行政管理部门积极努力的方向。档案行政权力清单制度的建立有利于推进依法治档、依法行政,有利于推动各级档案行政管理部门明晰自身权责、全面正确履行档案行政管理职能。档案行政权力清单制度的首要工作就是厘清档案行政管理权责边界,按照职权法定的原则,根据实际提供的档案事务服务内容,对档案行政管理部门现有的档案行政职权进行系统梳理,以清单的形式明确其职权范围、运行程序、责任大小,从而让每个档案行政管理部门的工作人员都知晓自身到底有哪些档案行政权力,如何行使,承担什么样的责任。这样就有利于档案行政管理部门更好地"定责""明责",履行职责,并且在一定程度上解决职责交叉、相互推诿等问题;发现"缺位""越位"的情况,克服不作为、乱作为等现象;同时也有利于提高档案行政管理效能。以清单形式对各项档案行政权力的边界进行明确规定,不仅对档案行政权力越界行为有了制约、监督、查办、惩处的明确标准,有效减少档案行政权力越界行为,维护法律法规的权威性,而且也给包括档案行政相对人的行为在边界之内和底线之上留下足够的活动空间,有利于档案行政相对人遵守档案

法规和档案行政管理依法行政。

2.建立档案行政权力清单制度是加强社会监督制止权力滥用行为的重要工作

"权力倾向于腐败,绝对的权力倾向于绝对的腐败"[6],"一切有权力的人都容易滥用权力,这是万古不易的一条经验。有权力的人们使用权力一直到遇到有界限的地方才休止"[7]。虽然档案行政权力相对较弱,产生权力寻租的腐败现象并不多见,但是,档案行政管理部门滥用档案行政权力,"越位""缺位"的现象并不少见,档案行政管理"由于没有边界意识和清晰的边界,导致档案行政管理的'越位''缺位'现象经常发生"[8],"档案行政管理部门普遍存在管理职能权限不够清晰,职能严重错位、越位等现象"[9],"档案行政管理部门的'错位''缺位''越位'的问题还没有根本解决"[10]。

建立档案行政权力清单制度,依据法律规定和档案行政管理部门提供的档案事务服务的实际内容划定档案行政权力范围,明确档案行政权力的空间、运行程序,使档案行政权力有法有据、流程清楚、公开透明,有利于将档案行政权力关进制度的笼子,消除各种于法无据的档案行政许可、行政审批行为,从源头上压缩档案行政权力寻租空间,防止档案行政权力滥用。档案行政权力范围的划定,使得某个档案行政权力岗位该做什么、不该做什么、该怎么做都清清楚楚,一旦越界便是"越位",如果是不作为,那就是"缺位"失职,都会受到相应的问责与惩罚。同时,也可以最大限度地让档案行政相对人知晓各级档案行政管理机构的职权内容、行使程序,使档案行政权力的运行置于社会公众的监督之下,这就严格限制了档案行政管理部门和公务人员行使档案行政权力的自由度,对档案行政权力行使者起到监督和警戒制裁的威慑力。

3.建立档案行政权力清单制度是维护档案行政相对人权利的重要途径

建立档案行政权力清单制度有利于维护档案行政相对人的权利。我国的公共权力源于人民,按照我国《宪法》的规定,国家的一切权力都属于人民,"人民是国家的主人,政府的权力来源于人民的让渡,政府为人民服务是天职,人民的利益至上,政府必须全心全意为人民服务,实现社会公共利益的最大化"[11]。

档案行政管理部门行使的档案行政权力是人民让渡给档案行政管理部门代为行使的公共权力。因而档案行政相对人对档案行政权力的行使具有知情权、监督权。建立档案行政权力清单制度,其目的就是打开档案行政权力封闭运行的"黑箱",将档案行政权力的行使过程公之于众,让档案行政权力在法律的框架下运行,使档案行政管理事务成为透明公开的阳光行政。因此,建立档案行政权力清单制度,就是让档案行政权力执行的内容、范围、程序、结果公开。让档案行政相对人了解档案行政管理部门及其工作人员到底有哪些档案行政权力,其档案行政权力是如何行使的,这有利于维护档案行政相对人的权利,依法满足档案行政相对人的种种权利诉求。

参考文献

[1]王惠岩.行政管理学[M].北京:高等教育出版社,2011:128.

[2]楚明锟.公共行政学[M].北京:高等教育出版社,2013:52.

[3]赵春蕾.行政权有限性研究[D].济南:山东大学,2006.

[4]麻宝斌.公共行政学[M].大连:东北财经大学出版社,2012:70.

[5]黄佳宇.行政信息公开研究[D].长春:吉林大学,2015.

[6]洛德·阿克顿.自由与权力[M].侯健,范亚峰,译.北京:商务印书馆,2001:286.

[7]孟德斯鸠.论法的精神(上册)[M].张雁深,译.北京:商务印书馆,1961:154.

[8]李宗富.档案行政管理的未来走向:行政执法为主、行政指导为辅[D].郑州:郑州大学,2012.

[9]付兴.构建档案行政管理工作服务新向度初探[J].现代交际,

2013(12):47.

[10]鹤鸣.关于做好我市"五五"档案普法的几点思考[J].档案与建设,2007(11):25-26.

[11]刘宁宁,迟福生,杨坤.民生事业发展、服务型政府建设与辽宁全面振兴[J].辽宁大学学报(哲学社会科学版),2008(1):112-116.

该文发表在《档案管理》2016年第2期

论档案行政权力清单制度的建设

刘东斌

摘 要 构建档案行政权力清单应当遵循职权法定、权责一致、简政放权、行政公开和高效便民的原则。档案行政权力清单应当包括档案行政权力事项目录和档案行政权力事项详情单。构建档案行政权力清单应当建立动态更新机制和监督、约束机制。

关键词 档案行政 权力清单 权力清单制度

一、构建档案行政权力清单的原则

1. 职权法定原则

"职权法定原则是依法行政的基本原则之一,它是行政机关及其公务员在依法行政中必须首先遵循的原则。"[1]职权法定原则的含义主要有两个方面:其一,档案行政职权来源法定。档案行政管理部门的职权,是通过立法设定和赋予的,只有立法设定和赋予的职权才是合法的职权,立法以外其他途径不能产生行政职权,档案行政管理部门不能在立法之外获取职权。也就是说档案行政职权来源具有唯一性——立法。其二,档案行政职权范围法定。行政职权不是空泛的"虚权",而是有特定对象和特定内容的"实权"。任何一项行政职权,都有其适用的事项范围,没有事项范围的行政职权是不存在的。档案行政职权的适用对象和事项范围,也是立法确定的,档案行政管理部门是在立法确定的对象和事项范围内拥有和行使档案行政职权的,档案行政管理部门不能在法定的对象和事项范围外行使档案行政职权,也不能超出法定的对象和事项范围行使档案行政职权。

2. 权责一致原则

"权责一致原则,是指让掌握和行使公共权力(包括立法权、司法权、行政权)而产生消极性后果的人承担否定性或对其不利的行政或法律后果、遭受制裁或惩处的原则。"[2]它实际是指法律赋予档案行政管理部门的职权,就是赋予档案行政管理部门的义务和责任。权责一致不仅包括档案行政权力与职责、责任一致,还包括档案行政权力、职责、责任与尽责一致。因此,档案行政管理部门必须采取积极的措施和行动依法履行其职责,如果要擅自放弃、不履行其法定的行政职责或违法、不当行使其行政职权,就要承担相应的法律责任。所以,在建立档案行政权力清单时,档案行政权力清单中的每一项职权都必须明确列出与之对应的职责,以及相关的责任追究内容,做到有权必有责,权责相对等,防止档案行政权力的异化。

3. 简政放权原则

"推行政府权力清单制度,要以全心全意为人民服务和依法行政为根本前提,以简政放权为核心。"[3]"'简政'就是精简政务、精简机构和人员,重点是缩减行政权。'放权'就是将权力下放或将权力转化为权利,赋予社会(公民)或市场。"[4]简政放权原则就是把该由市场管的事情交给市场,该由社会管的事情交给社会,该由基层档案行政管理部门管的事情下放给基层档案行政管理部门,充分发挥市场在资源配置中的决定性作用,更好发挥社会力量在管理社会事务中的作用,更好发挥基层档案行政管理部门贴近群众、就近管理的优势,最大限度地激发社会活力。

4. 行政公开原则

行政公开原则是行政法的基本原则。"行政公开原则是指行政机关的一切行政活动除涉及国家安全或国家秘密并由法律规定不得公开的以外,一律公开。它包括两个方面内容:一是行政机关的行政决策活动及其过程公开；二是行政机关制定或决定的文件、资料、信息情报公开。"[5]行政公开指的是档案行政管理主体在行使档案行政权力过程中，应当将档案行政权力运行的依据、过程和结果向档案行政相对人和社会公众公开，以使其知悉并有效参与和监督档案行政权力的运行。建立档案行政权力清单要依据行政公开原则的要求，实现档案行政管理部门的档案行政权力信息的公开，将档案行政管理行政主体的法定职权类型和内容、职权的履行依据、职权履行的流程和结果等内容进行公开，充分保证档案行政权力运行的程序正当性。除了法定的保密事项外，所有纳入档案行政权力清单的权力事项及其运行流程，都必须通过清单向社会公开，否则不得行使，做到"清单之外无权力"。

5. 高效便民原则

高效便民就是要求档案行政管理部门要依法高效率、高效益地行使档案行政职权，最大限度地方便档案行政相对人。档案行政权力不明晰、不为公众所知，不可避免地会造成档案行政相对人办事难、办事成本高等诸多问题。档案行政权力清单一方面通过把法定程序流程化，方便档案行政相对人理解；另一方面明确办理时限和方式，其目的正是着眼于高效便民。因此，在建立档案行政权力清单时，要从服务档案行政相对人的角度出发，减少办事环节，简化办事程序，按照时间最短、环节最少的要求优化办事流程，提高行政效能。

二、档案行政权力清单制度的构建

1. 档案行政权力清单的主要内容

档案行政权力清单可以由两部分组成：其一，档案行政权力事项目录；其二，档案行政权力事项详情单。

（1）档案行政权力事项目录的内容。在档案行政权力清单中，档案行政权力事项目录的作用就是让档案行政相对人能够比较清晰地知晓档案行政管理部门到底有哪些档案行政权力，并且能够顺利查找到具体的档案行政权力事项详情。因此，档案行政权力事项目录并不是越详细越好，而是应当简洁明了。因为档案行政权力事项目录的主要功能就是为了提示与指引档案行政管理部门公布的档案行政权力事项目录，一般可以分为三级：第一级是档案行政管理部门职能范围。第二级是不同档案行政权力分类。如档案行政规划、档案行政许可、档案行政处罚、档案行政检查、档案行政确认等。第三级是具体的不同档案行政权力事项。如制订档案事业发展计划，携带、运输或者邮寄档案出境审批，损毁、丢失属于国家所有的档案的处罚，等等。

（2）档案行政权力事项详情单的内容。档案行政权力事项详情单是档案行政权力清单的核心内容。因为档案行政权力事项目录只是告诉档案行政相对人档案行政管理部门有哪些权力，而真正要把权力放到阳光下运行，主要还是需要通过档案行政权力事项详情单予以实现。档案行政权力事项详情单，除了列明档案行政权力事项的权力编码、权力名称、权力类型、法律依据等常规内容外，还应当包括以下三个方面的内容：一是权力由谁行使，包括法定权力主体、具体承办机构。档案行政权力事项详情单中应当分别列明档案行政权力主体与承办机构，权力主体代表该项权力事项的责任主体，而承办机构则是告知相对人哪个机构具体受理。二是档案行政权力怎样行使，包括法定程序、适用条件或者标准等要求。对此，档案行政权力事项详情单中的程序性规定，应当体现档案行政权力行使的方式、步骤、顺序和期间等要素。并应当制定法定程序与流程图，流程图则是法定程序的图示化，流程图应以档案行政相对人的视角，提示其整个档案行政权力运行过程的关键环节，要成为群众办事的向导图。流程图可以根据档案行政权力事项的类别统一绘制，如档案行政处罚的权力流程图可以统一为一般程序流程图和简易程序流程图。三是与相关权力之间的顺序与关系，包括纵向权力关系与横向权力关系。纵向权力关系指的是需要几个部门协同行使的权力事项。纵向权力关系，表现为上下两级部门需要对同一事项进行初审与终审。如果横向权力关系或者纵向权力关系不能在档案行政权力清单中有所体现，必然影响档案行政相对人对整个档案行政权力运行的理解。

2. 依法确立档案行政权力清单

档案行政权力清单所列的档案行政权力必须有法律依据,这里的法律主要包括宪法、法律、法规、规章;国家政策、抽象行政行为仅作为档案行政权力存在与运行方式的参照依据。凡是没有法律依据的档案行政权力,都是不合法的档案行政权力,应予以取消,都不能进入档案行政权力清单;对于法律有规定,但是经档案行政管理部门清理后认为该档案行政权力已经过时、不合理,或与社会主义市场经济发展不相协调的,可以不列入档案行政权力清单,但是必须报相关立法机关批准。

3. 规范档案行政权力清单构建程序

规范档案行政权力清单的编制程序主要从以下几个方面进行。

(1)档案行政权力清单编制的启动程序。编制档案行政权力清单,一般由档案行政管理部门申请启动档案行政权力清理并编制档案行政权力清单,也可以由地方政府法制部门或编制部门直接决定启动档案行政权力清单编制程序。当然,档案行政权力清单编制启动程序最好由地方人大常委会决定。

(2)档案行政权力清理程序。档案行政权力清理工作一般应由档案行政管理部门清理,当然也可以委托其他单位进行清理。档案行政权力清理的基本程序为:罗列档案行政权力项—征询档案行政相对人意见—征询相关立法机关的建议—确定档案行政权力事项—为档案行政权力事项编码—编制档案行政权力清单—绘制档案行政权力运行图。

(3)档案行政权力清单批准程序。档案行政权力清单批准程序一般由地方政府法制部门或编制部门实施审核,最后由地方人大常委会实施审核。批准程序主要是对上报的档案行政权力清单及运行图的审核,符合法律法规规定权项予以批准,不符合法律规定的予以撤销,存在一定法律问题的予以退回重新编制权力清单。

(4)档案行政权力清单公布程序。当档案行政权力清单经批准后,一般应由批准部门负责公布。当然,档案行政管理部门也可以公布。

(5)档案行政权力清单实施程序。档案行政管理部门要严格按照档案行政权力清单规定的档案行政权限行使权力,违反档案行政权力清单规定权限的,应当承担双重违法责任,即违反档案行政权力清单的法律责任和违反原法律规定的法律责任。

(6)档案行政相对人参与民主协商程序。无论在档案行政权力清单编制还是在实施过程中,都应充分发挥档案行政相对人的聪明才智,听取档案行政相对人的意见,进行民主协商。

(7)档案行政权力清单修改、废止程序。当法律修改、废止时,需要对档案行政权力清单进行及时调整,其程序与档案行政权力清理程序基本相同。

三、构建档案行政权力清单的配套制度

1. 建立档案行政权力清单动态更新机制

档案行政权力清单制度建设不是一次性的工程,而是一项长期性的不断完善的制度;不是一次梳理和公布就简单完成的工作,而是一项持续性的工程。这是由于档案行政权力具有变动性决定的。"行政权力并非一成不变,相反为适应社会和发展需要行政权力展现易变的特性。"[6] "行政权力的分配不是一劳永逸、一成不变的事情。社会的不断发展变化会带来行政权力客体的变化,人们的思想意识也会不断地深化和提高,相应的行政权力也会随着社会的逐步发展面临一个再分配的问题。"[7]这意味着档案行政权力清单是动态的,而非静态的,档案行政权力清单应随着档案行政权力的变化、变迁而及时加以调整和修改。由此也决定了档案行政权力清单是一项没有终点的持续性的工作,这就要求档案行政管理部门要及时跟踪档案行政权力的变化情况,并将这一变化体现和反映在档案行政权力清单之中。所以,应对建设档案行政权力清单制度实行动态管理,当档案行政管理部门行使的档案行政权力发生变化时,要及时启动档案行政权力变更申报,报经编制管理部门和政府法制部门确认后,及时修改原档案行政权力清单。

建设档案行政权力清单制度实行动态管理,一要根据所在地区社会

和经济发展的情况和档案事务发展的具体状况,依据档案行政相对人的实际需求,确定档案行政权力变动内容。二要制定档案行政权力清单以及档案行政审批标准化的动态管理办法,明确档案行政权力清单调整的依据、程序等,使档案行政权力边界和运行流程的动态调整切合档案事务发展实际、公开透明、规范合法、便民高效。三要建立健全与档案行政权力清单以及档案行政审批标准化内容相配套的档案行政裁量权基准制度,使档案行政裁量标准更加细化与量化,也使档案行政裁量的范围、种类和幅度更加科学规范。四要建立不同层级档案行政管理部门间的上下联动机制。要按照省、市、县(区)三级,逐级推进档案行政权力清单以及档案行政审批标准化工作。下级档案行政管理部门拟公布的档案行政权力清单内容和档案行政审批标准要经上级档案行政管理部门审核批准。为免于冲突和便于监督,在时间安排上还要遵循从上级到下级逐级公布。

2. 构建档案行政权力清单制度的监督和约束机制

与所有的制度一样,档案行政权力清单制度的良好运行需要强有力的监督和约束机制作为保障,以避免其流于形式或者被束之高阁。因此,构建档案行政权力清单制度的另一个重点是全面建立档案行政权力清单制度的监督机制和约束机制,明确监督的范围、行使方式和责任追究的具体内容和具体形式,对违反档案行政权力清单的违纪、违规和越权行为严惩不贷。构建档案行政权力清单制度的监督和约束机制应当从以下几个方面进行。

(1)构建完善的内部检查监督体系。档案行政管理部门可以采取自查、互查、抽查等多种方式,定期对档案行政管理部门所规范的档案行政权力清单工作以及具体的落实实施情况进行监督检查:一是对于档案行政权力清单制度本身的建设工作,巩固已经落实的工作成果,对还未落实的工作采取督办等方式,以使得相关部门积极投入构建档案行政权力清单制度的工作之中。二是档案行政权力清单的实施工作,对于实施档案行政权力清单好的,取得经验的,总结加以推广。对于不按档案行政权力清单履职,或者履职不好或者越权的,要问责追究。

(2)构建有效的外部监督检查体系。要以"法无授权不可为"和"法定职责必须为"为标准,加强对档案行政管理部门实施档案行政权力清单制度工作的全方位监督。一要强化专门监督作用。行政监察、审计等部门要依法加强监督,对档案行政管理部门实施档案行政权力清单情况进行全面监督。二要发挥社会监督力量。通过网络评廉、明察暗访、召开档案行政相对人座谈会、向档案行政相对人发放征求意见表等多种方式强化外部监督。

(3)建立档案行政权力清单的考核和问责机制。一要将实施档案行政权力清单的监督评议结果作为档案行政管理部门、内部相关机构、相关人员绩效考核的重要指标并与奖惩机制直接挂钩。二要建立完善问责实施办法、档案行政执法责任追究办法等,对于不作为、慢作为、失职渎职、非法行政等情形,依法依规对相关责任人的责任进行合理、有效的问责追究。

参考文献

[1]孟大川.职权法定原则的内涵、意义与要求[J].探索,2001(5):143-144.

[2]王放放.论权责一致原则[J].广东行政学院学报,2000(4):16-17.

[3]包世琦.关于推行政府权力清单制度的若干思考[J].中州学刊,2015(10):11-15.

[4]郭人菡.基于"权力清单"、"权利清单"和"负面清单"的简政放权模式分析[J].行政与法,2014(7):23-28.

[5]吴建依.论行政公开原则[J].中国法学,2000(3):89-96.

[6]李和中,刘孋毅.加强建立和完善行政权力清单制度[J].广州大学学报(社会科学版),2014(9):10-14.

[7]姜秀敏,吴长春.行政管理学[M].大连:东北财经大学出版社,2012:178.

该文发表在《档案管理》2016年第3期

依法治档研究

档案行政权力种类与法规依据举要

刘东斌

摘 要 举要阐述档案行政管理部门26种行政行为的档案行政权力及其法规依据。

关键词 档案行政权力 法规依据

2004年最高人民法院颁布的《最高人民法院关于规范行政案件案由的通知》中列出的行政行为有:行政处罚、行政强制、行政裁决、行政确认、行政登记、行政许可、行政批准、行政命令、行政复议、行政撤销、行政检查、行政合同、行政奖励、行政补偿、行政执行、行政受理、行政给付、行政征用、行政征购、行政征收、行政划拨、行政规划、行政救助、行政协助、行政允诺、行政监督等共26种,对于档案行政管理部门来说,除了没有行政救助外,加上行政指导也有26种。也就是说,档案行政权力的行政行为共有26种,其中审批类有行政许可、行政批准、行政给付、行政确认4种,其余为监管类。而据对9个省级档案行政管理机构已公布的档案行政权力清单统计出只有13种行政行为[1]。显然并没有将档案行政权力全部列出。下面就这26种行政行为相关的档案行政权力及法规依据予以举要阐述。

一、行政处罚

(1)职权项目名称:损毁、丢失属于国家所有的档案的处罚。

(2)依据:

《中华人民共和国档案法》(以下简称《档案法》)第二十四条:"有下列行为之一的,由县级以上人民政府档案行政管理部门、有关主管部门对直接负责的主管人员或者其他直接责任人员依法给予行政处分;构成犯罪的,依法追究刑事责任:(一)损毁、丢失属于国家所有的档案的……"

二、行政强制

(1)职权项目名称:非国有档案因安全原因的档案代管。

(2)依据:

《档案法》第十六条:"集体所有的和个人所有的对国家和社会具有保存价值的或者应当保密的档案,档案所有者应当妥善保管。对于保管条件恶劣或者其他原因被认为可能导致档案严重损毁和不安全的,国家档案行政管理部门有权采取代为保管等确保档案完整和安全的措施。"

三、行政裁决

(1)职权项目名称:档案移交归属。

(2)依据:

《河南省档案管理条例》第十六条:"机关、团体、企业事业单位和其他组织应当按照下列规定向有关的国家档案馆移交档案:因特殊情况需变更向国家档案馆移交档案期限的,须经档案行政管理部门同意。对向国家档案馆移交档案的范围和技术要求有异议的,由同级档案行政管理部门协调处理和决定。"

四、行政确认

(1)职权项目名称:对国家和社会有保存价值的档案,属于集体所有、个人所有以及其他不属于国家所有的,其具体范围的确定。

(2)依据:

《中华人民共和国档案法实施办法》(以下简称《实施办法》)第二条:"《档案法》第二条所称对国家和社会有保存价值的档案,属于国家所有的,由国家档案局会同国家有关部门确定具体范围;属于集体所有、个人所有以及其他不属于国家所有的,由省、自治区、直辖市人民政府档案行政管理部门征得国家档案局同意后确定具体范围。"

五、行政登记

(1)职权项目名称:机关、团体、事业单位、大中型企业和其他组织档案管理登记。

(2)依据:

《河南省档案管理条例》第十一条:"机关、团体、事业单位、大中型企业和其他组织,应当自成立之日或注册之日起六十日内,到档案行政管理部门办理档案管理登记手续。"

六、行政许可

(1)职权项目名称:携带、运输或者邮寄档案出境审批。

(2)依据:

《实施办法》第十九条:"各级国家档案馆馆藏的二级档案需要出境的,必须经国家档案局审查批准。各级国家档案馆馆藏的三级档案、各级国家档案馆馆藏的一、二、三级档案以外的属于国家所有的档案和属于集体所有、个人所有以及其他不属于国家所有的对国家和社会具有保存价值的或者应当保密的档案及其复制件,各级国家档案馆以及机关、团体、企业事业单位、其他组织和个人需要携带、运输或者邮寄出境的,必须经省、自治区、直辖市人民政府档案行政管理部门审查批准,海关凭批准文件查验放行。"

七、行政批准

(1)职权项目名称:机关、团体、企业事业单位、其他组织和个人携带、运输或者邮寄档案及其复制件出境审批。

(2)依据:

《实施办法》第十九条:"各级国家档案馆馆藏的三级档案、各级国家档案馆馆藏的一、二、三级档案……必须经省、自治区、直辖市人民政府档案行政管理部门审查批准,海关凭批准文件查验放行。"

八、行政命令

"所谓'行政命令',指行政机关的一切决定和措施;但行政法上的'行政命令',则专指行政主体依法要求行政相对方'为'或'不为'一定行为(作为或不作为)的意思表示,是行政行为中一种极为普遍的行为形式。其中要求行政相对方为一定行为的意思表示,被称为'令';要求行政相对方不为一定行为的意思表示,被称为'禁令'。行政命令作为行政行为的一种最为常见的重要形式,亦表现出一定的强制性。"[2] "责令改正或限期改正违法行为,是行政机关实施处罚过程中对违法行为人发出的一种作为性的行政命令。"[3]

(1)职权项目名称:责令改正或限期改正违法行为。

(2)依据:

《河南省档案管理条例》第三十二条:"违反本条例有下列行为之一的,由县级以上档案行政管理部门责令限期改正;……(一)不按规定建立档案管理制度的;……"

九、行政复议

(1)职权项目名称:档案违纪案件复议。

(2)依据:《中华人民共和国行政复议法》第十二条。

十、行政撤销

(1)职权项目名称:对不适当的档案行政许可的撤销。

(2)依据:

《郑州市档案局行政过错责任追究(试行)办法》第八条:"实施行政许可,有下列情形之一的,应当追究有关责任人的行政过错责任:……

(九)行政许可相对人丧失取得行政许可条件,不及时撤销行政许可的。"

十一、行政检查

"行政检查是指行政主体基于行政职权依法对公民、法人或者其他组织是否遵守法律、法规及规章等的情况进行了解的行为。"[4]根据这一定义解释,它实际就是档案行政管理部门常说的档案执法检查。

(1)职权项目名称:档案安全检查。

(2)依据:

《实施办法》第十五条:"各级国家档案馆应当对所保管的档案采取下列管理措施:(一)建立科学的管理制度,逐步实现保管的规范化、标准化;(二)配置适宜安全保存档案的专门库房,配备防盗、防火、防渍、防有害生物的必要设施;……机关、团体、企业事业单位和其他组织的档案保管,根据需要,参照前款规定办理。"

十二、行政奖励

(1)职权项目名称:对档案工作有贡献的单位或个人的奖励。

(2)依据:

《实施办法》第六条:"有下列事迹之一的,由人民政府、档案行政管理部门或者本单位给予奖励:(一)对档案的收集、整理、提供利用做出显著成绩的……"

十三、行政补偿

(1)职权项目名称:行政过错补偿。

(2)依据:

《郑州市档案局行政过错责任追究(试行)办法》第二十二条:"因行政过错行为侵犯公民、法人或者其他组织的合法权益,造成损失的应当依法给予补偿;涉及赔偿的,依照《中华人民共和国国家赔偿法》的有关规定给予赔偿,并追究过错责任人的相应经济责任。"

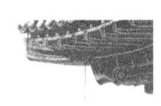

十四、行政执行

"行政执行是指国家行政机关及其公务人员依据宪法、法律、法规、规章,充分调动政府资源,通过一定运作机制,逐级贯彻国家权力机关和上级的政策、决策,推行国家政务和执行行政决定,以落实公共事务管理和公共服务的全部活动过程。"[5]

(1)职权项目名称:实施档案工作规章制度。

(2)依据:

《实施办法》第八条第二款:"县级以上地方各级人民政府档案行政管理部门依照《档案法》第六条第二款的规定,履行下列职责:……(二)制定本行政区域内的档案事业发展计划和档案工作规章制度,并组织实施。"

十五、行政受理

"行政受理的定义应该是行政主体针对行政相对人的要求,根据相应法律、法规进行审查,并在程序上做出同意或拒绝受理的行政行为。"[6]

(1)职权项目名称:携带、运输或者邮寄档案出境审批受理。

(2)依据:

《档案行政许可程序规定》第五条:"档案行政许可实行统一受理制度,档案行政管理部门的法制工作机构(以下简称受理部门)办理行政许可受理事项。"

十六、行政给付

(1)职权项目名称:国家重点档案抢救和保护补助费。

(2)依据:

《国家重点档案抢救和保护补助费管理办法》第十条:"国家档案局负责对省级档案行政管理部门和省级财政部门推荐上报的项目进行审核汇总和筛选,并委托有关专家或相关机构对申报项目进行评审,提出初步审核意见送财政部。财政部审核批准后,会同国家档案局下达补助项目预算。"

十七、行政征用

(1)职权项目名称:非国有档案因安全原因的档案收购、征购。

(2)依据:

《中华人民共和国宪法》第十三条第三款:"国家为了公共利益的需要,可以依照法律规定对公民的私有财产实行征收或者征用并给予补偿。"《档案法》第十六条:"集体所有的和个人所有……的档案,……必要时,可以收购或者征购。"

十八、行政征购

(1)职权项目名称:非国有档案因安全原因的档案征购。

(2)依据:

《档案法》第十六条:"集体所有的和个人所有……的档案,……必要时,可以收购或者征购。"

十九、行政征收

"行政征收是指行政主体基于国家和社会公共利益的需要,根据法律的规定,以强制手段无偿向行政相对人征集金钱或实物的具体行政行为。"[7]

(1)职权项目名称:非国有档案因安全原因的档案收购。

(2)依据:

《档案法》第十六条:"集体所有的和个人所有……的档案,……必要时,可以收购或者征购。"

二十、行政合同

"行政合同是行政主体为履行行政职能和实现特定行政目的,在法律、法规允许的范围内,就行政法上的权利义务与行政相对人之间经过协商,意思表示一致所达成的协议。行政合同是现代行政管理中重要的方式,是行政权力和契约关系的结合。与其他行政行为相比,行政合同行为是通过契约的方式将国家所要达到的行政管理目标固定化、法律化,并在合同中规范双方当事人的权利和义务。"[8] 对于档案行政管理部门实施对非国有档案因安全原因的档案代为保管、收购、征购等,显然需要签订行政合同。

(1)职权项目名称:对非国有档案因安全原因的档案代管、收购、征购。

(2)依据:

《档案法》第十六条:"集体所有的和个人所有的……档案,……国家档案行政管理部门有权采取代为保管等确保档案完整和安全的措施;必要时,可以收购或者征购。"

二十一、行政划拨

行政划拨多用于土地使用权划拨,主要是无偿地转移所有权或使用权。"土地使用权划拨是指经县级以上人民政府依法批准,在土地使用者缴纳补偿、安置等费用后,将该幅土地交付其使用,或者将土地使用权无偿交付给土地使用者的行为。"[9] 按照主要是无偿地转移所有权或使用权的概念,档案移交也应该算是行政划拨范畴,当然,这个还可以研究讨论。

(1)职权项目名称:接收档案移交。

(2)依据:

《实施办法》第十三条:"机关、团体、企业事业单位和其他组织,应当按照国家档案局关于档案移交的规定,定期向有关的国家档案馆移交档案。"

二十二、行政规划

(1)职权项目名称:制定档案事业发展计划。

(2)依据:

《实施办法》第八条第二款:"制定本行政区域内的档案事业发展计划和档案工作规章制度,并组织实施。"

二十三、行政协助

"行政协助,系指行政主体在实施行政职权过程中,基于本身条件和公务上的需要,其他行政主体配合其实施同一行政行为或共同行政行为的法律制度。"[10]

(1)职权项目名称:档案管理违法违纪案件查处。

(2)依据:

《档案管理违法违纪行为处分规定》第十八条:"任免机关、监察机关和档案行政管理部门建立案件移送制度。""任免机关、监察机关查处档案管理违法违纪案件,认为应当由档案行政管理部门给予行政处罚的,应当及时将有关案件材料移送档案行政管理部门。档案行政管理部门应当依法及时查处,并将处理结果书面告知任免机关、监察机关。"

二十四、行政允诺

"行政允诺,是指行政主体为履行自己的行政职责,向不特定相对人发出的,承诺在相对人实施了某一特定行为后由自己或自己所属机构给予该相对人物质利益或其他利益的单方意思表示行为。从一定意义上讲,行政主体通过行政允诺为自身设定行政法上义务而使相对人获得行政法上的权利。"[11]

(1)职权项目名称:奖励档案工作中做出显著成绩的。

(2)依据:

《河南省档案管理条例》第四条:"在档案工作中做出显著成绩及向国家捐赠重要、珍贵档案的单位和个人,由各级人民政府或档案行政管理部门、有关主管部门给予表彰和奖励。"

二十五、行政监督

"行政监督有广义和狭义之分。广义上的行政监督是指立法机关、行政机关、司法机关、政党、社会团体、公民、社会舆论等众多的政治力量和社会力量,对国家行政机关及其工作人员所实施的监督。狭义上的行政监督是指国家行政机关内部对自己和自己的工作人员的监督。"[12]根据这一定义,《档案执法监督检查工作暂行规定》中的"档案执法监督检查"并不是行政监督,实际是行政监督检查(行政检查)。《实施办法》第八条"县级以上地方各级人民政府档案行政管理部门依照《档案法》第六条第二款的规定,履行下列职责:……(三)监督、指导本行政区域内的档案工作,依法查处档案违法行为……"中的监督也不属于行政监督。这里的行政监督属狭义的,指的是档案行政管理系统的内部监督。

(1)职权项目名称:档案行政执法监督。

(2)依据:

《档案执法监督检查工作暂行规定》第十四条:"上级档案行政管理部门有权纠正下级档案行政管理部门查处违反《档案法》案件的错误或不适当的决定。"

二十六、行政指导

(1)职权项目名称:国有企业资产与产权变动档案归属与流向处置的管理和指导。

(2)依据:

《国有企业资产与产权变动档案处置暂行办法》第六条:"各级档案行政管理部门,会同政府综合经济管理部门和国有资产管理部门加强对国有企业资产与产权变动档案处置工作的组织协调、监督和指导。"

参考文献

[1]刘东斌.部分省份省级档案行政权力清单实证分析[J].档案管

理,2015(6):13-16.

[2][3]罗豪才,湛中乐.行政法学(第3版)[M].北京:北京大学出版社,2012:176,179.

[4]马怀德.行政法与行政诉讼法(第4版)[M].北京:中国法制出版社,2010:197.

[5]孔凡河.行政学基础[M].上海:复旦大学出版社,2012:195-196.

[6]赵梦雅.论行政受理[D].北京:中国政法大学,2009.

[7]王淑华,谭志福.行政法学[M],济南:山东人民出版社,2011:191.

[8]杜睿哲.行政法与行政诉讼法[M].武汉:华中科技大学出版社,2013:231.

[9]唐永忠,李清立.房地产开发与经营[M].北京:清华大学出版社,北京交通大学出版社,2013:116.

[10]胡建淼.中国现行行政法律制度[M].北京:中国法制出版社,2011:61.

[11]季宏.行政法基本原理[M].北京:知识产权出版社,2008:159.

[12]徐双敏,李明强.行政管理学(第2版)[M].北京:科学出版社,2013:203-204.

该文发表在《档案管理》2016年第1期

部分省份省级档案行政权力清单实证分析

刘东斌

摘　要　对9个省份省级档案行政权力清单统计得知,不同地区档案行政权力的数量、类型、依据等方面存在很大的差异,在分析其成因的基础上,提出建立档案行政权力清单的路径与方向:统一划分档案行政权力分类标准,建立程序保障、责任约束和有效监督机制。

关键词　权力清单　权力清单制度　档案行政权力

党的十八届三中全会通过的《中共中央关于全面深化改革若干重大问题的决定》中提出:"推行地方各级政府及其工作部门权力清单制度,依法公开权力运行流程。"2015年3月,中共中央办公厅、国务院办公厅印发了《关于推行地方各级政府工作部门权力清单制度的指导意见》,要求省级政府要在2015年底、市县两级政府要在2016年底完成权力清单工作。

"所谓权力清单,就是把各级政府及其所属工作部门掌握的各项公共权力进行全面统计,并将权力的列表清单公之于众,主动接受社会监督。"[1]十八届三中全会以后,广州率先公布政府权力清单。此后,全国各级政府陆续跟进,"截至2014年底,已有浙江、广东、湖南、湖北、吉林、河北、江苏、福建、安徽、贵州等10多个省份公布了省级政府部门行政权力清单。不少市县政府也已公布或即将公布本级政府权力清单。行政权力清单制度的推行取得了明显成效"[2]。随着各级政府权力清单的公布,各级档案行政管理机构也公布了各自的档案行政权力清单。本文依据2015年8月底之前已经公布的9个省份省级档案行政权力清单做出实证分析。

一、9个省份省级档案行政权力清单公布情况

1. 浙江省

浙江省省级部门保留的4236项权力全部被公布在浙江政务服务网上(http://www.zjzwfw.gov.cn/col/col52673/index.html)。其中省档案局涉及行政许可3项、行政处罚4项、行政强制4项、行政确认2项、行政奖励2项、其他行政权力7项,共6种22项。

按法律法规规章依据来说,共涉及10部:《档案法》《档案法实施办法》《浙江省实施〈中华人民共和国档案法〉办法》《档案执法监督检查工作暂行规定》《科学技术档案工作条例》《重大建设项目档案验收办法》《浙江省档案登记备份管理办法》《行政处罚法》《信访条例》《行政复议法》。

2. 山东省

山东省省级部门保留的4236项权力全部被公布在山东省人民政府网上(http://www.sdbb.gov.cn:8003/gspt/eps/epsindex.jsp)。其中省档案局涉及行政征收1项、行政处罚4项、行政监督1项、行政确认2项、其他行政权力10项,共5种18项。

按法律法规规章依据来说,共涉及9部:《档案法》《档案法实施办法》《山东省档案条例》《档案执法监督检查工作暂行规定》《科学技术档案工作条例》《重大建设项目档案验收办法》《关于向从事档案工作三十年的人员颁发〈荣誉证书〉的通知》《中央预算内直接投资项目管理办法》《国有企业资产与产权变动档案处置暂行办法》。

3. 安徽省

安徽省省级政府权力清单以省政府文件的形式发布在安徽省政府信息公开网上(http://xxgk.ah.gov.cn/UserData/DocHtml/731/2014/10/

31/804028094142.html）。其中省档案局涉及行政规划1项、其他行政权力11项，共2种12项。未列出法律法规规章依据。

4. 广东省

《广东省行政审批事项通用目录》是我国首张涵盖省、市、县三级全部行政审批事项一单式"纵向权力清单"，发布在省政府网站（www.gd.gov.cn）。其中省档案局涉及行政许可3项、非行政许可审批2项、行政处罚1项、行政检查2项、行政指导10项、其他68项，共6种86项。

按法律法规规章依据来说，共涉及43部：《档案法》《档案法实施办法》《政府信息公开条例》《中共中央办公厅、国务院办公厅印发〈关于加强和改进新形势下档案工作的意见〉》《社会主义新农村建设档案工作示范县实施办法》《国家重点档案抢救和保护补助费管理办法》《机关文件材料归档范围和文书档案保管期限规定》《企业文件材料归档范围和档案保管期限规定》《各级各类档案馆收集档案范围的规定》《机关档案工作条例》《国有企业资产与产权变动档案处置暂行办法》《全国档案馆设置原则和布局方案》《国家重点建设项目档案管理登记办法》《关于建立中小学档案教育社会实践基地开展档案教育的通知》《重大建设项目档案验收办法》《市、县级国家综合档案馆测评办法》《全国中小学档案教育社会实践基地建设管理暂行办法》《国家档案局数字档案馆建设指南》《国家档案局数字档案室建设指南》《国家档案局办公室关于印发全国数字档案馆（室）建设推进会文件的通知》《广东省档案条例》《印发广东省档案局（馆）机构编制方案的通知》《关于拍摄、收集中央领导同志在粤活动和省委、省政府重要政务活动声像资料的复函》《广东省市县档案馆建设补助专项资金管理办法》《广东省档案馆收集档案范围实施细则》《广东省执行〈国有企业资产与产权变动档案处置暂行办法〉实施细则》《广东省国有企业资产与产权变动档案处置工作规程》《广东省驻境外及港澳地区国有企业档案管理办法》《广东省档案中介机构备案登记管理办法》《广东省名人档案管理办法》《广东省市（地）、县级国家档案馆目标管理考核标准》《关于全省国家综合档案馆实行年度评估的意见》《关于继续推进全省国家综合档案馆年度评估工作的通知》《关于在我省开展创建示范档案馆的意见》《省档案局、省民政厅、省农业厅关于转发〈社会主义新农村建设档案工作示范县实施办法〉的通知》《广东省省直单位档案工作年度评估办法》《广东省省直档案工作示范单位创建办法》《广东省企业档案工作规范测评办法》《广东省高等学校档案工作水平评定办法》《关于全省建设项目档案工作巡查情况的报告》《广东省机关档案综合管理达标升级办法》《广东省市、县级国家档案馆建筑设计方案审核办法》及广东省档案局《关于转发〈重大建设项目档案验收办法〉的通知》。

5. 湖南省

湖南省省级部门保留的 3700 项权力全部被公布在湖南省人民政府网（http://wsbs.hunan.gov.cn/webappsd/sdgl/sdgl/administrativepower/powerlist.jsp?areaCode=439900000000）。其中省档案局涉及行政许可 1 项、行政确认 1 项、行政奖励 1 项、行政处罚 2 项、行政监督 1 项、其他行政权力 2 项，共 6 种 8 项。

按法律法规规章依据来说，共涉及 4 部：《档案法》《档案法实施办法》《湖南省档案条例》《档案执法监督检查工作暂行规定》。

6. 河北省

河北省省级部门保留的 3995 项权力全部公布在河北省机构编制网上（http://www.hebjgbz.gov.cn/hebbianban/qd/qlqd/）。其中省档案局涉及行政许可 4 项、非行政许可审批 2 项、行政处罚 2 项、行政强制 1 项、行政确认 1 项、行政奖励 1 项、行政监督 1 项、其他类 10 项，共 8 种 22 项。

按法律法规规章依据来说，共涉及 12 部：《档案法》《档案法实施办法》《河北省档案工作条例》《机关文件材料归档范围和文书档案保管期限规定》《企业文件材料归档范围和档案保管期限规定》《各级各类档案馆收集档案范围的规定》、河北省"两办"《关于加强档案工作的意见》、河北省"两办"《关于全省评比达标表彰项目的通报》、《档案执法监督检查工作暂行规定》《河北省档案收集管理办法》《重大建设项目档案验收办法》《行政复议法》。

7. 江苏省

江苏省省级部门保留的5647项权力全部被公布在江苏省人民政府网上(http://www.jssbb.gov.cn/xzql/index.action)。其中省档案局涉及行政许可4项、行政处罚5项、行政奖励1项、其他2项,共4种12项。

按法律法规规章依据来说,共涉及3部:《档案法》《档案法实施办法》《江苏省档案条例》。

8. 福建省

福建省省级部门保留的项权力全部被公布在福建省人民政府网上(http://www.fujian.gov.cn/ztzl/zfxxgkzdgz/xzql/xzqlqd/)。其中省档案局涉及行政处罚1项(包括4个子项)、行政监督检查2项、其他2项,共3种5项。

按法律法规规章依据来说,共涉及5部:《档案法》《档案法实施办法》《福建省档案条例》《档案执法监督检查工作暂行规定》《各级各类档案馆收集档案范围的规定》。

9. 贵州省

贵州省省级部门保留的3700项权力全部被公布在贵州省人民政府网上(http://www.gzgov.gov.cn/xxgk/xzqlgk/201507/t20150703_296044.html)。省档案局(省地方志办、省档案馆)涉及行政许可2项、非行政许可1项、行政处罚5项、行政服务24项,共4种32项。

按法律法规规章依据来说,涉及档案方面的共22部:《档案法》《档案法实施办法》《贵州省档案条例》、省政府《关于省直机关继续实施的行政许可事项的决定》、省政府办公厅《关于调整省直机关继续实施的非行政许可审批项目目录的通知》《贵州省档案局(贵州省地方志编纂委员会办公室、省档案馆)主要职责内设机构和人员编制方案》《贵州省档案专业中、高级职务任职资格申报评审条件(试行)》《国家重点档案抢救和保护补助费管理办法》《贵州省国家重点档案抢救和保护补助费管理办法》《国家重点建设项目档案管理登记办法》《贵州省重点建设项目档案管理登记实施意见》《重大建设项目档案验收办法》《贵州省〈重大建设项目档案验收办法〉实施细则》《科学技术研究档案管理暂行规定》《城市建设档案归属与流向暂行办法》《贵州省企事业单位档案管理评估办法》《电子文件管理暂行办法》《贵州省各级国家综合档案馆档案收集办法》《各级国家档案馆馆藏档案解密和划分控制使用范围的暂行规定》《外国组织和个人利用我国档案试行办法》《档案馆工作通则》《各级国家档案馆开放档案办法》。涉及地方志方面的共2部:《地方志工作条例》《贵州省地方志工作规定》。

二、9个省份省级档案行政权力清单的特征及成因分析

1.9个省份省级档案行政权力清单的特征

(1)同级权数不同。上述已经公布权力清单的9个省份省级档案行政管理机构,虽然层级相同,但列出的权力数却十分悬殊。广东省最多,共有86项;福建省最少,只有5项,数量相差17倍多。9个省份省级档案行政权力数量统计,见表1。

表1　9个省份省级档案行政权力数量统计

省份	广东	贵州	浙江	河北	山东	江苏	安徽	湖南	福建	平均
数量	86	32	22	22	18	12	12	8	5	24

(2)权力类型不同。除了权力数量有差异外,权力类型也不相同。上述已经公布权力清单的9个省份省级档案行政管理机构,虽然同样担负管理档案事务的职能,但列出的权力类型和类型数量并不一样。

从类型上看,9个省份省级档案行政管理机构共涉及行政许可、非行政许可、行政处罚、行政监督、行政确认、行政奖励、行政强制、行政检查、行政指导、行政服务、行政征收、行政规划、其他行政权力13种。具体分省情况如下:

广东:行政许可、非行政许可审批、行政处罚、行政检查、行政指导、其他。

贵州：行政许可、非行政许可、行政处罚、行政服务。

浙江：行政许可、行政处罚、行政强制、行政确认、行政奖励、其他行政权力。

河北：行政许可、非行政许可审批、行政处罚、行政强制、行政确认、行政奖励、行政监督、其他。

山东：行政征收、行政处罚、行政监督、行政确认、其他行政权力。

江苏：行政许可、行政处罚、行政奖励、其他。

安徽：行政规划、其他行政权力。

湖南：行政许可、行政确认、行政奖励、行政处罚、行政监督、其他行政权力。

福建：行政处罚、行政监督检查、其他。

从数量上看，最多的是河北省，有8种；最少的是安徽省，只有2种；平均5种，最大种类差为6种。9个省份省级档案行政权力类型数量统计，见表2。

表2　9个省份省级档案行政权力类型数量统计

省份	广东	贵州	浙江	河北	山东	江苏	安徽	湖南	福建	平均
数量	6	4	6	8	5	4	2	6	3	5

（3）权力依据不同。在权力依据上，从依据的层级上看，有些只列出了法律、法规、部门规章与地方法规（如福建、江苏、湖南、山东、浙江）；有些则将法律、法规、部门规章、地方法规与规范性文件一并列出（如贵州、河北、广东）；有些则没有列出（如安徽）。

从权力依据的数量上看，9个省份省级档案行政权力依据的法律、法规和规章少则几部，多则几十部，差距非常之大。具体情况见表3。

表3　9个省份省级档案行政权力依据数量统计

省份	广东	贵州	浙江	河北	山东	江苏	安徽	湖南	福建	平均
数量	43	24	10	12	9	3		4	5	14

(4)详略程度不同。在权力清单的详略程度上也存在不同。有些详细列出了权力类型、项目名称、权力名称、实施主体、实施依据、权力层次、承办机构(如河北、山东);有些详细列出了权力类型、项目名称、权力名称、实施主体、实施依据、权力层次(如福建、贵州、湖南、浙江);有的只列出了行使层级、权力类别、项目名称、实施依据(如江苏);有的仅列出了项目名称和权力类型(安徽);还有的根据权力类型的不同,列出详略不同的内容(如广东)。有的附有详细的流程图,有些则没有。

(5)行使层级不同。在权力的行使层级上,有些将权力分为省级保留,市、县(市、区)属地管理,共性权力,审核转报等四级(如山东、浙江、湖南);有的划分成省级行使,属地行使二级(如江苏、福建、贵州);有的则没有划分层级(如安徽、广东、河北)。

(6)承办机构不同。在权力的具体承办机构上,有的(如河北)几乎涉及档案局的所有内设机构,有的(如山东)只涉及一两个内设机构。

此外,还有主体隶属不同、主体职权不同、公布渠道不同等特点。限于篇幅,这里不详述。

2.9个省份省级档案行政权力清单特征的成因分析

(1)标准不一所致。"权力清单的规范不够具体是指权力清单的分类标准、格式规范、运行流程等由各地行政机关自主设计和确定,还未形成全国统一的标准。"[3]各省的权力划分标准不一,有些分为10种,有些分为9种,还有些分为7种,并且在权力名称上也不尽相同。这就导致9个省档案行政权力分类上出现差异。

(2)依据差异所致。"权力依据,有的包括法律法规规章;有的则扩充到法律法规规章及省政府三定方案文件。"[4]正是这种权力依据的差异,导致依据层级与依据数量上的差异,进而影响到权力数量上的多寡。

(3)对行政权力与行政行为的关系缺乏认识所致。"行政权力与行政行为相伴相随,行政行为是行政权力的载体,'无形的'行政权力只有通过'有形的'行政行为来体现。"[5]然而,我们一些人由于对行政权力与行政行为的关系少有了解,对档案行政管理过程中的许多行政行为熟视无睹、不以为意,完全没有意识到这些行为就是权力。

（4）多时不用所致。与上述"对行政权力与行政行为的关系缺乏认识所致"不同的还有另一种情况,就是有些权力"长期不用"(比如档案鉴定、接收档案、提前或延期开放档案等),使一些人忘记了,甚至根本就没有意识到,还有这样一些权力,一些当作之为。

（5）思维惯性所致。行政权力清单开始于行政审批制度的改革,但行政权力不仅仅局限于行政审批权。但我们一些人受思维惯性影响,只将行政审批和行政执法权视为行政权力,完全忽略了行政权力所包括的其他权力。

（6）"清水衙门"观念所致。在档案界,我们一直认为档案部门是"清水衙门",无职无权,从而导致在建立权力清单时,仍然认为我们没有多少权力。有媒体报道称,武汉市在制作"权力清单"时,某局为了避免监督,自称"清水衙门",一项权力也没有。纪委分管领导得知后,直接找到该局局长,当面质问:如属实,是否可依法撤销这一部门？局长这才认真对待。后来,这个"清水衙门"清理出了十几项权力[6]。这一案例对我们颇有启发,值得思考。

（7）机构混编所致。地方档案行政管理机构"局馆合一""局馆分立""档案局(史志办、档案馆)混编"(如贵州),造成职能上有所不同,自然也会影响到行政权力多少。

（8）研究与实践脱节所致。权力清单制度已经出现多年,成为近几年理论与实践"双热"的内容,但档案界对此的研究非常冷清。截至2015年8月29日,只有《中国档案报》2015年发表了2篇相关报道(《广东9项档案行政审批事项列入"纵向权力清单"》《烟台:公布30项档案行政权力清单》),相关理论研究和实践总结文章极其稀少,理论和业务研究与实践脱节严重。

三、建立档案行政权力清单的路径与方向

1. 确立统一划分档案行政权力的分类标准

对档案行政权力应该进行类型化的科学管理,使用统一的分类标准划分档案行政权力的类型,避免不同地方的档案行政管理机构中同一性质的权力类型出现不一致的混淆状态。要根据统一的标准将性质相同的档案行政权力归为一类,并以法律法规的形式固定为类型化的档案行政权力,在法律法规上设置各种类型档案行政权力运行的要件,要求档案行政权力运行时必须符合这些法律法规要件,以此保障档案依法行政的实现。

2. 构筑档案行政权力清单制度的程序保障体系

在档案行政权力清单中权力行使的具体程序上,应通过档案行政权力清单信息的公开和分类索引,将档案行政权力行使的程序、所需的手续及时限等预先详细公布,明确档案行政权力清单信息查询的具体程序,任何部门不得再任意设立程序、任何额外的手续和索取额外费用,更不得逾越时限行使档案行政权力,以程序法定化的方式从实质上保障档案行政相对人的权利。

3. 建立档案行政权力清单制度的责任约束机制

档案行政权力清单中的权力运行的刚性约束在于责任制度的建立。我们在公开档案行政权力清单的同时,要有针对性地通过立法确立责任清单,规定档案行政职权的不履行、不适当履行、不全面履行的责任情形、承担责任的主体以及追究责任的程序等。通过建立档案行政问责机制和责任倒查机制,实现对档案行政权力的责任约束。

4. 确保档案行政权力清单制度监督机制的有效落实

要对档案行政权力清单制度进行有效监督,就要建立档案行政权力清单中权力运行的动态监督机制,除了内部监督之外还应注重外部监督的作用,在外部监督中除了党的监督、人大监督、司法监督外,还应注重公

民监督的作用。

参考文献

[1]刘良军.准确把握"权力清单"的内涵与外延[J].领导科学论坛,2014(12):5-6.

[2]陈向芳,邓薇.行政权力清单制度评析及完善——以制度价值为研究视角[J].广东行政学院学报,2015(3):9-15.

[3]陈伟,杨超.权力清单制度建设中的主要问题及消解路径[J].南方论刊,2015(7):35-37.

[4][5]罗亚苍.权力清单制度的理论与实践——张力、本质、局限及其克服[J].中国行政管理,2015(6):29-33,45.

[6]李婧:权力清单,政府"割肉"的过程[EB/OL].[2014-11-05].http://legal.people.com.cn/n/2014/1105/c42510-25974595.html.

该文发表在《档案管理》2015年第6期

论档案行政权力清单的编制

刘东斌

摘 要 编制档案行政权力清单主要有梳理档案行政职权、档案行政职权清理、规范档案行政权力运行流程三个环节。其后续工作主要是档案行政权力清单的公布、动态调整和及时完善。应当注意的问题主要是做好准备与教育工作、正确把握行政法学有关概念、科学分类正确区分是否列入清单。

关键词 档案行政权力 依法行政 权力清单

推行权力清单制度是近两年来依法行政的一项重要工作。当前,各级档案行政管理部门都在积极推进档案行政权力清单制度。本文就编制档案行政权力清单有关问题等谈些看法,以期对档案行政权力清单制度建设有所裨益。

一、编制档案行政权力清单的主要环节

编制档案行政权力清单主要有以下三个环节。

1. 梳理档案行政职权

档案行政职权清单的制作,首先要摸清档案行政权力的"家底",对现有的档案行政权力进行梳理。梳理档案行政职权,必须对规定档案行政主体档案行政权力的所有法律、法规、规章、其他规范性文件以及机构主要职责、内设机构和人员编制规定等通盘把握,对现行履职状况进行全面分析,将所有规定的档案行政权力选取出来,确定档案行政权力名称,

并根据行使档案行政权力时档案行政主体所做出的具体档案行政行为进行分类,逐条逐项进行登记,除档案行政权力的依据、名称、主体、分类外,一般还包括档案行政相对人、行政程序、行政裁量等事项。

(1)梳理主要档案行政职权。按照2015年3月24日中共中央办公厅、国务院办公厅印发的《关于推行地方各级政府工作部门权力清单制度的指导意见》(以下简称《指导意见》)的要求,开展清理的行政职权事项是指由法定行政机关或组织实施的,对公民、法人和其他组织的权利义务产生直接影响的具体行政行为。这些具体的档案行政行为,一般是指直接面对档案行政相对人实施的行政职权,而不包括档案行政管理部门内部管理职权(包括部门自身管理、行政管理部门之间和层级之间的管理)。

(2)梳理行政职权的依据。"职权法定原则是依法行政的基本原则之一,它是行政机关及其公务员在依法行政中必须首先遵循的原则。"[1]因此,职权法定原则是编制档案行政权力清单的首要原则,也是档案行政主体行使档案行政职权时必须遵守的基本原则。所谓职权法定,是指档案行政主体的档案行政职权必须有法律的明确授权,不能自行设定。一般档案行政管理部门行政职权的依据主要包括三个方面:①有关的法律、法规、规章。②党中央、国务院和省委、省政府有关的规范性文件。③档案行政管理部门"三定"方案的规定。因为档案行政管理部门"三定"方案规定中的主要职责均是经过审核确定的法定职责。其余的一律不能作为梳理档案行政管理部门职责的依据。如上级业务部门规范性文件和领导讲话,以及上级交办的临时性事项、阶段性任务,均不能作为档案行政管理部门职责的依据。

(3)具体责任事项。按照权责匹配、权责对应的要求,对于每一项具体的档案行政权力都应明确具体责任。责任事项是行使档案行政职权应当履行的义务,责任事项与每一项档案行政职权是对应关系。所以在编制清单时需要重点把握好具体责任事项的环节划分:一是法律法规明确规定档案行政职权行使程序的档案行政职权,按照法定程序划分为若干环节。二是法律法规没有明确规定程序的档案行政职权事项,可参照类似行政职权事项,按照科学、合理、便民、高效的原则确定责任环节。具体划分例如:档案行政处罚类可划分为立案、调查、审查、告知、决定、送达、执行七个责任环节,设定的依据是《行政处罚法》;档案行政检查类可划分为检查、处置、事后管理三个责任环节,设定的依据是《档案执法监督检查工作暂行规定》。

2. 档案行政职权清理

在推行档案行政权力清单制度工作中,职权法定和简政放权是核心原则。因此,开展档案行政职权清理,要以法律、法规、规章为依据,按照党的十八届三中、四中全会关于全面深化改革、促进政府职能转变等要求进行。

(1)档案行政职权取消。凡是没有法律、法规和规章依据的档案行政职权,原则上应当取消。国务院已明确取消的权力事项,档案行政管理部门有对应或类似行政职权的,也应当予以取消。一些虽有法律法规规章依据,但不符合全面深化改革要求和经济社会发展需要的档案行政职权,应当按程序提请修改相关法律法规规章予以取消。

(2)档案行政职权下放。直接面向基层、量大面广、由地方管理更方便有效的社会档案事务管理类的档案行政职权事项,应当按照方便公民、法人和其他组织办事、提高管理服务效率、便于监管的原则,一律下放管理层级,实行属地管理。例如,浙江省档案局公布的档案行政权力清单中下放到"市、县(市、区)属地管理"的行政权力有2项("非法出卖、转让、倒卖、赠送档案的处罚""非法利用档案馆的档案的处罚")。山东省档案局公布的档案行政权力清单中下放到"市、县(市、区)属地管理"的行政权力有1项("省级重大建设项目档案验收")。

3. 规范档案行政权力运行流程

按照规范、高效、便民的要求,编制档案行政权力事项流程图,在法定时限内,进一步减少中间环节,优化档案行政权力运行流程。档案行政权力运行流程图制作的一般要求:①法律、法规有明确规定的,要按照法定程序编制流程图;法律、法规没有规定的,应当按照便民原则逐环节地编制流程图。②根据"一事项一流程"的原则,对档案行政权力事项逐一制定流程图,流程图应当包含档案行政权力事项的详细环节,让社会公众在办理有关事项时有据可依、有章可循。例如,档案行政许可类职权履行流程要明确申请、受理、审核(审查)决定、执行等环节,统一注明承办机构、办理时限、监督电话等。③同类档案行政权力运行流程基本相同的,可制作一个普遍适用的流程图,并在备注栏列举哪些档案行政权力适用该流程图;同类档案行政职权不同事项的履职程序有关键性差异的,应当单独编制流程图。

二、编制档案行政权力清单的后续工作

1. 档案行政权力清单的公布

档案行政权力清单编制完成并经批准后,一般应由批准部门负责公布。当然,档案行政管理部门也可以公布。编制出来的档案行政权力清单的公布应该包括职权类型、职权编码、职权名称、职权依据、责任主体、责任事项、责任依据、操作规程和流程图等内容。完整的档案行政权力清单应当分为保留的档案行政职权清单、委托下放的档案行政职权清单两部分内容公布。具体如下:①保留的档案行政职权清单是本级档案行政管理部门直接行使的档案行政职权清单,包括本级档案行政管理部门依法自行行使的档案行政职权和受上级档案部门委托行使的档案行政职权。保留的档案行政职权清单可以基本反映档案行政管理部门行政职权的实际行使情况。②委托下放的档案行政职权清单是指按照简政放权的要求,委托下级档案行政管理部门实施的档案行政职权清单。单列委托下放的档案行政职权清单有利于下级档案行政管理部门做好下放职权的承接工作,也有利于指引档案行政相对人就近办事。

2. 档案行政权力清单的动态调整

由于"行政权力并非一成不变,相反为适应社会和发展需要行政权力展现易变的特性。"[2]而且,为了适应社会发展的需要,会有新的法律法

规不断出台来规范变化的行政权力,也会对不适应社会发展现实需要的法律法规进行修订或废除,以职权法定作为基础的档案行政权力清单,必须做出相应的调整,以符合新的法律法规的规定。这就意味着档案行政权力清单是动态的,档案行政权力清单应当随着档案行政权力的变化、变迁而及时加以调整和修改。由此也决定了档案行政权力清单是一项持续性的工作,它要求档案行政管理部门及时跟踪档案行政权力的变化,并将这一变化体现和反映在档案行政权力清单之中。所以,应对档案行政权力清单实行动态管理,不断调整。这种调整必须形成常态化机制,即已经公布的档案行政权力清单不能一成不变,也不能随时改变,而要建立制度,形成法定程序,对确需调整的档案行政权力清单项目通过合法的程序进行调整,方能适应社会发展和法律法规的不断变化。

3. 档案行政权力清单的及时完善

对于档案行政权力清单的动态调整实际上是从应然的角度提出要求的,而档案行政权力清单的及时完善则是从实然的角度提出的要求。档案行政权力清单的动态调整重点在于更新,即随着社会发展的需要和法律法规的变化,根据已经变化的法条设定档案行政权力,做到法条与清单一起变动,协同调整。对于档案行政权力清单的及时完善则是一种实用反馈,可能是发现档案行政权力清单本身的逻辑不周全,也可能是档案行政权力运行流程的阻抑性作用,即档案行政权力流程规定与实际操作并不同轨,使得人们在根据档案行政权力运行流程图规定的程序行为时遇到了阻抑。事实上,对于任何一项新工作都不可能在第一次做的时候就尽善尽美,总会有一些问题或考虑不周的地方。这就需要在实践中根据遇到的问题及时对清单进行完善,从而使档案行政权力清单无论从理论上还是执法实践上,都能起到应有的作用。

三、编制档案行政权力清单中应当注意的问题

1. 做好准备与教育工作

一是要有足够的人员配备,并对工作的艰巨性有充分的思想准备。

编制档案行政权力清单不是档案行政管理单位内部某一执法部门的事，而是全单位的事，在人员配备上应当从全单位的人员中选择配备。由于涉及档案行政权力的有关行政法律法规及规范性文件数量较多，所以，选配的人员应当是既懂法律又懂档案的高素质人员。二是要把编制档案行政权力清单工作作为一次重要的普法教育工作。梳理档案行政权力的过程本身就是一个学习熟悉法律规范的过程，全面学习了解有关档案行政法律法规的过程，在这一过程中可以对档案行政管理的主体、职权、运行程序、责任等进行全面了解。三是增强履行档案行政职责的责任意识。编制档案行政权力清单的过程也是不断增强履行档案行政职责的责任意识的过程。按照权责一致原则，档案行政权力清单也是责任清单，有权必有责，档案行政权力清单中的每一项职权都明确列出与之对应的职责，以及相关的责任追究内容，这就要求档案行政管理者必须增强履行档案行政职责的责任意识，做到有权必有责，有责必履行，防止不作为。

2. 正确把握行政法学有关概念

由于编制档案行政权力清单工作是国家推行权力清单工作的一部分，而编制权力清单工作是建立在行政法学理论之上的，"权力清单本质上是对行政法律法规的细化和整合"[3]。因此，对于有关档案行政权力清单的权力类型、职权名称、责任事项等概念，要与行政法学有关概念和其他行政管理部门权力清单的相关概念相一致，相"接轨"，而不能另搞一套。如行政权力的名称上，对于行政许可、行政处罚、行政检查、行政监督等，其概念的含义要与行政法学有关概念和其他行政管理部门权力清单的相关概念相一致，而不能另有其他含义。但是，档案部门对其中一些概念的含义却与行政法学有关概念和其他行政管理部门权力清单不相一致，另有含义，这会影响档案行政权力清单的权威和与其他行政管理部门的交流沟通。例如，行政检查、行政监督是两种完全不同的行政权力行为，而档案部门却将其混为一谈。按照行政法学的解释，"行政检查是指行政主体基于行政职权依法对公民、法人或者其他组织是否遵守法律、法规及规章等的情况进行了解的行为"[4]。根据这一定义，它实际就是档案行政管理部门常说的档案行政执法检查(简称"档案执法检查")。实际上,"行政执法检查,是指居于监督地位的行政机关和法定的组织,对居于被监督地位的行政机关、法定的组织及其行政执法人员的执法活动进行的检查"[5]。而"行政监督有广义和狭义之分。广义上的行政监督是指立法机关、行政机关、司法机关、政党、社会团体、公民、社会舆论等众多的政治力量和社会力量,对国家行政机关及其工作人员所实施的监督。狭义上的行政监督是指国家行政机关内部对自己和自己的工作人员的监督"[6]。根据这些定义,《档案执法监督检查工作暂行规定》中的"档案执法监督检查"并不是行政监督。《档案执法监督检查工作暂行规定》中的"档案执法监督检查"实际上是将行政监督、行政检查等混在一起的,或者说有的将行政监督当作行政检查。这也可以从已经公布的一些省的档案行政权力清单中看出是混乱的。如湖南省档案局行政权力清单中有权力类型:行政监督,职权名称是权限内档案执法监督检查;广东省档案局行政权力清单中有权力类型:行政检查,职权名称是档案安全检查;福建省档案局行政权力清单中有权力类型:行政监督检查,职权名称是①"本行政区域内机关、团体、企事业单位和其他组织的档案工作监督";②"贯彻实施档案法规的监督检查"。

3. 科学分类正确区分是否列入清单

按照《指导意见》要求,对于档案行政权力清理的范围来说,应当仅限于直接面向档案行政相对人的档案行政职权。因此,应当根据行政法学理论,结合档案行政执法实践,对梳理的档案行政权力进行科学分类,明确什么档案行政权力列入清单,什么档案行政权力不列入清单,这样有助于高效地梳理。例如,应当正确区分外部行政行为和内部行政行为,档案行政管理部门的内部管理行政行为不应列入档案行政权力清单。因为内部管理行政行为不属于直接面对档案行政相对人的行政行为。再如,要正确区分抽象行政行为和具体行政行为。由于抽象行政行为有很强的抽象性和不确定性,其针对的对象是广泛而不具体的,不是直接面对档案行政相对人的行政行为。因此,抽象档案行政行为不应列入档案行政权力清单。

参考文献

[1]孟大川.职权法定原则的内涵、意义与要求[J].探索,2001(5):143-144.

[2]李和中,刘孋毅.加强建立和完善行政权力清单制度[J].广州大学学报(社会科学版),2014(9):10-14.

[3]王春业.论地方行政权力清单制度及其法制化[J].政法论丛,2014(6):26-33.

[4]马怀德主编.行政法与行政诉讼法(第4版)[M].北京:中国法制出版社,2010:197.

[5]程训方.对档案执法的几点认识[J].档案管理,2011(3):24-26.

[6]徐双敏,李明强.行政管理学(第2版)[M].北京:科学出版社,2013:203-204.

该文发表在《档案管理》2016年第4期

依法治档研究

论档案行政责任清单制度

刘东斌

摘 要 阐述档案行政责任清单的概念、档案行政责任清单中行政责任的含义与性质、档案行政责任清单的功能。构建档案行政责任清单制度的路径:全面梳理档案行政责任依据、详细厘清档案行政责任的边界、明确标准依法追究失职责任、充分公开信息加大宣传力度。

关键词 档案行政责任 档案行政职责 责任清单制度

责任是"行政权力的核心内容和应有之义,'有权必有责、用权受监督、侵权须赔偿'的权责对等原则是对行政行为的基本要求。行政机关行使权力的过程,实际上也是履行职责的过程"[1]。因此,我们建立的档案行政权力清单,实质上是档案行政权责清单,有权必有责。所以,应当在建设档案行政权力清单制度的基础上,把档案行政权力清单与档案行政责任清单结合起来,同步推进,建设与之配套的档案行政责任清单制度。

一、档案行政责任清单的概念

关于责任清单的概念,目前,政府文件未有明确的解释,学术界和实务界至今也没有形成一致的权威定义。

陈国权、李院林认为:"责任清单是指这样一个事实,即政府承担的行政责任的具体内容必须有确定的任务清单并事先予以严格的规定,而不得以政府及其公职人员的好恶而随意变动。"[2]

陈向芳认为:"责任清单是指政府采用清单的方式,列明政府部门承担的责任事项,公布责任事项的承担主体和追责情形,明确部门间的责任边界。"[3]

黄宇宸认为:"责任清单的含义是'法定职责必须为',明确了行政机关职权之下相对应的责任。"[4]

根据这些认识,我们可以这样认为:档案行政责任清单是档案行政管理部门依据法律授予的行政权力与职责,而列出与之相对应的责任事项,并以清单的方式予以确定,以便于履责与追责。

档案行政责任清单有以下含义:其一,体现法定的权责对应。档案行政权力与职责必须是法定的,根据权责一致的行政权力行使原则,也必须有与之相对应的行政责任,而档案行政责任清单所列的这些行政责任也有法定之意。因为履行行政责任是行使行政权力的基础,一定的行政权力必须承担相应的行政责任,不然行政权力就很难落实。同时,行政权力的授予必须以行政责任为约束,否则,有权无责必然会使行政权力滥用。其二,明确"法定职责必须为"。档案行政责任清单就是为履行法定的档案行政权力与职责而生,档案行政责任清单体现了有权必有责、有权必须为。虽然法定的档案行政权力不能滥用,但也不能不用,不行使档案行政权力就是不作为。档案行政责任清单规定了行使档案行政权力与职责必须履行的档案行政责任,它要求必须有所作为。同时,也为杜绝懒政怠政不作为现象提供了保障。其三,不履责要依法追责。"从根本上讲,责任清单就是要从制度上约束逃避责任的冲动。"[5]凡是不按照档案行政责任清单履行或不正确履行规定的档案行政责任造成行政过错行为的,要依法追究责任。不按照档案行政责任清单履行责任造成行政过错的行为是指影响档案行政秩序和档案行政效率,贻误档案行政管理工作,损害国家利益、公共利益或档案行政相对人合法权益,造成损失或不良影响的行为。具体包括拒绝、放弃、推诿、无合法依据以及不依照规定程序、规定权限和规定时限履行职责等情形。其中放弃、推诿、不依照规定程序、规定权限和规定时限履行职责等情形均属行政不作为行为。

二、档案行政责任清单中行政责任的含义与性质

1. 行政责任的含义

在现代汉语中"责任"有两层含义。第一层是分内应做之事,对应的是"职责"与"义务"。第二层是因不履行所负义务而应当承担的不利后果。一般而言,责任是指在一定的条件下行为主体所应尽的义务或因违反义务而应承担的一定的否定性后果。

行政责任在含义上有广义和狭义之分。"广义上说,行政责任是行政法律规范要求行政法主体(行政主体和相对人)在具体的行政法律关系中履行承担的义务。这种义务分两部分:第一部分是指行政法主体必须按行政法要求进行一定作为或不作为;另一部分是指行政法主体由于不履行前一种义务而引起的法律后果,即依法形成了一种新的义务,而且当事人必须承担。前者可称为'积极行政行为',后者为'消极行政行为'。"狭义的"行政责任是指行政主体及其行政公务人员因为行使行政权的行为或由于其管理的有财产致人损害而应承担的法律责任"[6]。

档案行政责任清单因档案行政管理依法行政的要求而产生,而"依法行政的重要内容之一,便是行政机关既是一个权力主体,同时也是一个责任主体。行政机关要为自己作出的任何行政行为负责,也就是要承担行政责任"[7]。因此,档案行政管理部门要为其做出的任何档案行政行为负责,承担相应的行政责任。档案行政责任清单中的行政责任含义是广义的,但其履行行政责任的主体仅指档案行政管理部门及其工作人员,不包括档案行政相对人。档案行政责任清单中的"部门职责""责任事项""责任边界"等,即国家法律所规定的应由档案行政管理部门及其工作人员所履行的社会责任,它是积极意义上的档案行政责任,也就是"积极行政行为",它与档案行政管理部门的职能与义务相对应;档案行政责任清单中的"追责"情况指的是消极意义上的档案行政责任,也就是"消极行政行为",即档案行政管理部门及其工作人员违法或者不当行政,需要承担的行政法律责任。

2. 行政责任的性质

档案行政责任清单中行政责任性质主要体现在责任性、义务性、制度性、监督性等几个方面。

(1)责任性。档案行政责任清单中行政责任的责任性主要表现在：其一，政治责任。"政治主导行政，行政从属于政治，行政的目标、职能、行为和活动都不同程度地、直接或间接从属于政治。"[8]行政是政治在具体行政管理中的执行，行政管理部门必须贯彻执政者的政治主张，通过履行行政职责对政治稳定和社会稳定发挥重要作用。一个国家的行政管理机构要对全民负责，要承担政治责任。其二，法律责任。行政责任通过法律的形式加以规范性的肯定和保障，并以国家强制力为后盾发生约束力。法律保障行政管理部门行政责任的履行，并对不履行责任的行为进行追究。其三，积极行政责任。档案行政管理部门对其承担的行政责任必须积极作为、敢于担当，应当积极履行档案行政职责，不得推诿扯皮，对不正当行使档案行政职责、消极履行行政职责、不履行行政职责的行为应当问责追责。

(2)义务性。对档案行政管理部门及其工作人员来说，承担档案行政责任的过程，其实就是承担为档案行政相对人服务的义务的过程。从这个意义上，档案行政责任就是一种义务。这种义务是由法律、法规所规定，是由社会公德和社会舆论所约束的。

(3)制度性。档案行政责任是国家政治法律制度的一部分。在国家政治法律制度内部，档案行政管理及其工作人员的行政行为受到国家法律、政策等的规定与约束。当其违反国家政治法律制度时，其档案行政行为将被追究行政责任。

(4)监督性。档案行政责任的核心在于对档案行政管理部门及其行政管理行为的有效的监督和控制。为了确保档案行政管理部门及其工作人员根据公民的意志和法律的规定开展档案行政活动，就必须通过一定的机制来防止档案行政管理部门及其工作人员越权和不作为。从这个意义上说，档案行政责任实际上就是对档案行政管理部门及其工作人员起

监控作用的一种监督机制。凡违反法律或失职的档案行政管理部门及其工作人员,都是违背档案行政责任的,理应受到法律制裁或行政惩处。

三、档案行政责任清单的功能

档案行政责任清单与档案行政权力清单都是全面推进依法治国,特别是建设法治政府和责任政府、实施依法行政全面深化改革大背景下的改革措施。从国家治理现代化的角度来看,档案行政责任清单的功能主要有定责、划界、规范、预防四个方面。

1. 定责功能

档案行政责任清单的定责功能,就是确定档案行政责任范围,明确档案行政管理部门的角色定位。有所不为方能有所为,要使档案行政管理部门更好地发挥作用,就要确定档案行政管理部门能做什么不能做什么。通过制定档案行政责任清单,档案行政管理部门对责任主体、责任事项、责任边界、追责情况等进行梳理、归类和集中,将隐含在法律、法规和规范性文件中的档案行政管理部门的行政责任直观地显露出来。档案行政责任清单的公开,客观上起到确定档案行政管理部门的行政责任范围和明确档案行政管理部门角色定位的作用,将档案行政管理部门的行政责任置于社会各界的监督之下。

2. 划界功能

划界即明确划分档案行政管理部门的责任边界,使得档案行政管理部门及其工作人员都清楚各自的职责所在,促使积极履行各自的职责。具体包括:其一,档案行政责任的边界,即在合法行政行为与违法、不当行政行为之间划出界限;其二,部门之间的职责边界,明确不同部门的职责界限,有利于从制度上解决职能不清、多头领导、政出多门等弊端;其三,内部工作人员的职责界限,明确档案行政管理部门内部工作人员的职责界限,有利于从制度上解决推诿扯皮、懒政怠政不作为等现象。

3. 规范功能

规范功能在于通过档案行政责任清单的规定来控制档案行政管理部

门及工作人员的档案行政行为,使之符合法律法规规范所设定的行政行为模式。在档案行政管理中,第一,规范的功能可以使档案行政管理部门及工作人员按照法律法规规范授予的档案行政权力去履行档案行政管理职责。其功能就在于组织人们按照规范的授权去活动,即法无授权不可为,要依法行政。第二,档案行政责任清单作为一种规范,可以塑造档案行政管理部门及工作人员的行政行为模式。它不仅可以使档案行政管理部门及工作人员在思想上树立公民至上的政治价值观,也可将这一价值观内化到行政行为上,在档案行政管理中更好地为档案行政相对人服务,以实现档案行政管理的目标。

4. 预防功能

档案行政责任清单是一种制度化的和预期性的规定。作为制度规定,档案行政责任清单给档案行政管理部门及工作人员提供行为准则;而作为预期性规定,档案行政责任清单告知档案行政管理部门及工作人员何为可为、何为不可为及其后果。因此,在档案行政管理部门及工作人员履行职责时就事先知道哪些行政行为可以作为,哪些行政行为不可以作为;可以作为的行政行为不作为及不可以作为的行政行为作为而导致的各种后果。由于档案行政责任清单是公开的、透明的,一旦档案行政管理部门及工作人员有不当行政行为,触犯了档案行政责任清单的规定,不仅会受到问责追责,而且还会影响档案行政管理部门的信誉。所以,档案行政责任清单不仅可以增强档案行政管理部门及工作人员的责任意识和必须为其行为负责的理念,同时也可预防其在工作中犯错误。

四、档案行政责任清单制度的建构

建构档案行政责任清单制度应当坚持责任法定、责任健全、责任公开的原则,遵循以下路径:

1. 全面梳理档案行政责任依据

为了将所有的档案行政管理部门的责任事项全都纳入档案行政责任清单,在制定清单之前,必须全面、彻底地梳理规定档案行政管理部门责任的所有依据。应当以职责法定为原则,以法律、法规、规章和"三定"方案的规定,以及党中央、国务院和省委、省政府规范性文件为依据,对档案行政管理部门的职责进行全面、认真梳理。首先,根据权责对等的原则,凡是规定档案行政权力的事项,必须有对等责任。其次,对于一些规定的不是档案行政权力的事项而又需要履行的职责事项,也必须作为梳理的档案行政责任事项。最后,没有合法依据的事项,不应当列入档案行政管理部门的职责责任范围。

2. 详细厘清档案行政责任的边界

首先,厘清档案行政责任的边界,明确档案行政管理的责任范围与界限。划清档案行政管理该管什么,管到什么程度,不该管什么。其次,理顺档案行政管理部门与其他部门之间的职责交叉重叠,明确档案行政管理部门的履行行政职责的界限。依据现有的规定对档案行政管理部门相关职责进行科学分工,做到与其他部门之间的职责无缝衔接,建立健全档案行政管理部门与其他部门之间的协调配合机制,提高公共服务能力。最后,明确档案行政管理部门内部机构与工作人员的职责界限,建立完善的内部机构责任的协调机制,以避免出现推诿扯皮现象,切实提高档案行政管理效力。

3. 明确标准,依法追究失职责任

档案行政责任追责是我国行政责任追责的一部分,档案行政责任追责要遵循行政责任追责的有关规定。我国目前还没有行政责任的专门立法,有关行政责任追责的情形大都分散在《行政许可法》《行政处罚法》《行政监察法》等众多的行政单行法律、法规和规章中。《公务员法》以及中共中央办公厅、国务院办公厅印发的《关于实行党政领导干部问责的暂行规定》对党政领导和公务员的问责情形也有具体规定,但是这并不便于操作。因此,要依据这些法规并根据档案行政责任的实际,建立一套客观的、可量化的追责衡量标准体系,依此对不正当履行档案行政职责的行政行为所应承担的法律责任进行量化追究。而对于档案行政问责的程序与方式,则要严格依照《公务员法》《行政监察法》及其实施条例以及《关于

实行党政领导干部问责的暂行规定》等法律、法规和规章规定的程序进行。

4. 充分公开信息,加大宣传力度

档案行政责任清单事关档案行政相对人的切身利益,根据政务信息公开的原则,要将档案行政责任清单的有关内容向社会公开。公开的内容既包括档案行政责任事项、法律依据、责任主体、责任追究机制等静态信息,也要公开档案行政责任事项的落实情况等动态信息。公开方式既要通过平面媒体、门户网站公开,又要在档案行政管理部门的办事机构所在地公开。同时,还要大立宣传、引导社会各界参与,提高社会的责任行政意识,使档案行政责任的履行置于社会公众的监督之下,以外部监督促进提高档案行政管理部门行政责任的透明度,对档案行政责任的履行者起到监督和警戒制裁的威慑作用。

参考文献

[1]倪子林.行政执法通用法律知识点要览[M].武汉:湖北人民出版社,2011:30-31.

[2]陈国权,李院林.论责任政府的基本属性[J].社会科学战线,2008(2):199-204.

[3]陈向芳.论责任清单制度的价值及其建构路径[J].福建农林大学学报(哲学社会科学版),2015(6):78-83.

[4]黄宇宸.论依法整合"三张清单"的意义及效力[N].广西法治日报,2015-07-14(B03).

[5]一向.推行政府责任清单制度要把握的辩证法[J].机构与行政,2015(2):1.

[6]阎铁毅,王秀芬,吴淞豫.新编行政法与行政诉讼法学[M].大连:大连海事大学出版社,2013:184-185.

[7]薛冰,梁仲明,柴生秦.行政管理学[M].北京:清华大学出版社,

2012:227.

[8]曾维涛,许才明.行政管理学(第2版)[M].北京:北京交通大学出版社,2014:3.

该文发表在《档案管理》2016年第5期

论档案行政执法的具体化

刘东斌

摘 要 档案行政执法的具体化就是将执法细化量化标准化。档案行政执法具体化的关键是"贯标","贯标"是由档案行政执法对象的特殊性所决定的。标准具有法规性质,标准是档案行政执法的依据。

关键词 档案法制　档案行政执法　标准

档案行政执法是档案法制化建设和档案行政管理依法行政的重要内容。虽然档案行政管理部门在档案行政执法方面做了大量的工作和许多有益的探索,但是,不可否认,档案行政执法大都停留在宏观上和浅层次上,离依法治档的要求还有相当大的差距。笔者认为,问题的关键在于档案行政执法没有完全"落地",也就是说,没有将档案行政执法具体化。只有将档案行政执法具体化,才便于档案法的执行与操作。

一、档案行政执法要从宏观走向微观,从笼统走向具体

档案行政管理部门在档案行政执法实践中探索了许多方式、方法,积累了一些经验,但是,毋庸避讳,档案行政执法存在着许多问题,一些地方的档案行政执法流于形式,档案行政执法不是"运动"式,就是"蜻蜓点水"式,要么就是"间歇"式,难以深入解决实际问题。有的是"档案监督检查力度不够,对档案执法检查采取应付了事的态度"[1],有的是"平时执法检查过于注重表面形式,不看效果;仅停留在检查,不追查结果;一味

追求面广量大的执法检查"[2],档案行政执法成了"走过场"。有的"档案执法工作不够经常化、制度化。笔者所在地从1997年到2004年8年之中只进行了4次执法活动。执法活动的次数和时间完全是随意的"[3]。这种现象在许多地方至今并没有改观。还有的"执法活动面太窄。笔者所在地有180多个立档单位(仅指档案局直接指导的)但每次抽查的单位只有10~15个,8年间受过执法检查的单位共有45个,只占近1/4,这就是说,执法检查活动中使75%多的单位漏掉了,从而使很多档案管理混乱的单位,难以受到执法工作的检查"[4]。有的是"每年重点查一部分单位(或系统),通过几年时间完成一个轮回"[5]。这种现象同样在许多地方存在,而且至今也没有太大的改观。其原因有许多,但主要原因是档案行政执法大都在笼统的宏观层面上,而不是在微观的具体层面上。如果从执法的内容上看则看得更清楚。从1988年由国家档案局、国务院法制局联合发出《关于对〈档案法〉贯彻执行情况进行检查的通知》开始的档案执法工作,其中"关于档案执法的内容,《通知》的表述是:'检查的重点是:①《档案法》学习、宣传、贯彻执行的情况;②各地区、各部门为加强档案工作采取了哪些主要措施,解决了哪些实际问题,将档案事业列入国民经济和社会发展计划或本专业发展计划的情况;③档案机构的设置、人员编制、事业经费情况;④档案的管理、收集、整理、安全保护和破损档案的抢救情况;⑤档案馆库的建设以及现代化和其他设施(设备)的配备情况;⑥机关、团体、企业事业等单位档案的利用情况和国家档案馆向社会开放,提供利用档案的情况;⑦自《档案法》施行后所发生的违法行为以及处理情况'"[6],到现在的"从检查内容看,有以档案安全、年度文件归档整理工作为对象的专项检查,但主要是内容相对全面的综合检查"[7],可以说,都是笼统的宏观档案行政执法,笼统的宏观档案行政执法可能会检查出一大堆问题,但是,解决起来则可能一个也落实不了,问题的关键就是不具体,难以有针对性地落实。所以,"档案行政执法工作任重道远,行政执法还需细化、深化"[8]和具体化。

应该说,档案行政执法是一个不断完善的过程,从宏观走向微观、从笼统走向具体是其必然过程,只有走向微观具体,档案行政执法才能细化、深化。而宏观的档案行政执法要落到实处则是靠微观的执法来支撑,是靠对每一个具体档案行政相对人的每一个具体档案行为的微观具体执法来落实。

所谓"档案行政执法的具体化",就是要细化量化标准化。这有两层含义:一是档案行政执法的标准化,也就是执法的项目和内容能细化的要细化,能量化的要量化,要依照细化量化的标准执法;二是档案行政执法要将国家档案标准和档案行业标准作为档案行政执法的依据。尤其是后者,在一定条件下可以直接作为档案行政执法的标准。这两者又是相辅相成的,国家和档案行业标准既是档案行政执法细化量化的标准,而档案行政执法的细化量化又可以促进国家和档案行业标准的进一步完善。事实上,是否有档案违法行为和现象,档案标准是最重要的衡量尺度,没有档案标准,就没有了法定的衡量尺度,那么对许多是否守法、违法及整改是否到位的最终结论难以具体认定。

宏观的笼统档案行政执法既不易使档案法律法规真正地落到实处,又易造成档案行政执法的疏漏。而档案行政执法的具体化,不仅使档案法律法规规定的内容具体地可以一一地落到实处,而且可以增强档案行政执法的严密性。

实现档案行政执法的具体化取决于两个方面:一方面,档案行政执法的具体化有赖于档案立法的细化,这"需要各级档案行政管理机构,根据国家档案法律、法规、规章和方针政策,依照各级档案行政管理机构的权限,按照程序将国家档案法律、法规、规章和上级机构的方针政策,细化成具体的规章、制度、标准、办法、要求、操作规程等规范性文件,并予以执行。只有这样,宏观的档案法律和相对抽象的法律条文,才能变成易于操作的方法与要求"[9]。另一方面,按照已有的档案法律法规、标准及规范性文件规定的具体要求实施档案行政执法。再细化的档案法律法规、标准及规范性文件,如果不去一一地按照具体要求具体执法,也等于没有。因此,只有实现档案行政执法的具体化,"只有在各级档案行政管理机构的共同努力下,才能使档案立法与档案执法形成良好的互动,才能使各级档案行政管理机构的职能得以履行,也才能使档案法律法规真正地落地,真正地得到贯彻执行"[10]。

二、档案行政执法具体化的关键是"贯标"

所谓"贯标",就是贯彻国家档案标准和档案行业标准,档案行政执法要具体化,"贯标"是关键,这是由标准的法规性质和档案行政执法对象的特殊性所决定的。

1. 标准具有法规性质

标准分为强制性标准和推荐性标准,《标准化法》规定强制性标准必须执行,强制性标准明显具有法规性质。然而,国家档案标准和档案行业标准却都是推荐性标准,它们具有法规性质吗?"档案法规体系应该由五个方面组成:一是行政法律,二是行政法规,三是地方性法规,四是行政规章,五是规范性文件。"[11]"档案行政规范性文件是具有法律地位的"[12],"推荐性国家标准则更接近于行政规范性文件"[13],因而,档案标准具有法规性质。

从效力上看档案标准具有法规性质。就一般而言,要认定标准是否具有法规性质,必须判断其是否对行政主体和行政相对人均具有普遍约束力。档案标准属于推荐性标准,"推荐性国家标准对行政机关也具有约束力和强制力",究其主要原因:首先,"推荐性国家标准作为由国务院部门制定的行政规范,其地位也与国务院部门的地位相对应,对国务院标准化行政主管部门自身及国务院部委以下的行政机关产生拘束力和强制力"。其次,"行政机关将推荐性国家标准作为认定事实的标准并反复适用,保证了'相同情况相同处理',确保了法律的平等适用和行政裁量权的自我拘束。有利于防止滥用裁量权和差别对待的现象,也有利于行政相对人利益的保护"[14]。虽然"推荐性国家标准,国家鼓励企业自愿采用"。"行政相对人并无必须遵守推荐性国家标准的义务,其对相对人并无法律的约束力和强制力。"[15]但是,档案行政相对人有其特殊性。尽管根据档案法律法规的规定,档案行政相对人应该包括公民、法人和其他组织,而法人作为与档案行政管理主体相对应一方的当事人,是极其重要且最普遍的档案行政相对人,而且其主要是机关法人,也就是行政机关,这是档案行政相对人的特殊地方。由于主要档案行政相对人行政机关的性质所决定,自然推荐性档案标准对其具有约束力和强制力。因为"对行政机关而言,强制性国家标准和推荐性国家标准均具有与法律规范并无实质性区别的约束力和强制力"[16]。

虽然从标准的形式上看其不是"法",但是,如果从实质意义上判断,"那么,由行政机关颁布的技术标准对行政机关及其工作人员有着'作茧自缚'的效应,而且,尽管其内容针对的是事项或者物品,但依然会间接地影响私人的权利和义务,而且,通过行政机关所采取的若干确保标准实效性的手段,使得标准对私人产生了实际上的法律约束力和约束效果。标准减少了不确定性,稳定了私人之间相互的期待,成为特定领域中诸多问题的解决和因应之道,从这个意义上说,标准的功能与社会规则体系中法律规则的功能几无二致"[17]。

当然,也有一些档案行业标准可能其约束力和强制力弱一点,其性质和效力介于法规与非法规之间,或者说,对公民、其他法人(企业法人、事业法人和社会团体法人等)没有约束力和强制力,这就需要将其纳入或融入档案法规规章或规范性文件之中,赋予其法规性,使其具有约束力和强制力。最常见最便捷的方法就是制定实施细则、办法等,将其变成规范性文件。如各省档案局制定的《〈归档文件整理规则〉实施细则》,就是将档案行业标准《归档文件整理规则》直接纳入规范性文件中的最好例证。

2. "贯标"是由档案行政执法对象的特殊性所决定的

档案行政执法对象也就是档案行政管理的对象。按《档案法》的规定,档案行政管理的对象是那些产生和保管"对国家和社会有保存价值的"档案的国家机构、社会组织以及个人与"对国家和社会有保存价值的"档案相关的档案事务。这些国家机构、社会组织以及个人是档案行政相对人,档案行政执法主要应该监管其是否依法正当行使权利和履行义务保管档案并提供利用档案这个"事",而不直接管其保管的档案。简单地说,档案行政执法重在管"事",而不管"物",管的是档案行政相对人有关档案的"事",而不是管档案行政相对人的档案这个"物"。尽管档案行政执法重在管"事",而非管"物","但档案行政管理的最终对象,对国家和社会有保存价值的档案本身却是实实在在的'物'",这就是"档案行政管理最终对象的物化性"。"对国家和社会有保存价值的档案是各级各类国家档案馆,各级机关、企业事业中档案馆(室)和其他档案保管机构的直接管理对象,而档案行政管理对'对国家和社会有保存价值的'档案管理,是通过对各级各类国家档案馆,各级机关、企业事业中档案馆(室)和其他档案保管机构的管理来实现的,具有间接性。"[18]

正是由于档案行政执法最终对象的物化性和间接性的特殊性,使"贯标"成为档案行政执法管档案"事"与管档案"物"之间的重要纽带与中介,档案行政执法通过贯彻执行档案标准将档案行政执法具体化。档案行政执法依据档案标准通过检查档案行政相对人贯彻执行档案标准情况,既可看出档案行政相对人对档案"物"的规范程度,又可看出其对档案"事"的重视程度,还可透过对档案"物"的规范程度和对档案"事"的重视程度看出其有无档案违法现象和行为。

3. 标准是档案行政执法的依据

一般"可以将行政机关适用法律作出决定的过程分为如下几个阶段,首先是事实的调查和认定,认定有无发生或存在的事实;然后是对法律构成要件内容的解释和认定,看法律构成要件如何规定;第三步是涵摄,判定所认定事实是否与法律构成要件要素相当;第四步是法律效果的核定,决定赋予怎样的法律效果"。"行政机关的事实认定,是发动行政决定过程链条的首要环节。而技术标准具有将法律规范予以解释并加以具体化的功能,可以成为行政机关判断事实认定构成要件的基准,行政机关在依据技术标准进行事实认定之后,作出相应的许可、处罚等决定。"[19]档案行政执法的程序和内容与此是相同的。档案行政执法的首要环节也是通过检查认定有无档案违法事实,检查认定有无档案违法事实则是依据档案标准对档案行政相对人对档案"物"的管理规范程度,对档案"事"管理的重视程度,以此来进行有无档案违法现象和行为的事实认定,并且,根据档案标准认定的事实结果做出相应的处理。因此,档案行政执法通过档案标准的反复适用,对不确定的档案法律法规概念予以说明解释,并将其内容具体化,以保证"相同情况相同处理",确保法律的平等适用及对行政裁量权的约束。

三、结语

档案行政执法从宏观走向具体是档案法制化中的必然过程,只有实现档案行政执法具体化标准化,档案法才更便于操作与执行,才更能保证档案行政执法的公平、公正。档案行政执法具体化又是一个不断完善的过程,"贯标"是实现档案行政执法具体化的关键,但"贯标"既不是档案行政执法具体化的全部,也不可能一劳永逸。尚有大量的档案"事"和"物"并没有档案标准,它们也是档案行政执法具体化的内容,这些没有档案标准的档案"事"和"物"既需要认真考虑对待将其具体化,也需要档案行政指导的正确引导,在不断地总结后上升为档案标准。现有的档案标准也是动态的,也会随着时代的发展而发展,不断地修订增加新的内容。

档案行政执法具体化,要明确档案行政指导与"档案业务指导"的区别,避免将其变成"档案业务指导"法制化,更不能将其当作"档案业务指导"的附属。还要厘清"贯标"与认证的关系,"贯标"是最低要求,而认证则是最高要求或发展方向。

参考文献

[1]齐晶.试论档案行政执法工作中存在的问题与对策[J].经济研究导刊,2010(23):207-208.

[2]姚震,董非.档案执法中的障碍性因素[J].档案与建设,2002

(5):24-25.

[3][4]李世勋.目前档案执法工作存在的问题及对策[J].陕西档案,2005(5):38.

[5][7][8]李兴利.关于档案行政执法方式的调查与思考[J].档案管理,2010(6):62-63.

[6]国家档案局、国务院法制局联合发出通知 今年将对《档案法》贯彻执行情况进行检查[J].档案工作,1988(4):6-7.

[9][10]吴雁平.论档案行政职能[J].档案管理,2013(3):7-9.

[11]吴雁平.论市县档案行政管理部门在档案法规体系建设中的定位[J].档案管理,2012(2):41-44.

[12]石立铭.档案行政规范性文件的含义及法律地位[J].档案管理,2013(3):73-74.

[13][14][15][16]龚贵寒.试论国家标准的法律性质[J].内蒙古农业大学学报(社会科学版),2010(5):15-17.

[17][19]宋华琳.论技术标准的法律性质——从行政法规范体系角度的定位[J].行政法学研究,2008(3):36-42.

[18]吴雁平.论档案行政管理的目标与特征[J].档案管理,2011(6):43-45.

该文发表在《档案管理》2013年第5期

论档案行政司法

刘东斌

摘 要 档案行政司法是档案行政管理和依法治档的重要内容。档案行政司法的作用是裁决公私争议纠纷、保障公民合法权益、减轻人民法院负担、监督档案行政执法。档案行政司法的范围主要包括档案行政争议和档案民事纠纷。档案行政司法的方式可分为档案行政裁决、档案行政复议和档案行政听证。

关键词 档案行政管理 档案司法 行政司法

"行政司法是指行政机关根据法律的授权,按照准司法程序审理和裁处民事和行政争议或纠纷,以影响当事人之间的权利、义务关系的行政法律制度。"[1]档案行政司法是行政司法的一个组成部分。档案行政司法是指享有档案行政司法权的档案行政管理主体,按照法律、法规或者规章的规定,在其职权范围内按照司法化的行政程序,依法对档案行政争议或者档案民事纠纷进行处理的一类行政管理方式。

一、档案行政司法的特点

1.档案行政司法的主体具有特定性,其主体是档案行政管理机关

特定性是指档案行政司法的主体是享有档案行政司法权的特定主体,档案行政司法主体必须经过法律授权。档案行政司法的主体是档案行政管理机关,而不是权力机关或司法机关。这一特点使档案行政司法同权力机关对档案行政机关所进行的法制监督相区别,同时也使档案行

政司法与由人民法院主持的行政诉讼相区别。

2. 档案行政司法客体的有限性

档案行政司法的客体是档案法律规定的特定种类的争议案件,它只包括档案行政争议和档案民事纠纷。档案行政争议是指在档案行政管理过程中发生的档案行政管理机关与其相对人之间的争议。档案民事纠纷是指因档案事务而引起的档案行政相对人之间的纠纷。档案行政司法既处理和裁决档案行政管理机关和相对人因档案行政管理而引起的档案行政争议案件,又处理和解决档案行政相对人之间发生的档案民事纠纷案件。

3. 档案行政司法性质的特殊性

档案行政司法性质的特殊性有以下两层含义:一是相对于国家的普通司法而言,档案行政司法并不是典型的国家司法行为,而是特定的档案行政主体所实施的具体档案行政行为。档案行政司法主体裁决处理争议纠纷的权力属于行政权,并不是国家司法权。二是相对于其他的档案行政行为或档案行政执法行为而言,档案行政司法行为又具有与法院的普通司法相类似的特性,档案"行政司法行为是一种特殊的具有准司法权的具体行政行为"[2]。如果将法院司法定义为严格意义上的司法的话,那么,档案行政司法则带有"准司法"的色彩。从处理方式上看,档案行政司法采用了法院司法常用的处理纠纷和争议的手段,如调解、裁决等;从处理程序上看,档案行政司法不同于一般的行政程序,而是类似于普通司法程序,是一种比一般行政程序公正、严格,但又比普通司法程序简便和灵活的特殊的司法程序;从效力上看,档案行政司法的准司法性表现为既具有行政强制性的一面,又有非终局性(即可诉性)的一面。

二、档案行政司法的原则

档案行政司法除应遵循行政法的基本原则外,还应着重遵循下列原则:

1. 简便原则

简便、高效地处理档案行政争议和档案民事纠纷,是档案行政司法的主要作用。虽然档案行政司法带有准司法的色彩,但档案行政司法的本质属性仍是行政管理活动,而不是司法审判活动,它要求程序简便。档案行政司法虽然也要经过一定的程序和手续,但与普通司法相比,毕竟要简便得多。为与行政行为的迅速、效能相统一,档案行政司法必须坚持简便原则。它要求:第一,档案行政司法程序在合法前提下,应尽量做到迅速、灵活、简明,力求避免程序烦琐;第二,档案行政司法有关活动应考虑当事人的便利。

2. 平等原则

虽然在档案行政关系中双方当事人的地位是不平等,但在档案行政司法关系中双方当事人则是处于完全平等的地位。无论是档案行政机关,还是被管理的档案行政相对人,无论是国家公务员,还是一般公民,同样都有向争议案件的审理机关说明案情,陈述理由,提供证据,提出请求的权利,同样,都有遵守行政司法程序、时限、形式等要求的义务。为保证档案行政司法平等原则的实现,履行档案行政司法职能的档案行政管理机关要做到:第一,接受当事人对档案行政司法的合法请求。第二,在档案行政司法过程中向双方当事人告知和讲解他们的权利和义务,例如,作出决定前的辩护权、对案件裁决的申诉权。第三,严格依法办事,不偏袒任何一方。这一点非常重要,因为档案行政司法往往审理的是以档案行政管理机关自身或下级档案行政管理机关为当事人的案件,这就更加要求档案行政司法主体不能偏袒本机关或下级档案行政管理机关。

3. 回避原则

档案行政司法是带有司法特征的行政行为,应当遵循司法程序中的回避原则。它是指主持审理的人员,如果是本案当事人或当事人的近亲属时,或是与本案有利害关系,以及与本案当事人有其他关系,可能影响案件不正确处理的,必须回避。回避有两种形式:自行回避和当事人口头或者书面方式申请他们回避。

三、档案行政司法的作用

1. 裁决公私争议纠纷

档案行政司法最基本的作用就是裁决争议纠纷。档案行政司法为公私争议纠纷的解决提供了一种较为迅速、经济、便捷的公正裁判方式。档案行政司法不仅解决法人之间的档案事务争议纠纷,而且解决法人和公民之间的档案事务争议纠纷。

2. 保障公民合法权益

保障公民、法人档案合法权益不受非法侵犯是档案行政司法的核心功能。档案行政司法作为法律救济手段之一,可以控制档案违法行政,能有效地保护公民、法人或其他组织的合法权益不受非法行政的侵害。同时,档案行政司法通过维护档案行政管理机关的正确决定来维护国家的利益。

3. 减轻人民法院负担

减轻人民法院负担是档案行政司法的调节功能。人民法院是国家的审判机关,担负着审理大量刑事案件、裁判大量民事纠纷的任务。在人民法院工作量大、人员有限的情况下,建立与健全档案行政司法制度,既有利于减轻法院的工作重负,使其能够更加集中精力提高办案质量,也有利于档案行政主体根据档案行政管理的规律和特点,及时、准确地化解各种档案事务纠纷和争议,实现国家对现代社会生活的有效调控。

4. 监督档案行政执法

档案行政司法具有内部监督的功能,档案行政司法是监督档案行政管理机关依法行政的重要形式和制约机制,有利于防止违法、越权或滥用权力的行为发生,有利于档案法制的健全。这主要体现在档案行政复议制度上。通过档案行政复议活动,上级档案行政管理机关对下级档案行政管理机关的档案行政执法活动进行认真审查,可依法做出撤销和变更违法、不当决定的档案复议决定。

四、档案行政司法的范围

档案行政司法的范围就是指运用档案行政司法程序和手段所解决的争议纠纷案件的范围。档案行政司法管辖的范围主要包括以下两个方面:

1. 档案行政争议

档案行政争议,亦称档案行政纠纷,是指档案行政主体与行政相对人之间、档案行政主体相互之间以及档案行政主体与所属工作人员之间因档案行政行为或档案行政管理活动而引致的争执。档案行政司法解决的行政争议的范围又可分为两类:一是外部具体档案行政行为或执行档案行政规范的外部行政行为所引起的争议,如由于档案行政处罚、档案行政强制、档案行政许可、档案行政不作为的行政行为引起的行政争议,以及其他档案行政侵权行为引起的行政争议等。二是一部分内部具体档案行政行为的争议,如档案行政工作人员不服档案行政主体的行政处分的争议等。

2. 档案民事纠纷

档案民事纠纷亦称档案民事争议,是指平等主体的公民、法人和其他组织相互之间,因档案民事权利义务内容而发生的争执。由档案行政主体通过档案行政司法程序所解决的民事纠纷仅限于法律、法规规定由档案行政主体负责处理的特定的民事纠纷。处理档案民事纠纷并不属于档案行政主体固有行政职权范围内的事务,但因现代社会关系的日益复杂化,在国家和社会生活中有些档案民事争议往往与档案行政管理事项交织或牵连在一起,如档案资源权属纠纷、档案民事侵权纠纷等,均与档案行政管理活动密切相关。例如,山西省太原市档案局2006年1月经办的一起档案行政裁决纠纷案,就是由两个民事主体因档案归属管理所引起的争议纠纷案[3]。

五、档案行政司法的方式

档案行政司法从方式看,可分为档案行政裁决、档案行政复议和档案行政听证。

1. 档案行政裁决

"行政裁决是指行政主体根据法律法规的授权,在法律规定或当事人依法申请的条件下,依照法定的程序,对当事人之间发生的,与行政管理活动密切相关的特定民事争议进行审查,并作出裁决的具体行政行为。"[4]

档案行政裁决的特征:其一,档案行政裁决的主体是由法律法规授权的档案行政主体;其二,档案行政裁决的对象是与档案行政事务密切相关的民事纠纷;其三,档案行政裁决是一种依申请的行政行为。档案行政主体只有在行政相对人提出申请之时才能依法对有关事项做出裁决,如果行政相对人没有提出申请,档案行政主体不能主动做出裁决。

按照行政裁决的含义和档案行政裁决的特征,似乎档案行政管理机关不存在档案行政裁决的权力,因为档案法律法规中并没有对档案行政管理部门授予档案行政裁决权。虽然我国目前的档案立法,对档案行政裁决未做专门规定,但在现实中确实存在着大量的与档案行政管理活动密切相关的特定民事档案事务争议,属于档案行政裁决的范畴,也在档案行政司法实践中出现过档案行政裁决的案例。如山西省太原市档案局2006年1月经办的一起档案行政裁决纠纷案,"正是由于档案部门的及时介入、调查,提出处理(裁决)意见,客观上引起了当事双方的重视,有效、及时地制止了不断发展、升级的矛盾和争抢行为,使档案得以完整地保护"。"近年来,社会档案意识特别是档案法制意识有了飞速的进步和提高,档案权益受到侵犯的群众,已能自觉地想到档案部门,主动到档案部门投诉维权。仅近三年来,就先后有社会主体到档案部门要求裁决合营企业档案所有权,维护档案查阅权,人事档案擅自归档裁决,档案丢失造成直接经济损失赔偿等,约占到档案部门投诉案件的70%。可以说,档案行政裁决问题,已成为档案行政执法中的重大问题。还可以说,大多数违法行为的投诉也必然涉及档案赔偿损失的裁决"[5]。而这些问题都是档案立法中亟待完善和补充的问题。

2. 档案行政复议

"档案行政复议是指公民、法人或其他组织认为档案行政管理机关的具体行政行为侵犯其合法权益,而请求上一级档案行政机关或本级人民政府依照行政复议程序重新审查原具体行政行为是否合法适当,并作出复议决定的活动。"[6]

档案行政复议是一项应申请的行政司法行为,同时也是一项行政机关的单方的行政行为。其最终是以裁定的方式单方强制原具体行政行为的实施或撤销。档案行政复议是一种档案行政机关的内部层级监督制度,也是一种准司法活动。

档案行政复议的特征:其一,档案行政复议所处理的问题是行政争议,即行政相对人认为档案行政管理机关在档案行政管理过程中所实施的具体行政行为侵犯其合法权益而发生的争议,这种争议的核心问题是该具体行政行为是否合法、合理;其二,档案行政复议的审查对象为具体行政行为,并附带审查部分抽象行政行为;其三,档案行政复议是一种依申请的档案行政行为,实行"不告不理"的原则,即行政相对人不申请复议,档案行政复议部门不能主动受理;其四,档案行政复议主要采用书面审查的方式;其五,档案行政复议必须遵守法定程序。档案行政复议活动必须严格按照法定的步骤、方式、顺序和时限进行。

档案行政复议的范围:其一,对档案行政管理机关做出的行政处罚决定不服的;其二,对档案行政管理机关做出的行政强制措施不服的;其三,对档案行政管理机关做出的有关行政许可、资格证等变更、中止、撤销或者注销的决定不服的;其四,认为符合法定条件,申请档案行政管理机关颁发许可证、资质证、资格证等,或申请核准、登记有关事项,档案行政管理机关不依法办理的;其五,认为档案行政管理机关侵犯其合法经营自主权的;其六,认为档案行政管理机关违法收费或者违法要求履行义务的;

其七,认为档案行政管理机关的其他具体行政行为侵犯其合法权益的。

3. 档案行政听证

档案行政听证是指档案行政管理机关在做出影响档案行政相对人合法权益的决定前,听取档案行政相对人意见的活动。"听证形式在一个建议性行政决定作出后就可以通过准司法程序(提出要求、受理、回避、辩论、质证、最后决定作出)来实现公正、公开原则。"[7]

档案行政听证适用范围主要有三个方面:其一,档案行政处罚方面。《行政处罚法》规定,适用听证程序有两种情况:一是较大数额的罚款。二是行政机关实施的"吊销许可证"的行政处罚。"从档案法规规定的表面上看,档案行政机关没有吊销许可证的处罚权。但从实际工作来看,档案行政执法中有类似问题。""主要有三种类似情况。一是对档案中介机构资质、资格的取消。二是对单位档案目标管理资格证的取消。三是对档案专业技术职务资格的取消(由职改部门行使)。这三种行政行为的性质与吊销许可证的性质类似,影响和后果也都较大。"[8]其二,档案行政管理方面。随着档案行政执法实践的发展,听证程序的适用范围已不仅仅局限于档案行政处罚案件,而已经扩大到关系群众利益的、社会影响较大的事件都适用。如档案所有权的界定及对档案处置权、管理权纠纷的裁定等。其三,档案行政许可方面。《行政许可法》明确规定,行政许可事项适用听证程序。

六、结语

档案行政司法是档案法制建设的重要组成部分。档案法制建设包括档案行政立法、档案行政执法和档案行政司法三个部分。这三者是密切关联、不可分割的统一体。只有认真地全面地做好档案行政立法、档案行政执法和档案行政司法,才能保证档案法制的统一性、连续性,充分发挥档案法制在档案行政管理中的作用。同时,档案行政司法还是检验档案行政立法、档案行政执法质量的一种手段。通过档案行政司法及时发现档案行政立法和档案行政执法中出现的问题,并总结经验,有利于完善档案行政立法、改善档案行政执法。

参考文献

[1]龙跃牛.重构中国行政司法制度[J].广西政法管理干部学院学报,2006,21(5):26-30.

[2]郭信玲,李为.我国行政司法的理论与实践[J].法制与社会,2009(9):152-153.

[3][5]杨红卫.从一起纠纷案例析档案行政裁决权限的设定[J].山西档案,2006(6):31-32.

[4]杨临宏.行政法:原理与制度[M].昆明:云南大学出版社,2010:502.

[6]小普.档案行政复议的特征[J].中国档案,2009(12):44.

[7]张韶华.我国行政司法理论之批判与重构[J].行政法学研究,1999(3):25-32.

[8]乔明香.论档案听证程序的适用[J].山西档案,2005(1):39-41.

该文发表在《档案管理》2013年第6期

档案行政指导研究综述

吴雁平

摘　要　档案行政指导作为主要的档案行政行为之一,它较之档案业务指导是一个新课题、新方法,相关研究刚刚起步。对档案行政指导的概念、主体、分类、依据、特征、作用、意义、范围、面临的问题及对策等研究成果进行梳理,不仅有利于今后的研究,也有助于实践。

关键词　档案行政指导　档案业务指导　档案行政行为

一、档案行政指导研究概况

为了方便对档案行政指导研究情况的论述与探讨,本文将学术期刊、博硕士论文中有关文献视为理论界的研究成果,将档案行政管理机关制定的有关规范性文件视为实践界的研究成果。

最早在文献中提及"行政指导"一词的是黄志刚1992年在《浙江档案》上发表的《档案业务指导书的建立》一文。此后的22年间在中国知网文献数据库中,以"档案行政指导"为检索词,"全文"为检索项,可检索到的文献有66篇,其中期刊文献58篇,硕士论文8篇。以"档案行政指导"为检索词,"篇名"为检索项,可检索到的文献有14篇期刊文献。仅仅从数量上看,提及"档案行政指导"的多,专门论之的少。

在"全文"项检索到的66篇文献中署名文献60篇,涉及作者60人,其中发表文献2篇以上的有张卓(4篇)、简莹莹(2篇)、姚笑云(2篇)、李建芳(2篇)、刘东斌(2篇)、杨立人(2篇)6人。以1/10的人数,发表近27%的文献数(14篇)成为核心作者群。

二、档案行政指导研究的主要内容与成果

1. 档案行政指导的概念

从理论界来看,代表性的定义有以下几种:

谢凌奕认为:"所谓'档案行政指导',是指国家档案行政机关在其所管辖的范围内,对特定的人、企业、社会团体、组织机构等运用非强制性的手段,获得相对人的同意或协助,指导相对人采取或不采取某种行为,以实现档案工作目的的行为。"[1]

路君兰认为:"档案行政指导是指国家档案行政管理部门依据党的路线、方针、政策和档案法律法规,对所辖范围内的档案事务,通过采取示范、引导、敦促、建议等非强制手段,在行政相对人的同意或协助下,指导相对人为或不为一定行为,从而实现一定档案行政目的的档案行政行为。"[2]

张卓认为:"档案行政指导是档案行政管理部门在其职责范围内,为引导行政管理相对人作出或不作出某种行为,根据法律精神、原则,开展的劝告、建议、说明、提醒、警示等行政行为。"[3]

陈婷婷认为:"档案行政指导是一种不以行政强制为特征的新型行政手段或方式。它是档案行政主体为实现档案行政目的,通过倡导、引导、劝告和激励等方式,指导档案机构和档案工作者按照某种规范作为或者不作为的一种不具有强制拘束力的行政行为。"[4]

实践界对档案行政指导的定义:

《昆山市档案局行政指导工作实施意见》表述为:"档案行政指导是指档案行政执法部门在其法定职权范围内,根据经济和社会管理需要,采用具体的指导、示范、建议、劝告、警示、鼓励、指示等非强制性方式,征得行政相对人的配合和同意,引导其作出或不作出某种行为,从而有效实现行政管理目的。"

《昆明市呈贡县档案局行政指导工作手册》表述为:"行政指导就是行政机关在其所管辖的事务范围内,根据国家的政策规定或者法律原则,针对特定的公民、法人或其他组织,用非强制性的方法或手段,取得该行政相对方的同意或协助,有效地实现一定的行政目的的主动的管理行为。"

从上述定义中可以看到,无论理论界,还是实践界,对档案行政指导已经形成了一些共识,但还存在着一些分歧。

主要共识有:①档案行政指导是档案行政机关的行政行为;②档案行政指导是档案行政管理部门在其法定职责(辖区)范围内的行政行为;③档案行政指导是档案行政管理机关依据法律法规实施的行政行为;④档案行政指导是非强制性的行政行为;⑤档案行政指导是档案行政管理机关的主动行政行为;⑥档案行政指导采用指导、示范、建议、劝告、警示、鼓励、指示等多种方式;⑦档案行政指导是需要对方的同意或协助的行政行为;⑧档案行政指导是为实现档案行政管理目的的行政行为。

主要分歧有:①党的路线、方针、政策是否可以成为档案行政指导的依据;②档案行政指导的对象是特定的人、企业、社会团体、组织机构,还是一切档案行政管理相对人。

2. 档案行政指导的主体

关于档案行政指导主体,理论界的观念有三种不同意见。金梅认为:"行使档案行政指导的主体是国家档案行政管理机关。"[5] 姚笑云认为:"档案行政指导的主体是国家档案行政管理部门以及县级以上地方各级人民政府的档案行政管理部门。"[6] 杨立人、简莹莹认为:"行政指导主体的范围与行政主体大致相当。档案行政指导仍属于档案行政工作,因而档案行政指导的主体仍属于档案行政主体,各级档案行政部门,以及经授权的档案馆、室都可以成为档案行政指导主体。"[7] 值得一提的是,这三种观念提出的时间分别是2006年、2009年和2011年,简单地看,档案界对档案行政指导主体范围的认识有一个渐渐扩大的趋向。

3. 行政指导的分类

档案行政指导的分类是行政指导的重要内容,然而档案学界对此研究非常少。目前仅有谢凌奕的《浅析档案行政指导》一文。文中认为,档案行政指导可以划分为两种:助成性档案行政指导和规制性档案行政指导。前者主要是指档案业务指导,以帮助、促进相对人自身利益或档案工作发展为目的。后者主要是指档案执法指导,以维护、增进公共利益,预防危害公共利益的现象发生为目的,对违反档案法规的行为加以规范和制约的行政指导[8]。相比之下,实践界对此的认识略深一些。《昆明市呈贡县档案局行政指导工作手册》中指出,档案行政指导根据不同的标准可以划分为不同的种类,并专门列出了若干种档案行政指导的种类。如以行政指导有无具体的法律依据为标准,可分为有法律根据的行政指导和无法律根据的行政指导;以行政指导的对象是否具体为标准,可分为普遍的行政指导和个别的行政指导;以行政指导的功能差异为标准,可分为规制性行政指导、调整性行政指导和助成性行政指导。并对不同种类的档案行政指导做出了说明。

4. 档案行政指导的依据

关于档案行政指导的依据,现有文献中没有专论。目前可见的,一是在有关档案行政指导定义中"档案行政指导是指国家档案行政管理部门依据党的路线、方针、政策和档案法律法规"的笼统表述;二是杨立人、简莹莹认为:"档案行政指导的依据可归结为三方面:一是档案组织法,二是档案行为法,三是一般档案规范。"[9]

5. 档案行政指导的特征

对于档案行政指导的特点,理论界归纳为行政性和服务性并重、非强制性和多手段性[10]、行政指导与行政许可、行政处罚等强制手段并存、综合性指导与专业性指导并存、宏观指导与微观指导并存[11]。

6. 档案行政指导的作用、重要性、意义

谢凌奕认为:积极推行与实施档案行政指导是建立、发展市场经济及

现代行政法制成本效益原则的要求,也是档案工作的性质要求。

黄志勇、张燕、金梅等认为:档案行政指导是对现行法律不完备的地方及时进行补充;是调动行政管理者的积极性和创造性,是及时、灵活、有效地协调与管理对象之间的关系,是利用非强制性、适应性、能动性、多样性、服务性等特点推动工作开展。

林琳认为:档案行政指导是档案行政部门依法行政的必要补充;能有效地预防和抑制档案违法活动;充分体现了档案部门落实科学发展观和构建以人为本的和谐社会的要求。

实践中,"北京市档案局采用的是与北京市工商业联合会联合印发《北京市非公有制企业档案管理指南》的方式,之所以采用'指南'这样的词汇,体现了自主建档、坚守商业秘密、无偿指导、建档标准不搞'一刀切'等原则,得到了非公有制企业的普遍认同,并取得了很好的行政目的"[12]。

7. 档案行政指导的范围

关于对档案行政指导范围的界定,理论界基本上没有涉及,目前仅有的只是对档案行政指导在私人档案管理中其范围的划定有所论及。即对私人档案微观管理的指导(包括对私人档案的形成、整理、保管、流转等各方面);对私人档案申报登记的指导;对档案馆接收寄存、捐赠、出售私人档案的指导[13]。

8. 档案行政指导的制度

有关档案行政指导制度,理论界同样论及不多。主要观点认为档案行政指导应当建立健全:档案行政指导审查制度;档案行政管理的信息发布、告示制度[14];档案行政管理部门建议、劝告、告诫制度;档案部门的行政调解和协调制度;档案部门的行政奖励制度;行业协会指导制度;档案行政管理评议制度和调研制度;档案行政责任制度和救济制度[15]。

9. 档案行政指导面临的问题

有关档案行政指导面临的问题,理论界多有讨论,归纳起来主要包括观念认识、实践和制度规范三个方面。

（1）观念认识方面。档案行政指导主体的不适应，缺乏创新意识，指导的方式单一，方法落后；对行政指导应用于档案行政管理的认识有待提高，如重执法、轻指导，档案行政指导职能被弱化；行政指导的内涵和外延以及与其他行政行为的区别也缺乏统一的认识。一是行政指导异化，二是与业务指导混淆，三是行政指导不作为；档案学术界对行政指导应用于档案行政管理领域的研究还没有引起足够的关注。

（2）实践方面。档案行政指导本身还有许多不成熟的因素，指导效能与行政权限存在矛盾；行政指导与行政强制的矛盾，混淆了行政指导与行政执法的区别，把行政指导当成强制性的行政执法活动来开展，档案行政指导的科学性有待提高；行政指导与能力建设存在矛盾，行政指导执行人素质参差不齐，导致相对人对指导缺乏信任，档案行政指导人员自身的素质有待提高；一些行政指导行为的透明度不足。

（3）制度规范方面。档案行政指导的运作机制不完善，缺少配套的行政行为；行政指导责任未制度化、具体化；行政指导行为的规范化、制度化程度不高；行政指导的随意性太强，缺乏必要的程序控制，对档案行政指导的监督约束机制亟待完善，表现在缺乏信息公布机制，行为不透明；缺乏调研论证，决策不科学；没有监督机制，过程不民主，缺少公众参与及表达意见的途径，且责任不甚明确，救济乏力等。

10. 档案行政指导的风险

张卓认为，档案行政指导行为在实施过程中存在一定的风险，这种风险主要表现为：给行政指导相对人造成损失；引发行政指导相对人的不信任感；行政指导行为因违法被撤销；引发行政争议；不当挤占行政资源，等等。究其原因有三：一是行政指导人员的素质不高；二是行政指导人员的责任感不强，行政指导缺乏统筹考虑；三是行政指导工作机制的欠缺[16]。

11. 档案行政指导的对策思考

理论研究者关注最多的方面是如何开展档案行政指导工作，大家"仁者见仁，智者见智"，提出了不少对策，梳理后的结果如下：

周长岱认为："首先，必须转变观念。其次，要将档案行政指导行为与档案法律法规的强制行为相结合。最后,要不断探索新的、有效的行政指导方式并及时予以总结,然后以制度的形式使之规范化。"[17]

张燕认为,在实施档案行政指导时应注意的问题有:一是完善档案行政指导相关制度;二是档案行政指导要有针对性,注重指导实效;三是将行政指导与档案执法监督结合起来运用;四是注意行政成本效益原则[18]。

金梅认为,档案行政指导的完善途径有四:一是提高认识水平,实现观念更新;二是加强理论研究,进行规律探索;三是加快立法步伐,完善法律规范;四是采取配套措施,注重制度创新[19]。

姚笑云认为,加强档案行政指导规制的有效途径:一是加强立法,明确法律责任;二是建立制度,规范行为程序;三是转变认识,提高人员素质;四是采取措施,构建行为模式[20]。

林琳认为,加强领导,明确责任,为档案行政指导提供组织保障;健全制度,完善机制,加强档案行政指导工作体系建设;明确程序,加强监督,为档案行政指导科学化、规范化提供保障;总结经验,积极创新,为档案行政指导工作注入新的生机与活力;加强培训,深入调研,为档案行政指导提供智力支持。此五项是做好档案行政指导工作的有效措施[21]。

三、结语

综上所述,档案行政指导作为主要的档案行政行为之一,是档案行政管理机关实施行政管理的重要手段与方法。与我们所熟悉的档案业务指导相比,还是一个新课题、新方法。不仅理论界的相关研究刚刚起步,规模不大,成果寥寥,实践界的应用也只限于个别地方的个别档案行政管理机关,非常有限。但毕竟相关研究与应用已经起步,不是从零开始。本文对理论界与实践界有关档案行政指导概念、主体、分类、依据、特征、作用、意义、范围、面临的问题及对策等研究成果进行梳理,意在对档案行政指导研究做一小结,为日后理论研究与实践应用提供方便。可以预料,随着社会法治化进程的推进,依法治档及档案工作依法行政的进展,档案行政指导将会成为档案理论界与实践界又一个研究的重点与热点。加强这方面的研究不仅有利于档案法制建设、依法治档的理论研究,也有助于推动档案行政管理实践的法治化。

参考文献

[1][8][10]谢凌奕.浅析档案行政指导[J].北京档案,2000(8):20-21.

[2]路君兰.欠缺与完善——关于我国私人档案管理的思考[D].合肥:安徽大学,2010.

[3][16]张卓.试论档案行政指导的风险规避[J].企业研究,2012(16):19-20.

[4]陈婷婷.浅谈我国档案法的特点[J].经营管理者,2013(20):232.

[5][12][19]金梅.行政指导应用于档案行政管理初探[J].北京档案,2006(3):32-33.

[6]姚笑云.论档案行政指导的规范化[J].四川档案,2009(3):31-32.

[7][9]杨立人,简莹莹.档案行政指导制度的建立与完善[J].档案学通讯,2011(1):43-46.

[11]张卓.当前加强档案行政指导规范化工作的思考[J].城建档案,2012(9):57-58.

[13][18]张燕.析档案行政指导在私人档案管理中的运用[J].山西档案,2003(1):21-23.

[14][17]周长岱.建立、完善档案行政指导制度[J].中国档案,2001(5):11-12.

[15]黄志勇.档案部门应加强行政指导的力度[J].秘书之友,2002(3):29-30.

[20]姚笑云.档案行政指导的规范化与规制约束[J].北京档案,2009(2):29-30.

[21]林琳,刘巍.档案行政指导工作浅析[J].黑龙江档案,2011(3):66.

该文发表在《档案管理》2014年第1期

论档案行政指导的实施主体与相对人

吴雁平

摘 要 档案行政指导实施主体是县以上各级档案行政管理机关、法律法规授权的组织、依法受委托的组织和档案行政指导实施人。档案行政指导相对人包括政府、机关、团体、企业事业单位和其他组织以及其内设机构,档案工作者和其他人员。其分为组织相对人、个人相对人和其他相对人。

关键词 档案行政指导 实施主体 相对人

档案行政指导主体是指档案行政指导法律关系的双方当事人,包括指导实施方(档案行政主体)与受指导者(档案行政相对方)。档案行政指导是档案行政主体和档案行政相对人两者互动的一种档案行政行为,在档案行政指导法律关系中,一方主体是享有并行使档案行政指导权的档案行政主体,包括国家行政机关和法律法规授权组织;一方主体是受到档案行政行为直接影响的档案行政相对人。

一、档案行政指导的实施主体

档案行政指导的实施主体是县以上各级档案行政管理机关、法律法规授权的组织、依法受委托的组织和档案行政指导实施人。通俗地说,就是县以上各级档案局;机关、团体、企业事业单位和其他组织的档案处、档案科、档案馆、档案室;各级档案局的公职人员,乡、民族乡、镇人民政府指定的负责保管本机关档案的人员,机关、团体、企业事业单位和其他组织的档案工作人员。这是因为:"档案行政指导仍属于档案行政工作,因而档案行政指导的主体仍属于档案行政主体,各级档案行政部门,以及经授权的档案馆、室都可以成为档案行政指导主体。"[1]档案行政指导实施主体的范围比档案行政主体的范围更为宽一些。但必须是经过法律法规授权或依法受委托的组织与个人。

这里需要特别指出,行政机关与行政机构是有区别的。行政机关是一定行政机构的整体,具有行政主体资格,能独立以自己的名义进行行政活动并独立承担由此产生的法律后果。而行政机构是行政机关的内部组成部分,一般表现为内设机构、派出机构、办公机构和办事机构,一般不具有独立的行政主体资格,除非获得了法律、法规和规章的特别授权,才具有行政主体资格,不然只能以其所代表的机关名义进行行政行为。

1. 档案行政机关

档案行政机关指国家档案行政管理机关和县以上地方各级档案行政管理机关。国家档案行政管理机关和县以上地方各级档案行政管理机关的档案行政指导主体地位是由法律法规规章所规定的。国家最高档案行政机关(国家档案局)及县以上地方各级档案行政管理机关(地方各级档案局)的档案行政指导主体地位是由《档案法》和《档案法实施办法》规定的。

《档案法》第六条第一款规定:"国家档案行政管理部门主管全国档案事业,对全国的档案事业实行统筹规划,组织协调,统一制度,监督和指导。"《档案法实施办法》第七条第四款规定:国家档案局"对中央和国家机关各部门以及省、自治区、直辖市人民政府档案行政管理部门的工作,实施监督、指导",明确了国家档案行政管理部门(国家档案局)是对全国档案事业进行档案行政指导的主体。

《档案法》第六条第二款规定:"县级以上地方各级人民政府的档案行政管理部门主管本行政区域内的档案事业,并对本行政区域内机关、团体、企业事业单位和其他组织的档案工作实行监督和指导。"明确了县级以上地方各级档案行政管理部门是实行档案行政指导的主体及指导的范围。

2. 法律法规授权的组织

法律法规授权的组织是指乡、民族乡、镇人民政府；机关、团体、企业事业单位和其他组织的档案机构。法律法规授权的组织的档案行政指导主体地位是由《档案法》等法律法规规章所规定的。

《档案法》第六条第三款规定："乡、民族乡、镇人民政府应当指定人员负责保管本机关的档案，并对所属单位的档案工作实行监督和指导。"《档案法》第七条规定："机关、团体、企业事业单位和其他组织的档案机构或者档案工作人员，负责保管本单位的档案，并对所属机构的档案工作实行监督和指导。"

《档案法实施办法》第九条规定："机关、团体、企业事业单位和其他组织的档案机构依照《档案法》第七条的规定，履行下列职责：……（二）指导本单位文件、资料的形成、积累和归档工作；……（四）监督、指导所属机构的档案工作。"《机关档案工作条例》第四条规定："机关档案部门的基本任务是：（一）对本机关文书部门或业务部门文件材料的归档工作，进行指导和监督；……（三）中央和地方专业主管机关的档案部门，应根据本专业的管理体制，负责对本系统和直属单位的档案工作进行指导、监督与检查。"

上述法律法规规章明确规定了乡、民族乡、镇人民政府，机关、团体、企业事业单位和其他组织的档案机构进行档案行政指导的具体范围、内容。由于上述组织不是法定档案行政管理机关，因此，可以将这些法律法规规章的规定视为一种授权条款。

3. 档案行政机关委托的组织或个人

档案行政机关委托的组织或个人是指档案行政机关委托、以档案行政机关的名义行使一定档案行政职权并由档案行政机关承担相应法律责任的组织或个人。这种情况在档案行政管理的实践中曾经有一些委托属于典型组织的情况，如档案行政机关委托当地档案学会进行档案专业技术职称评定、对档案装具进行认定、进行档案学术交流，委托高校对档案工作者进行专业培训与专业继续教育,等等。档案学会和高校属于典型的组织。也有一些委托属于非典型组织的情况,比如,委托行业档案协作组对辖区内某些单位档案工作进行检查。这里的协作组则属于非典型的组织。这种情况,随着行政体制的改革将会有更多。随着更多的行政权力下放,档案行政管理机关可以通过购买服务来实现过去的某些行政管理职能,而这种购买服务,实质上是一种档案行政机关的委托关系。

4. 档案行政指导人员

档案行政指导人员是指档案行政管理机关的工作人员,乡、民族乡、镇人民政府指定负责档案工作的人员,机关、团体、企业事业单位和其他组织的档案工作人员。任何档案行政指导都是由人来实施的,从这个意义上讲,无论是国家机关、授权组织还是委托组织,只要是从事档案行政指导的人员,都是档案行政指导主体。

另一方面,档案行政管理机关的工作人员作为"参公"人员,档案行政指导属于其职务行为,其代表的是档案行政管理机关,这种情况下,档案行政管理机关的工作人员属于档案行政指导主体。乡、民族乡、镇人民政府指定负责档案工作的人员,机关、团体、企业事业单位和其他组织的档案工作人员的档案行政指导主体地位也是由《档案法》等法律法规规章规定的。《档案法》第七条规定:"机关、团体、企业事业单位和其他组织的档案机构或者档案工作人员,负责保管本单位的档案,并对所属机构的档案工作实行监督和指导。"乡镇的见《档案法》第六条第三款的规定(见上文)。

综上所述,除了档案行政管理部门外,根据我国相关的法律法规规定或授权,各行业或地方行政管理部门都可在其职权的范围内对其内部及所属单位的档案工作实施行政指导,成为档案行政指导者。如国务院民政行政主管部门、县级以上地方人民政府计生卫生行政主管部门、农业行政主管部门、教育行政管理部门等部门可依法对其职权范围内档案工作实施监督与指导。总之,对某一区域或某地行业档案事务有主管权限的就是档案行政指导的主体。

二、档案行政指导的相对人

"行政指导相对人的范围包括个人和组织。在一般的行政管理法律关系中,作为行政主体的一方是行政机关和法律、法规授权的组织,作为行政相对人的一方当事人是个人或组织。个人包括我国的公民和在中国境内的外国人和无国籍人;组织包括法人和不具有法人资格的其他组织,而法人又包括企业法人、事业法人、社会团体法人和机关法人。行政指导相对人所指向的范围是与此相同的。"[2]

档案行政指导相对人是指受档案行政指导者。档案行政指导的相对人包括政府、机关、团体、企业事业单位和其他组织,政府、机关、团体、企业事业单位和其他组织内设机构,档案工作者和其他人员。

行政相对人以其是否具有一定的组织体为标准,可以分为个人相对人和组织相对人两类。这样划分的意义在于,在一定条件下,不同类型的行政相对人对行政主体的行政行为具有对应关系,如限制人身自由的行政行为只能针对个人而不能针对组织,而档案行政指导行为既可以针对个人相对人,也可以针对组织相对人。

1. 组织相对人

组织相对人指政府、机关、团体、企业事业单位和其他组织以及其内设机构。国家机关、企业事业单位、社会团体、在中国境内的外国组织、其他非法人组织等属于组织类行政相对人。新中国档案工作开始以来,档案行政指导中更多是面对组织相对人,而非个人相对人。就目前档案行政指导的对象而言,组织相对人中更多的是体制内组织相对人,而非体制外组织相对人。

(1)体制内组织相对人。体制内组织相对人指由财政供给的政府、机关、团体、事业单位和其他组织以及其内设档案机构;国有及国有控股企业及其下属或内设档案机构。档案行政指导体制内组织相对人之所以被称为体制内组织相对人,是因为其机构资产的国有属性。其形成的档案属国有档案。

体制内组织相对人又可分为系统内组织相对人(或称内部行政相对人)与系统外组织相对人(或称外部行政相对人)。这是根据行政相对人所对应的行政主体的类型来划分的。这样划分的意义在于这两种行政相对人构成不同行政行为的对象,同时他们享有的行政法权利和承担的行政法义务不尽相同。比如,依我国现行法律规定,内部行政相对人是不能成为行政诉讼原告的。

1)系统内组织相对人。我们将档案行政管理体系内的组织相对人称为系统内组织相对人。包括从国家到县一级的档案行政管理机关的上下级,同级档案行政管理机关间的内设机构。这种系统内组织相对人,就是通常所说的"条"的管理模式下的相对下级机关,或相对下级机关的内部机构。比如,相对于国家档案局的各省、自治区、直辖市档案局,相对于省、自治区、直辖市档案局的各地市档案局,相对于地市档案局的各区县档案局;或相对于国家档案局馆(室)司、经科司的各省、自治区、直辖市档案局的业务指导处,或相对于各省、自治区、直辖市档案局法规处的各地市档案局的法规科,或相对于各地市业务科的各区县业务股。

2)系统外组织相对人。我们将档案行政管理体系内的组织相对人以外的一切由财政供给的政府、机关、团体、事业单位和其他组织以及其内设机构;国有及国有控股企业及其下属或内设机构称为系统外组织相对人。

这种系统外组织相对人,比如,国家民政部办公厅或档案处,各省、自治区、直辖市民政厅办公室或档案科,各地市民政局办公室或档案室,各区县民政局办公室或档案室,或如工、农、中、建四大国有商业银行的各级档案管理中心等。

国家行政组织是行政机关和行政机构的合称。它是我国行政管理的主要承担者,在一定条件下也可能成为行政相对人。在档案行政指导活动中,行政组织在大多数情况下是内部行政相对人,但在一定条件下也能成为外部相对一方。例如,某行政辖区的档案行政管理机构,对该行政辖区范围内的所有档案事务有监督管理和指导权。该行政辖区范围内其他行政组织的档案事务在受到它的管辖时,被管辖的行政组织便成了外部档案行政相对的一方。

(2)社会(体制外)组织相对人。社会(体制外)组织相对人是指不由财政供给的团体、事业单位和其他组织以及其内设机构;非国有及非国有控股企业及其下属或内设机构。社会(体制外)组织相对人所以成为档案行政指导的对象,不在于其资产是否具有国有属性,而在于其形成的档案中是否拥有属于对国家和社会有保存价值的档案。随着改革开放与经济建设的发展,越来越多的体制外组织相对人进入档案行政管理的视野。对于这类档案行政相对人的指导,是多数档案行政管理部门共同面临的一个新课题。一些经济发达地区对此进行了积极的探索,比如,北京市档案局为了引导非公有制企业做好档案工作,有效地保护和利用档案,维护企业合法权益以及国家和社会历史真实面貌,根据《档案法》《北京市实施〈中华人民共和国档案法〉办法》和《企业档案管理规定》等有关法律法规,结合北京市的实际情况,制定了《北京市非公有制企业档案管理指南》。这种以《指南》方式对社会(体制外)组织相对人进行档案行政指导的方式就完全有别于对体制内组织相对人进行指导的方式。

2. 个人相对人

个人相对人是指档案事务中所涉及的个人。我国公民、在中国境内的外国人(包括无国籍人)属于个人类行政相对人。但个人相对人不一定是单个的个人,在一定的具体行政法律关系中,行政主体的行为可能涉及多个个人。只要这些个人不构成一定的组织体,相互之间无组织上的联系,即使这些个人数量再多,他们仍是个人相对人,而非组织相对人。这些个人所以成为档案行政指导相对人,是因为"档案行政管理部门管理的范围应是那些所有产生和保管'对国家和社会有保存价值的'档案的国家机构、社会组织以及个人——行政管理相对人的档案工作"[3]。个人相对人亦可分为体制内个人相对人和社会(体制外)个人相对人。

(1)体制内个人相对人。体制内个人相对人指由财政供给的政府、机关、团体、事业单位和其他组织以及其内设机构档案事务中所涉及的个人;国有及国有控股企业及其下属或内设机构档案事务中所涉及的个人。

（2）社会（体制外）个人相对人。社会（体制外）个人相对人是指不由财政供给的团体、事业单位和其他组织以及其内设机构档案事务中所涉及的个人；非国有及非国有控股企业及其下属或内设机构档案事务中所涉及的个人。

3. 其他相对人

其他相对人指组织相对人和个人相对人以外的相对人。如,合伙人、个体工商户等。

三、结语

在档案行政指导中的具体运用过程中,行政指导实施主体与相对人非常重要,它不仅决定着档案行政指导实施的方式和方法,也影响着档案行政指导的效果。因此,在实施档案行政指导时,一方面必须搞清楚档案行政指导主体与档案行政指导实施主体的关系与区别,"我国行政指导的实施主体之范围较行政主体之范围更广,不仅包括行政主体,还包括行政机关委托的组织以及作为行政指导的执法人员"[4]。另一方面要搞清楚档案行政指导的对象——档案行政指导相对人的情况,在一视同仁的前提下,根据不同性质与特点采用不同的方式、方法。随着服务业的开放,混合所有制企业的增加,以往那种以所有制形式判断档案行政指导对象类型的方法,将越来越不能适应档案行政管理工作的需要。因此,对不同类型的档案行政指导相对人的特点进行研究,是新形势下档案行政管理工作发展的必然,也是档案工作服务于国家经济社会发展的需要。

参考文献

[1]杨立人,简莹莹.档案行政指导制度的建立与完善[J].档案学通讯,2011(1):43-46.

[2]曹静晖.行政指导相对人及其权利保障[J].理论探索,2005(3):

115-117.

[3]刘东斌.论档案行政管理的对象[J].档案管理,2011(4):15-17.

[4]陆伟明,周继超.行政指导在行政执法中的规范运用[M].北京:知识产权出版社,2013:162.

该文发表在《档案管理》2014年第2期

试述档案行政指导的层级性

吴雁平

摘 要 档案行政指导必须遵循法律优先原则。既不能设定过死,也不能恣意滥用。法律法规规章及规范性文件的位阶,决定了档案行政指导设定具有一定的层级性,不同位阶的档案法律、法规、规章、规范性文件规定的档案行政指导的范围、内容存在着事实上的差异,厘清这种差异,有助于各级档案行政管理机关明确各自的职责,更有针对性地开展档案行政指导工作。

关键词 档案行政指导 职责设定 层级性

档案行政指导作为一种"用于弥补档案行政执法的法外空间,对法律空白之处予以填补"[1]的档案行政行为,必须遵循法律优先原则。既要给档案行政指导部门一定的档案行政指导设立权和档案行政指导实施权,充分发挥档案行政指导的灵活性,又必须遵循相关的法律精神和法律原则,不可随意设置档案行政指导,更不能滥用档案行政指导权。而法律法规规章及规范性文件的位阶,又决定了档案行政指导设定具有一定的层级性,不同位阶的档案法律、法规、规章、规范性文件规定的档案行政指导的范围、内容存在着事实上的差异。

一、法律中设定的档案行政指导

"从理论层分析,法律可以制定行政指导,但是在制定行政指导时必须符合法律优先原则和法律保留原则,并在制定机关的职权范围之内。"[2]"从国外行政指导设定的现状看,在单行法之中设定行政指导是极其必要的,且国外关于行政指导的设定和实施情况都是规定在部门单行法和程序法之中。"[3]"从我国法律中设定的行政指导现状来看,在单行法之中规定行政指导已成为一种普遍的现象。"[4]并结合了具体部门和领域的实际,将其予以具体化。档案行政指导就是由单行法《档案法》所规定。

《档案法》第六条第一款规定:"国家档案行政管理部门主管全国档案事业,对全国的档案事业……监督和指导。"明确了国家档案行政管理部门对全国档案事业进行档案行政指导的责任。

《档案法》第六条第二款规定:"县级以上地方各级人民政府的档案行政管理部门主管本行政区域内的档案事业,并对本行政区域……档案工作实行监督和指导。"明确了县级以上地方各级人民政府的档案行政管理部门负有对本行政区域内机关、团体、企业事业单位和其他组织的档案工作实行档案行政指导的责任。

《档案法》第六条第三款规定:"乡、民族乡、镇人民政府应当指定人员负责保管本机关的档案,并对所属单位的档案工作实行监督和指导。"《档案法》第七条规定:"机关、团体、企业事业单位和其他组织的档案机构或者档案工作人员,负责保管本单位的档案,并对所属机构的档案工作实行监督和指导。"上述法律条款明确规定了乡、民族乡、镇人民政府,机关、团体、企业事业单位和其他组织的档案机构负有的档案行政指导的具体范围、内容。

此外,第九条第二款规定的"在档案的收集、整理、保护和提供利用等方面成绩显著的单位或者个人,由各级人民政府给予奖励"和第十六条第三款规定的"向国家捐赠档案的,档案馆应当予以奖励",亦应当视为法定的档案行政指导事项。从《档案法》上述条款的具体规定中可以看到,对不同层级的档案行政管理机关,不设档案行政管理机关的政府机关中负责档案工作的人员,机关、团体、企业事业单位和其他组织的档案机构及其负责档案工作的人员,所担负的档案行政指导的范围、内容并不相同,存在着明显的层级差异。此外,《档案法》对档案行政指导的规定还是宏观性的,内容比较宽泛,还有待于在今后的修改中进一步完善之。

二、法规中设定的档案行政指导

档案行政指导的设定,不仅在法律层面由《档案法》给予确定,在法规层面亦有明确的规定。

1. 国家法规中设定的档案行政指导

例如,《档案法实施办法》第七条第四款规定:国家档案局"对中央和国家机关各部门、国务院直属企业事业单位以及依照国家有关规定不属于登记范围的全国性社会团体的档案工作,中央级国家档案馆的工作,以及省、自治区、直辖市人民政府档案行政管理部门的工作,实施监督、指导";第五款规定:国家档案局"组织、指导档案理论与科学技术研究、档案宣传与档案教育、档案工作人员培训"。明确了国家档案行政管理机关档案行政指导的范围和内容。

第八条第三款规定:县级以上地方各级人民政府档案行政管理部门应当履行"监督、指导本行政区域内的档案工作,依法查处档案违法行为"的职责。第四款规定:县级以上地方各级人民政府档案行政管理部门应当履行"组织、指导本行政区域内档案理论与科学技术研究、档案宣传与档案教育、档案工作人员培训"的职责。设定了县级以上地方各级人民政府档案行政管理机关档案行政指导的范围和内容。

第九条规定:"机关、团体、企业事业单位和其他组织的档案机构依照《档案法》第七条的规定,履行下列职责:……(二)指导本单位文件、资料的形成、积累和归档工作;……(四)监督、指导所属机构的档案工作。"设定了机关、团体、企业事业单位和其他组织的档案机构档案行政指导的范围和内容。

再如,《机关档案工作条例》第四条规定:"机关档案部门的基本任务是:(一)对本机关文书部门或业务部门文件材料的归档工作,进行指导和监督;……(三)中央和地方专业主管机关的档案部门,应根据本专业的管理体制,负责对本系统和直属单位的档案工作进行指导、监督与检查。"对机关档案部门档案行政指导进行了设定。

还有《科学技术档案工作条例》第二十六条规定:"国家档案局和各级档案管理机关应当加强对科技档案工作的指导、监督和检查。"明确了国家档案局和各级档案管理机关对科技档案工作的指导之责。

从上述三个法规相关条款的具体规定中可以看到,一方面与《档案法》相似,对不同层级的档案行政管理机关,机关、团体、企业事业单位和其他组织的档案机构,所设定的档案行政指导的范围、内容存在着层级差异;另一方面设定的档案行政指导的内容更为具体。

2. 地方法规中设定的档案行政指导

根据《立法法》的规定,具有立法权的地方权力机关可以制定颁布地方性法规。因此,地方人大在制定颁布有关档案事务的地方法规中亦可涉及或设定档案行政指导的事项与内容。以对国务院法制办网站法律法规全文检索系统 2013 年 9 月 22 日的检索,在地方法规中的 115 部与档案事务有关的地方法规中,有 113 部(占 98.26%)涉及指导;有 77 部(占 66.96%)涉及表彰;有 98 部(占 85.22%)涉及奖励;计有 188 处与行政指导有关的内容。由于涉及的地方性法规数量较大,具体法规及相关条款在此就不一一列举。

虽然法规中有关档案行政指导的规定较之《档案法》有所细化,具体了许多,但总体上讲还比较笼统,内容较为空泛。

三、规章中设定的档案行政指导

与有限的档案法律、法规相比,档案行政规章的数量要多许多。这里分别进行梳理。

1. 国家档案行政管理部门规章中设定的档案行政指导

国家档案局是国家档案行政管理部门,其颁布的行政规章中有相当一部分涉及或设定了档案行政指导事项与内容。从国家档案局网站 2013 年 9 月 22 日政策法规栏目下的 21 部规章中检索看,有 12 部(占

57.14%)24处中涉及行政指导。具体见下表。

序号	规章名称	条款内容
1	《档案馆工作通则》	第二条 档案馆是党和国家的科学文化事业机构,……其业务工作受同级和上级档案业务管理机关的指导、监督与检查。
2	《乡镇档案工作试行办法》	第四条 乡镇档案工作在上级档案行政管理部门监督、指导下,实行……
3		第六条 乡镇档案部门……主管全乡镇档案工作,对全乡镇档案工作实行规划、协调、监督和指导;管理本乡镇机关的档案。…… (二)对乡镇所属企业、事业单位及村民委员会的档案工作进行监督和指导;…… (五)对乡镇机关文件材料的收集、整理、立卷、归档等工作进行指导和监督。
4		第八条 乡镇档案工作人员应具备高中以上文化程度,具有档案专业知识,保持相对稳定;对工作中取得显著成绩的,乡镇党委、人民政府应给予表彰和奖励。
5	《开发区档案管理暂行规定》	第四条 开发区档案工作……应在当地政府的指导下,加强对开发区档案工作的管理……
6		第五条 第二款 开发区档案工作在开发区所在城市档案行政管理部门和上级档案行政管理部门的监督和指导下进行。
7		第七条 第三款 对在档案收集……方面成绩显著的单位或者个人应给予奖励。
8		第八条 开发区管理机构档案工作管理部门的职责: 4.负责对全区各单位的档案工作进行协调、监督和指导。

续表

序号	规章名称	条款内容
9	《国家档案局关于档案期刊、书籍及音像制品管理暂行办法》	第三条 国家档案局对档案系统期刊、书籍、音像制品实行宏观管理,对其进行指导、监督与检查。
10	《开发利用科学技术档案信息资源暂行办法》	第六条 开发利用科技档案信息资源……各地区、各有关部门要积极创造条件,……承担或负责组织、协调、指导地区及行业的科技档案和目录信息交流。
11		第十六条 对于开发科技档案信息资源做出显著贡献的……给予表彰和奖励。
12	《档案专业技术人员继续教育暂行规定》	第十二条 国家档案局负责全国档案专业技术人员继续教育的宏观管理,……进行综合协调、政策指导。
13		第十三条 各省、自治区、直辖市档案局和中央、国家机关档案部门负责本地区、本部门继续教育的管理工作,制定继续教育规划、计划并组织实施。
14		第十四条 档案行政管理部门要加强对继续教育内容的教学指导。根据档案学科和档案事业发展的趋向,以及对档案专业人员素质的要求,编制科目指南,确定继续教育导向性内容。
15		第十六条 档案系统实行继续教育奖励制度。对认真执行本规定,在继续教育工作中做出显著成绩的单位和个人,应给予表彰和奖励。
16	《电子公文归档暂行办法》	第三条 第二款 机关档案部门应参与指导电子公文的形成、办理、收集和归档等工作环节。
17		第四条 副省级以上档案行政管理负责对电子公文的归档管理工作进行监督和指导。

续表

序号	规章名称	条款内容
18	《各级各类档案馆收集档案范围的规定》	第一条 各级各类档案馆……在档案行政管理部门的监督指导下,按照统一规划、分级管理的原则,依法开展档案收集工作,将属于本馆收集范围的具有长久保存价值的档案收集进馆。
19	《各级国家档案馆馆藏档案解密和划分控制使用范围的暂行规定》	第十二条 本规定由国家档案局负责解释。各级档案行政管理部门、保密工作部门对本规定的实施负有指导和监督的职权。
20	《国家重点建设项目档案管理登记办法》	第二条 ……为了及时掌握国家重点建设项目档案工作情况,加强监督和指导,从1997年开始,国家档案局建立国家重点建设项目档案管理的登记制度。
21		第三条 登记工作的组织: 国家档案局每年……统一部署对国家重点建设项目档案的登记工作;各项目主管部门的档案机构和项目所在地的省级档案行政管理部门应做好对本部门和本地区国家重点建设项目档案登记工作的组织、指导和监督工作。 凡新建、在建、收尾和竣工试生产的国家重点建设项目,按隶属管理组织登记。属于国务院行业主管部门的,由项目主管部门的档案机构负责组织填写"国家重点建设项目档案管理登记表",同时抄送项目所在地的省级档案行政管理部门,便于互相配合,监督指导;属于地方的,由项目所在地省级档案行政管理部门负责组织填写"国家重点建设项目档案管理登记表"。

续表

序号	规章名称	条款内容
22	《国有企业资产与产权变动档案处置暂行办法》	第六条　各级档案行政管理部门,会同政府综合经济管理部门和国有资产管理部门加强对国有企业资产与产权变动档案处置工作的组织协调、监督与指导。 各行业主管部门协同各级档案行政管理部门做好本行业、本系统的国有企业资产与产权变动档案处置工作的组织协调、监督和指导。
23	《企业文件材料归档范围和档案保管期限规定》	第三条　各级档案行政管理部门依照企业资产关系分别负责对企业文件材料归档范围和档案保管期限表编制工作进行业务指导和监督。
24		第十五条　……企业应按资产归属关系,指导所属企业根据有关规定规范各类文件材料归档范围和档案保管期限表的编制并审批所属企业的文件材料归档范围和档案保管期限表。

2.国务院部委部门规章中设定的档案行政指导

国务院各部委部门负责国家某一领域的行政管理工作,同时也是此领域专门档案事务的行政管理部门。因此,其颁布的有关档案事务的行政规章中亦有涉及或设定档案行政指导的事项与内容。从国务院法制办网站法律法规全文检索系统2013年9月22日部门规章中的20部部门规章中检索看,有14部(占70%)23处中涉及行政指导。具体见下表。

序号	规章名称	条款内容
1	《勘界档案管理暂行办法》	第五条　勘界档案工作有国务院勘界工作领导小组办公室统一管理;由各级勘界工作领导小区办公分级负责;在档案业务上接受同级档案行政管理部门和民政机关档案部门的指导、监督和检查。
2		第六条　勘界工作领导小组办公室档案工作职责;……三、指导、监督、检查、验收下级勘界办勘界档案工作;……
3	《高等学校档案管理办法》	第四条　第二款　国家档案行政部门和省、自治区、直辖市人民政府档案行政部门在职责范围内负责对高校档案工作的业务指导、监督和检查。
4		第三十九条　高等学校对在档案工作中做出下列贡献的单位或者个人,给予表彰和奖励……
5	《婚姻登记档案管理办法》	第三条　婚姻登记主管部门对婚姻登记档案工作实行统一领导、分级管理,并接受同级地方档案行政管理部门的监督和指导。
6	《艺术档案管理办法》	第三条　在国家档案行政管理部门的统筹规划、组织协调、统一制度和监督指导下,文化部负责对全国文化系统艺术档案工作的指导和管理。
7		第四条　各级文化行政管理部门应把艺术档案工作列入本部门整体发展规划,在业务上接受同级档案行政管理部门的监督与指导。
8		第六条　各级文化行政管理部门应当依据《档案法》的有关规定对在艺术档案工作中做出显著成绩的单位和个人,给予表彰和奖励
9		第九条　艺术档案工作人员负责管理本单位的艺术档案,对艺术档案的形成、积累和归档实施监督与指导。

续表

序号	规章名称	条款内容
10	《城市建设档案管理规定》	第三条 国务院建设行政主管部门负责全国城建档案管理工作,业务上受国家档案部门的监督、指导。 县级以上地方人民政府建设行政主管部门负责本行政区域内的城建档案管理工作,业务上受同级档案部门的监督、指导。
11		第十二条 建设行政主管部门对在城建档案工作中作出显著成绩的单位和个人,给予表彰和奖励。
12	《电影艺术档案管理规定》	第四条 电影艺术档案是国家档案的重要组成部门,依法接受档案行政管理部门的统筹规划、组织协调与监督指导,实行统一管理。
13		第七条 有下列事迹之一的组织或者个人,由国务院广播影视行政部门给予奖励: (一)为发展电影艺术档案事业做出重要贡献的;……
14	《国家档案局科技进步奖档案科技著作评审工作暂行规定》	第一条 为加速档案科学技术的传播,促进档案科技进步,提高档案科技水平,奖励在优秀档案科技著作的编著出版中进行创造性劳动并作出突出贡献的人员和单位,制定本规定。
15	《审计机关审计档案工作准则》	第四条 ……审计署主管全国在审计档案工作,同时接受国家档案行政管理部门的监督和指导;地方各级审计机关的审计档案工作,接受上一级审计机关和同级档案行政管理部门的监督和指导。
16		第六条 审计机关档案管理机构和档案工作人员的职责是:…… (二)对机关各部门审计文件材料的立卷和归档工作进行监督和指导;…… (五)监督和指导下级审计机关的审计档案工作。

续表

序号	规章名称	条款内容
17	《外商投资企业档案管理暂行规定》	第四条 外商投资企业档案工作……其主要任务是……建立健全本企业档案管理规章制度;统一管理本企业的档案,并对本企业所属单位的档案工作进行监督和指导。
18	《广播电视宣传档案、资料管理办法》	第九条 宣传档案、资料工作作为各台全部档案工作的主体部门,受本台办公室和上级主管机关档案工作部门的业务指导、监督、检查,同时接受档案行政管理部门的监督、检查。
19		第三十一条 对在档案、资料的收集、整理、保管和提供利用等工作中成绩显著或做出重要贡献的单位和个人,各台应给予表彰和奖励。
20	《国有资产产权登记档案管理暂行办法》	第三条 产权登记档案工作在国家档案局统筹规划、协调组织下,有国有资产主管机关统一领导,实行分级管理,同时接受同级档案行政管理部门和上级国有资产管理部门的指导、监督。
21	《社会保险业务档案管理规定（试行）》	第四条 人力资源社会保障部门负责社会保险业务档案管理工作的组织领导。 社会保险经办机构负责社会保险业务档案的管理工作,并接受档案行政管理部门的业务指导。
22	《城市房地产权属档案管理办法》	第四条 国务院建设行政主管部门负责全国城市房地产权属档案管理工作。省、自治区人民政府建设行政主管部门负责本行政区域内的房地产权属档案的管理工作。直辖市、市、县人民政府房地产行政主管部门负责本行政区域内的房地产权属档案的管理工作。房地产权属档案管理业务上受同级城市建设档案管理部门的监督和指导。

续表

序号	规章名称	条款内容
23	《城市地下管线工程档案管理办法》	第三条 国务院建设行政主管部门负责全国城市地下管理工程档案管理工作。省、自治区人民政府建设行政主管部门负责本行政区域内城市地下管线工程档案的管理工作,并接受国务院建设主管部门的指导、监督。县级以上人民政府房地产行政主管部门负责本行政区域内的城市地下管理工程档案的管理工作,并接受上一级建设主管部门的指导、监督。……各级城建档案管理机构同时接受同级档案行政管理部门的业务指导、监督。

3. 地方政府规章中设定的档案行政指导

地方人民政府负责某一行政辖区的行政管理工作,同时亦对本行政辖区内的档案事务负责。因此,地方人民政府颁布有关档案事务的地方性行政规章中亦有涉及或设定档案行政指导的事项与内容。从国务院法制办网站法律法规全文检索系统2013年9月22日的检索结果看,在地方政府规章库中的183部与档案事务有关的地方法规中,有153部(占83.61%)涉及指导;有39部(占21.31%)涉及表彰;有70部(占38.25%)涉及奖励;计有262处属行政指导范畴的内容。由于这一部分涉及的地方政府规章数量较多,具体规章名称及相关条款内容就不再一一列举。

与法律法规中设定的档案行政指导相比,规章中设定的档案行政指导的具体性、针对性有所提高,但与湖南省人民政府公布的《湖南省行政程序规定》、山东省人民政府公布的《山东省行政程序规定》、工商总局颁布的《工商行政管理机关行政指导工作规则》、汕头市人民政府公布的《汕头市行政程序规定》、酒泉市人民政府公布的《酒泉市行政程序规定》、西安市人民政府公布的《西安市行政程序规定》、海口市人民政府公布的《海口市行政程序规定》中,以专门章节对行政指导的原则、手段、方式、类型、程序给予明确规定相比,还存在着明显差距。

四、规范性文件中设定的档案行政指导

规范性文件是日常档案行政管理中数量最大、涉及面最广的,其间设定档案行政指导规定的数量也最多,限于篇幅,这里就不做赘述。这里仅以2009年8月昆山市档案局制定的《昆山市档案局行政指导工作实施意见》和2011年8月昆明市呈贡县档案局制定的《昆明市呈贡县档案局行政指导工作手册》为例,对档案行政指导所涉及的主要内容进行梳理,以供大家学习与借鉴。

(1)档案行政指导的依据。法律、法规、规章、政策、规范性文件与法定职权范围。

(2)档案行政指导的适用。对行政相对方不正当的行为进行规制;对自然人、法人和其他社会组织之间发生的利害冲突进行调整;对行政相对方进行辅助、服务、引导。

(3)档案行政指导的特点。档案行政指导采取非强制性手段和方法进行。一般可对特定行政相对人提出建议、劝告、警示;向特定行政相对人提供辅导、协助;向社会或一定范围的行政相对人发布不具有强制力的政策指南或者提供咨询意见等指导方式。

(4)档案行政指导的原则。档案行政指导遵循合法性原则、合理性原则、自愿性原则、公正性原则、正当性原则和必要性原则等。

(5)档案行政指导的方式与类型。行政指导根据不同的标准可以划分为不同的种类:以行政指导有无具体的法律依据为标准,可分为有法律依据的行政指导和无法律依据的行政指导;以行政指导的对象是否具体为标准,可分为普遍的行政指导和个别的行政指导;以行政指导的功能差异为标准,可分为规制性行政指导、调整性行政指导和助成性行政指导。

(6)档案行政指导的程序。

(7)档案行政指导的规范化文书。上述规范性文件对档案行政指导的设定,不仅系统,而且结合了档案行政管理机关的职权职责,在其行政管辖区内对其管辖的档案事务的行政指导进行设定,对开展档案行政指导工作有着非常强的现实指导意义和重要的借鉴意义。

五、结语

综上所述,法律、法规、规章、规范性文件均可以设定档案行政指导,但各层级所设定的档案行政指导规范的侧重点不一样,各自的权限也不相同。总体上是层级越高,规范越宏观、越概括、越原则;层级越低,规范越微观、越具体、越详细。我们相信,随着档案行政指导人员法制化观念的不断加强,法律素养的不断提升,档案行政指导将会更为广泛地用于档案行政管理活动之中,在依法行政、依法治档工作中发挥更为重要的作用。

参考文献

[1][2][3][4]陆伟明,周继超.行政指导在行政执法中的规范运用[M].北京:知识产权出版社,2013:149.

该文发表在《档案管理》2014年第3期

依法治档研究

论建立和推行档案行政权力清单制度

吴雁平

摘　要　文章就"权力清单"的概念，权力清单制度的基本含义，档案行政权力的来源、分类，不同隶属及体制下档案行政权力清单制度的建立，推行档案行政权力清单的主要任务等问题展开探讨。

关键词　档案行政权力　权力清单　清单制度

党的十八届三中全会提出要推行地方各级政府及其工作部门权力清单制度。2015年3月，中共中央办公厅、国务院办公厅印发了《关于推行地方各级政府工作部门权力清单制度的指导意见》（以下简称《意见》），对推行权力清单制度的工作目标、主要任务、组织实施等提出总体要求。实行权力清单制度是我国依法行政的关键步骤。作为政府机关之一的档案行政管理部门，必然要建立和推行权力清单制度，因此，探讨建立和推行档案行政权力清单制度就具有很强的现实意义。

一、"权力清单"的概念

学术界和实务界对"权力清单"的概念，至今还没有形成一致的定义。从权力清单及其与行政法关系的角度，有学者认为："权力清单是指以文本形式出现的，对行政系统的行政权，包括机构体系的权力范畴、职能部门的职能范畴等予以明确列举并成为依据的行政法文件。权力清单与我国行政法治的完善有着非常密切的联系。"[1]从这个角度我们可以明了"权力清单"的性质。从对行政权力规制的角度,有学者认为:"权力清单本质上是对行政法律法规中有关行政权能的细化、整合和集中,它进一步明确了行政权的范围并将政府权力置于阳光下,具有控制和规范行政权的作用和价值。"[2]从这个角度我们可以明了"权力清单"的作用与目的。从行事规则与权力划分的角度,有学者认为:"权力清单类似于一种业务手册或办事指南、行政准则,目的在于厘清公权力与私权利的边界,方便社会公众,也便于行政管理和行政执法。"[3]从这个角度我们可以明了"权力清单"的范式与体例要求。

除了上述不同角度的表述之外,有学者认为:"从运行方式上看,权力清单就是把各级政府管理部门拥有的所有权力进行汇总统计,并将这些汇总结果以网络、公开栏等载体公之于众,让权力接受社会的监督。从边界划分上来看,权力清单就是厘清各部门的职责和权力边界,优化权力运行流程,'晒'出权力家底,实现决策公开、权力公开和责任公开。从优化方向上来看,权力清单就是让职权配置要更加优化;职权边界要更加清晰;职权运行要更加公开;职权监管要更加到位。"[4]

总之,作为一种授权与控权制度,权力清单体现的是依法行政、权责一致、阳光行政的理念与原则。

二、权力清单制度的基本含义

党的十八届四中全会提出了"权责法定"的要求,即各级政府必须坚持在党的领导下、在法治轨道上开展工作,加快建设职能科学、权责法定、执法严明、公开公正、廉洁高效、守法诚信的法治政府。十八届四中全会还提出行政机关不得法外设定权力,没有法律法规依据不得做出减损公民、法人和其他组织合法权益或者增加其义务的决定;推行权力清单制度,体现了法治政府对行政主体行使权力的要求。

任进认为:"所谓权力清单制度,是指政府及其部门或其他主体在对其所行使的公共权力进行全面梳理基础上,将职权目录、实施主体、相关法律依据、具体办理流程等以清单方式进行列举,并公之于众。"[5]田进、卓文婧、朱利平认为:"权力清单制度就是指政府及其职能部门依法以清单公开的形式对行政权力事项进行清理,锁定职权边界、责任及流程的一种权力制约机制。权力清单的制定主体是政府,清理对象是行政权力事项,形式是清单及公开,作用是厘清锁定已有职权的边界、责任及流程。"[6]

权力清单制度,就是要通过对政府、市场、社会之间,各级政府之间、政府各部门之间权力边界的准确界定,解决好分权问题,并非简单地对政府行政权力的梳理与公布。权力清单制度有利于推进政府治理现代化、加强政府自身建设;有利于厘清政府与市场权责边界、促进简政放权;有利于推动政府全面正确履行职能、建设服务型政府;有利于规范权力运行、建设法治政府和廉洁政府。

简言之,权力清单制度是政府及其部门或其他主体以"清权、确权、配权、晒权和制权"为核心内容的权力革命,其实质是给行政职权打造一个透明的制度笼子,为行政机关依法行政提供基本依据,也为企业、公民提供便利条件[7]。

三、档案行政权力的来源

按照"权责法定"的要求,"国家各层级各单位、部门的权力应有法律、行政法规、规章、'三定'方案等规范性文件的明确规定"[8]。据此,各级档案行政管理部门的档案行政权力亦由法律、行政法规、规章、"三定"方案等规范性文件规定。也就是说,档案行政权力来自这些规定的授权。例如,《宪法》第一百零七条规定了县级以上地方行政机关所行使的近十项行政权力,如行政执行权、公务员管理权、行政规则形成权、行政预测权等[9]。这类权力属于地方行政机关的"共有"权力。再如,《档案法》《档案法实施办法》《档案馆通则》分别规定了国家档案局、地方各级人民政府、地方各级档案行政管理机关、国家综合档案馆、机关企事业单位档案工作者所拥有的不同档案行政管理或档案管理方面的"专业"权力。例如,《档案法》第六条规定了各级档案行政管理机关的行政监督和指导权。《档案馆通则》第三条规定了国家综合档案馆档案管理方面的"专业"权力。此外,地方各级人大制定的地方档案法规、国务院各部委办制定的规章、省级档案行政管理机关制定的规范性文件及地方政府制定的"三定"方案中亦规定有"共有"权力和"专业"权力。例如,《河南省档案管理条例》第十一条规定了档案行政管理机关的行政登记权。

"政府权力合法性来源具有唯一性,就是法律法规的明确授权。"[10]建立"权力清单",就是要依法确定权力,要按照"职权法定"原则,梳理档案行政权力的来源。不但要厘清现有档案行政行为的法源(法律法规和规范性文件授权),更要认真取消没有法律法规和规范性文件授权的行政权力,真正做到"法无授权不可为","法定职责必须为"。

四、档案行政权力的分类

档案行政系统行使的行政权力以及与这些权力相关的行政行为,按照2004年最高人民法院颁布的《最高人民法院关于规范行政案件案由的通知》(以下简称《通知》)的划分,可分成行政处罚、行政强制、行政裁决、行政确认、行政登记、行政许可、行政批准、行政命令、行政复议、行政撤销、行政检查、行政合同、行政奖励、行政补偿、行政执行、行政受理、行政给付、行政征用、行政征购、行政征收、行政划拨、行政规划、行政救助、行政协助、行政允诺、行政监督、其他行政行为27种。

如果按行政立法权、行政执法权、行政司法权和行政内部管理权来划分:"在行政立法权中,包括行政立法行为及制定其他行政规范性文件;在行政执法权中,包括行政许可、行政给付、行政征收、行政征用、行政奖励、行政处罚、行政处分、行政强制措施、行政强制执行;在行政司法权中,包括行政复议、行政调解、行政裁决等;在行政内部管理权中,包括行政处分、财务支配、物资采购等权力。"[11]在《通知》中虽然没有列出行政指导权力,但是,随着依法行政的推进和服务型行政执法建设,行政指导越来越引起重视,大多数省区都按照国务院《全面推进依法行政实施纲要》和《关于加强法治政府建设的意见》要求,制定了《全面推行行政指导工作的意见》,如《河南省全面推进依法行政工作领导小组办公室关于印发全省推行行政指导工作的意见的通知》(豫依法行政领办〔2014〕85号),并专门出台了《河南省行政指导工作规范》。

五、不同隶属及体制下档案行政权力清单制度的建立

《意见》中就权力清单实施范围规定:地方各级政府工作部门作为地方行政职权的主要实施机关,是这次推行权力清单制度的重点。

全国档案机构归属不一、性质有别,有些省属于政府行政序列,有些省属于党委序列;有些实行的是"局馆合一"模式,有些实行的是局馆分立的模式,亦有的是档案、党史、地方志三合一模式;有些是行政机构,有些是事业单位。这种情况下,档案机构是否应当建立档案行政权力清单呢?答案是肯定的。

虽然《通知》中列举的42种行政管理范围中没有明确列入档案行政管理,但是,《意见》明确规定:依法承担行政职能的事业单位、垂直管理部门设在地方的具有行政职权的机构等,也应推行权力清单制度。按照《意见》的这一规定,档案机构,无论其隶属、体制有什么差异,只要承担档案行政职能,就应当建立权力清单,实行权力清单制度。不同的是,档案行政管理机构在不同情况下,权力有所不同,需要根据各自承担行政职能的具体情况,梳理其中的档案行政权力,而不是简单类比与照搬照抄。

六、推行档案行政权力清单制度的主要任务

《意见》将推行权力清单制度的主要任务归纳为:全面梳理现有行政职权;大力清理调整行政职权;依法律法规审核确认;优化权力运行流程;公布权力清单;建立健全权力清单动态管理机制;积极推进责任清单工作;强化权力监督和问责八个方面。具体来讲,"应当从权源上依法核定权力、从边界上依法界定权限范围、从流程上依法规范运行三个方面着手,实现权力合法、权限明晰、运行规范、责任到位"[12]。

1. 从权力的源头上依据法律、法规及规范性文件来核定档案行政权力

按照"权责一致"的要求,以现行法律、法规、规范性文件(包括各级地方档案机构的"三定"方案)为依据,从档案行政权力源头上正本清源,明确档案机构的权力源自何处、负有哪些职责,对档案行政权力的来源进行全面、系统的规范与确认,切实保证档案行政权力的来源合法。在此基础上编制档案行政权力清单,明确各种档案行政职权的名称、类别、内容、行使主体和法律法规依据,真正做到让档案行政权力部门"法无授权不可为""法定职责必须为",让市场主体"法无禁止即可为"。

按照《意见》的要求,行政权力清理范围应做到权力单位和权力种类全覆盖。针对各级政府及其部门的所有职权,开展厘权、清权和确权工作。编制档案行政权力清单应当遵循"谁行使谁清理"的原则,全面梳理各级档案机构目前所行使的行政职权与事权。从每一个具体行使档案行政职权的机构、部门、岗位入手,认真清理本机构、本部门、本岗位的行政权力。在重点做好档案行政审批、档案行政处罚、档案行政备案等档案行政权力的清理工作之外,要对档案行政指导、档案行政检查、档案行政项目立项、档案行政资金划拨、档案接收、档案鉴定、档案开放利用等主要岗位的档案行政权力进行梳理。

在初步的档案行政权力清单形成之后,要以档案行政权力清单为依据,由各级档案政策法规机构对照、审核、梳理归类每一项档案行政职权的具有授权性质或委托性质的法律、法规、规章、"三定"方案、具有法律效力的规范性文件,明确该项档案行政权力的来源。对具有授权性质的各级规范性文件,要进行合法性审查。明确这些文件制定的法律、法规、规章、"三定"方案依据,以保证该规范性文件的合法性。对违反或不符合法律、法规、规章、"三定"方案的规范性文件,应当予以清理并废止,对于"法外授权"的情形,更要予以坚决清理,没有合法性依据的档案行政权力一律取消。

2. 从范围上依据法律、法规及规范性文件来界定权限

依据法律、法规及规范性文件来界定权限,就是针对一些档案行政机构的部门和岗位过大的档案行政自由裁量权,要依法依规制定档案行政自由裁量权基准,对各项档案行政自由裁量权力的行使范围、条件、标准等进行细化和量化,分档设限,缩小档案行政自由裁量权的弹性空间。对高度概括性的档案行政授权依据进行具体细化,明确具体档案行政职权的行使范围;对于容易滥用的重要档案行政权力应当进行严格规范。同时对同类档案行政权力进行合理性界定,而后视需要合并或撤销。

3. 从流程上依据法律、法规及规范性文件来规范运行

依据法律、法规及规范性文件规范权力运行流程是档案行政权力清单的最为重要的内容之一。档案行政运行流程包括档案行政权力运行的条件、程序、期限等各个方面,是对档案行政权力行使主体行为过程的规范。规范流程要按照减少层次、优化流程、提高效能、方便办事的原则,制定并公开本机构、本部门、本岗位的档案行政权力运行流程图。一要规范档案行政权力行使的条件。明确行使档案行政权力所应具备的主体、适用情形等条件。二要规范档案行政权力行使的程序和期限。重点规范职权行使涉及公民、法人合法档案权益的程序期限设置。要重点对以下两个方面进行流程设计:

其一,完善档案行政执法程序,建立档案行政执法全过程记录制度。明确具体档案行政执法操作流程,重点规范档案行政许可、档案行政处罚、档案行政强制、档案行政征收、档案行政检查、档案行政指导等执法行为。严格执行重大档案行政执法决定法制审核制度。完善档案行政执法评议考核机制,全面落实档案行政执法责任制。

其二,进一步健全档案行政审批流程。在档案行政审批权限明确后,对确定的档案行政审批项目,建立起标准明确、程序严密、运作规范、制约有效、权责分明的档案行政审批流程,将之纳入建立的档案行政审批事项目录清单中。做好目录清单中档案行政审批流程的编制公布、动态管理工作,调整变动档案行政审批事项,要同步调整档案行政审批事项目录清

单和流程安排。档案行政审批权应当全部进入政务大厅实行"一站式"审批办理,自觉接受舆论和社会监督。

七、结语

我们要实行依法治档,档案行政管理要依法行政,加快档案法治建设,落实档案行政权力清单是必不可少的。档案行政权力清单制度建设本身还有很多需要分析和研究的问题,推行并落实档案行政权力清单制度更是任重道远。我们需要循序渐进,在探索中逐步实施,在实施中逐步探索,不断总结经验教训,以推动档案行政权力清单制度的良性发展,使之成为一项完善并真正能够发挥实效的重要制度。

参考文献

[1]关保英.权力清单的行政法价值研究[J].江汉论坛,2015(1):114-121.

[2]王春业.论地方行政权力清单制度及其法制化[J].政法论丛,2014(6):26-33.

[3][5][7]任进.推行政府及部门权力清单制度[J].行政管理改革,2014(12):48-53.

[4]李慧艳.我国"权力清单"制度运行路径——以义乌市为例[J].天水行政学院学报,2014(3):61-65.

[6]叩进,卓文婧,朱利平.权力清单制度:概念、过程及调适——以武汉市"三联"权力清单制度为例[J].中国机构改革与管理,2015(5):10-15.

[8][10][11][12]邱曼丽.职责法定化是制定权力清单的前提[J].中国党政干部论坛,2015(4):75-77.

[9]关保英.行政法学[M].北京:法律出版社,2013:63.

该文发表在《档案管理》2015年第6期

全国副省级市档案行政权力清单实证分析

吴雁平

摘 要 对全国11个副省级市公布的档案行政权力清单分析发现,各城市公布的档案行政权力在数量、类型、依据等方面差异明显,在归纳共性特点后,提出应依事前审批与事中事后监管划分档案行政权力,压缩削减慎用审批权,明确强化善用监管权。

关键词 档案行政权力 权力清单 权力监督

我国现有哈尔滨、长春、沈阳、大连、青岛、南京、宁波、厦门、武汉、广州、深圳、成都、西安、济南、杭州15个副省级市,据2015年10月底统计,这15个副省级市均已公布行政权力清单,但是,哈尔滨、青岛、广州、西安市的档案行政权力清单未列入。这里对其余11个副省级市列入的档案行政权力清单做出实证分析。

一、11个副省级市档案行政权力清单公布情况

1. 长春

长春市政府部门行政权力清单公布在长春市人民政府网站上,其中长春市档案局涉及本级行政权力共8种17项,行政许可2项、行政处罚2项、行政强制1项、行政检查1项、行政确认1项、行政奖励1项、行政监督1项、其他行政权8项。共性权力7项,行政处罚2项,行政强制3项,行政监督1项,其他行政职权1项。

权力设置依据涉及法律法规规章 12 部:《档案法》《档案法实施办法》《国务院关于第六批取消和调整行政审批项目的决定》《国有企业资产与产权变动档案处置暂行办法》《重大建设项目档案验收办法》《企业文件材料归档范围和档案保管期限规定》《机关文件材料归档范围和文书档案保管期限规定》《档案执法监督检查工作暂行规定》《吉林省档案条例》《长春市档案安全保护条例》《长春市城市建设档案管理条例》《长春市档案征集条例》。共性权力涉及法律法规规章 5 部:《行政许可法》《行政处罚法》《吉林省规范行政行为建设法治政府若干规定》《吉林省行政执法责任制规定》《吉林省行政执法条例》。

2. 沈阳

沈阳市直部门权责清单公布在中国沈阳政府网上,其中沈阳市档案局涉及行政权力共 5 种 12 项,行政许可 1 项、行政处罚 8 项、行政强制 1 项、行政检查 1 项、其他行政职权 1 项。

权力设置依据涉及法律法规规章 6 部:《档案法》《档案法实施办法》《辽宁省档案条例》《沈阳市档案管理条例》《沈阳市综合档案馆管理办法》《沈阳市城市建设档案管理办法》。

3. 大连

大连市政府部门权责清单公布在"中国大连"政府网站上,其中大连市档案局涉及行政权力共 5 种 7 项,行政处罚 2 项、行政强制 1 项、行政检查 1 项、行政奖励 1 项、其他行政权力 2 项。

权力设置依据涉及法律法规规章 7 部:《档案法》《档案法实施办法》《辽宁省档案条例》《档案执法监督检查工作暂行规定》《重大建设项目档案验收办法》《大连市重大建设项目档案管理办法》《国有企业资产与产权变动档案处置暂行办法》。

4. 南京

南京市行政权力公布在中国·南京网站上,其中南京市档案局涉及行政权力共 4 种 20 项,行政许可 2 项、行政处罚 7 项、行政强制 1 项、其他行政职权 10 项。

权力设置依据涉及法律法规规章4部:《档案法》《档案法实施办法》《江苏省档案管理条例》《南京市档案条例》。

5. 宁波

宁波市政府部门行政权力清单公布在浙江省政务网上,其中宁波市档案局涉及行政权力共3类[市级保留、县(市、区)属地管理、共性权力]7种24项,行政许可3项、行政处罚4项、行政强制4项、行政裁决1项、行政确认1项、行政奖励2项、其他行政职权9项。

权力设置依据涉及法律法规规章12部:《档案法》《行政处罚法》《行政复议法》《行政许可法》《档案法实施办法》《信访条例》《档案执法监督检查工作暂行规定》《浙江省实施〈档案法〉办法》《宁波市档案工作条例》《宁波市著名人物档案管理办法》《浙江省重点建设项目管理办法》《浙江省人民政府办公厅关于公布取消和调整行政许可事项目录的通知》。

6. 厦门

厦门市市直部门行政权力清单公布在厦门市人民政府网上,其中厦门市档案局涉及行政权力共5种11项,行政许可1项、行政处罚1项、行政监督检查1项、其他行政职权6项、委托下放2项。

权力设置依据涉及法律法规规章14部:《档案法》《档案法实施办法》《国务院关于第六批取消和调整行政审批项目的决定》《福建省档案条例》《档案执法监督检查工暂行规定》《国务院办公厅关于保留部分非行政许可审批项目的通知》《国有企业资产与产权变动档案处置暂行办法》《福建省档案服务机构管理暂行办法》《机关文件材料归档范围和文书档案保管期限规定》《企业文件材料归档范围和档案保管期限规定》《基本建设项目档案资料管理暂行规定》《重大建设项目档案验收办法》《福建省建设项目(工程)竣工验收暂行规定》《厦门市人民政府转发福建省人民政府关于发布省级行政审批项目清理结果的通知》。

7. 武汉

武汉市市级行政权力和政务服务事项清单公布在武汉市政务信息网

上,其中武汉市档案局涉及行政权力共9种30项,非行政许可审批1项、行政处罚2项、行政征收1项、行政执法奖励1项、行政裁决1项、行政监督检查2项、行政服务9项、行政备案2项、其他权力事项11项。

权力设置依据涉及法律法规规章15部:《档案法》《档案法实施办法》《政府信息公开条例》《全国档案信息化建设实施纲要》《国务院办公厅关于保留部分非行政许可审批项目的通知》第203项、《国有企业资产与产权变动档案处置暂行办法》《各级各类档案馆收集档案范围的规定》《企业文件材料归档范围和档案保管期限规定》《机关文件材料归档范围和文书档案保管期限规定》《国家电子政务工程建设项目档案管理暂行办法》《湖北省档案管理条例》《武汉市档案管理条例》《湖北省重大活动档案管理试行办法》《湖北省档案登记办法》《省人民政府关于取消和调整部分行政审批项目的通知》。

8. 深圳

深圳市政府部门行政部分权责清单公布在广东省网上办事大厅深圳分厅上,其中深圳市档案局作为政府直属单位共涉及8项事项,均为社会服务事项,适合网上办理事项。主要有:机关档案综合管理达标升级考评、工程档案验收、地下管线档案信息查询、档案中介服务机构的备案登记,等等。

权力及办事设置依据涉及法律法规规章14部:《全国档案馆设置原则和布局方案》《广东省档案条例》《广东省机关档案综合管理达标升级办法》《广东省档案中介机构备案登记管理办法》《深圳市档案中介机构备案登记管理细则》《档案馆建设标准》《档案馆建筑设计规范》《城市建设档案管理规定》《深圳市城建档案馆接收建设工程档案规范》《深圳市城建档案整理规范》《深圳经济特区档案与文件收集利用条例》《重大建设项目档案验收办法》《城市地下管线工程档案管理办法》《建设工程质量管理条例》。

而其他权责清单则公布在深圳档案信息网上。涉及行政权力共4种21项(42个子项),行政处罚4项(10个子项)、行政检查1项(4个子项)、行政指导3项(6个子项)、其他事项13项(22个子项)。

权力设置依据涉及法律法规规章25部:《档案法》《档案法实施办法》《广东省档案条例》《行政复议法》《行政处罚法》《深圳经济特区档案与文件收集利用条例》《档案执法监督检查工作暂行规定》《机关档案工作条例》《重大建设项目档案验收办法》《关于认真贯彻国务院第279号令和建设部第78号令切实加强工程档案管理工作的通知》《广东省机关档案综合管理达标升级办法》《广东省企业档案工作规范测评》《机关文件材料归档范围和文书档案保管期限规定》《企业文件材料归档范围和档案保管期限规定》《各级各类档案馆收集档案范围的规定》《档案馆工作通则》《建设工程质量管理条例》《城市建设档案管理规定》《深圳市市属机关、团体、事业单位文件集中管理办法》《关于调整深圳市文档服务中心机构编制事项的批复》《中华人民共和国政府信息公开条例》《城市地下管线工程档案管理办法》《国家重点建设项目档案管理登记办法》《深圳市重大项目档案登记验收与移交管理办法》《全国档案馆设置原则和布局方案》。

9. 成都

成都市政府部门行政职权目录公布在成都市电子政务大厅网站上,其中成都市档案局涉及行政权力共4种20项,行政审批1项、行政处罚5项、行政强制1项、其他行政职权13项。

权力设置依据涉及法律法规规章10部:《档案法》《档案法实施办法》《成都市人民政府决定公布确需保留的行政许可项目目录》《四川省〈中华人民共和国档案法〉实施办法》《档案行政处罚程序暂行规定》《国有企业资产与产权变动档案处置暂行办法》《重大建设项目档案验收办法》《四川省重大建设项目档案管理办法》《城市建设档案归属与流向暂行办法》《档案专业人员职务试行条例》。

10. 济南

济南市市级行政权力清单公布在济南市人民政府网站上,其中济南市档案局涉及行政权力共6种26项,行政处罚6项、行政强制1项、行政确认 3 项、行政奖励 1 项、行政监督 1 项、其他行政职权 14 项。

权力设置依据涉及法律法规规章 10 部:《档案法》《档案法实施办法》《山东省档案条例》《山东省重大活动档案管理办法》《济南市档案管理若干规定》《档案执法监督检查工作暂行规定》《重大建设项目档案验收办法》《国有企业资产与产权变动档案处置暂行办法》《关于做好我市国有企业改革改制档案工作的通知》《各级各类档案馆收集档案范围的规定》。

11. 杭州

杭州市行政权力清单公布在浙江政务服务网杭州市上,其中杭州市档案局涉及行政权力共 3 类[市级保留、县(市、区)属地管理、共性权力] 5 种 26 项,行政许可 4 项、行政处罚 3 项、行政强制 4 项、行政确认 2 项、其他行政职权 13 项。

权力设置依据涉及法律法规规章 14 部:《档案法》《档案法实施办法》《浙江省档案登记备份管理办法》《档案执法监督检查工作暂行规定》《浙江省人民政府办公厅关于加强行政调解工作的意见》《行政复议法实施条例》《浙江省档案登记备份管理办法》《浙江省实施〈中华人民共和国档案法〉办法》《科学技术档案工作条例》《重大建设项目档案验收办法》《行政处罚法》《行政复议法》《信访条例》《行政许可法》。

二、11 个副省级市档案行政权力清单的主要特征

归纳上述城市权力清单的情况,除了与部分省级档案行政管理机关权力清单具有的同级权数不同、权力类型不同、权力依据不同、详略程度不同、行使层级不同、承办机构不同的特征外[1],还有如下一些特征:

1. 与责任清单一同公布

推行责任清单制度是继建立行政权力清单制度之后,又一项改革任务,体现了权责一致的理念。比如:沈阳市档案局在其所设定的行政权力后详细列出了该权力项目相应的责任事项。大连市档案局则直接称之为"市档案局权责清单"。武汉市是将市级行政权力和政务服务事项清单

与市级行政权力和政务服务事项"责任清单"(权力行使通用责任规范)公布在同一个网页上,使群众在了解政府行政权力清单的同时,也能了解政府应当承担的责任(由于是权力行使通用责任规范,武汉市档案局自然也在规范的约束之内)。杭州市将行政权力清单、企业投资负面清单、部门责任清单和财政专项资金管理清单一并置于浙江政务服务网杭州市的"阳光政务"栏目上。杭州市档案局列入了行政权力清单和部门责任清单之中,并在责任清单中清楚地列出了部门职责、与相关部门的职责边界、事中事后监管制度、公共服务事项四项内容。

2. 除档案行政权力,还设置了共性行政权力

长春市档案局在档案行政权力之外,设置了4种7项共性权力(行政处罚2项、行政强制3项、行政监督1项、其他行政职权1项)。宁波市档案局设置了4种8项共性权力(行政处罚2项、行政强制3项、行政奖励1项、其他行政职权2项)。杭州市档案局设置了4种8项共性权力(行政处罚2项、行政强制3项、行政确认1项、其他行政职权2项)。

3. 一项行政权力下设置若干子项

沈阳市档案局在其所设定的行政权力下设置了若干子项。深圳档案局行政权力共4种21项(42个子项)。

4. 权力不固化,实施动态调整

多数城市在清单公布说明中明确,公开清单不是对现有行政职权事项予以固化,将在听取社会各方面意见的基础上,实施动态调整机制,进一步推动行政职权事项的取消、调整和下放。如沈阳、大连等。

5. 既有本级权力,亦有上级委托下放权力,还有本级下放给下级的权力

厦门市档案局11项行政权力中就有两项(携带、运输、邮寄档案出境许可;赠送、交换、出卖国家所有档案复制件许可)是省档案局下放的权力。杭州市档案局17项市级保留权力中有3项属于省档案局委托下放的权力(赠送、交换、出卖国家所有档案的复制件审批;携带、运输或者邮

寄档案出境的审批;集体所有的和个人所有的对国家和社会具有保存价值的或者应当保密的档案向国家档案馆以外的单位或个人出卖的审批)。杭州市档案局和宁波市档案局的行政权力中,各有1项"县(市、区)属地管理"权,是依法列入市档案局行政权力总数中的,但按照"重心下移"原则,下放由县(市、区)档案局属地管理为主,一般不再直接行使的行政权力(重大事项、跨区域执法和重大案件、举报案件的查处除外)。

6. 设置了相对人权利救济渠道

深圳市档案局在行政处罚事项中依法设置了相对人权利救济渠道,并就具体的救济程序做出了规定。

7. 规定了事前、事中、事后的具体职责要求

如深圳市档案局在每一项行政权力事项中,都明确规定了事前、事中、事后的职责要求。再如,杭州市档案局虽然在行政权力清单中没有列入专门的事前、事中、事后职责事项,但在部门责任清单之中专门列入了事中事后监管制度。

8. 同省同级权力类型与数量不同

比如同属辽宁省的沈阳市档案局与大连市档案局,同属浙江省的杭州市档案局与宁波市档案局在权力类型与权力数量上就存在着差异。

三、结语

权力清单所列的行政权力是行政主体依法实施的对公民、法人和其他组织权利义务产生直接影响的行政职权。非直接影响的行政职权列入了责任清单。权力与责任不可分离。法律法规赋予行政主体职权的同时,也赋予行政主体义务和责任,行政主体在接受法律法规授权的同时,也接受相应的义务和责任。行政主体应当按照法律法规等规定,积极有效地实施行政管理,依法行权履职,不能随意增加、减少、转让、推诿或放弃行政权力。滥用审批权是乱作为,放弃监管权是不作为。当前,各级档案行政管理机关在制定档案行政权力清单时,重点应当是依法依规梳理档案行政管理中的各项监管权,明确我们的责任,加强对各类各种各项社

会事务中档案工作的事中、事后监管。

参考文献

[1]刘东斌.部分省份省级档案行政权力清单实证分析[J].档案管理,2015(6):13-16.

该文发表在《档案管理》2016年第1期

市县级档案行政权力清单实证分析

吴雁平

摘　要　对全国10个地级市（省辖市）和11个县及县级市公布的档案行政权力清单分析发现，市县两级公布的档案行政权力在数量、类型、依据等方面与省级、副省级档案管理机构存在差异。市县两级档案行政管理部门是开展推行档案行政权力清单制度的"重头戏"，这项工作不仅关系到国家档案法律法规规章规定的职能权力能否真正得以执行，更关系到档案行政管理工作能否长期稳定有序地进行，应当引起高度重视。

关键词　档案行政权力　权力清单　权力清单制度

推行档案行政权力清单制度工作在一些市、县级档案行政管理部门已经先行开展，按照国务院的安排，2016年市、县两级将开始全面推行权力清单制度，作为档案系统，市、县两级档案行政管理部门也都将全面开展推行档案行政权力清单制度工作。据民政部网站信息，截至2014年底，全国共有地级行政区划单位333个（其中地级市288个、地区12个，自治州30个、盟3个），县级行政区划单位2854个。这里选取已经公布档案行政权力清单的10个地级市和11个县及县级市进行实证分析。

一、10个地级市档案行政权力清单实证分析

（一）档案行政权力清单公布情况

1. 苏州市

苏州市政府部门行政权力清单公布在苏州市人民政府网站上，其中

苏州市档案局涉及行政权力共5种12项,行政许可2项、行政奖励1项、行政处罚7项、其他行政权力1项、行政强制1项。

权力设置依据涉及法律法规规章4部:《中华人民共和国档案法》《中华人民共和国档案法实施办法》《江苏省档案管理条例》《苏州市档案条例》。

2. 嘉兴市

嘉兴市政府部门行政权力清单公布在嘉兴市人民政府网站上,其中嘉兴市档案局涉及行政权力共6种18项,行政许可3项、行政处罚5项、行政强制1项、行政确认1项、行政奖励1项、其他行政权力7项。

这些权力又划分为市级保留(2项)、县(市、区)属地管理(16项)、共性权力(36项)、审核转报(0项)。"共性权力"是指市级有关部门均拥有的行政权力,计入市级部门行政权力总数,未列入档案部门具体清单之中。

权力设置依据涉及法律法规规章7部:《中华人民共和国档案法》《中华人民共和国档案法实施办法》《科学技术档案工作条例》《重大建设项目档案验收办法》《档案执法监督检查工作暂行规定》《浙江省实施〈中华人民共和国档案法〉办法》《浙江省档案登记备份管理办法》。

3. 烟台市

烟台市政府部门行政权力清单公布在烟台市人民政府网站上,其中烟台市档案局涉及行政权力共5种29项,行政处罚3项(其中2项含有子项)、行政裁决1项、行政奖励5项、行政监督1项、其他行政权力19项。

权力设置依据涉及法律法规规章8部:《中华人民共和国档案法》《中华人民共和国档案法实施办法》《山东省档案条例》《山东省重大活动档案管理办法》《国有企业资产与产权变动档案处置暂行办法》《重大建设项目档案验收办法》《中华人民共和国行政复议法》《中华人民共和国行政复议法实施条例》。

4. 南平市

南平市政府部门行政权力清单公布在南平市人民政府网站上,其中南平市档案局涉及行政权力共5种27项,行政许可3项、行政处罚5项、行政强制1项、行政监督检查2项、其他16项。

权力设置依据涉及法律法规规章6部:《中华人民共和国档案法》《中华人民共和国档案法实施办法》《福建省档案条例》《档案管理违法违纪行为处分规定》《档案执法监督检查工作暂行规定》《各级各类档案馆收集档案范围的规定》。

5. 岳阳市

岳阳市政府部门行政权力清单公布在岳阳市人民政府网站上,其中岳阳市档案局涉及行政权力共5种6项,行政处罚2项、行政强制1项、行政奖励1项、行政检查1项、其他行政权力1项。

权力设置依据涉及法律法规规章4部:《中华人民共和国档案法》《中华人民共和国档案法实施办法》《档案执法监督检查工作暂行规定》《建设项目(工程)档案验收办法》。

6. 广元市

广元市政府部门行政权力清单公布在广元市电子政务大厅网站和广元市档案局网站上,其中广元市档案局涉及行政权力共3种24项,行政处罚5项、行政强制1项、其他行政权力18项。

权力设置依据涉及法律法规规章12部:《中华人民共和国档案法》《中华人民共和国档案法实施办法》《国有企业资产与产权变动档案处置暂行办法》《四川省〈中华人民共和国档案法〉实施办法》《四川省档案工作规范化管理办法(试行)》《关于执行〈各级国家档案馆开放档案办法〉和〈外国组织和个人利用我国档案试行办法〉有关注意事项的通知》《档案馆工作通则》《机关档案工作条例》《机关文件材料归档范围和文书档案保管期限规定》《四川省重大建设项目档案管理办法》《重大建设项目档案验收办法》《档案专业人员职务试行条例》。

7. 南昌市

南昌市政府部门行政权力清单公布在南昌市人民政府网站上,其中南昌市档案局涉及行政权力共7种16项,行政许可2项、行政强制4项、行政处罚3项、行政奖励2项、行政监督检查1项、其他审批权1项、其他行政权3项。

权力设置依据涉及法律法规规章10部:《中华人民共和国档案法》《中华人民共和国行政许可法》《中华人民共和国行政处罚法》《中华人民共和国行政复议法》《中华人民共和国行政强制法》《中华人民共和国档案法实施办法》《信访条例》《档案执法监督检查工作暂行规定》《重大建设项目档案验收办法》《江西省人民政府关于取消和下放一批行政审批项目的决定》。

8. 兰州市

兰州市政府部门行政权力清单公布在兰州市人民政府网站上,其中兰州市档案局涉及行政权力共9种60项,行政许可1项、行政处罚16项、行政强制1项、行政裁决1项、行政确认1项、行政奖励5项、行政监督检查7项、其他依法实施的行政权力23项、行政服务5项。

权力设置依据涉及法律法规规章12部:《中华人民共和国档案法》《中华人民共和国档案法实施办法》《甘肃省档案条例》《机关文件材料归档范围和文书档案保管期限规定》《档案执法监督检查工作暂行规定》《科学技术档案工作条例》《机关档案工作条例》《国有企业资产与产权变动档案处置暂行办法》《电子公文归档管理暂行办法》《外国组织和个人利用我国档案试行办法》《各级国家档案馆开放档案办法》《城市建设档案归属与流向暂行办法》。

9. 吕梁市

吕梁市政府部门行政权力清单公布在吕梁市人民政府网站上,其中吕梁市档案局涉及行政权力共4种6项,行政处罚1项、行政奖励1项、行政强制1项、其他行政权力3项。

权力设置依据涉及法律法规规章5部:《中华人民共和国档案法》

《行政复议法》《中华人民共和国档案法实施办法》《山西省档案管理条例》《山西省政府投资项目竣工验收管理办法》。

10. 马鞍山市

马鞍山市政府部门行政权力清单公布在马鞍山市人民政府网站上,其中马鞍山市档案局涉及行政权力共3种12项,行政处罚1项、行政规划1项、其他权力10项。

在这份《关于公布马鞍山市市级政府权力清单和责任清单目录的通知》马政〔2015〕4号文件中只列出了总序号、分序号、项目名称、权力类型。没有列出权力设置依据。

(二) 10个地级市档案行政权力清单的主要特征

归纳上述城市权力清单的情况,除了与部分省级档案行政管理机关权力清单具有的同级权数不同、权力类型不同、权力依据不同、详略程度不同、行使层级不同、承办机构不同[1],与部分副省级市档案行政管理机关权力清单具有除档案行政权力,还设置了共性行政权力;一项行政权力下设置若干子项[2]的特征外,还有如下一些特征:

1. 权力事项更加详细周密

多数样本单位的权力清单不仅列出了权力事项的权力编码、权力名称、所属单位(主体单位)、类别、法律依据、办理部门,还列出了更为详细的相关内容。比如苏州市档案局列出了实施主体、办理地点、联系电话、监督电话、外部流程图;烟台市档案局列出了实施主体、实施对象、办理情况、公开范围、共同实施部门、法定时限、承诺时限、收费(征收)的标准及依据、申请材料、联系电话、监督电话、外部流程图,等等。不仅方便群众办事,也方便群众监督。兰州市档案局权力清单列出了公开形式、公开范围、公开时间、收费依据和标准、监管层级、备注。

2. 对每个权力事项征求群众意见

烟台市档案局在权力清单页面上同时还列有办事指南、业务手册、意见建议。在意见建议中就权力事项的真实、完整、准确,向群众征求意见。

请群众就权力事项的保留、取消、下放,提出意见和建议。

3. 同一权力事项出现了两个承办科室

如广元市档案局24项行政权力事项中有5项是由两个科室承办的。兰州市档案局60项行政权力事项中有7项是由两个科室承办的。

4. 将权力清单与责任清单合并列出

山西省吕梁市档案局将权力清单与责任清单合并列出。权力清单包括:权力类型、权力事项代码、权力名称、职权依据。责任清单包括:责任事项、追责情形、追责依据、追责形式。

5. 没有列出权力事项的法律依据

如马鞍山市政府部门行政权力清单,只列出了总序号、分序号、项目名称、权力类型,没有列出权力设置依据。

6. 档案馆列入权力实施主体单位

上述10个城市的档案行政权力实施主体大都是市档案局,但兰州市档案行政权力实施主体被分为市档案局、市档案局(馆)、市档案馆和其他各类档案馆四种。在兰州市60项档案行政权力事项中,市档案局56项,市档案局(馆)和其他各类档案馆1项,市档案馆3项。将档案馆明确列入档案行政权力实施主体的范围。

二、11个县及县级市档案行政权力清单实证分析

(一)档案行政权力清单公布情况

1. 湖南省郴州市永兴县

永兴县政府部门行政权力清单公布在永兴县人民政府网站上,其中永兴县档案局涉及行政权力共5种21项,行政处罚7项、行政强制3项、行政奖励2项、行政检查3项、其他行政权力6项。其中"县级保留"的行政权力13项,共性权力8项。

权力设置依据涉及法律法规规章9部:《中华人民共和国档案法》《中华人民共和国行政许可法》《中华人民共和国行政处罚法》《中华人民

共和国档案法实施办法》《信访条例》《档案执法监督检查工作暂行规定》《湖南省档案管理条例》《机关文件材料归档范围和文书档案保管期限规定》《企业文件材料归档范围和档案保管期限规定》。

2. 山东省聊城市莘县

莘县人民政府行政权力清单公布在莘县人民政府网站上,其中莘县档案局涉及行政权力共7种33项,行政审批1项、行政处罚5项、行政强制1项、行政确认1项、行政奖励1项、行政监督3项、其他权力21项。

权力设置依据涉及法律法规规章9部:《中华人民共和国档案法》《中华人民共和国档案法实施办法》《档案行政处罚程序暂行规定》《山东省档案条例》《山东省人民政府关于2014年第一批取消下放行政审批项目和承接国务院下放行政审批项目的通知》《国有企业资产与产权变动档案处置暂行办法》《重大建设项目档案验收办法》《机关文件材料归档范围和文书档案保管期限规定》《企业文件材料归档范围和档案保管期限规定》。

3. 浙江省杭州市富阳市

富阳市人民政府行政权力清单公布在富阳市人民政府网站上,其中富阳市档案局涉及行政权力共6种14项,行政许可1项、行政处罚5项、行政强制1项、行政确认1项、行政奖励1项、其他行政权力5项。

权力设置依据涉及法律法规规章5部:《中华人民共和国档案法》《中华人民共和国档案法实施办法》《浙江省实施〈中华人民共和国档案法〉办法》《档案执法监督检查工作暂行规定》《浙江省档案登记备份管理办法》。

4. 广西钦州市灵山县

广西钦州市灵山县人民政府行政权力清单公布在灵山县人民政府网站上,其中灵山县档案局涉及行政权力共6种9项,行政许可1项、行政处罚2项、行政强制1项、行政检查1项、行政奖励1项、其他权力3项。

权力设置依据涉及法律法规规章5部:《中华人民共和国档案法》《中华人民共和国档案法实施办法》《档案执法监督检查工作暂行规定》

《广西壮族自治区档案管理条例》《机关文件材料归档范围和文书档案保管期限规定》。

5. 江西省上饶市万年县

江西省上饶市万年县人民政府行政权力清单公布在万年县人民政府网站上,其中万年县档案局涉及行政权力共3种13项,行政处罚1项、行政强制1项、其他行政权力11项。

权力设置依据涉及法律法规规章8部:《中华人民共和国档案法》《中华人民共和国档案法实施办法》《江西省档案管埋条例》《国有企业资产与产权变动档案处置暂行办法》《档案执法监督检查工作暂行规定》《重大建设项目档案验收办法》《中华人民共和国行政许可法》《中华人民共和国行政处罚法》。

6. 云南省大理市祥云县

云南省大理市祥云县人民政府行政权力清单公布在祥云县人民政府网站上,其中祥云县档案局涉及行政权力共2种6项,行政监管2项、其他4项。

权力设置依据涉及法律法规规章5部:《中华人民共和国档案法》《中华人民共和国档案法实施办法》《云南省档案条例》《中华人民共和国政府信息公开条例》、"三定"规定。

7. 浙江省金华市浦江县

浦江县人民政府行政权力清单公布在浦江县人民政府网站上,其中浦江县档案局涉及行政权力共5种12项,行政许可3项、行政处罚2项、行政强制1项、行政奖励1项、其他行政权力5项。

权力设置依据涉及法律法规规章5部:《中华人民共和国档案法》《中华人民共和国档案法实施办法》《浙江省实施〈中华人民共和国档案法〉办法》《浙江省档案登记备份管理办法》《档案执法监督检查工作暂行规定》。

8. 山西省吕梁市孝义市(省直管)

孝义市人民政府行政权力清单公布在孝义市人民政府网站上,其中孝义市档案馆涉及行政权力共5种14项,行政处罚8项、行政许可2项、行政奖励1项、行政强制1项、其他权力2项。

权力设置依据涉及法律法规规章7部:《中华人民共和国档案法》《中华人民共和国档案法实施办法》《山西省档案管理条例》《山西省政府投资项目竣工验收管理办法》《重大建设项目档案验收办法》《关于实行专业技术职务聘任制度的规定》《山西省评比达标表彰工作协调小组关于公布省级以下评比达标表彰项目目录的通知》。

9. 山东省青岛市即墨市

即墨市人民政府行政权力清单公布在即墨市人民政府网站上,其中即墨市档案馆涉及行政权力共7种25项,行政处罚10项、行政审批3项、行政裁决2项、行政强制1项、行政奖励1项、行政监督1项、其他行政权力7项。

权力设置依据涉及法律法规规章8部:《中华人民共和国档案法》《中华人民共和国档案法实施办法》《机关文件材料归档范围和文书档案保管期限规定》《企业文件材料归档范围和档案保管期限规定》《山东省档案条例》《山东省人民政府关于2014年第一批取消下放行政审批项目和承接国务院下放行政审批项目的通知》《山东省重大活动档案管理办法》《青岛市档案管理条例》。

10. 湖南省长沙市浏阳市

浏阳市人民政府行政权力清单公布在浏阳市人民政府网站上,其中浏阳市市志档案局涉及行政权力共5种12项,行政许可1项、行政处罚1项、行政检查2项、行政备案2项、其他职权6项。

权力设置依据涉及法律法规规章10部:《中华人民共和国档案法》《中华人民共和国档案法实施办法》《湖南省档案管理条例》《机关文件材料归档范围和文书档案保管期限规定》《企业文件材料归档范围和档案保管期限规定》《地方志工作条例》《湖南省规范档案中介服务规定》《长沙市重要会议重大活动重点建设项目档案管理办法》《国有资产产权登记档案管理暂行办法》《档案执法监督检查工作暂行规定》。

11. 福建省泉州市南安市

南安市人民政府行政权力清单公布在南安市人民政府网站上,其中南安市市志档案局涉及行政权力共5种8项,行政许可1项、行政处罚1项、行政征收1项、行政监督检查3项、其他行政权力2项。

权力设置依据涉及法律法规规章5部:《中华人民共和国档案法》《中华人民共和国档案法实施办法》《福建省档案条例》《档案执法监督检查工作暂行规定》《福建省重大活动档案管理办法》。

(二)11个县及县级市档案行政权力清单的主要特征

归纳上述县及县级市档案行政权力清单的情况,有如下一些与省、副省级及地级市不同的特征。

1. 权力清单不能直接在网上浏览

11个县级政府的权力清单虽然全部放在了当地政府的官方网站上,但有7个并不能直接在网页上浏览,需要将相应部门的权力清单电子表格文件下载下来,才能看到具体内容。

2. 权力清单内容相对简单

在11个县级档案行政权力清单中,有4个只有一个简单的权力清单列表,列出了权力的基本项目,如序号、行政权力类型、行政权力名称、法定依据、实施主体等,缺少更多更为详细的内容。而如山西省吕梁市孝义市档案行政权力清单除了序号、权力事项名称、实施依据、权力事项编码、权力事项类别、行使主体外,还设置了受理条件、收费依据和标准、法定期限、承诺期限、办理机构、办理地点、联系电话、申报材料和监督电话等内容的,在样本中并不多见。

3. 权力清单成为所在省的样本与模板

如富阳市的权力清单被概括为"三单一图一改",即一张权力清单、一张职责清单、一张负面清单,一张权力运行流程图,一系列审批制度改革,成为浙江省县域权力清单制度改革的样本。

4. 权力行使主体不清晰

如孝义市档案行政权力清单主体在市行政权力清单上标明的是市档

案馆,而在权力项目具体清单上的行使主体标明的则是孝义市档案局,不知是谁标注出了错误。再如山东省青岛市即墨市档案行政权力清单上标明的是即墨市档案馆,而在权力项目具体清单上的行使主体上没有标明任何主体单位。

5. 档案工作以外的职能亦体现在职权之中

由于县级档案行政管理机构有与地方志合署的情况,所以有些县的档案行政权力中包括有与地方志相关的权力事项。如浏阳市市志档案局涉及行政权力中就有依《地方志工作条例》设置的地方志的征集、编纂和开发利用。

三、结语

从上面对样本单位的特征分析看,市、县级档案行政权力清单较之省级、副省级市尚存在一些薄弱环节。按照国务院的安排,2016年市、县两级将开始全面推行权力清单制度,市、县两级档案行政管理部门也将全面开展这项工作。市、县两级档案行政管理部门的推行权力清单制度应该是推行档案行政权力清单制度的"重头戏",因为他们直接面对着绝大多数的档案行政相对人。这项工作不仅关系到国家档案法律、法规、规章、规范性文件所做出的职能权力规定能否真正得以执行,更关系到档案行政管理部门的存续,关系到档案行政管理工作能否长期稳定有序地进行。如何做好这项工作,将是市、县两级档案行政管理部门即将面对的现实,应当引起高度重视。因此,市、县级档案行政管理部门在进行档案行政权力清单制度建立的过程中,既要掌握实行档案行政权力清单制度的政策、标准与要求,又要加强与其他各级档案行政管理部门在这项工作中的交流与沟通,参照先行试点单位的经验,积极有序地推进这项工作。

参考文献

[1]刘东斌.部分省份省级档案行政权力清单实证分析[J].档案管

理,2015(6):13-16.

[2]吴雁平.全国副省级市档案行政权力清单实证分析[J].档案管理,2016(1):30-32.

该文发表在《档案管理》2016年第2期

《档案法》赋予了我们哪些权力
——17省市档案行政权力清单中《档案法》授权档案行政权力梳理

吴雁平

摘　要　通过对17个省级及副省级城市公布的权力清单中,以《档案法》为法律依据或实施依据的档案行政权力的梳理分析,得出授权条款超过了《档案法》全部条款的一半以上;权力型授权条款多于非权力型授权条款,且涉及的省市平均数多;同一法律条款授予的权力事项,因划分标准与表述的不同而导致名称与数量产生差异的结论。

关键词　档案法　行政权力　权力清单

权力法定是法制社会政府行政的基本原则之一。而档案行政权力主要来源于《档案法》等档案法律法规的授权。《档案法》到底赋予了我们哪些权力？本文以17省级档案行政管理机关和副省级城市档案行政管理机关的权力清单为样本,对《档案法》所规定的档案行政权力进行一个归纳与梳理。

由于样本单位公布的权力清单中,一项职权的法律依据或实施依据,往往会涉及《档案法》《档案法实施办法》国家档案局等国家部(委)颁布的部门规章、地方档案法规,以及地方各级政府、政府档案行政管理机关制发的规范性文件。本文只选择法律依据或实施依据单一为《档案法》和最高位阶为《档案法》的职权项目。

一、依实施依据归纳分析

依实施依据对17个省及副省级市涉及的146项权力事项进行归纳,由于部分省市权力清单中只是笼统地注明依据《档案法》,没有注明依据《档案法》的具体条款,在归纳整理时,对照其他省市同名权力事项所依据的具体条款,进行了补充。没有可供参考时维持原状。146项权力事项中有4项涉及2条以上《档案法》条款(1项涉及3条,3项涉及2条),统计时只计序号靠前的第1条条款。归纳结果见表1。

表1 17个省及副省级市权力清单依实施依据归纳情况表

序号	实施依据	权力类型	权力项数	涉及省市
1	《档案法》	行政确认	1	长春1
2	《档案法》第6条	行政服务	1	贵州1
		行政监督	2	河北1、长春1
		行政监督检查	2	福建1、厦门1
		行政检查	4	大连1、广东1、沈阳1、长春1
		其他权力	19	广东18、宁波1
3	《档案法》第8条	行政服务	1	贵州1
		其他权力	4	成都1、广东3
4	《档案法》第9条	行政奖励	5	河北1、湖南1、济南1、长春1、浙江1
		其他权力	1	成都1
5	《档案法》第10条	其他权力	1	成都1
6	《档案法》第11条	其他权力	1	成都1

续表1

序号	实施依据	权力类型	权力项数	涉及省市
7	《档案法》第12条	其他权力	1	广东1
8	《档案法》第15条	非行政审批	2	广东1、河北1
		其他权力	2	长春2
9	《档案法》第16条	行政处罚	2	济南2
		行政强制	9	成都1、大连1、杭州1、河北1、济南1、南京1、宁波1、沈阳1、浙江1
		行政审批	1	成都1
		行政许可	12	广东1、杭州2、河北1、湖南1、江苏1、南京1、宁波1、厦门1、沈阳1、长春1、浙江1
		行政征收	1	山东1
		其他权力	4	广东1、湖南1、厦门1、浙江1
10	《档案法》第17条	行政强制	1	长春1
		行政许可	6	广东1、贵州1、江苏1、浙江1、厦门1、河北1
11	《档案法》第18条	行政许可	5	广东1、贵州1、河北1、江苏1、厦门1
12	《档案法》第19条	其他权力	1	广东1
13	《档案法》第20条	非行政许可	2	贵州1、广东1
14	《档案法》第23条	行政指导	2	广东2

续表1

序号	实施依据	权力类型	权力项数	涉及省市
15	《档案法》第24条	行政处罚	51	成都5、大连2、福建4、广东1、贵州5、杭州1、河北2、湖南2、济南3、江苏5、南京5、宁波2、厦门1、山东4、沈阳5、长春2、浙江2
		其他权力	2	成都2

依实施依据共涉及《档案法》中的14项条款,分别是第6条、第8条、第9条、第10条、第11条、第12条、第15条、第16条、第17条、第18条、第19条、第20条、第23条、第24条,占《档案法》全部27条的51.85%。

二、依职权名称归纳梳理

依职权名称对17个省及副省级市涉及的146项权力事项进行归纳,结果见表2。

表2 依实施依据—职权名称—权力类型归纳排序结果

序号	权力类型	职权名称	实施依据	省市
1	行政确认	向档案馆移交、捐赠、寄存档案的单位和个人的权利确认	《档案法》	长春
2	其他	承担档案杂志的编辑出版工作	《档案法》第6条	广东
3	行政检查	档案安全检查	《档案法》第6条	广东
4	其他行政权力	档案工作监督和指导	《档案法》第6条	宁波

续表2

序号	权力类型	职权名称	实施依据	省市
5	行政监督	档案行政执法和监督	《档案法》第6条	河北
6	行政监督检查	对本行政区域内档案工作的监督及执法检查	《档案法》第6条	厦门
7	行政监督	对本行政区域内机关、团体、企业事业单位和其他组织的档案工作的监督和指导	《档案法》第6条	长春
8	行政服务	对全省企业和其他组织档案工作的指导	《档案法》第6条	贵州
9	其他	各级国家综合档案馆业务工作的监督和指导	《档案法》第6条	广东
10	其他	各级专业(城建、房地产等)档案馆、部门(企事业单位等)档案馆业务工作的监督与指导	《档案法》第6条	广东
11	其他	起草档案工作地方性法规、规章草案	《档案法》第6条	广东
12	其他	全省档案保护技术工作统筹规划和检查指导	《档案法》第6条	广东
13	其他	全省档案信息化建设规则和检查指导	《档案法》第6条	广东
14	其他	全省声像档案工作检查与指导	《档案法》第6条	广东
15	其他	全省所辖非公有制企业(外资、私营、集体、混合所有制)档案工作的监督与指导	《档案法》第6条	广东
16	其他	全省所辖农业农村(乡镇、街道,村委会、社区)档案工作的监督和指导	《档案法》第6条	广东

续表2

序号	权力类型	职权名称	实施依据	省市
17	其他	全省所辖事业(科技事业、学校、医疗卫生)单位档案工作的监督与指导	《档案法》第6条	广东
18	行政检查	依法对本行政区域内机关、团体、企业事业单位和其他组织的档案工作进行执法检查	《档案法》第6条	长春
19	其他	组织开展档案法律法规执行工作的监督检查和档案宣传工作	《档案法》第6条	广东
20	行政监督检查	本行政区域内机关、团体、企事业单位和其他组织的档案工作监督	《档案法》第6条	福建
21	行政检查	对本行政区域内机关、团体、企业事业单位和其他组织贯彻执行有关档案法律、法规和国家有关方针政策的检查	《档案法》第6条	沈阳
22	其他	拟订档案事业发展规划	《档案法》第6条	广东
23	其他	全省所辖党政机关、人民团体档案工作的监督和指导	《档案法》第6条	广东
24	其他	全省所辖国有(独资、控股、参股)企业档案工作的监督和指导	《档案法》第6条	广东
25	其他	全省所辖其他组织档案工作的监督和指导	《档案法》第6条	广东
26	其他	依法查处档案违法案件	《档案法》第6条	广东

续表2

序号	权力类型	职权名称	实施依据	省市
27	行政检查	对本行政区域内机关、团体、企业事业单位和其他组织贯彻执行有关档案法律、法规和国家有关方针政策的检查	《档案法》第6条	大连
28	其他	承担档案信息和档案统计工作	《档案法》第6条、第23条	广东
29	行政服务	档案资料的接收和征集	《档案法》第8条	贵州
30	其他	国家领导人、中央国家机关、省领导、重要政务活动和外事活动声像档案的采集、整理、归档、利用工作	《档案法》第8条	广东
31	其他行政权力	接收市级部门档案进馆	《档案法》第8条	成都
32	其他	征集整理散存在国内外有重要价值的珍贵档案	《档案法》第8条	广东
33	其他	组织实施应由省档案馆管理的政府公开信息和档案资料(含电子文档)的接收整理工作	《档案法》第8条	广东
34	行政奖励	对档案工作有贡献的单位或个人的奖励	《档案法》第9条	济南、浙江、湖南
35	行政奖励	对档案事业做出显著成绩、重要贡献的奖励	《档案法》第9条	长春
36	其他行政权力	对在档案工作中做出显著成绩的表彰或者奖励	《档案法》第9条	成都
37	行政奖励	河北省档案系统先进集体和先进工作者表彰	《档案法》第9条	河北

续表 2

序号	权力类型	职权名称	实施依据	省市
38	其他行政权力	将公务活动中形成的应当归档的文件、资料据为己有,拒绝交档案机构、档案工作人员归档的责令限期改正	《档案法》第10条、第24条	成都
39	其他行政权力	拒不按照国家规定向国家档案馆移交档案的责令限期改正	《档案法》第11条、第24条	成都
40	其他	与省内外、国内外有关机构相互交换档案的重复件、复制件或者目录	《档案法》第12条	广东
41	其他行政职权	对地方国有企业文件材料归档范围和管理类档案保管期限表的同意	《档案法》第15条	长春
42	其他行政职权	对机关文件材料归档范围和文书档案保管期限表的审查	《档案法》第15条	长春
43	非行政许可审批	文件材料归档范围和档案保管期限表审批	《档案法》第15条	广东、河北
44	行政许可	出卖、转让、赠送集体所有、个人所有以及其他不属于国家所有的对国家和社会具有保存价值的或者应当保密的档案的审批	《档案法》第16条	沈阳
45	行政许可	出卖、转让档案许可	《档案法》第16条	厦门
46	行政强制	代为保管、收购、征购因保管条件恶劣或者其他原因被认为可能导致档案严重损毁和不安全的非国家所有的对国家和社会具有保存价值的档案	《档案法》第16条	成都

续表2

序号	权力类型	职权名称	实施依据	省市
47	行政强制	代为保管、收购或者征购保管不善的对国家和社会具有保存价值的或者应当保密的非国有档案	《档案法》第16条	长春
48	其他	代为保管、收购或征购处于危险状态下的档案	《档案法》第16条	厦门
49	行政强制	代为保管条件恶劣或者其他原因被认为可能导致档案严重损毁和不安全的、集体所有的和个人所有的对国家和社会具有保存价值的或者应当保密的档案	《档案法》第16条	南京
50	行政处罚	倒卖档案牟利或者将档案卖给、赠送给外国人的处罚	《档案法》第16条	济南
51	行政许可	对出卖、转让集体所有、个人所有以及其他不属于国家所有的对国家和社会具有保密价值的或者应当保密的档案的审批	《档案法》第16条	长春
52	行政强制	对可能导致严重损毁和不安全的集体所有、个人所有以及其他不属于国家所有的对国家和社会具有保存价值或者应当保密的档案的征购	《档案法》第16条	沈阳
53	行政强制	对可能导致严重损毁和不安全的有保存价值、应当保密的非国有档案的代为保管、收购或征购	《档案法》第16条	大连

续表2

序号	权力类型	职权名称	实施依据	省市
54	行政审批	对向国家档案馆以外的任何单位或者个人出卖、转让集体所有、个人所有以及其他不属于国家所有的对国家和社会具有保存价值的或者应当保密的档案的许可	《档案法》第16条	成都
55	行政强制	非国有档案因安全原因的档案代保管	《档案法》第16条	杭州、宁波、浙江、河北
56	行政强制	非国有档案因安全原因的档案代为保管、收购、征购	《档案法》第16条	济南、山东
57	其他行政权力	集体所有的和个人所有的对国家和社会具有保存价值的或者应当保密的档案采取代为保管、征购等确保档案完整和安全的措施	《档案法》第16条	湖南、浙江、宁波
58	其他	集体所有的和个人所有的对国家和社会具有保存价值的或者应当保密的档案寄存	《档案法》第16条	广东
59	行政许可	集体所有的和个人所有的对国家和社会具有保存价值的或者应当保密的档案向国家档案馆以外的单位或个人出卖的审批	《档案法》第16条	杭州、浙江
60	行政处罚	擅自出卖或者转让档案的处罚	《档案法》第16条	济南
61	行政许可	向国家档案馆以外的单位、个人出卖、转让档案审批	《档案法》第16条	江苏、南京
62	其他行政权力	征购集体所有的和个人所有的对国家和社会具有保存价值的或者应当保密的档案	《档案法》第16条	浙江

续表 2

序号	权力类型	职权名称	实施依据	省市
63	其他	对不属于国家所有但涉及国家利益和安全的档案面临不安全或毁损时的征购	《档案法》第16条	广东
64	行政许可	集体和个人所有的对国家和社会具有保存价值的或者应当保密的档案向国家档案馆以外的任何单位或者个人出卖、转让或者赠送的审批	《档案法》第16条	广东
65	行政许可	对出卖、转让集体所有、个人所有以及其他不属于国家所有的对国家和社会具有保存价值的或者应当保密的档案的审批	《档案法》第16条	河北
66	行政许可	权限内档案管理审批	《档案法》第16条、第17条、第18条	湖南
67	行政许可	各级各类档案馆以及机关、团体、企业事业单位和其他组织向国内外的单位或者个人赠送、交换或者出卖档案复制件审批	《档案法》第17条	广东
68	行政许可	向国内外的单位或者个人赠送、交换、出卖档案复制件审批	《档案法》第17条	江苏
69	行政许可	向国内外的单位或者个人赠送、交换、出卖国家所有档案的复制件的审批	《档案法》第17条	贵州
70	行政许可	赠送、交换、出卖国家所有档案的复制件审批	《档案法》第17条	浙江、河北

续表2

序号	权力类型	职权名称	实施依据	省市
71	委托下放	赠送、交换、出卖国家所有档案复制件许可	《档案法》第17条	厦门
72	行政许可	机关、团体、企业事业单位、其他组织和个人携带、运输或者邮寄档案及其复制件出境审批	《档案法》第18条	广东
73	行政许可	权限内携带、运输、邮寄国有档案和对国家、社会具有保存价值的或应当保密的非国有档案及其复制件出境审批	《档案法》第18条	贵州
74	委托下放	携带、运输、邮寄档案出境许可	《档案法》第18条	厦门
75	行政许可	携带、运输、邮寄档案及其复制件出境的审批	《档案法》第18条	河北
76	行政许可	携带、运输、邮寄对国家和社会具有保存价值的或应当保密的档案及其复制件出境审批	《档案法》第18条	江苏
77	其他	延期向社会开放档案审批	《档案法》第19条	广东
78	非行政许可	机关、团体、企事业单位和其他组织及中国公民利用未开放档案经保存该档案的档案馆同意,必要时经档案行政管理部门审查同意	《档案法》第20条	贵州
79	非行政许可审批	利用省档案馆未开放档案的审批	《档案法》第20条	广东
80	行政指导	全省档案史料编辑出版工作指导	《档案法》第23条	广东

续表 2

序号	权力类型	职权名称	实施依据	省市
81	行政指导	全省档案史料编研选题指导	《档案法》第 23 条	广东
82	其他行政权力	档案工作人员、对档案工作负有领导责任的人员玩忽职守,造成档案损失的责令限期改正	《档案法》第 24 条	成都
83	行政处罚	倒卖档案牟利或者将档案卖给、赠送给外国人的	《档案法》第 24 条	南京
84	行政处罚	倒卖档案牟利或者将档案卖给、赠送给外国人的处罚	《档案法》第 24 条	成都
85	行政处罚	对《档案法》第 24 条规定的违法情形的处罚	《档案法》第 24 条	厦门
86	行政处罚	对倒卖档案牟利或者将档案卖给、赠送给外国人的处罚	《档案法》第 24 条	贵州、江苏、沈阳
87	行政处罚	对倒卖档案牟利或者将档案卖给、赠送给外国人或擅自出卖或者转让档案的处罚	《档案法》第 24 条	长春
88	行政处罚	对擅自出卖或者转让档案行为的处罚	《档案法》第 24 条	沈阳、贵州、江苏
89	行政处罚	对擅自提供、抄录、公布、销毁属于国家所有的档案行为的处罚	《档案法》第 24 条	沈阳、贵州、江苏
90	行政处罚	对损毁、丢失属于国家所有的档案行为的处罚	《档案法》第 24 条	沈阳、贵州、江苏
91	行政处罚	对涂改、伪造档案的处罚	《档案法》第 24 条	贵州、江苏

续表 2

序号	权力类型	职权名称	实施依据	省市
92	行政处罚	对在利用档案馆档案中涂改、伪造档案和擅自提供、抄录、公布、销毁及损毁、丢失属于国家所有的档案的处罚	《档案法》第24条	长春
93	行政处罚	非法出卖、转让、倒卖、赠送档案的处罚	《档案法》第24条	浙江、河北、湖南
94	行政处罚	非法利用档案馆的档案的处罚	《档案法》第24条	浙江、湖南
95	行政处罚	利用市档案馆的档案过程中违法行为的处罚	《档案法》第24条	宁波
96	行政处罚	利用市综合档案馆、专门档案馆、部门档案馆、企业事业单位档案馆的档案过程中损毁、丢失档案,擅自提供、抄录、公布、销毁档案,涂改、伪造档案的处罚	《档案法》第24条	大连
97	其他行政权力	明知所保存的档案面临危险而不采取措施,造成档案损失的责令限期改正	《档案法》第24条	成都
98	行政处罚	擅自出卖或者转让档案的处罚	《档案法》第24条	山东
99	行政处罚	擅自出卖或者转让档案以及倒卖档案牟利或者将档案卖给、赠送给外国人的处罚	《档案法》第24条	福建
100	行政处罚	擅自出卖或者转让特定档案的处罚	《档案法》第24条	成都
101	行政处罚	擅自提供、抄录、公布、销毁属于国家所有的档案的	《档案法》第24条	南京

续表2

序号	权力类型	职权名称	实施依据	省市
102	行政处罚	擅自提供、抄录、公布、销毁属于国家所有的档案的处罚	《档案法》第24条	成都
103	行政处罚	擅自提供、抄录、公布、销毁属于国家所有的档案的处罚	《档案法》第24条	福建
104	行政处罚	擅自提供、抄录、公布、销毁属于国家所有的档案的处罚	《档案法》第24条	济南
105	行政处罚	擅自提供、抄录、公布、销毁属于国家所有的档案的处罚	《档案法》第24条	山东
106	行政处罚	损毁、丢失、销毁、涂改、伪造档案及违法利用国有档案的处罚	《档案法》第24条	河北
107	行政处罚	损毁、丢失属于国家所有的档案的处罚	《档案法》第24条	南京
108	行政处罚	损毁、丢失属于国家所有的档案的；擅自提供、抄录、公布、销毁属于国家所有的档案的；涂改、伪造档案的；擅自出卖或者转让档案的；倒卖档案牟利或者将档案卖给、赠送给外国人的处罚	《档案法》第24条	广东
109	行政处罚	损毁、丢失属于国家所有的档案的处罚	《档案法》第24条	成都、济南、山东
110	行政处罚	涂改、伪造档案的处罚	《档案法》第24条	南京
111	行政处罚	涂改、伪造档案的处罚	《档案法》第24条	山东、济南、福建、成都
112	行政处罚	违法出卖、转让、倒卖、赠送档案的处罚	《档案法》第24条	宁波、大连

续表2

序号	权力类型	职权名称	实施依据	省市
113	行政处罚	违法《档案法》第16条、第17条规定,擅自出卖或者转让档案的处罚	《档案法》第24条	南京
114	行政处罚	对涂改、伪造档案行为的处罚	《档案法》第24条	沈阳
115	行政处罚	损毁、丢失属于国家所有的档案的处罚	《档案法》第24条	福建
116	行政处罚	对非法利用档案馆档案或者非法出卖、转让、倒卖、赠送档案的处罚	《档案法》第24条	成都

从表2中我们可以看到,同一法律条款授予的权力事项,不同的省市权力清单中的名称有着许多不同的划分或表述。

三、结论

综上所述,我们可以得出如下结论:

(1)从实施依据上授权条款超过了《档案法》全部条款的一半以上。依实施依据共涉及《档案法》中的14项条款,占《档案法》全部27条的51.85%。

(2)从实施依据上权力型授权条款多于非权力型授权条款,且涉及的省市平均数多。明确授权权力型事项的条款有6条:第16条、第15条、第17条、第24条、第18条、第20条。既包含授权权力型事项,又包含授权非权力型事项的条款有5条:第6条、第10条、第11条、第12条、第19条。明确授权非权力型事项的条款有3条:第8条、第9条、第23条。

明确授权权力型事项的6项条款平均涉及48.04%的省市,其中第24条涉及全部省市,第16条涉及近90%的省市,最少的第20条也涉及近12%的省市;明确授权非权力型事项的3项条款平均涉及19.61%的省市,最多的是第9条涉及35.29%的省市,最少的只涉及不到6%的省市;既包含授权权力型事项,又包含授权非权力型事项的5项条款均涉及11.85%的省市,最高的第6条涉及超过50%的省市,最少的第19条、第12条、第11条、第10条都也只涉及不到6%的省市。

(3)同一法律条款授予的权力事项,因划分标准与表述的不同而导致名称与数量产生差异。依划分标准不同,有依法整条条款确定权力名称的,有依据同一法条中不同条款确定权力名称的,还有依据同一法条同一条款中的不同行为名称来确定权力名称的。这就造成同一法条有的省市划定的权力事项只有一项,有的几项,有的则多达十几项。

依据对权力名称表述的不同,有些省市直接用法律条文作为权力名称,有的则使用缩略语;有些在法律条文后加上"行为",有些则在法律条文前加"对"。这就造成即便是同一法律条文中的同一条款的同一行为,也会产生两种以上的权力名称。

相比较而言,除了少数一个法条只有一个省市使用,且只有一个权力名称的以外,第6条、第16条和第24条的差异最大。

该文发表在《档案管理》2016年第3期

基于档案行政权力清单制度建设的普法与法制宣传教育

吴雁平

摘 要 普法与法制宣传教育是建立档案行政权力清单制度、制定与实施档案行政权力清单的必要条件。档案行政权力清单制定的过程,是再次进行全员普法与法制宣传教育的良机,是一次专业性、综合性、系统性的普法与法制宣传教育,务求全员参与、系统学习、突出重点、注重实效。

关键词 档案行政权力 权力清单制度 普法教育 法制宣传教育

普法与法制宣传教育,在档案行政权力清单制度建设过程中,起着重要的作用,各级档案行政管理机构和档案保管机构,均应重视这一工作,并通过加强普法与法制宣传教育,来推动档案行政权力清单制度的建设与完善。

一、普法与法制宣传教育是建立档案行政权力清单制度,制定与实施档案行政权力清单的必要条件

按照职权法定原则,权力清单的制定必须于法有据,法无授权不可为。严格依照法律法规的规定,对现有行政职权进行全面梳理、清理、调整。对没有法定依据的行政职权,应予取消。这样,在档案行政权力清单制定过程中,具体从事设定档案行政权力清单工作的人员,就有一个知

法、懂法、用法的问题。

档案行政权力清单制定完成后,不仅需要对外公布,同时还须档案行政管理机构和具有行政管理权的档案事业机构中的全体人员知晓,并遵照执行。这样,所有档案行政管理机构和具有行政管理权的档案事业机构中的全体人员,也有一个知法、懂法、用法的问题。

很难想象,一群不知法、不懂法的人,会知道哪些法律授予了我们权力;会清楚授予了我们什么权力;会明白这些档案行政权力的行使条件、范围、对象、程序;能梳理出合法、合规的档案行政权力清单;会正确行使这些档案行政权力。从这个意义上讲,普法与法制宣传教育是建立档案行政权力清单制度,制定与实施档案行政权力清单的必要条件。从另一个方面看,建立档案行政权力清单制度和制定档案行政权力清单的过程,也是一次难得且重要的普法与法制宣传教育良机。

二、档案行政权力清单的制定过程对普法及法制宣传教育的影响

1. 档案行政权力清单制定的过程,是一次专业性的普法与法制宣传教育

档案行政权力清单的制定过程,首先是对档案行政权力的梳理。这些权力主要来自以《档案法》为核心的档案专业法律法规、地方档案法规、部门档案规章和各级政府制定颁布的档案规范性文件。从这个角度看,档案行政权力清单的制定过程,自然就是一次档案专业的普法与法制宣传教育活动。

事实上,宣传和普及《档案法》及其相关的档案专业法律法规,一直是档案界普法和法制宣传教育的主要内容。"一五"普法,正值《档案法》颁布实施,国家档案局召开了全国学习、宣传、贯彻《档案法》会议,交流学习和宣传《档案法》的情况。各地纷纷将《档案法》列入普法教育的内容之一。

"二五"普法期间,《档案法》仍然是各地普法教育的主要内容。例如:"1991年4月2日,云南省委发出了批转省委宣传部、省司法厅《关于

在全省公民中开展法制宣传教育的第二个五年规划》的通知,在这个规划中,把《中华人民共和国档案法》作为其中的一个主要内容。"[1]

"三五"普法期间,结合《档案法》修订后重新颁布实施,各地档案部门根据国家档案局的规划,制定了本地区"三五"档案法制宣传教育规划,还有将《档案法》列入本行政区域"三五"普法规划。例如,甘肃"省档案局与省委法制宣传教育领导小组办公室、省司法厅联合发文,将《档案法》列入我省'三五'普法宣传教育的内容"[2]。

"四五"普法期间,国家档案局在《全国档案系统"四五"法制宣传教育规划》中要求使用《档案法实施办法释解》和《档案行政执法手册》作为专业法教材。深入开展档案法制宣传教育和法制实践活动,全面推进档案行政管理部门依法行政。

"五五"普法期间,国家档案局在《全国档案系统"五五"法制宣传教育规划》中要求,深入学习宣传《档案法》和《档案法实施办法》等档案法律法规,进一步提高广大档案工作人员的法律素质和依法行政意识。

"六五"普法期间,国家档案局在《全国档案系统"六五"法制宣传教育规划》中要求,学习宣传以宪法为统帅的中国特色社会主义法律体系,学习宣传与国家档案事业发展密切相关的法律法规,学习贯彻规范政府行政行为的法律法规,深入开展档案法制宣传教育主题活动。

由此可以看出,档案普法与档案法制宣传教育的内容,由单一的《档案法》,向《档案法》和《档案法实施办法》《档案法》法律体系,再向以宪法为统帅的中国特色社会主义法律体系、规范政府行政行为的法律法规不断拓展。但《档案法》及其与国家档案事业发展密切相关的法律法规,始终是档案普法及档案法制宣传教育的重要内容。

按说,经过近30年的《档案法》宣传教育,档案工作者应当对《档案法》及其相关法律体系有相当充分的了解和认识。但实际情况并不乐观,就不久前的一项调查显示,虽然"多数参加调查者能正确选择出全国法制宣传日。对自己基本法律知识评价较高与一般的占比相同,总比接近90%",但"近六成受访者错将'国际档案日'当作《档案法》宣传日',回答正确者大约只有四成。清楚《档案法》是行政法的人数最多,但占比不到四成"[3]。

因此,档案行政权力清单的制定过程,应当与"普法"规划相结合,再进行一次档案专业的普法与法制宣传教育活动,毕竟大部分档案行政权力是由《档案法》及其与国家档案事业发展密切相关的法律法规所赋予的。

2. 档案行政权力清单制定的过程,是一次综合性、系统性的普法与法制宣传教育

虽然,《档案法》及其与国家档案事业发展密切相关的法律法规赋予了档案行政权力中的绝大部分,但作为档案行政管理机构和档案行政管理人员,同样要在宪法和行政法的框架下依法行政,受宪法和行政法以及整个社会主义法律体系的规制。从这个角度看,档案行政权力清单制定的过程,不仅是一次档案专业的普法与法制宣传教育活动,还是一次综合性、系统性的普法与法制宣传教育活动。而现有档案行政权力清单中的"共性权力"就来自档案专业法律法规之外的行政法律法规的授权。

在多年的普法与档案法制宣传教育中,我们将重点放在《档案法》及其法律体系上是必要的,但从整体的普法与法制宣传教育的目标来看,显然是不完整、不全面的。早在1985年《中共中央宣传部、司法部关于向全体公民基本普及法律常识的五年规划》("一五"普法规划)中,就将普法基本内容规定为:我国的宪法、刑法等"十法一条例"的法律常识的学习和普及。

1991年,全国"二五"普法规划的主要内容是"以宪法为核心""以专业法为重点"的学习教育。其中专业法如土地管理法、环境保护法、文物保护法、食品卫生法等,各部门、各系统要根据业务工作需要,有重点地学习同工作、生产相关的法律知识。

1996年,全国"三五"普法规划的主要内容是"宣传社会主义市场经济法律知识"。重点了解和掌握宪法、国家赔偿法、行政处罚法等以及与本职工作相关的其他法律、法规,行政执法人员要熟练掌握和运用与本职

工作相关的法律、法规,提高自身法律素质,秉公执法,做到有法必依、执法必严、违法必究。

2001年,全国"四五"普法规划的主要内容是:宣传与整顿规范市场经济秩序相关的法律法规,宣传与加入世界贸易组织相关的法律知识,宣传与维护社会稳定相关的法律法规,宣传社会发展迫切要求普及的各项法律法规。并要求各级领导干部带头学法用法,依法决策、依法行政、依法管理,努力实现领导方式和管理方式的转变。

2006年,全国"五五"普法规划的主要内容是:宣传宪法,宣传经济社会发展的相关法律法规,宣传与群众生产生活密切相关的法律法规,宣传规范市场经济秩序的法律法规,宣传维护社会和谐稳定、促进社会公平正义的相关法律法规。

2011年,全国"六五"普法规划的主要内容是:深入学习宣传中国特色社会主义法律体系和国家基本法律;深入开展社会主义法治理念教育;深入学习宣传促进经济发展的法律法规;深入学习宣传保障和改善民生的法律法规;深入学习宣传社会管理的法律法规。

由此可以看出,全国普法与法制宣传教育的内容,由具体的某一法律、某些法律,向部门法、专业法,再向法律部门、法律体系不断拓展。这一点,在全国档案系统"四五""五五""六五"法制宣传教育规划中,也可以清楚地看到。

普法及法制宣传教育的内容越来越综合、越来越系统、越来越宏观。仅仅了解或熟悉一两部或者少数几部法律,只了解或熟悉与本行业、本专业、本领域相关的行业法和部门法,已经不能适应国家经济社会发展的需要,不能适应依法行政与法制社会建设的需要。因此,档案行政权力清单制定的过程,是一次难得的综合性、系统性的普法与法制宣传教育。

三、建立档案行政权力清单制度过程中开展普法与法制宣传教育的思路

1. 全员参与

在建立档案行政权力清单制度工作中,有一种错误认识,认为制定档案行政权力清单,只涉及一两位档案行政管理机关领导者,或者具体承担这项工作部门的事,与己无关。事实上,由于档案行政权力清单涉及档案行政管理和档案实物管理的方方面面,进而涉及各级档案行政管理机关、具有档案行政管理权限的事业单位及其全体工作人员。而从近期的一个档案工作者"普法"及档案法制教育情况调查结果来看,虽然"无论是对基本法律知识'几乎都不了解'的人;或搞不清,或搞错《档案法》属于哪一类法的人;无论是搞不清全国法制宣传日是哪一天的人,还是记不得《档案法》宣传日日期的人;无论是表示没有接受过普法教育的人,还是'觉得法律没用'的人;都说明法制和档案法制宣传存在死角和盲区。从这些人的占比数来看,有大有小,似乎不是一个大问题。但如果将这一比例用在全国十几万档案工作者身上,其绝对值就是一个不小的数字。"[4]

这些人一旦在具有档案行政权力的岗位上,运用档案行政权力,就可能产生错误,给档案事业造成损失。因此,在建立档案行政权力清单制度过程中开展普法与法制宣传教育必须坚持全员参与的原则,让所有档案工作者都参与到建立档案行政权力清单制度中。在建立档案行政权力清单制度过程中"继续进行普法教育,加大普法教育的力度与持续性,直到消除法制死角与盲区,进而提高全体档案工作者的法制意识与法制能力"[5]。

2. 系统学习

系统学习,就是在建立档案行政权力清单制度过程中开展普法与法制宣传教育,全面学习中国特色社会主义法律体系和国家基本法律,包括宪法相关法、民法商法、行政法、经济法、社会法、刑法、诉讼与非诉讼程序法等方面的法律。

学习促进经济和社会发展的法律法规,包括国家基本经济制度、社会主义市场经济、财税、金融、投资等方面的法律法规,农村基本经营制度、农村土地管理制度、农村金融制度、城乡经济社会发展一体化制度和农村民主管理制度等方面的法律法规,加强资源节约和管理、环境和生态保护、防灾减灾等方面的法律法规,推进科技进步、加快教育事业发展、加强自主创新能力建设、实施人才强国战略、区域协调发展和城乡规划建设管理相关法律法规。

学习保障和改善民生的法律法规,包括收入分配、社会保障、医疗卫生、社会救助等方面的法律法规,就业促进、劳动合同、劳动争议处理等方面的法律法规,土地征收征用与补偿、土地承包经营权流转、国有企业改制等方面的法律法规,安全生产、食品药品安全、抗灾救灾、公共卫生等方面的法律法规,维护妇女、未成年人、老年人、残疾人权益等方面的法律法规。

学习社会管理的法律法规,包括维护国家安全、社会稳定、促进民族团结相关法律法规,社会治安综合治理、流动人口服务和管理、突发事件应急管理相关法律法规,信访、投诉、调解等相关法律法规,新闻出版、广播影视、文化文艺、网络电信管理相关法律法规,刑事、民事和行政诉讼法律。

学习反腐倡廉的法律法规,包括公务员法、行政监察法、审计法和廉政准则等相关法律法规和党纪条规。

系统学习有关法律是因为档案工作涉及社会的方方面面,档案行政管理也同样涉及社会的方方面面,而这些涉及社会方方面面的法律中的有关档案方面的规定,既是档案行政权力的范围,又是档案行政权力的边界,还是档案行政管理的职责所在。同时,更是档案行政管理依法行政、合法行政、善于行政的必备法律素养。档案行政管理要真正做好依法行政,完全落实档案行政权力清单职责,按章办事,系统学习与熟知这些有关法律是必不可少的。

3. 突出重点

面对庞大的法律体系,要求所有档案人员都进行全面深入的学习与熟知是很困难的。这就要求在建立档案行政权力清单制度过程中开展的普法与法制宣传教育中,突出重点,有所侧重。重点应当是:其一,作为公民必须遵循的宪法及其相关法律;其二,作为档案工作者必须遵循的与档案工作相关的《档案法》及其相关法律;其三,作为档案行政管理人员必须遵循并执行有关档案工作的法律与依法行政相关的行政法。还应当根据不同地区、不同层级、不同的档案工作岗位的特点,开展与之相关的普法与法制宣传教育,以增强普法及法制宣传教育的针对性。

4. 注重实效

注重实效,就是要围绕提高全体档案工作者的法律意识和法律素质,提高档案工作的法治化管理水平,推动自觉学法、守法、用法的工作环境形成的档案普法和档案法制宣传教育目标,坚持档案法制宣传教育与档案法治实践相结合。对于建立档案行政权力清单制度的档案法治实践来说,就是用档案普法和档案法制宣传教育引导档案行政权力清单的制定与实施,加强档案普法和档案法制宣传教育,深入推进依法行政、依法治档与档案事业的依法治理。

参考文献

[1]刘卫邦.云南把《档案法》纳入普法规划[J].档案工作,1991(8):28.

[2]兰台普法十三秋——甘肃省档案法制工作综述之一[J].档案,2000(4):34-35.

[3][4][5]席杰.档案工作者"普法"及档案法制教育情况调查[J].档案管理,2016(2):80.

该文发表在《档案管理》2016年第4期

论档案行政执法的功能与作用

吴雁平

摘　要　档案行政执法属行政执法。档案行政执法的主要作用与功能是将档案法律法规文本所规定的权利义务，转化为公民与法人的档案行为规范。它包括制定档案行政规范性文件、对档案法律解释、调整档案法律关系保障档案行政相对人的利益、查处档案违法现象保障档案法律实现等。

关键词　档案行政执法　档案法制　依法治档　功能　作用

随着社会的发展变化，档案行政执法实践的深入，使得诸如对档案行政执法含义理解偏窄、对档案行政执法的作用与功能缺乏认知等问题凸显出来了，有必要给予讨论与澄清，这样才能更好地推动档案行政执法工作的开展，使档案行政执法实践取得更多更加有效的成果。本文仅对此做一些探讨，不妥之处敬请各位同仁指正。

一、档案行政执法的含义

档案行政执法属行政执法，故行政执法的含义也适用于档案行政执法。从法理学上讲，执法有广义和狭义两种理解。广义的执法是指一切执行法律、适用法律的活动，包括国家行政机关、司法机关和法律授权、委托的组织及其公职人员，依照法定职权和程序，贯彻实施法律的活动。狭义的执法仅指国家行政机关和法律授权、委托的组织及其公职人员在行使行政管理权的过程中,依照法定职权和程序,贯彻实施法律的活动[1]。简单地讲,广义的执法包括国家行政机关、司法机关和法律授权、委托的组织及其公职人员,依照法定职权和程序的一切执行法律、适用法律的活动;而狭义的执法则不包括广义理解中的司法机关活动。对于狭义的执法,习惯上称之为"行政执法"。

所谓"档案行政执法是指档案行政管理部门依照法定的职责、权限和程序,适用档案法律、档案行政法规和规章,使档案法律、档案行政法规和规章在社会生活中得以实施的活动"[2],其实质就是国家将档案法律法规及相关法律中所规定的关于档案方面权利和义务的文字条款,通过各级档案行政管理部门的行政执法活动,变为法人(国家机关、团体、社会组织、企事业单位)和公民个人处理档案事务时所共同遵守的行为规范。简单讲,档案行政执法就是将档案法律法规文本转化为公民与法人的档案事务行为规范的行政行为活动。

二、档案行政执法的主要作用与功能

档案行政执法的主要作用与功能是将档案法律法规文本所规定的权利义务,转化为公民与法人的档案行为规范。其主要内容有以下几个方面:

1. 制定档案行政规范性文件

制定档案行政规范性文件,将档案法律及相关法律中有档案事务的法律文本所规定的原则性条款具体化,然后再通过直接实施档案行政规范性文件,使档案法律及相关法律中有档案事务的法律文本的原则性规定在实际档案工作中得以贯彻落实,这是档案行政执法的第一要务。

档案行政法规和档案行政规章,相对于档案法律而言是执行性的,是为执行档案法律而将档案法律与其他法律中涉及档案事务的原则性条款具体化的过程。因此,制定档案行政法规和档案行政规章的行为属于广义档案行政执法的范畴。但是,制定档案行政法规和档案行政规章相对于其他档案规范性文件和具体档案行政行为,又具有立法的性质,它是为其他档案规范性文件和具体档案行政行为确立准则、规范的。因此,制定档案行政法规和档案行政规章的执法行为又属于广义档案立法的范畴,可以称之为"档案行政立法"。其他档案规范性文件则是为执行档案法规(包括档案行政法规和地方性档案法规)、档案行政规章和最终执行档案法律而将档案行政法规、档案行政规章,或直接将档案法律与其他法律中涉及档案事务的原则性条款具体化;具体档案行政行为则是直接执行档案法律、档案行政法规、档案行政规章和其他档案行政规范性文件所确立的准则、规范,使这些准则、规范在法人及公民个人实际涉及档案的具体事务中得到实现。因此,制定其他档案行政规范性文件的行为和具体档案行政行为均属于一般档案行政执法的范畴,具体档案行政行为则属于较狭义的档案行政执法范畴。

"行政执法是有层级的。要将具有高度普遍性、抽象性、原则性的法律规范适用于特定时间、特定场合的特定人、特定事,必须有一个将法律规范具体化、特定化的过程。"[3]这个过程,在大多数情况下是通过各个层级制定本层级的规范性文件来实现的。1987年《档案法》颁布后,1990年由国务院制定颁布了《档案法实施办法》;此后,国务院的各相关部委、直属机构则根据《档案法》和《档案法实施办法》,以及本部门的实际情况制定相应的条例、办法或《档案法实施细则》,如1994年由原广播电影电视部和国家档案局联合颁布的《电影艺术档案管理规定》、1997年由原建设部颁布的《城市建设档案管理规定》等;各省级人大根据《档案法》和《档案法实施办法》及本省实际情况制定条例、办法或实施细则,如1995年上海市人民代表大会常务委员会颁布的《上海市档案条例》、1997年甘肃省人民代表大会常务委员会颁布的《甘肃省档案管理条例》、2002年河南省人民代表大会常务委员会颁布的《河南省档案管理条例》等;省级人民政府及其工作部门则根据国务院的实施办法和本省人大制定的本省档案管理条例或实施细则制定各种实施性、解释性的规范性文件,如1988年广东省人民政府办公厅颁布的《广东省档案馆开放档案实施细则》、2006年洛阳市人民政府颁布的《洛阳市档案管理规定》、2002年汕头市人民政府颁布的《汕头市名人档案管理办法》等。之后,市级、县级人民政府及其工作部门,甚至乡镇人民政府都可以根据上级政府和本级人大的规范性文件以及本地、本部门的实际情况制定各种实施性、解释性的规范性文件,如1998年11月由丹东市人民政府颁布的《丹东市档案管理办法》、2012年9月由修武县人民政府颁布的《修武县档案管理办法》、2011年11月由达县葫芦乡人民政府颁布的《达县葫芦乡人民政府档案室档案管理办法》等。

在这个将档案法律规范具体化、特定化的过程中,既要防止无所作为,只抱怨档案法律法规不具可操作性,却又不结合本级本辖区具体情况制定有针对性的档案行政规范性文件的行为,如大多数省都未遵照《档案法实施办法》的要求,划定非国家所有的对国家和社会有保存价值的档案范围;也要防止规范性文件过多过滥。对于下级档案行政机关来说,如果上级档案行政机关的规范性文件已经很具体,本地、本级、本部门又没有特殊的情况与问题要再加以特别的规定,就没有必要另行制定新的档案规范性文件。为执行档案法律或某一个涉及档案事务的法律,各级政府、各级档案行政管理机关和各相应主管部门都制定档案规范性文件既不可能,也没必要。

2. 解释档案法律

对档案法律进行解释也是档案行政执法。它与制定档案行政规范性文件既有着密切的联系,又有本质上的区别。一方面,我们是可以通过制定普适性的档案行政规范性文件来对档案法律进行解释。但是,在实际的档案行政执法过程中,我们往往面对的是大量的不同单位、不同环境、不同主客观情况、不同时间空间、不同事由的个案,不可能全部通过事先制定普适性的档案行政规范性文件来解释,多数情况下是当面以口头或书面的方式,向档案行政相对人说明档案行政执法行为的理由。这种当面口头或书面说明档案行政执法行为理由的形式就是针对个案的对档案法律的解释。口头方式多用于档案行政监督检查等档案行政执法行为,书面方式多用于档案行政许可、档案行政强制与档案行政处罚等档案行政执法行为。另一方面,档案行政规范性文件,不仅具有解释档案法律的功能,还具有保障档案法律实现的其他许多功能,比如,发布档案行政命令,制定档案行政规范,规定档案行政措施,等等。因此,进行档案法律解释是档案行政执法的一项独立的方法和途径,不能也不应该与制定档案行政规范性文件相混淆。

作为档案行政执法方法与途径的法律解释不同于《立法法》规定的"法律解释"。《立法法》规定的"法律解释"具有立法性质,只适用于两种情形:一是法律的规定需进一步明确具体含义的;二是法律制定后出现新的情况,需明确适用法律依据的。再就是《立法法》规定的"法律解释"权仅属于全国人大常委会。在其他国家机关中,只有国务院、中央军委、最高人民法院、最高人民检察院、全国人大各专门委员会以及省级人大常委会有权提出法律解释的要求。按照《立法法》的规定,一般行政执法机关,是没有法律解释权的。因此,这里所说的档案行政执法机关在档案行政执法过程中的所谓解释档案法律,只是在不同的个案中对所适用档案法律的个别解释;是在将档案法律条文适用于不同的个案时,对相应档案法律条文的含义和适用范围的诠释。这种解释档案法律是广义上的法律解释,它不仅存在于档案行政执法当中,也存在于其他行政执法行为当中。"任何行政机关,只要实施行政执法行为,就必须进行一定的法律解释。任何行政机关和行政机关工作人员,只要实施行政执法行为,就必然享有一定的法律解释权。"[4]

档案行政执法机关和档案行政执法人员在档案行政执法过程中对档案法律解释,不只是对《档案法》的解释,而是包括对所有其所执行的涉及档案事务的法律、法规、地方性法规、部门规章、地方政府规章,以及规章以下的规范性文件的解释。档案行政执法者在档案行政执法时适用什么法律法规,就必须解释什么法律法规。在档案行政执法实践中,这种解释有时是书面的,如档案行政整改通知书等。但多数情况下是以口头方式下达的:档案行政执法人员在告知档案行政相对人其档案行政执法行为法律根据的同时,向档案行政相对人说明和解释相应档案法律规定的含义和适用相应行为的理由。档案行政执法人员在档案行政执法过程中所进行的这种法律解释,就其本质上讲,实际是在做档案行政执法的说服工作。其目的是使档案行政相对人相信档案行政执法人员的行政行为是合法、合规、正当、准确的。在《档案法》普及程度不高,社会档案意识相对薄弱的当下,档案行政执法者在档案行政执法过程中,进行这种解释或说服工作是非常必要的,因为档案法律法规无论如何周延具体,面对不断发展变化着的社会,总是与现实情况有一定距离的。

3. 调整档案法律关系保障档案行政相对人的利益

所谓档案法律关系,即由档案法律负责调整的人们之间的档案事务关系。这种档案事务关系,是以现行档案法律所规定的人们的档案事务权利和义务为主要内容,并且以国家强制力保证其实施的。档案行政执法就是由档案行政管理部门代表国家强制力保证其实施的措施,通过档案行政执法来调整各种档案法律关系以保障档案行政相对人的利益。在调整档案法律关系保障档案行政相对人利益方面的档案行政执法主要方式是档案行政处理,其主要形式有档案行政许可、档案行政确认、档案行政裁决等。

例如档案行政许可,是立法者为了保障非国家所有的对国家和社会具有保存价值的档案正常流动秩序,保障国家和公民、法人和其他组织的利益而设定的条件,规定只有符合条件者才能流动,不符合条件者则不能流动的制度。要保证设定的条件的实现,则必须通过档案行政执法者的审批行为(即档案行政许可行为)。必须通过档案行政执法者的审查、审核等方式核实、认定;必须通过档案行政执法者的审批过程、步骤和顺序来实现。从档案行政许可设定现状来看,现有的行政许可项目是由《档案法》《档案法实施办法》和地方性法规设定的。2004年9月国家档案局印发的《国家档案局关于印发保留行政许可项目和非行政许可审批项目的通知》,明确了三项由现行法律、行政法规设定并在全国范围内实施的档案行政许可项目,如《档案法》第十六条和《档案法实施办法》第十七条设定了对出卖、转让、赠送集体所有、个人所有以及其他不属于国家所有的对国家和社会具有保存价值的或者应当保密的档案的审批。另外,还有一些地方性法规设立的档案行政许可项目。

4. 查处档案违法现象保障档案法律实现

查处档案违法现象是为了保证档案法律的实现而设定的保障机制。在多数情况下,这种保障机制是通过直接适用档案法律规定,对档案行政相对人做出相应的档案行政执法行为而保证档案立法目标的实现。查处档案违法现象的档案行政执法主要形式有档案行政监督检查、档案行政强制和档案行政处罚等。

最能被基层档案工作者认同的档案行政执法行为是档案行政监督检查和档案行政处罚。也就是常说的最窄意义的档案行政执法。档案行政监督检查和档案行政处罚作为档案法律实现的保障机制,其功能与作用既有联系又有区别,还有递进的关系。首先是档案行政监督检查,档案行政管理部门通过档案行政监督检查,对档案行政相对人履行档案法律法规规定的义务和遵守档案行政行为确定要求的情况进行检查、了解,掌握档案行政相对人的具体情况。如果是有轻微的档案违法行为,一般是通过下达档案行政整改通知书的形式进行处理。通过下达档案行政整改通知书促使其履行档案法律法规规定的义务和要求或达到与其履行档案法律法规规定的义务和要求相同或基本相同的状态,改正其档案违法行为。如果是下达档案行政整改通知书后,在规定的时间内仍不整改的或档案违法行为较重的,就要采取档案行政处罚。档案行政处罚是档案行政管理部门对违反档案法律法规规定的义务和要求的档案行政相对人给予的档案法律制裁,为使其日后不再违反档案法律法规,也使其他有相应档案违法意向的档案行政相对人引以为戒,不再有相应的档案违法行为。档案行政监督检查和档案行政处罚虽然具体功能、作用有些不同,但其基本功能和作用是相同的,均是保障档案法律法规的实现,将档案法律法规从文本规定变为公民与法人的实际档案行为规范的方法与途径。

三、结语

档案行政许可、档案行政监督检查和档案行政处罚等都是档案行政执法的方法,它们既不是档案行政执法的全部内容,也不是档案行政执法的全部作用和功能。因此,"只有对行政执法的功能和作用有全面、正确的认识,才能形成加强、改进和完善行政执法的自觉,并找到和确立加强、改进和完善行政执法的正确途径"[5]。

参考文献

[1]张文显.法理学[M].北京:高等教育出版社,2011:207.

[2]潘玉民.论档案行政执法与档案普法的关系[J].档案学通讯,2003(3):18-20.

[3][4][5]姜明安.行政执法的功能与作用[J].湖南社会科学,2004(1):158-167.

该文发表在《档案管理》2013年第5期

依法治档视角下的档案行政司法化

吴雁平

摘 要 司法是法制建设的重要环节,亦是依法治档的重要内容。档案行政司法化是行政司法化大趋势下的必然进程。档案行政司法化进程包括档案行政执法的司法化、档案行政司法、档案行政执法与刑事司法的衔接三方面内容。

关键词 依法治档 档案行政司法化 档案执法

党的十八大报告中提出"科学立法、严格执法、公正司法、全民守法"新的16字方针,表明我国社会主义法制建设进入了新阶段,开启了依法治国新时代。这新16字方针与"有法可依、有法必依、执法必严、违法必究"共同成为依法治档——档案事业法制化建设应遵循的基本原则。本文着重从依法治档视角探讨档案行政司法化的问题。

一、司法及行政司法化

1. 司法及其特征

"司法,是指国家司法机关依照法定职权和法定程序,具体应用法律处理案件的专门活动。"[1]司法是实施法律的一种方式,又称法的适用,对实现立法目的、发挥法律的功能具有极其重要的作用。我国的司法分为刑事司法、民事司法和行政司法三类。司法的基本特征包括:

(1)专属性。司法是以国家名义行使司法权的专门活动,司法权是一种专有权。"这项权力只能由国家司法机关及其司法人员行使,其他任何国家机关、社会组织和个人都不能行使此项权力。"[2]

（2）程序性。司法活动是司法机关严格按照法定程序进行的专门活动，程序性是司法的最重要、最显著的特点之一。诉讼法规定了严格的诉讼程序，以保证司法的公正。

（3）专业性。司法是司法机关运用法律处理案件的专门活动，这种专门的活动需要精准的专业判断。要达到做出精准的专业判断，就要求做出判断的司法人员必须具备精深的法律专业知识和丰富生活与司法经验。

（4）权威性。司法是司法机关以国家强制力作为后盾，并且以国家的名义运用法律来处理案件的活动。因此，"司法机关依照法定职权和法定程序对案件所作出的裁决是具有法律效力的裁决，任何组织和个人都必须执行，不得擅自修改和违抗"[3]。

2. 行政司法化

虽然从理论上说司法与行政是分立的，彼此之间不应出现"交集"，但随着社会的发展，在现代国家管理与运行实践中，司法与行政越来越多地出现了一定程度的融合，具体表现为行政权的司法化与司法权的行政化，也就是行政司法化和司法行政化，这里只讨论行政司法化。所谓行政司法化，就是行政行为司法化，或是司法形式的行政行为，"是指行政权的运行采用司法的构造方式"[4]，"将司法的程序导入了行政领域，通过争议双方的司法化程序寻求纠纷解决的最佳途径，以求行政权运行的公平、公正"[5]。行政司法化"反映了行政权和司法权在某些领域方面出现了融合的趋势"[6]。产生行政司法化趋势的原因主要来自行政理念与现实需求两个方面：一是因为"正当程序保障的宪法原则在行政领域的广泛适用"[7]，这是行政理念上的原因。二是因为"传统司法程序规则无法应对日益加剧的案件负担，若所有纠纷都按复杂的诉讼程序解决，国家及当事人皆无法承受其沉重代价"[8]，这是来自社会实践中的现实压力与需求。而行政司法化趋势更深层所表达的是"将行政运作程序视为司法程序一样，目的在于确保个人合法权益不受侵犯"[9]的行政理念。这种行政理念从其实质上讲就是依法行政的理念。行政司法化涉及行政执法司法化、行政司法、行政执法与刑事司法衔接等。

二、档案行政司法化

在行政司法化的大趋势下,作为国家行政组成部分之一的档案行政,其司法化进程亦是一种必然。档案行政司法化包括档案行政执法的司法化、档案行政司法、档案行政执法与刑事司法的衔接三方面的内容。

1. 档案行政执法的司法化

档案行政执法司法化是指按照司法模式严格档案执法程序,以及档案执法纠纷通过司法途径解决。包括档案执法案件调查材料的司法化、档案行政执法程序的司法化、档案行政执法机关内部运行司法化、档案行政执法听证司法化等内容。

档案执法案件调查材料是档案执法行为的重要书面材料,档案执法案件调查材料的司法化就是以司法文书的要求来形成档案执法案件调查材料。这样做的本意在于能够更为理性地实施档案行政处罚,保障档案行政执法行为的客观公正。司法化的档案执法案件调查材料可以客观真实地记录整个档案执法的过程,要求档案执法人员必须具备扎实的法律知识功底、严谨的逻辑思维能力和高超的法律运用技术水平。档案执法案件调查材料司法化,客观上使案件调查材料更加严谨、更加接近于司法文书。这样的文书材料不仅使档案行政执法的当事人比较容易接受档案行政处罚,而且在行政复议或行政处罚听证中易于得到裁决机关和听证代表的认同。这样做,提高了档案工作依法行政效率,也提高了依法治档水平。

档案行政执法程序的司法化就是将档案行政执法的程序按照司法的程序加以规范。在我国,长期以来深受"重实体,轻程序"传统思想的影响,在结果与过程之间,往往偏重对结果的关注。"对于行政权的运行,人们同样过于注重结果的合法与否,注重行政执法的效率而忽视了公正、忽视了行政权的运行过程。建立严谨的、完善的行政程序制度,以法定程序规范行政执法行为,对于行政程序意识普遍缺乏的中国来说,尤为重要。"[10]档案行政执法程序司法化,涉及告知、调查、检查、取证、文件审核、处罚、决定送达、处理等全部档案执法程序。只有建立司法化的档案行政执法程序,才能从程序上保证档案行政执法的公正性、权威性,并提高档案行政执法的执行力。随着档案行政权运行的法制化进程,档案行政执法行为程序的严谨规制将越来越明显,档案行政执法将越来越注重程序和关注过程,这是依法治档理念下档案行政执法方式在新时期的变化。"司法程序设计的严密是司法权追求公平、公正的有效保障,为此,为达成行政执法公正的价值目标,行政执法司法化也成为行政执法方式的必然变化趋势。"[11]也可以说,档案行政执法司法化是档案行政执法程序化的必然结果。

在所有档案执法行为中,档案行政执法听证的司法化倾向最为明显。档案行政执法听证要求档案行政机关在正式公布有关利害人的执法决定之前,要接受档案行政执法当事人口头提供的证据,允许档案行政执法双方当事人就档案行政执法听证所涉及的某一方面的问题进行辩论,为档案行政执法当事人提供申辩的权利和机会。

档案行政执法机关内部运行司法化是指档案行政机关在处理与档案行政执法相关的事务时,应当改变传统的内部行政运行模式。档案执法案件调查材料的司法化、档案行政执法程序的司法化、档案行政执法听证司法化不仅仅是具体行政行为的司法化,而是行政理念的司法化。这就要求档案行政执法机构在内部运行机制上也要司法化,只有这样,才能保证档案行政执法从内容到形式上都更加严谨、公开、公平。

这些内容涉及档案行政行为中的文件起草、办事程序、当事人陈述申辩及档案行政机关内部运行模式等多个方面,这对于习惯于传统行政机关工作模式的档案行政管理人员来讲,是一个全新的课题。需要通过学习,确立正确的行政执法观念,改变旧有的内部运行机制,掌握正确的行政程序与方式,适应档案行政执法司法化要求与变化。

2. 档案行政司法

档案行政司法行为是一种特殊的具体档案行政行为，它是指档案行政机关根据相关法律，按照准司法程序来审理和裁处有关档案或档案事务的争议或纠纷，从而对当事人之间的权利、义务关系产生影响，并具有法律效力的行为。档案行政司法行为包括档案行政调解行为、档案行政裁决行为、档案行政复议行为、档案行政仲裁行为。档案行政司法具有如下特点：

(1)档案行政司法行为是种"准司法"行政行为，是依法裁处档案事务纠纷的档案行政司法行为。其行为应遵循程序司法化原则。

(2)档案行政司法行为的主体为特定主体。这一主体只能是各级档案行政机关，档案行政机关同时也是档案行政复议机关、档案行政裁决机关及档案调解机关。

(3)档案行政司法行为的对象是由法律特别规定的。一般是由于当事人不服档案行政机关的决定，或双方当事人不履行义务，或档案行政机关、其他当事人侵害相对方合法权益而产生的，是权利和义务发生利害关系的争议或纠纷。

(4)档案行政司法行为对纠纷的解决不具有终局性，是可诉的。当事人如果不服档案行政机关的档案行政司法决定的，可以向同级人民法院起诉。

档案行政司法在档案行政司法化进程中，具有特别重要意义。这是因为档案行政调解行为、档案行政裁决行为、档案行政复议行为、档案行政仲裁行为是最为常用的档案行政行为。将这些常用的档案行政行为划入档案行政司法的范畴，对于档案行政管理工作是一个全新的内容，不仅需要从理论上进行论证，而且需要在实践中探索如何做，探索上述每一种具体档案行政司法行为的方式、方法。这种实践上的探索不能等上级档案行政机关的安排，也不能靠其他同级档案行政机关提供经验，更不能依赖司法机关的帮助与指导，而需要我们在档案行政管理工作中，主动地在审理和裁处有关档案或档案事务的争议或纠纷时，根据相关法律，按照准司法程序来办理,在实践中不断地积累经验。

3. 档案行政执法与刑事司法的衔接

《档案法》与《刑法》的相关条款,为档案行政执法与刑事司法的衔接提供了法律依据,奠定了法律基础。但档案行政执法如何与刑事司法相衔接却缺少可供参考与借鉴的实例与文献。这也是档案界普遍认为《档案法》是软法的症结之一。在我国现行的档案法律体制下,对于《档案法》所规定的危害后果比较轻微的违法、但尚未构成犯罪的行为,刑法并不会主动介入,主要通过档案行政执法的处罚与制裁方式实现其档案行政管理的目的。如果档案行政执法机关发现某种档案行政违法行为已经超出《档案法》规定的处罚限度,仅靠单纯的档案行政制裁不能达到档案行政管理的目的,且根据刑法与档案相关的规定,该行为已经属于情节严重或者后果比较严重等情形而构成犯罪时,需要将其移送刑事司法机关,由司法机关依照司法程序进行处置。

行政执法与刑事司法衔接工作是近年来行政执法部门、司法机关和社会各界共同关注的一项工作。2011年2月9日,中共中央办公厅、国务院办公厅转发了国务院法制办等八个部门《关于加强行政执法与刑事司法衔接工作的意见》,进一步明确了行政执法机关、公安机关、监察机关和人民检察院在行政执法与刑事司法衔接工作中的职责和工作程序,对完善衔接工作机制、加强组织领导和监督制约等提出了具体要求。2013年1月1日起实施的新修订的《刑事诉讼法》则在"立法层面上首次对行政执法证据司法化予以肯定"[12]。然而,档案界对档案行政执法与刑事司法衔接的研究还非常之少,实践中也少有案例,档案行政执法人员更是少有这方面的理念与观念。笔者认为,档案行政执法与刑事司法的衔接主要包括证据衔接、程序衔接两个方面。

(1)证据衔接。"行政证据是指行政执法主体依法定程序收集的、用来证明案件真实情况的一切事实;刑事诉讼证据是指司法机关依法定程序收集的、用来证明案件真实情况的一切事实。"[13]按照《行政处罚法》和国务院2001年7月颁布施行的《行政执法机关移送涉嫌犯罪案件的规定》要求,行政执法机关在行政执法过程中应当将涉嫌犯罪案件移送公安机关,公安机关必须受理。但在当时《刑事诉讼法》和《行政执法机关移送涉嫌犯罪案件的规定》都没有规定当案件进入刑事诉讼程序后,原行政执法机关所收集的材料能否作为刑事侦查、起诉和审判的证据使用。2013年新修订的《刑事诉讼法》规定:"行政机关在行政执法和查办案件过程中收集的物证、书证、视听资料、电子数据等证据材料,在刑事诉讼中可以作为证据使用。"该条款允许行政执法证据可以在刑事诉讼中使用,为行政执法证据与刑事司法证据的衔接提供了法律依据,也为档案行政执法与刑事司法的证据衔接提供了法律依据。

(2)程序衔接。即档案行政执法机关如何将涉嫌档案犯罪的案件进行移送、刑事司法机关如何受理并对案件进行处理。虽然对于案件移送在《行政执法机关移送涉嫌犯罪案件的规定》中已有较为详细的规定,但"行政执法与刑事司法相衔接的核心是程序问题"[14]。对档案行政执法与刑事司法的衔接程序进行研究,有助于推动档案行政执法机关将处在档案行政执法环节构成档案犯罪的案件依法移送给刑事司法机关处置,从而实现档案行政执法与刑事司法的有效衔接,进而避免出现以档案行政处罚代替刑事处置,导致有罪不究现象的发生。行政执法程序与刑事司法程序衔接包括:档案行政执法机关移送的程序,司法机关对档案执法机关移送档案案件的受理及处理程序,档案行政执法与刑事司法衔接程序中的证据收集与转化三个方面的内容。"尽管案件的移送、受理及处理是行政执法与刑事司法相衔接的关键程序问题,但是,这些程序性的设计还必须有合适的配套制度来加以有效的保障。"[15]

三、结语

司法是法制建设的重要环节,亦是依法治档的重要内容,档案行政司法化是依法治档进程中的一种必然。从理论与实践两个层面关注档案行政执法的司法化、档案行政司法、档案行政执法与刑事司法的衔接,在注重理论研究的同时,应更多地进行实践探索,更加有效地推进档案工作法制化的进程。

参考文献

[1][2][3]张文显.法理学[M].北京:高等教育出版社,2011:212.

[4]王永杰.从独语到对话——以行政司法化为视角[J].国家行政学院学报,2007(3):46-49.

[5]张宇飞,陈慧.论有限政府的指标[J].山东警察学院学报,2010(6):44-48.

[6]陈颖.我国行政性ADR的理论研究和制度完善[D].苏州:苏州大学,2008.

[7]王豪.我国行政裁决法律制度研究[D].北京:中国政法大学,2005.

[8]张建伟.试论环境行政裁决[J].河南社会科学,2004(5):14-16.

[9]姜国兵.行政投诉的决策模式探究——以广东省为例[J].国家行政学院学报,2011(6):108-111.

[10]曾洁雯,詹红星.政府职能的转变与行政执法方式的变革[J].湖南社会科学,2011(4):75-77.

[11]肖金明.论政府执法方式及其变革[J].行政法学研究,2004(4):9-16.

[12]孙伟.行政执法证据刑事司法化的现实性浅析[J].山西省政法管理干部学院学报,2013(1):33-36.

[13]谢治东.行政执法与刑事司法衔接机制中若干问题理论探究[J].浙江社会科学,2011(4):54-59.

[14][15]周佑勇,刘艳红.行政执法与刑事司法相衔接的程序机制研究[J].东南大学学报(哲学社会科学版),2008(1):47-52.

该文发表在《档案管理》2013年第6期

依法治档研究

档案工作者对《档案法》中"国家和社会"含义认识的调查

吴雁平

摘　要　档案工作者对《档案法》中"国家和社会""国家机构、社会组织"等概念的含义认识上存在差异。这种差异直接影响到档案行政管理工作的开展,有必要对这些基本概念进行深入、系统的研究,明确这些基本概念的含义,统一思想认识,以推进档案行政管理工作的法制化进程。

关键词　档案法　国家机构　社会组织　认识　调查

《中华人民共和国档案法》(以下简称《档案法》)第二条规定:"本法所称的档案,是指过去和现在的国家机构、社会组织以及个人从事政治、军事、经济、科学、技术、文化、宗教等活动直接形成的对国家和社会有保存价值的各种文字、图表、声像等不同形式的历史记录。"我们通常将这一规定称之为档案的"法定定义"。在这一定义中,"对国家和社会有保存价值"的"国家和社会"是否是同一含义?定义中所列"国家机构、社会组织"又具体是指哪些机构、哪些组织?对于这些概念,档案工作者是否有统一的理解与认识?为此,我们设计了一套调查问卷,对相关问题进行了调查。调查对象是来自档案工作一线参加河南省档案学会2014年科研与调查培训班的158位同志。下面是此次调查的基本情况与结果。

一、调查的基本情况

此次调查问卷共设有9个问题,61个可选答案。由于篇幅限制,本文不包含问题5(年龄)、6(性别)、7(学历)的基本情况。调查结果如下。

1. 《档案法》第二条中所说的"国家和社会"在这部法律中的含义是否相同(单选)

在全部参加调查的人员中,认为相同的41人,约占1/4;有102人认为不相同,所占比例接近65%;还有10人"吃不准",5人"没想过"。

2. 《档案法》第二条中所说的"国家"是指(可多选)

在全部参加调查的人员中,认为"国家"是指"中华人民共和国领土领海领空范围"的有109人,所占比例最高,接近70%;其次是"地方各级人民政府",有102人,所占比例近65%;选择"中央人民政府"的65人,约占4成;选择"吃不准"的5人,"没想过"的3人。这说明对于《档案法》中所说的"国家",档案工作者有着多种不同认识与理解。

3. 《档案法》第二条中所说的"国家机构"是指(可多选)

在全部参加调查的人员中,认为"国家机构"是指"各级党政机构"(126人)和"各级政府机构"(109人)的所占比例最高,近80%~90%;其次是"一切由国家财政供给的机构"(91人)和"国家财政供给的事业单位"(88人),所占比例在半数以上;再次是"国家财政供给的群团组织"(68人),所占比例超过4成;而"国有企业"(50人),所占比例也超过了30%;表示"吃不准"的有4人,"没想过"的有2人。这表明档案工作者对于国家机构的认识同样存在着多种不同观点。

4. 《档案法》第二条中所说的"社会组织"是指(可多选)

在全部参加调查的人员中,对"民办社团组织"是社会组织的认同度最高,有132人,所占比例超过了80%;其次是"国家财政供给的社团组织",有120人,所占比例超过了75%;再次是"民办非企业单位",有93人,所占比例也接近60%;对于"农村村民委员会"(62人)和"城市居民委员会"(68人),认同度最低,只有40%左右;表示吃不准的有6人,没想过的有1人。这种情况同样反映出大家对什么是《档案法》中所指的"社会组织"有着多种不同的见解。

5. 您所学过的专业(可多选)

在全部参加调查的人员中,所学专业与档案专业相关或相近的所占比例接近6成,其中档案(45人)专业所占比例最高;其次是管理(37人)、法律(30人)、文秘(29人)等与档案工作相关性比较强的专业;再次是信息技术(15人)、政治(8人)、图书情报(5人)、历史(1人)。上述专业以外的其他专业有66人,所占比例超过了4成。

6. 您的职业(单选)

在全部参加调查的人员中,公共事业单位人员77人,所占比例最高,接近半数;公务员45人,占比近1/3;国有企业23人,占比近15%;其他机构(8人),特别是民办非企业单位(3人)和民营企业(2人),所占比例都非常低。

二、调查的交叉分析

此次调查以问题1、2、3、4为因变量,以问题5(年龄)、6(性别)、7(学历)、8(专业)、9(职业)为自变量进行了交叉分析。限于篇幅,这里只呈现对因变量影响比较明显的问题8(专业)、9(职业)的交叉分析结果。

1. 《档案法》第二条中所说的"国家和社会"在这部法律中的含义是否相同

(1)从所学专业上看,所学专业除历史、图书情报两个专业外,其他专业均是认为"不相同"的所占比例高于认为"相同"的所占比例数;认为"不相同"所占比例最高的是信息技术专业,所占比例最低的是图书情报专业。表示"吃不准"的所占比例最高的是图书情报专业,档案专业、管理专业所占比例情况大致相当。

(2)从职业性质上看,认为"不相同"所占比例最高的是来自民营和国有企业的人员,分别占100%和73.91%;民营企业和民办非企业单位的人员有表示"吃不准"的,但没有认为"相同"的。认为相同的人员中,公务员所占比例最高,其次是国有企业、公共事业单位人员,表明职业所属性质对这一问题有较大的影响。

2.《档案法》第二条中"国家"的含义

（1）从所学专业上看，在所学专业为法律、管理、档案、政治及其他5个专业的人员中，选择"中华人民共和国领土领海领空范围"所占比例最高；文秘、信息技术、图书情报专业的选择"地方各级人民政府"的所占比例最高；历史专业的选择"中央人民政府"的所占比例最高。在同一选择中，多数专业的选择"中华人民共和国领土领海领空范围"，所占比例最高，其次是"地方各级人民政府"，最少的是"中央人民政府"。

（2）从职业性质上看，公务员选择"地方各级人民政府"的所占比例最高，而公共事业单位、国有企业、民营企业人员选择"中华人民共和国领土领海领空范围"所占比例最高；民办非企业单位的选择"中央人民政府"和"地方各级人民政府"最多；其他单位的则选择"中华人民共和国领土领海领空范围"和"地方各级人民政府"的靠前。此外，多数职业的人员均有多种选择，表明对这一问题普遍存在着不确定与不清晰的认识。特别是公务员中，多是来自档案行政管理机构的人员，负有档案行政管理职责，他们对这一问题的理解，直接影响到档案行政管理工作如何开展以及在什么范围开展的现实问题。

3.《档案法》第二条中"国家机构"的含义

（1）从所学专业上看，学法律、管理、档案、政治4个专业的人员中，所占比例最高的选项是"各级党政机构"；学文秘专业的人员，所占比例最高的选项是"国家财政供给的群团组织"；学历史、图书情报专业的人员，所占比例最高的选项是"一切由国家财政供给的机构"；学信息技术、其他专业的，所占比例最高的选项是"各级政府机构"。专业背景对问题的回答有一定的影响，但多数不同专业背景的人员均有不同的选择与回答，这也表明专业背景对这一问题的回答没有根本性的影响。

（2）从职业性质上看，公务员、公共事业单位、国有企业、其他单位人员中，所占比例最高的选项依次是"各级党政机构""各级政府机构""国家财政供给的事业单位""一切由国家财政供给的机构"；而民营企业、民办非企业单位人员中，所占比例最高的选项依次是"一切由国家财政供给的机构""国家财政供给的群团组织""各级党政机构""各级政府机构""国家财政供给的事业单位""国有企业"。可见,职业性质对"国家机构"的所指影响十分明显。

4.《档案法》第二条中"社会组织"的含义

(1)从所学专业上看,多数不同专业背景人员均有多种不同的选择。其中,法律、管理两个专业的各选择项依比值高低排序分别是:国家财政供给的社团组织、民办社团组织、民办非企业单位、农村村民委员会、城市居民委员会。档案、文秘、图书情报、信息技术、其他5个专业的各选择项依比值高低排序分别是:民办社团组织、国家财政供给的社团组织、民办非企业单位、城市居民委员会、农村村民委员会。政治与法律、管理两个专业的选项相近,历史专业的只选择了民办社团组织、民办非企业单位。可见,这种差异与专业背景的相关性不大。

(2)从职业性质上看,各种职业的人员对此问题的回答均有多种选择。其中,公务员、公共事业单位人员选择项的所占比例顺序是:民办社团组织、国家财政供给的社团组织、民办非企业单位、城市居民委员会、农村村民委员会。国有企业、民营企业人员选择项的所占比例顺序是:国家财政供给的社团组织、民办社团组织、民办非企业单位、城市居民委员会、农村村民委员会。民办非企业单位、其他单位人员选择项的所占比例顺序是:民办社团组织、民办非企业单位、国家财政供给的社团组织、城市居民委员会、农村村民委员会。这里我们可以明显看到,不同性质单位的人员对该问题的回答具有明显的倾向性。而共同之处是对城市居民委员会、农村村民委员会的选择率最低。

三、调查分析的初步结论

从上述调查结果的归纳与分析中,可以得到以下初步结论。

1.多数档案工作者认为《档案法》中"国家和社会"的含义不相同

从调查的情况看,档案工作中的多数人,不论年龄、性别、学历、专业和职业性质存在什么样的差别,都有一部分人认为《档案法》中的"国家和社会"有着不同的含义。这部分人在不同年龄、性别、学历、专业和职业性质中具体数量有差别,但总体所占比例较持"国家和社会"含义相同观点的人要多出一倍左右。这表明多数档案工作者已经通过自己的思考,意识到现在"国家和社会"已经不是同一概念,两者之间存在差异。

2. 档案工作者对《档案法》中"国家"的含义理解存在差异,没有形成共识

虽然大多数参加调查的档案工作者已经意识到国家和社会不是同一概念,不是一回事,但对国家到底是指什么,或者说什么是国家,大家在理解上存在着明显的差异,并没有形成共识。年龄、性别、学历、专业和职业性质等因素,对这个问题的理解均有一定程度的影响,其中专业和职业性质的因素影响较为明显,但还没有特别明显的倾向性和规律性。

3. 档案工作者对《档案法》中"国家机构"的所指存在分歧

从调查结果看,档案工作者对"国家机构"理解上的分歧普遍存在,并不受年龄、性别、学历、专业和职业性质等因素的影响。比如,公务员队伍中的档案工作者对这一问题的理解就存在分歧。从现今的档案管理体制上看,公务员身份的档案工作者,要么来自档案行政管理部门,要么来自政府行政管理机关,其对"国家机构"理解的分歧,将直接影响档案行政管理范围的划定与界定。

4. 档案工作者对《档案法》中"社会组织"的所指理解有所不同

参加调查的档案工作者,不仅对"国家机构"的所指存在分歧,对什么是"社会组织"同样也存在不同的看法。这样不同的看法,在不同年龄、不同性别、不同学历、不同专业和不同职业性质的档案工作者中都存在。

5. 部分档案工作者对上述问题没有明确的认识,或者根本没有思考过

参加调查的人员中,除了在上述四个问题上存在不同观点外,还有少数人表示对这些问题如何回答"吃不准",更有一些人直截了当地表示"没想过"。特别值得关注的是,在选择"吃不准""没想过"的人员中,公

务员、公共事业单位的人员所占比例最高,有些问题上只有这两种职业性质的人员选择了"吃不准""没想过"选项。

四、结语与思考

对《档案法》中有关国家和社会、国家、社会、国家机构、社会组织这些概念的含义,档案界少有研究。而档案工作者对《档案法》中上述概念理解的差异,则会对档案行政管理工作产生巨大影响。这是因为,是否能清晰、明确地理解这些概念,直接会影响到现实的档案行政管理工作的开展。例如,如何界定管理的范围,哪些应该管、哪些不应该管;如何选择不同的管理手段,哪些应通过行政管理手段来管、哪些应通过法规手段来管;适用哪些管理主体来管,哪些由档案行政管理机关来管、哪些由行业协会来管、哪些由司法机关来管等一系列问题。可以说,目前档案行政管理工作中存在的许多问题与面临的难题,在某种程度上都与上述概念不清,档案工作者没有明确统一的认知有直接关系。因此,有必要对这一系列问题进行深入、细致、系统的研究,在厘清国家和社会关系的基础上,明确这些基本概念的含义,统一思想认识,推进依法治档工作的顺利开展。

该文发表在《档案》2014 年第 11 期

对涉及档案事务行政执法主体的再认识

——关于档案行政执法的思考之二

刘子芳　刘沛江

摘　要　并不是所有涉及档案事务的行政执法都是档案行政执法，并不是所有涉及档案事务的行政执法主体都是档案行政执法主体。县级以上档案行政管理部门是档案行政执法的唯一职权性或授权性行政执法主体，档案行政执法主体具有专属性。海关、"有关主管部门"与其他法律、法规和规章中涉及档案事务的行政执法主体是其他性质的行政执法主体，都不是档案行政执法主体。

关键词　档案行政执法主体　行政执法主体　档案行政管理部门

一、问题的提出

关于档案行政执法主体问题，全国人大档案行政执法检查组在上海检查时指出："档案行政管理部门与城市建设部门等其他专业部门在档案工作上需要理顺关系，在一个行政区域内，一种行政行为只能有一个行政机构和执法主体。《档案法》并没有委托任何其他部门和机构行使执法权，档案工作不应多头管理，政出多门，档案部门和其他部门的关系，政府应出面协调，依法定位。"[1]作为全国最高立法机关档案行政执法检查组的意见，应当引起我们的重视和思考。档案行政执法究竟有几个执法主体?《档案法》中规定的"海关""有关主管部门"应该如何理解?如何看待其他涉及档案事务的行政执法主体?从目前文献搜索的情况看,相关文献不多,观点也不一致。本文试图对上述问题谈点看法,作为对档案行政执法的思考之二,以期求教于关心档案行政执法工作的同仁。

二、对档案行政执法主体的已有认识

行政法学一般原理认为,行政执法主体是指依法享有国家行政执法权力,能以自己的名义从事行政执法活动,并能独立承担由此而产生的法律后果的机关或组织[2]。据此,档案界将档案行政执法主体定义为:依法享有国家档案行政执法权力,能以自己的名义从事档案行政执法活动,并能独立承担由此而产生的法律后果的机关或组织。对此定义,档案界同仁是认同的,存在分歧的是在如何理解"机关或组织"上,或者说,在具体的档案执法实践中,这个"机关或组织"具体是指哪些部门?从目前文献搜索的情况看,主要观点有以下几种:

第一种观点:根据我国现阶段档案工作实际,档案行政执法主体包括三类,即拥有档案行政执法权的档案行政管理部门;档案法规所授权的属于事业单位性质的档案行政管理部门;国家行政机关所委托的档案部门(国家综合档案馆)[3]。该观点认为,不论档案机构在机构改革中归属如何,也不论档案局的性质改变与否,只要它拥有档案法律、法规明确授予的档案行政处罚权,它就符合档案行政执法主体资格确认的条件,完全可以进行档案行政执法活动。

第二种观点:档案行政执法主体的特定性决定了在档案事业的管理活动中,只有县级以上档案局才是合法享有档案行政执法主体的机构,其他档案管理部门无权履行档案行政执法职能[4]。该观点认为,虽然我国形成了一个层次分明、结构合理的档案工作体系,但并不是任何一个档案机构都具有档案行政执法权的。该观点与第一种观点的区别在于对国家综合档案馆是不是档案行政执法主体的认识上。

第三种观点:县级以上人民政府档案行政管理部门与"海关"及其他

"有关主管部门",通过法律的授权,都拥有档案行政处罚的主体[5]。该观点认为,《档案法》中的特别规定和相关法律法规条文的规定,使上述主体的执法对象均与档案或相关资料这类标的、客体有关,均属于广义的档案行政执法范围,各自取得了本系统的局部档案行政处罚权。

第四种观点:除档案行政管理部门外,"有关主管部门"也应是档案行政处罚的主体[6]。该观点认为,法律规定,县级以上档案行政管理部门具有档案行政管理权和行政处罚权,但这并不意味着所有的档案行政处罚行为均由档案管理部门实施。在档案行政处罚主体中,还有一个较为特殊的行政处罚主体,这就是《档案法》第二十四条和《档案法实施办法》第二十九条特别强调的"有关主管部门"。该观点与第三种观点的区别是没有将"海关"列入行政处罚主体,对"有关主管部门"的所指也不一样(笔者这里需要指出的是,上述第三、第四种观点说的虽然是档案行政处罚权,但根据行政法学原理,行政处罚权必须以行政执法权为基础,没有行政执法权就没有行政处罚权。因此,上述观点说的行政处罚主体同时也是行政执法主体)。

第五种观点:县级以上档案行政管理部门是档案行政执法的主体[7]。该观点认为,虽然"海关""有关主管部门"对涉及档案违法的行为也有处罚权,但这种处罚是在违法主体行为性质转移的基础上进行的,形式上是档案违法,实质上违反了其他法律法规。这种情况并不能改变档案行政主管部门的档案行政执法主体地位。该观点与第二种观点的区别,在于对"海关""有关主管部门"对涉及档案事务行政处罚性质认定上存在着本质的不同。

综合上述五种观点来看,对县级以上人民政府档案行政主管部门是档案行政执法主体这一认识没有异议,分歧主要在对于"国家综合档案馆""海关""有关主管部门"是否档案行政执法主体的认识上。对此,有必要结合行政法关于行政执法主体一般原则的规定,进一步加以分析、明确。

三、行政执法主体一般原则与档案行政执法主体资格的构成要件

1. 行政执法主体需具备的四个条件

按照行政法一般原理和有关法律规定,行政执法主体是指依法享有国家行政执法权力,能以自己的名义从事行政执法活动,并能独立承担由此产生的法律后果的机关或组织[8]。行政执法主体需要具备四个条件,缺一不可:第一,行政执法主体必须是享有国家行政执法权力的行政机关或组织。组织这个概念的外延很广,可以指机关、机构,也可以指单位、团体等。第二,行政执法主体的成立必须有合法的依据。行政执法是行使行政权的行为,承担行政执法任务的组织不能任意成立,必须有法律上的依据。在我国,行政执法主体产生方式主要有两种:一种是国家明文规定建立某一机关或组织承担某种行政执法任务;另一种是国家通过单行法律、法规授权的方式将某种执法权直接赋予某个业已存在的机关或组织。第三,行政执法主体必须具有明确的职责范围。行政执法主体的职责范围是该组织行使权力的空间,也是其活动发生法律效力的空间,具有专属性。任何一个行政执法主体都必须具备明确、具体的职责范围。否则,其执法活动的法律效力就无法实现。第四,行政执法主体必须能以自己的名义做出具体行政行为并承担相应的执法责任。能以自己的名义承担法律责任,是衡量一个组织是否合法行政的重要条件。上述四个条件说明,并不是任何一个行政机关和组织都能成为行政执法主体,只有法律法规授权的行政机关和组织,才具有行政执法的主体资格,成为合法有效的行政执法主体。

2. 行政执法主体的分类

根据行政法一般原理要求,对于行政执法主体的分类,从不同的角度可以划分不同的类型。依据行政主体资格取得的法律依据的不同,可将行政主体划分为职权性行政主体和授权性行政主体。职权性行政主体是指根据宪法和行政机关组织法的规定,在机关依法成立时就拥有相应行政职权并同时获得行政主体资格的行政组织,它只能是国家行政机关,包

括各级人民政府及档案、城建、卫生等职能部门以及县级以上地方人民政府的派出机关。授权性行政主体是指根据宪法和行政机关组织法以外的单行法律、法规、规章的授权规定而获得行政主体资格的组织,包括事业型档案局、公用企业型邮电局、省级注册会计师协会等行政机构、公务组织和社会组织。此分类方法主要应用于行政法学研究。在具体的行政执法实践中,人们往往习惯按行政执法工作的性质,把行政执法主体分为档案行政执法主体、建设行政执法主体、卫生行政执法主体,等等[9]。而行政执法工作性质的来源依据,仍然是取决于职权与法律授权,是与"依据行政主体资格取得的法律依据"作为划分标准相通的、一致的。此分类方法更便于行政执法部门对所分管的行政事务进行统筹、总结经验,探寻其发展规律,更便于理解,也是行政执法工作实践中常用的分类方法,被行政执法机关和人民群众接受和熟知。

3. 档案行政执法主体资格的构成要件

档案行政执法主体资格是指档案行政执法主体的法律人格,即要求档案行政执法主体必须拥有相应的权利能力,具备相应的法定条件。按照行政法学一般原理,档案行政执法主体资格作为行政执法主体资格的下位概念,应当符合行政执法主体资格"权利能力相异"原则,即档案行政执法主体与其他行政执法主体之间的权利能力不得有交叉重合,具有专属性。从上述有关行政执法主体的构成要件、原则和分类标准来看,行政管理主体要想成为某一行政行为(档案、城建、卫生)的执法主体,还必须具备一定的组织和法律要件。具体到档案行政行为来说,档案行政执法主体是具有专属性的,并不是任何一个机关或组织都能成为档案行政主体的。行政管理机关和组织要想成为档案行政执法主体,也必须具备相应的组织和档案法律法规要件。第一,在组织要件上,档案行政执法主体是合法的行政执法主体或法律法规授权的组织,并已获得行政主体资格。即档案行政执法主体是根据宪法和行政机关组织法的规定,在机关依法成立时就拥有对档案事业管理的行政职权并同时获得行政主体资格的国家行政机关,或者是根据档案法律、法规、规章的授权规定而获得行政主体资格的组织。第二,在法律要件上,档案行政执法主体应当具备档案专业法律、法规和规章具体、明确的授权。

四、对档案行政执法主体的界定

下面我们根据前面介绍的行政执法主体一般原则、分类与档案行政执法主体资格的构成要件,对前述五种观点中论及的档案行政执法主体一一进行界定。

1. 作为行政管理机关和事业单位的县级以上档案局

现阶段,无论是行政性或事业性县级以上档案局,都是国家依法成立并在成立之时就拥有主管档案事业职权的机关,是职权性档案行政执法主体,而且档案专业法律、法规和规章都有明确的授权,符合档案行政执法主体资格构成要件的要求,是合法适格的档案行政执法主体。对此,上述五种观点没有异议,笔者不再展开论述。

2. 国家综合档案馆

第一种观点认为,档案行政执法主体有三种,其中之一是受委托的国家综合档案馆。那么,国家综合档案馆是不是适格的档案行政执法主体呢?第一,从行政执法主体应具备的四项条件看。国家综合档案馆不是对外行使行政管理职权的组织;其依据《组织法》核定的"三定"方案中,没有对其从事行政执法职权的授权;相关法律法规也没有对其从事行政执法职权的授权。因此,国家综合档案馆不是适格的行政执法主体。第二,从档案行政执法主体资格的构成要件上看。国家综合档案馆既不具备组织要件中所规定的条件,又没有法律要件中规定的档案单行法律、法规和规章的相应授权,因此,国家综合档案馆不具备档案行政执法主体的资格。第三,作为受委托从事档案行政执法职权的国家综合档案馆,也不具备档案行政执法主体的资格,不是适格的档案行政执法主体。因为《行政处罚法》第十八条规定:"委托的行政机关对受委托的组织实施行政处罚的行为应当负责监督,并对该行为的后果承担法律责任。受委托的组织在委托范围内,以委托行政机关的名义实施行政处罚。"由此可以看出,

对涉及档案事务行政执法主体的再认识——关于档案行政执法的思考之二

受委托的组织不能以自己的名义实施行政处罚,也不能以自己的名义承担法律责任。所以,受委托的国家综合档案馆不具备档案行政执法主体的资格。综上所述,受委托的国家综合档案馆既不是适格的行政执法主体,又不具备档案行政执法主体资格要件,只能在委托范围内,以委托行政机关的名义实施档案行政执法行为,其自身不是档案行政执法主体。

3. 海关

从行政执法主体应具备的四个条件上看,海关符合行政执法主体的四个条件,是合法适格的行政执法主体,对此没有异议。那么,其是不是档案行政执法主体呢？第一,从行政执法主体分类上看。行政法学理上,海关是职权性行政执法主体。按照职权性行政执法主体"是指根据宪法和行政机关组织法的规定,在机关依法成立时就拥有相应行政职权并同时获得行政主体资格的行政组织"这一标准要求,档案职权性行政执法主体在机关依法成立时就应该拥有档案行政职权并同时获得行政主体资格。但从海关目前公布的职权范围来看,其职权范围中并不包含档案行政职权。换句话说,按照行政执法主体分类标准要求,海关不是档案职权性行政执法主体。实践层面上,海关与档案行政执法主体是两个具有不同工作性质,不同工作内容,不同管辖范围,各具专属性的行政执法主体。按照行政执法主体资格的确立应当符合"权利能力相异原则",海关与档案行政执法主体之间的职权不得有重合交叉。而《档案法》第二十五条的规定,正是基于"权利能力相异原则"的特别条款,是相关档案行政执法权的转移(档案行政管理部门没有从事海关行政执法的职权)。"携运禁止出境的档案或者其复制件出境"时,其行为正在实施和违反的法律主体是海关法。海关此时的行政执法应是涉及档案事务的海关行政执法,其执法主体仍然是海关行政执法主体,而不会因其执法行为中涉及档案事务成为档案行政执法主体。第二,从档案行政执法主体资格构成的法律要件上看。《档案法》《档案法实施办法》《档案执法检查暂行办法》规定:国家档案局和县级以上档案行政管理部门主管全国及各自辖区的档案事业,是国家贯彻并监督执行档案法律、法规和规章的机关,依法对违反档案法律、法规和规章的行为进行查处。其中并没有对海关进行档案行政执法的授权。综上所述,海关虽然是合法适格的行政执法主体,但其不具备档案行政执法主体资格的构成要件,不是档案行政执法主体。

4. 有关主管部门

对"有关主管部门"的理解有两个方面:一是《档案法》第二十四条中的"有关主管部门";二是其他法律、法规和规章中涉及档案事务的"行政执法主体"。

(1)《档案法》第二十四条中的"有关主管部门"。《档案法》第二十四条规定:"有下列行为之一的,由县级以上档案行政管理部门、有关主管部门对直接负责的主管人员或者其他直接责任人员依法给予行政处分"。"主管部门"是主管某一事项的部门。就《档案法》第二十四条来看,其规定的事项是"给予行政处分",也就是说,该条款中的"有关主管部门"是指有权"给予行政处分"的部门,而不是指有权"给予行政处罚"的部门。能够对该条款所列违法行为"给予行政处罚"的部门,是指该条第二、第三款规定的县级以上人民政府档案行政管理部门。为界定"有关主管部门"是不是档案行政执法主体,这里有必要对"行政处罚"与"行政处分"之间的不同做一分析。行政处罚是行政执法主体对违反行政管理法律法规的公民、法人或者其他组织依法给予的制裁。行政处分是国家机关、企业事业单位和社会团体依据行政管理法规、规章、纪律等对其所属人员违规、违纪行为所做的处罚。

二者的不同主要体现在以下几个方面:第一,行政处罚是行政机关的外部行政行为,针对的是行政管理相对人;行政处分是机关的内部行政行为,针对的是机关违法失职人员。第二,行政处罚的决定者和实施者是具有国家行政管理职能的行政执法主体,它与受处罚人之间不存在领导与被领导的隶属关系,而只存在管理与被管理的普通行政关系;行政处分的决定者和实施者并不一定是特定的行政机关,它与被处分人之间的关系是一种基于行政组织关系所产生的领导与被领导的关系。第三,行政处罚依据的是国家有关行政管理的专业法和行政程序法;行政处分依据的

对涉及档案事务行政执法主体的再认识——关于档案行政执法的思考之二

是行政组织法。第四,行政处罚与被处罚人的人身自由权、财产所有权等基本权利有关;行政处分与被处分人职务上的权力有关。

通过以上对比分析可以看出,行政处罚是只有行政执法主体才可以实施的行为,行政处分则是国家机关、企业事业单位和社会团体基于组织关系都可以实施的行为。按照组织管理原则,档案行政管理部门在实施《档案法》第二十四条时,由于不具备对本单位以外的违法人实施行政处分的权力,并不能直接给予本单位以外的违法人行政处分,需要有权力的"有关主管部门"配合实施。对此,监察部、人事和劳动社会保障部、国家档案局2013年2月联合颁布的《档案管理违法违纪行为处分规定》也给予了充分的验证。综上所述,可以肯定地说,"有关主管部门",是档案行政执法主体在实施《档案法》第二十四条时,基于组织管理原则实施行政处分的配合部门,其不具备档案行政执法主体资格条件,不是档案行政执法的主体。

(2)其他法律、法规和规章中涉及档案事务的"行政执法主体"。在涉及档案事务的立法中,既有档案专业法律、法规和规章,又有非档案专业法律、法规和规章中涉及档案事务的法律规范条文。如《公证法》《文物保护法》《军人保险法》《职业病防治法》《建设质量管理条例》等法律、法规和规章中都有涉及档案事务的条款。在这些法律、法规和规章中规定的职权管理部门,无疑都具备相应行政执法主体资格,是相应法律、法规和规章合法适格的行政执法主体。但是不是其在相应的行政执法中涉及了档案事务,就会成为档案行政执法主体呢?第一,从行政执法主体的分类上看。这些涉及档案事务的行政执法主体,与档案行政执法主体具有不同工作性质、不同工作内容、不同管辖范围,是各具专属性的职权性行政执法主体。虽然其在行政执法中涉及档案事务,但由于其执法行为的性质不同,也不能成为档案行政执法主体。第二,从档案行政执法主体资格构成的法律要件上看。《档案法》《档案法实施办法》《档案执法检查暂行办法》等专业法律、法规和规章并没有对这些行政执法主体进行档案行政执法的授权。因此,这些行政执法主体不具备档案行政执法主体资格要求,不是档案行政执法的主体(限于篇幅,详细分析参见第四部分第3点)。综上所述,其他法律、法规和规章中涉及档案事务的"行政执法主体",虽然是合法适格的行政执法主体,在行政执法中也涉及档案事务,但其是不同性质的行政执法,也不具备档案行政执法主体资格构成要件的要求,不是档案行政执法主体。

五、结束语

本义题目之所以定位为"对涉及档案事务行政执法主体的再认识",而不定位为"对档案行政执法主体的再认识",就是想表明:并不是所有涉及档案事务的行政执法都是档案行政执法,并不是所有涉及档案事务的行政执法主体都是档案行政执法主体。按照行政法学有关行政执法主体分类和档案行政执法主体资格要求的一般原理,县级以上档案行政管理部门是档案行政执法的唯一职权性(行政性档案行政管理部门)或授权性(事业性档案行政管理部门)档案行政执法主体,具有专属性。弄清档案行政执法主体与其他涉及档案事务行政执法主体之间的区别,不仅是档案行政执法理论上的需要,而且有利于涉及档案事务行政执法主体之间管辖权的界定,使其各司其职,相互配合,促进涉及档案事务行政执法工作的健康开展。

参考文献

[1][7]赵国洪.档案行政执法中的行政执法主体及依据[J].档案与建设,2004(4):24-26.

[2][8][9]河南省人民政府法制办公室.行政执法人员培训手册[M].北京:中国法律出版社,2005:40.

[3]潘玉民.论档案行政执法主体[J].山西档案,2003(2):9-11.

[4]许建华.论档案行政执法[J].档案学通讯,2000(4):15-18.

[5]蒋卫荣.论档案行政处罚的主体及管辖权问题[J].档案学通讯,

2003(4):60-62,32.

[6]郭菲.浅析档案行政处罚的行政主体资格[J].浙江档案,2006(2):10-11.

该文发表在《档案管理》2013年第5期

论档案事务行政管辖权问题
——关于档案行政执法的思考之三

刘子芳

摘　要　涉及档案事务的法律竞合,导致了档案事务行政管辖权的冲突与争议。界定档案事务行政管辖权的关键是:坚持档案事务管辖为主原则;坚持"查处优先"和"重吸收"原则;遵循特别法优于一般法原则;依照专业主管机关行业管辖优先原则。

关键词　档案事务　行政管辖权　法律竞合　界定

一、问题的提出

全国人大档案行政执法检查组在上海检查时指出:"在一个行政区域内,一种行政行为只能有一个行政机构和执法主体。《档案法》并没有委托任何其他部门和机构行使执法权,档案工作不应多头管理,政出多门,档案部门和其他部门的关系,政府应出面协调,依法定位。"[1]全国最高立法机关档案行政执法检查组的意见,至少反映出两个需要加以研究和解决的问题:一是涉及档案事务行政执法主体的问题;二是涉及档案事务行政管辖的问题。笔者在《对涉及档案事务行政执法主体的再认识》(《档案管理》2013年第5期)一文中,对涉及档案事务行政执法主体谈了粗浅认识,这里不再赘述。本文想在上文的基础上,对涉及档案事务各行政执法主体的行政管辖问题谈点看法,作为对档案行政执法的思考之三,以期求教于热心档案行政执法工作的同仁。

二、对行政管辖、行政管辖权的一般认识

(一)行政管辖、行政管辖权的概念

1. 行政管辖

行政管辖是行政执法机关之间就某一行政事务的首次处置所做的权限划分。这种权限划分主要发生在纵向的同性质行政执法机关之间、横向的不同性质行政执法机关之间。对于行政执法机关来说,它明确了某一行政事务应当由哪一个行政执法机关首次处置的问题。对于行政相对人来说,它可以确定受理处置行政事务的行政执法机关。相对于行政权来说,行政管辖是行政权限的划分,反过来,行政权限是行政管辖的标的。在我国行政法学界,一般情况下,将二者等同起来,它们都是就某一行政执法机关与其他行政执法机关的权力相区分而言的。但是,二者还是有区别的。其一,认识角度不同。前者强调主体,即某一行政事务归哪一行政执法机关处理;后者则更强调客体及权力的界限和范围。其二,法律归属不同。前者由实体法和行政程序法规定;后者由行政组织法规定。

2. 行政管辖权

行政管辖权是行政执法机关基于行政管辖的法律规定所享有的权力。行政管辖权与行政权既有联系又有区别:二者都是与行政有关的权力,但是,行政管辖权是一种程序性权力,由单行法和程序法赋予;而行政权则是一种实体性权力,由宪法和组织法赋予[2]。

3. 行政管辖权的特征

行政管辖具有以下特征:一是内部性。行政管辖权的内部性是指行政管辖权的法律效力范围限于行政执法机关系统之内,不涉及行政相对人的实体权力。二是排他性。行政管辖权的排他性是指任何一项行政事务只能由一个行政执法机关行使管辖权,从而确保行政执法主体行使行政职权的有效性。三是程序性。行政管辖权的程序性是指行政管辖权只

是解决某一行政事务应当由哪一级中的哪一个行政执法机关处理的问题,因此行政管辖权是行政执法机关的行政程序权力。

(二)行政管辖的内容

行政管辖可分为一般管辖和特别管辖。一般管辖包括:事务管辖、级别管辖、地域管辖等。特别管辖包括:共同管辖、指定管辖、移送管辖、移转管辖、继续管辖、紧急管辖等。限于篇幅并出于论述的需要,本文只对事务管辖、共同管辖做一介绍。

1. 事务管辖

事务管辖也称职能管辖,是指同级不同性质的行政执法机关之间关于行政事务的权限划分。按照行政法学一般原则要求,纷繁复杂的行政事务,必须按不同的性质归属不同的行政执法机关,以提高行政质量和效率,这就形成了行政事务管辖。例如,商务局与工商局、档案局与文化局等所管辖的事务明显不同。事务管辖一般由单行法律、法规和规章加以规定。

2. 共同管辖

共同管辖是指两个以上的行政执法机关对同一行政事务都享有法定的行政管辖权。在行政法学上,按照行政管辖划分的原则,某一行政事务必须由某行政执法机关专门管辖,各司其职,这是事务管辖的初衷,也是实现行政效率的基本要求。但是,在具体的行政立法实践中,由于一些行政事务所处的社会环境和呈现的性质不同,不同的单行法律、法规和规章会将其行政管辖权赋予不同的行政执法机关,形成对某一行政事务行政管辖权的兼容性[3]。行政管辖的兼容性是为弥补行政管辖制度的缺陷,但从行政实践看,这种法律管辖权的兼容,必然造成违法行为法律责任的竞合,进而导致行政管辖权的冲突。

三、档案事务行政管辖权的法律竞合与冲突

1. 档案事务行政管辖的法律规定

从前面对行政管辖的一般认识来看,涉及档案事务的行政管辖、行政

管辖权须由宪法、单行法、程序法、组织法等法律法规和规章赋予。那么，涉及档案事务行政管辖的法律规定有哪些呢？

（1）档案专业法律对档案行政管理机关行政管辖的规定。档案专业法律对档案行政管理机关涉及档案事务行政管辖的规定主要有：一是《档案法》和组织法对档案行政管理机关职权性的规定。县级以上档案行政管理机关主管本行政区域内的档案事业，并对本行政区域内机关、团体、企业事业单位和其他组织的档案工作实行监督指导。二是程序法对档案行政管理机关行政管辖权的规定。县级以上档案行政管理机关负责组织、协调各自管辖范围内的档案执法监督检查工作。档案行政处罚由违法行为发生地的档案行政管理机关依照职权管辖。档案行政管理机关依照法定的权限、范围、条件和程序实施行政许可。依据上述法律规定，按照行政法学有关行政主体分类和档案行政执法主体资格要求的一般原理，县级以上档案行政管理机关是档案行政执法的唯一职权性（行政性档案行政管理机关）或授权性（事业性档案行政管理机关）档案行政执法主体，具有专属性[4]。法律规定其对档案事务行使行政管辖，既符合行政管辖职权性规定，也符合行政管辖授权性规定，且其对档案事务的行政管辖权具有排他性。

（2）其他专业法律对其他专业主管机关涉及档案事务行政管辖的规定。其他专业法律对其他专业主管机关涉及档案事务行政管辖的规定主要有两个方面：一是规定共同管辖。此类法律规定将涉及档案事务的行政管辖作为共同管辖的形式，规定由档案行政管理机关和其他专业主管机关共同管辖。如《机关档案工作条例》第七条规定，各级机关档案部门的业务工作受同级和上级档案业务管理机关的指导、监督与检查，对驻在地方的上级直属单位的档案工作，实行以专业主管机关为主、地方档案行政管理机关为辅的管理体制。再如，《婚姻登记条例》第十五条规定："婚姻登记机关应当建立婚姻登记档案……具体管理办法由国务院民政部门会同国家档案管理部门规定。"二是规定由专业主管机关行使行政管辖。此类法律规定是将档案事务作为某一专业的一个工作环节来处理，不仅符合行政管辖设立的行政效率原则,而且符合《机关档案工作条例》第七条的规定。如《建设工程质量管理条例》第五十九条规定:"违反本条例规定,建设单位未……移交建设项目档案的,责令改正,处 1 万元以上 10 万元以下的罚款。"违反本条例的违法行为,由县级以上建设行政主管部门依法查处。再如,《公证法》第四十二条规定,毁损、篡改公证文书或者公证档案的,由省、自治区、直辖市或者设区的市人民政府司法行政部门进行行政处罚。此类法律规定多见于各专业单行法律的相关法律条文,其共同点是将涉及的档案事务作为其本专业的专业事务来处理的。这里需要指出的是,其涉及档案事务的行政管辖权与档案行政管理机关对档案事务的行政管辖权,是两个不同性质的概念。

2. 档案事务行政管辖权的法律竞合

在行政执法领域,同一案件事实同时符合多个法律规范的构成要件,即多个法律规范适用同一案件的情况比较常见,这种现象就是行政法学上的法律竞合。在行政法律竞合中,根据发生竞合的法律规范是否将行政管辖权授予同一行政执法机关来分,可分为跨机关的行政法律竞合和单机关的行政法律竞合。跨机关的行政法律竞合,是指一个违法行为同时触犯两个以上行政法律规范,但行政法律规范将行政管辖权分别授予不同的行政执法机关行使。如对不依据有关规定建立档案行为的调整,《档案法》和《统计法》《审计法》《职业病防治法》等相关专业法律规范将行政处罚权分别赋予了档案行政管理机关和统计、审计、职业病防治等相关专业主管机关。由此,从前面介绍的涉及档案事务行政管辖的法律规定来看,档案行政管理机关与其他专业主管机关在对涉及档案事务行政管辖权的法律规定上存在普遍的竞合现象;既有实体法上的法律责任竞合,又有程序法上的行政管辖权竞合。这种法律竞合,必然导致"多头管理,政出多门"现象的发生和行政管辖权的冲突。

3. 档案事务行政管辖权的冲突

档案事务行政管辖权的冲突,是指档案行政管理机关与其他专业主管机关在对涉及档案事务违法行为行使行政管辖权时发生的行政管辖权

论档案事务行政管辖权问题——关于档案行政执法的思考之三

竞合或空隙。它包括两种情况:一是档案行政管理机关与其他专业主管机关对同一档案违法行为竞相行使行政管辖权;二是档案行政管理机关与其他专业主管机关对同一档案违法行为都不行使行政管辖权。前一种冲突称为"积极的管辖权冲突",后一种冲突称为"消极的管辖权冲突"。

档案事务行政管辖权的冲突包括两个层次:一是属于法律上的冲突。所谓法律上的冲突,是指根据档案法律和其他专业法律的规定,当一个档案违法行为发生时,档案行政管理机关与其他专业主管机关都有权对该档案违法行为进行管辖,但由于法律程序上的原因,其他专业主管机关并不声称有管辖权,而是默认档案行政管理机关的管辖权。或者档案行政管理机关并不行使行政管辖权,而是默认其他专业主管机关的行政管辖权。二是实际上的冲突。即当一个档案违法行为发生后,根据档案法律和其他专业法律的规定,档案行政管理机关与其他专业主管机关都对该档案违法行为行使行政管辖权。

从档案事务行政管辖权的冲突来看,如果说法律上的冲突只是"纸上谈兵",不会给档案事务的有效管理带来实际影响的话,那么,无论积极的档案事务行政管辖权实际上的冲突,还是消极的档案事务行政管辖权冲突,如果处理不好,都会对档案事务的有效管理和档案违法行为的查处带来十分不利的影响。

四、档案事务行政管辖权冲突的界定

档案法规体系是以《档案法》《档案法实施办法》等法律、法规和规章为基石搭建起来的。按照前面介绍的关于行政管辖、行政管辖权设置的一般原理,档案行政管理机关依法享有的对档案事务的行政管辖权限和范围,都具有排他性,即档案事务只能由档案行政管理机关行使行政管辖,从而确保档案行政管理机关行使行政职权的有效性。但是,在现实的档案行政执法实践中,由于档案事务的特殊性和行政立法的多元性,造成了档案行政管理机关与其他专业主管机关涉及档案事务行政管辖、行政管辖权限的划分并不是那么泾渭分明,形成了涉及档案事务的法律竞合。

这种法律竞合,不仅会导致涉及档案事务行政执法权被搁置,而且会影响档案行政管理机关通过行政权实现依法管理档案事务的目的。在当前行政立法难以及时解决涉及档案事务行政管辖权竞合的情况下,档案行政管理机关应从以下几个方面把握与其他专业主管机关之间涉及档案事务的行政管辖权冲突。

1. 坚持档案事务管辖为主原则

事务管辖是划分行政管辖的最基本原则,也是区别不同性质行政管辖权的关键因素。作为一种程序性权力,它受法律的严格控制,具有排他性,不得推诿和搁置。如前面所述,档案法律和各级档案行政管理机关"三定方案"规定:档案行政管理机关主管本行政区域内的档案事业,并对本行政区域内机关、团体、企业事业单位和其他组织的档案工作实行监督指导;组织、协调各自管辖范围内的档案行政执法监督检查工作;依照法定的权限、范围、条件和程序实施行政许可。也就是说,按照事务管辖原则,各级档案行政管理机关主管辖区内的档案事务,这一职责是推脱不了的,其他专业主管机关无此职责。按照法律规定,其他专业主管机关只负责本机关和所属单位的档案事务。与同级档案行政管理机关的事务管辖权相比,档案行政管理机关对档案事务的行政管辖权覆盖所辖行政区域,是宏观和总体性的。其他专业主管机关对涉及档案事务的行政管辖权仅限于本机关、本系统,是个别和具体的。二者的关系是主管与分管的关系。分管在主管的监督指导下对涉及档案事务行使行政管辖权,主管在行使行政管辖权时也需要分管的支持与配合,不能代替分管[5]。

2. 共同管辖坚持"查处优先"和"重吸收"的原则

对法律规定属于共同管辖的档案事务问题,可以按照"查处优先"原则来解决管辖权问题。如按照《档案法》和《婚姻登记条例》规定,对于造成婚姻登记档案损失的档案违法行为,同级民政和档案行政管理机关都拥有行政管辖权。在这种情况下,由首先介入案件的那个行政机关负责管辖。这种"优先管辖"理论,有利于对行政违法行为的快速有效处理,有利于在发生共同管辖问题时矛盾的尽快解决。当然,如果同一行政违法案件牵连了几个行政违法行为,应使用"重吸收"的原则,由行政处罚较重的行政机关实施处罚,以解决重复处罚问题。如未按照规定保管会计档案,致使会计档案毁损、灭失的违法行为,既违反了《档案法》中"损毁、丢失属于国家所有的档案的"法律规定,也违反了《会计法》中"未按照规定保管会计资料,致使会计资料毁损、灭失的"规定。档案行政管理机关和会计行政执法机关可以分别以"损毁、丢失属于国家所有的档案"和"未按照规定保管会计资料,致使会计资料毁损、灭失"给予惩处。这种"一事多罚"的形式,虽然合乎法律原则,但背离法理原则内在价值要求。因此,在惩处该行政违法案件时,应采取"重吸收"原则,由对该行政违法案件惩处较重的会计行政执法机关实施行政管辖权。

3. 遵循特别法优于一般法原则

由于《档案法》对档案的描述为"直接形成的对国家和社会有保存价值的各种文字、图表、声像等不同形式的历史记录",从逻辑上来讲是属概念,以此为基础的《档案法》就是档案管理的基本法。而以档案这一属概念包含下的种概念为立法对象的法律、行政法规和规章以及法律规范则成为特别法和特别法律规范。按照行政法学"特别法优于一般法"的原则,应由其他专业主管机关行使行政管辖权。因为这些特别法和特别法律规范条款对各专业领域档案违法行为的行为描述和条款适用更具体,更易于操作。如《公证法》《军人保险法》《职业病防治法》《建设质量管理条例》《城市建设档案管理规定》等法律、法规和规章中涉及档案事务的法律规范,都属于特别法和特别法律规范条款,其涉及的行政管辖权应由相关专业主管机关履行。如果这些特别法和特别法律规范仅表述为由"有关部门"或"相关部门"依照权限进行管辖等含混表述的,档案行政管理机关也可以依照特别法和特别法律规范实施行政管辖权。如《企业档案管理规定》第十九条规定:对不按规定归档而造成文件材料损失的直接责任者,依法进行处理,但并没有具体规定由哪一行政执法机关具体实施。对此种类型的特别规定,档案行政管理机关可以依据事务管辖和地域管辖的原则,行使行政管辖权。

4. 依照专业主管机关行业管辖优先的原则

《档案法》第五条规定：档案工作实行"统一领导，分级管理"的原则。《机关档案工作条例》第九条进一步规定：各级机关档案部门的业务工作受同级和上级档案业务管理机关的指导、监督和检查。对驻在地方的上级直属单位的档案工作，实行以专业主管机关为主、地方档案行政管理机关为辅的管理体制。根据上述规定，档案行政管理机关在行使档案事务行政管辖和地域管辖时，要充分了解各专业主管机关有关档案事务的法律、法规和规章规定。对同级专业主管机关所属单位和驻在地方的上级直属单位，要坚持"专业主管机关行业管辖优先"的原则，积极协助各专业主管机关行使行业管辖权，充分发挥各专业主管机关行业管辖的优势，完善涉及档案事务的监督检查网络，共同推进档案工作的健康发展。这里需要指出的是，各专业主管机关的行业管辖，是不同性质的行业管辖，不是档案行政管辖，也不能取代档案行政管理机关的事务管辖和地域管辖。档案行政管理机关要在尊重"专业主管机关行业管辖优先"的原则下，防止涉及档案事务行政管辖的消极和行政管辖权的空隙。要在对各专业主管机关直接行使档案事务管辖和地域管辖的基础上，监督各专业主管机关行使行业管辖的情况，也可以与各专业主管机关联合执法，共同行使对其所属单位涉及档案事务的行政管辖权。当然，如果是因为对一些专业法律、法规规定有不同的理解，或者的确是体制上的问题无法确定应由谁来具体实施行政管辖权时，应当及时报请共同的上一级机关指定管辖。

五、结束语

按照《档案法》和国家机关"三定方案"相关规定，档案行政管理机关是档案事务管辖和地域管辖的主体机关，既担负着对本行政区内档案事务直接行使行政管辖的职权，又肩负着对各专业主管机关对其直属单位行使行政管辖的监督指导。如何合理、合法地界定档案行政管理机关和各专业主管机关涉及档案事务的行政管辖权限，直接关系着能否对档案事务实施有效的行政管辖。既要防止档案行政管理机关与各专业主管机关竞相行使行政管辖权,更要杜绝相互都不行使行政管辖权现象的发生。档案行政管理机关在协商档案事务行政管辖权争议时,不管适用什么原则,一定要符合法律、行政法规和行政规章的规定,以便于实施行政处罚、便于及时纠正档案违法行为、便于教育档案违法行为人为指导思想。

参考文献

[1]赵国洪.档案行政执法中的行政执法主体及依据——兼议档案法制的协调问题[J].档案与建设,2004(4):24-26.

[2][3]肖登辉.行政管辖略论[J].长沙理工大学学报(社会科学版),2009(3):45-49.

[4]刘子芳,刘沛江.对涉及档案行政执法主题的再认识——关于档案行政执法的思考之二[J].档案管理,2013(5):10-13.

[5]郭树银.中华人民共和国档案法实施办法解释[M].北京:中国档案出版社,2000:18.

该文发表在《档案管理》2014年第3期

论同级所属机构涉及档案事务行政管辖的模式构建

——关于档案行政执法的思考之四

刘子芳

摘 要 鉴于同级所属机构涉及档案事务现有监管模式存在的问题与不足,档案行政管理机关与专业主管机关在划分管辖权时,应从三个维度来衡量,即以两个监管机关监管内核的差异性为横向维度;以专业法律法规涉及档案事务的完善与适用为纵向维度;以对档案法律法规的贯彻程度为个别考察维度。并在此基础上,构建"以专业主管机关优先管辖为主与档案行政管理机关有效介入"的共同管辖模式。

关键词 同级所属机构 档案事务 管辖权划分 模式构建

对同级所属机构(指与档案行政管理机关同级的专业主管机关所属的具有独立法人地位的机关、团体、企业事业单位。以下简称"同级所属机构")涉及档案事务的行政管辖,档案单行法律法规做了一些明确的规定,理论上来说,对此问题已没有再探讨的必要。但在具体的档案行政执法实践中,对同级所属机构涉及档案事务的行政管辖问题,仍然存在着理解上的偏颇和监管上的空隙。事实上,对同级所属机构涉及档案事务由谁监管,并不是一个非此即彼的政策取向问题,有必要对"同级所属机构涉及档案事务违法行为日益增多与档案行政管理机关监管乏力"的现象

论同级所属机构涉及档案事务行政管辖的模式构建——关于档案行政执法的思考之四

进行反思,以厘清对同级所属机构涉及档案事务行政管辖的基本思路和行政管辖模式的构建。

一、档案单行法律法规规定与存在问题

对同级所属机构涉及档案事务的行政管辖,实际上是涉及各行政主体行政权、行政管辖权划分的问题。行政管辖权是一种程序性权力,由单行法和程序法赋予;而行政权则是一种实体性权力,由宪法和组织法赋予[1]。

1. 档案单行法律法规对同级所属机构涉及档案事务行政管辖权的规定

档案单行法律法规对同级所属机构涉及档案事务行政管辖权的规定包括两个方面:一是档案实体法的规定。对同级所属机构涉及档案事务"实行统一领导,分级管理的原则"。县级以上档案行政管理机关主管本行政区域内的档案事业,并对本行政区域内机关、团体、企业事业单位和其他组织的档案工作实行监督、指导,依法查处档案违法行为。机关、团体、企业事业单位和其他组织应根据本专业的管理体制,负责对所属机构涉及档案事务的监督、指导和检查工作,并受同级和上级档案业务管理机关的指导、监督和检查。二是程序法的规定。县级以上档案行政管理机关负责组织、协调各自管辖范围内的档案执法监督检查工作。各机关、社会团体、企业事业单位和其他社会组织违反档案法的案件,由同级和上级档案行政管理机关查处,必要时,会同其上级主管机关查处。档案行政处罚由违法行为发生地的档案行政管理机关依照职权管辖,法律、行政法规另有规定的,从其规定。档案行政管理机关依照法定的权限、范围、条件和程序实施行政许可。

2. 两个管辖主体实施行政管辖的差异

从上述法律法规规定来看,对同级所属机构涉及档案事务的行政管辖涉及两个行政主体:一是同级档案行政管理机关;二是同级专业主管机关。从行政管辖的形式和内容上来看,两者是存在差异的。档案行政管

理机关对同级所属机构涉及档案事务的行政管辖是全面的,不仅负责对其涉及档案事务的监督、指导和实施行政许可,还具有对其档案违法行为依法查处,实施档案行政处罚的权力。也就是说,档案行政管理机关对同级所属机构涉及档案事务的行政管辖,既是一种职权性权力,又是一种程序性权力。而专业主管机关对所属机构涉及档案事务的行政管辖只限于业务监督、指导和检查,是一种不完全的事务管辖。也就是说,按照档案单行法律法规规定,专业主管机关对所属机构涉及档案事务的行政管辖只是一种职权性事务权利,不具备档案行政许可和档案行政处罚权。

3. 对同级所属机构涉及档案事务行政管辖中存在的问题

对同级所属机构涉及档案事务的双重负责、双重监督的现有行政管辖形式,形成了宏观方面的统一领导和微观方面的业务管理双管齐下的严格管理体制。这种管理体制,在设立之初对于规范、推动所属机构涉及档案事务的发展确实起到了一定的积极作用。但由于两个行政管辖主体之间互不隶属、互不制约,由它们对同一管辖客体进行监督,实践中必然会引发管辖权的冲突,尤其是随着行政监管体制改革的深入开展,其暴露出的缺陷日益明显。

(1)专业主管机关对所属机构涉及档案事务的监管职责缺乏具体化。档案单行法律法规虽然规定专业主管机关有"对所属机构的档案工作实行监督和指导"的职责,但对此职责都是一些原则性的规定,没有具体化的内容范围和措施,导致一些专业主管机关对所属机构涉及档案事务时无所适从,只能依赖于同级档案行政管理机关的监督和指导。专业主管机关的这种惯性依赖,使档案单行法律法规规定的由专业主管机关对所属机构的档案工作实行监督指导的职责形同虚设,成为一纸空文。同时,在实践层面上,监管职责缺乏具体化,也为专业主管机关对其所属机构涉及档案事务的消极管辖提供了理由空间。

(2)未明确专业主管机关疏于监管的法律责任。档案单行法律法规虽然规定专业主管机关有对所属机构涉及档案事务的监管职责,但却未规定其不履行监管职责时应承担的法律责任。这种没有责任承担的职责,既不利于档案行政管理机关对专业主管机关疏于监管职责时的责任追究,更不利于督促专业主管机关对所属机构涉及档案事务的监管。

(3)未明确两个管辖主体之间的沟通协调机制。由两个互不隶属的管辖主体对同一客体进行管辖,虽然档案单行法律法规规定了两个主体的各自职责,但并未明确二者之间的相互沟通协调机制,这样很容易形成职责的相互推诿。当一方或双方均怠于行使管辖权时,就会造成管辖的漏洞,导致对同级所属机构涉及档案事务的日常管理处于"真空"状态。

(4)疏于对同级所属机构涉及档案事务的日常管理。在对同级所属机构涉及档案事务的监管实践中,由于两个管辖主体相互依赖对方,管理的随意性较大,日常监管经常处于"真空"状态。一方面,由于专业主管机关对档案行政管理机关的惯性依赖,加之缺乏对其不履行监管职责的法律责任追究,其对所属机构涉及档案事务的监管,要么是不管不问,要么是以不具备档案行政处罚权为由,将监管责任全部推向同级档案行政管理机关;另一方面,档案行政管理机关由于监管面大,人员有限,对同级所属机构涉及档案事务的监管,要么是蜻蜓点水、走马观花,要么是以专业主管机关负有监管职责为由,将其推给专业主管机关。至于专业主管机关是否行使监管职责,档案行政管理机关则很少跟踪监督。这种由两个管辖主体之间的相互惯性依赖所形成的监管"真空",正是导致当前大量档案违法行为发生和监督、查处不力的最直接原因。

(5)对同级所属机构涉及档案事务的违法违规行为查处不力。专业主管机关对所属机构的档案工作有监督、指导的职责;档案行政管理机关对同级所属机构涉及档案事务有监督、指导和依法查处其档案违法行为的职责。档案单行法律法规虽如此规定,但实践中许多同级所属机构涉及档案事务的违法、违规行为却未受到惩处。查处不力,除有档案行政管理机关对同级所属机构涉及档案事务疏于监管,没有或不能及时发现其档案违法、违规行为以及档案法律法规规定的法律责任不具体等原因外,更重要的原因是专业主管机关因涉及自己部门利益,对档案行政管理机关给予所属机构涉及档案事务的惩处不予支持;或者是对发现的所属机构涉及档案事务的违法、违规行为不向档案行政管理机关通报,从而导致其所属机构涉及档案事务的违法、违规行为未受到相应的惩处。

二、对同级所属机构涉及档案事务管辖权划分的考察维度及理论依据

1. 两个监督机关监督的差异性——管辖权划分的横向考察维度

按照档案单行法律法规规定,对同级所属机构涉及档案事务的监督、指导,由同级档案行政管理机关与专业主管机关共同管辖。从传统的角度来看,档案行政管理机关对同级所属机构涉及档案事务的监管是宏观和总体性的,是主管。专业主管机关的监管是个别和具体的,是分管。分管在主管的监督指导下行使监督管辖权,主管在行使监督管辖权时也需要分管的支持与配合,不能代替分管[2]。但是,如果考虑行政监管体制改革和管辖权设置应符合行政效率原则的话,在划分同级所属机构涉及档案事务管辖权时,就应该从二者在监管目标与任务、时间、基本手段及方法,权力、程序与频率,专业性及独立性等六个方面的内核性差异来考虑,因为这些差异决定了由谁管辖更符合行政监管体制改革的要求,更符合行政管辖权设置的行政效率原则,也因此成为二者管辖权划分的横向考察维度。

(1)监管目标与任务。档案行政管理机关总体而言更关注于档案作为一种信息资源的形成、积累与统一管理,并且此目标明确地优于其他目标。专业主管机关则更多地关注于档案作为一种信息的应用和节约管理成本,甚至将档案工作作为专业工作的组成部分,容忍档案信息的分散状态存在。在监管重点上,专业主管机关多注重对所属机构涉及档案事务的个别行为的监督和矫正上,而档案行政管理机关的监管则倾向于保证档案信息资源整体完整性构建和档案工作整体目标实现的整体制度设计和纠正上。

(2)监管时间。专业主管机关的监管多是一种事先、事中的持续性的干预行为,而档案行政管理机关的监管通常是事后的干预行为。由此

可以看出,专业主管机关的事先、事中监管,更有利于改变所属机构涉及档案事务行为的不确定性,及时发现并纠正存在的问题,减少档案违法行为的发生,弥补档案行政管理机关事后监管的不足。

(3)监管手段和方法。档案行政管理机关的监管是以落实档案法律法规规定,排除或者矫正不利因素和违法行为的间接手段,以达到监管目标的实现。专业主管机关的监管是在将档案事务作为业务工作环节的前提下,把目标要求纳入各业务工作环节,以直接介入业务工作各环节管理的形式来确保监管目标实现。二者相比来说,专业主管机关的监管手段和方法更直接,效果更佳。

(4)监管权力、程序与频率。按照组织原则,专业主管机关是所属机构的直接上级,在监管所属机构涉及档案事务上比档案行政管理机关拥有更广泛的权力。其对所属机构涉及档案事务的监管程序已纳入各业务环节,更直接具体,更具有操作性。同时,由于专业主管机关将所属机构涉及档案事务纳入了各业务环节,其监管的主动性、频率与细微度上也高于档案行政管理机关,更重要的是能对所属机构涉及档案事务持续监管。

(5)监管的专业性。相对于档案行政管理机关而言,专业主管机关的专业性体现在对其所属机构涉及档案事务的非常了解,而档案行政管理机关对同级所属机构涉及档案事务的了解只限于与档案法律法规相关的一般性知识,特别是专业主管机关对所属机构各工作环节档案的形成、流转、积累、管理、利用情况非常熟悉,其实现有效监督管理的优势非常明显。

(6)监管的独立性。如前所述,专业主管机关由于是所属机构的直接上级,在对所属机构涉及档案事务实施监管时,出于部门利益因素的考虑,更易受到所属机构不利因素的影响。而档案行政管理机关的监管是全局性的,则很少会受到同级所属机构不利因素的影响,其独立性更强。

上述档案行政管理机关与专业主管机关监管职能的差异,决定了其各自作用范围的理论必然性,因此,在判断对同级所属机构涉及档案事务究竟由谁监督管辖时,就要充分考虑其职能差异,以实现监管成本和监管成效的最佳结合。

2. 专业法律法规涉及档案事务的完善与适用原则——管辖权划分的纵向考察维度

"分级管理"就是充分发挥各专业主管机关的专业管辖优势、特性和能动性,做好专业主管机关所属机构涉及档案事务的自律和监管。"分级管理"的前提,是各专业主管机关依据档案单行法律法规规定精神,完善并积极地实施本专业涉及档案事务的法律法规。专业主管机关只有具备完善的涉及档案事务的相关法律法规,才能有效地对所属机构涉及档案事务进行自律和监管,才能达到相关法律法规规定的应然效果。

在专业主管机关具备完善的涉及档案事务的相关法律法规后,如其所属机构违反专业法律法规中涉及档案事务规定的义务时,是否也同时构成违反档案单行法律法规中规定的义务?是适用其专业法律法规或是档案单行法律法规呢?按照行政法学"特别法优于一般法"的原则,应适用其专业法律法规,由其专业主管机关行使行政管辖权。因为这些特别法和特别法律规范条款对各专业领域档案违法行为的惩处、行为描述和条款适用更高、更具体,更易于操作。也就是说,对同级所属机构涉及档案事务豁免适用档案单行法律法规是为了对其适用更高、更严的管制,而不是为了逃避档案单行法律法规的管辖,因为专业法律法规中涉及档案事务的规范已符合档案单行法律法规规定的精神和原则,并高于档案单行法律法规对同级所属机构涉及档案事务所规定的义务。因此,划分档案行政管理机关与专业主管机关对所属机构涉及档案事务管辖权时,应将专业法律法规涉及档案事务的规范是否完善与适用作为划分的纵向考察维度。

3. 对档案法律法规的贯彻程度——管辖权划分的个别考察维度

如前所述,当专业主管机关具备涉及档案事务的完善的法律规范时,其所属机构涉及档案事务应适用专业法律法规,由专业主管机关管辖。但在具体的行政执法实践中,还应考虑专业主管机关对档案单行法律法规的贯彻程度。由于我国法律法规立法的多元性,专业主管机关出于部门和专业利益的需要,在制定和实施具体的方针政策时,难免会过多地考虑本部门、本专业的利益,设置一些垄断或者限制性条款。这就需要在确保"分级管理"的前提下,档案行政管理机关在涉及国家档案资源建设总体目标,如档案的流转与定期向国家综合档案馆移交、档案的无歧视利用等方面保留排他性的管辖权,最次也要保留在这些方面的共同管辖权。现实中,档案行政管理机关与建设专业主管机关有关建设业务档案流转、移交的争议,已充分证明了保留某些关键事项管辖权的重要性。

三、同级所属机构涉及档案事务行政管辖的模式构建

综合上述对同级所属机构涉及档案事务行政管辖权划分的横向、纵向和个别考察维度,结合当前对同级所属机构涉及档案事务行政管辖中存在的问题,笔者认为,对同级所属机构涉及档案事务的管辖,应摒弃以"档案行政管理机关为主,专业主管机关为辅"的共同管辖模式,构建以"专业主管机关优先管辖为主与档案行政管理机关有效介入"的共同管辖模式,以利于"同级所属机构涉及档案事务违法行为日益增多与档案行政管理机关监管乏力"矛盾的解决。

1. 专业主管机关优先管辖为主

如前所述,对同级所属机构涉及档案事务进行行政管辖的最佳状态,是专业主管机关在专业法律法规中纳入促进档案事务合法、合规发展的规范,并由专业主管机关发挥其专业力量进行持续性的监管。这种最佳状态,是由前述的档案行政管理机关与专业主管机关监管的内核性差异所决定的,有其合理、合法性。但这种最佳状态有一个非常重要的前提,就是专业法律法规中涉及档案事务的法律规范的完善,构建起对所属机构涉及档案事务的详细义务和监管计划,并足以为档案单行法律法规规定的档案管理目标的实现提供保障。具体来说,实行以专业主管机关优先管辖为主时,专业主管机关应符合以下三个条件:一是实行以专业主管机关优先管辖为主,必须在档案和其他专业法律法规中明确、直接、具体地规定。目前,档案单行法律法规中由专业主管机关"监督、指导所属机

构档案工作"的规定太笼统,既不能表明对同级所属机构涉及档案事务以专业主管机关为主,拥有优先管辖权,也没有排除档案行政管理机关对其涉及档案事务的优先管辖,容易造成对所属机构涉及档案事务的消极管辖,形成管辖空隙。二是专业法律法规中涉及档案的违法行为有不与档案单行法律法规立法旨意相违背的具体规范性条款,并有对具体违法行为如何处理的相关责任性规定。三是专业法律法规对涉及档案违法行为的相关规范已完善,能够制止和防范所属机构档案违法行为的发生,并为所属机构档案工作发展提供制度保证。专业主管机关只有同时满足上述三项条件时,才能拥有对所属机构涉及档案事务的优先管辖权。

2. 档案行政管理机关有效介入

对同级所属机构涉及档案事务实行以专业主管机关优先管辖为主,并不是无原则地排除档案行政管理机关的一般管辖权。根据"统一领导,分级管理"原则,在专业主管机关没有尽到监管职责,对档案违法行为处理有失偏颇,或者其专业法律法规和具体行政行为与档案单行法律法规的立法精神、主旨相违背时,就应启动档案行政管理机关的有效介入机制,发挥档案单行法律法规的一般性规范作用。档案行政管理机关的有效介入包括以下四个方面:一是定期对专业主管机关的监管情况实施执法监督检查。二是行使对查处同级所属机构涉及档案违法行为的督办、交办职责。三是对同级所属机构重大档案违法案件的直接查处。四是对专业法律法规中与档案单行法律法规立法精神与主旨相违背的规范,启动行政协商机制或行使排他性管辖权。

3. 建立共同管辖的沟通协调机制

要实现以"专业主管机关优先管辖为主与档案行政管理机关有效介入"共同管辖模式的有效运作,还须建立一套行之有效的相互沟通协调机制,而且这一机制必须在双方或者至少在档案行政程序法律法规中予以明确规定。至于沟通协调机制的具体形式与内容,可参照《档案管理违法违纪行为处分规定》第十八条,由档案行政管理机关与专业主管机关双方视具体情况确定。

四、结束语

从文献检索情况看,目前还没有相关的文献研究成果可供借鉴。笔者提出的上述最佳管辖模式,虽是一己之见,但无论从理论或实践上来说,都是可行的。为实现上述最佳管辖模式,国家档案行政管理机关可以先行一步,在专业主管机关不具备上述条件时,通过修订档案单行法律法规,以赋权的形式,倒逼专业主管机关对所属机构涉及档案事务行使优先管辖权。一是在档案单行法律法规中规定专业主管机关对所属机构涉及档案事务的具体职责与任务。二是具体规定专业主管机关不履行其监督职责应承担的法律责任。三是在档案单行法律法规中增加专业主管机关依照相关条款,对所属机构档案违法行为行使行政处罚的权利,使专业主管机关对所属机构涉及档案事务的管辖,既符合职权性要求,又符合程序性要求。四是在档案行政程序法律法规中明确双方沟通协调机制的形式与内容,便于档案行政管理机关对专业主管机关行使行政管辖权情况的监督与管理。

参考文献

[1]肖登辉.行政管辖略论[J].长沙理工大学学报(社会科学版),2009(3):45-49.

[2]郭树银.中华人民共和国档案法实施办法解释[M].北京:中国档案出版社,2000:18.

该文发表在《档案管理》2014年第4期

依法治档研究

档案行政监督检查案例分类评析

刘子芳

摘 要 文章运用行政法学原理和法律、法规规定精神,对所选五个方面(行政执法主体、行政执法人员、行政相对人、行政执法程序、行政执法文书)的六个案例进行了分类评析,指出了案例中存在的问题,以期引导档案行政监督检查依法依程序健康开展。

关键词 档案行政监督检查 案例 评析

在档案行政监督检查实践中,由于执法人员对法律规定理解存在误差和实践经验不足,往往会造成档案行政监督检查具体行政行为的无效和错误,进而影响档案行政执法整体工作开展。本文试图结合档案行政监督检查实践中的一些具体案例进行分类评析,以期引导档案行政监督检查依法依程序健康开展。

一、行政执法主体方面的案例

1. 案例一

案例描述:某县档案局在年终工作总结中写道:一年来,为落实《档案法》及其实施办法、《河南省档案工作条例》,促进全县档案事业的健康发展,我局先后联合县委办公室、县人大办公室等部门,组成档案行政监督检查组,对全县的档案管理情况进行了2次联合检查,共查处档案违法行为18起,并对7起较为严重的档案违法行为下发了《责令限期改正通知书》,及时纠正了个别单位在档案管理中的违法行为,有力地促进了全县档案事业的健康发展。

存在问题:县委办公室、县人大办公室是档案行政监督检查的主体吗?

案例评析:依据我国法律规定,行政执法必须由行政执法主体来执行。那么,何为行政执法主体呢?根据行政法学原理,所谓行政执法主体,是指依法成立并享有国家行政执法权力,能以自己的名义从事行政执法活动,能独立承担由此而产生的法律后果的机关或者组织。国务院印发的《全面推进依法行政实施纲要》(以下简称《纲要》)将此类机关和组织分为三类:一是行政机关;二是经法律、法规授权的非行政机关的组织;三是经行政机关委托的非行政机关的组织。《纲要》明确提出,要建立健全行政执法主体资格制度,行政执法由行政机关在法定职权范围内实施,非行政机关的组织未经法律、法规授权或者行政机关的委托,不得行使行政执法权。

本案例中,某县档案局联合县委办公室、县人大办公室组成档案行政监督检查组,查处档案违法行为的具体行政行为,明显是一种档案行政执法具体行政行为。根据行政法学原理和《纲要》要求,上述三个执法主体必须是档案行政主体,或者必须经法律、法规的授权。那么,县委办公室、县人大办公室是否具备上述条件呢?首先看地方人大是否具备上述条件。根据《地方各级人大组织法》的相关规定,地方各级人大是地方的最高权力机关,不是权力执行机关,也就是说不是行政主体。虽说其具有保证档案法律、法规贯彻执行的监督职能,但这种监督职能是法制监督,是对权力执行机关的监督,不是对具体行政相对人的监督,不具有对行政相对人实施具体行政执法行为的资格。再看地方党委是否具备上述条件。按照我国政治体制原则,地方党委是地方各项事业的领导机关,是党团组织,其领导职责主要是方针政策、组织上的领导,并不是行政主体,也不具备法律、法规所规定的行政执法主体资格。综上所述,地方党委、人大既不是档案行政管理的行政主体,也不是法律、法规授权进行档案行政执法

的执法主体。案例中,县委办公室、县人大办公室是县委、县人大的内部协调办事机构,其机构性质从属于县委、县人大,自然也不是档案行政执法的主体,不具备档案行政执法的主体资格。其直接参与档案行政监督检查的做法,是与法律的规定和《纲要》的要求相背离的,是一种无效的行为。

2. 案例二

案例描述:2006年7月,某县档案局法制科电话通知所辖各乡镇,为加强汛期档案保管安全,确保档案安全度汛,县档案局法制科将组织人员对全县所有乡镇综合档案室档案保管情况进行监督检查。检查中发现有两个乡镇综合档案室库房存在漏雨现象,当即下发了《责令限期改正通知书》,要求这两个乡镇在15天内改善库房保管条件,确保档案安全,并将整改情况书面报档案局法制科。《责令限期改正通知书》落款是某县档案局法制科,并加盖了某县档案局的公章。

存在问题:某县档案局法制科是档案行政监督检查的主体吗?

案例评析:按照行政法学理论和法律、法规规定,行政机关必须依法设定,是重要的行政主体,代表国家或地方独立进行行政管理。行政机关的内设机构是行政机关的内部组成部分,虽然具体履行着行政机关的职能,但其并不是行政主体,没有对外的行政管理权,也不对外承担相应的法律责任。在具体的行政监督检查活动中,行政机关的内设机构可以代表行政机关进行执法,但只能以行政机关的名义进行,而不能以内设机构自己的名义擅自做出。由此可见,行政机关的内设机构非经法律、法规的授权,是不具有行政执法主体资格的。

本案例中,某县档案局法制科制发的《责令限期改正通知书》虽然盖的是档案局的公章,但其电话通知、《责令限期改正通知书》落款均是法制科,应视为此次行政监督检查是法制科以自己的名义做出的具体行政行为。而法制科是档案局的内设机构,按照法律、法规的规定,不具有对外进行档案行政监督检查的职权,也不具有进行档案行政监督检查的主体资格,因此,某县档案局法制科以自己名义进行的档案行政监督检查和制发的《责令限期改正通知书》，是违法的行政行为和无效的执法文书。

二、行政执法人员方面的案例

案例描述：河南省某县档案局、馆合署办公，是县委、县政府直属的文化事业单位，履行全县档案事务的行政管理和全县档案的安全保管双重职能。局馆共有工作人员13名。其中，只有甲、乙、丙三人通过考试取得了行政执法资格，拥有省人民政府统一颁发的《行政执法证》。在每年例行的档案行政监督检查中，该县档案局一直采取由甲、乙、丙三人分别带队，另外调配其他三名工作人员，组成三个监督检查组（每组两人）的形式开展档案行政监督检查工作。

存在问题：其他三名工作人员参加行政监督检查组合法吗？

案例评析：根据行政法学原理，行政执法工作必须由具有行政执法资格的工作人员来履行，不具备行政执法资格的人员不得从事行政执法工作。河南省《〈行政执法条例〉实施办法》（以下简称《办法》）规定，行政机关应当按有关规定对行政执法人员进行培训，定期考核，经考核不合格者不得上岗执法。经考试和考核合格，取得《河南省行政执法证》的，方可上岗执法；未经执法培训或者经考试、考核不合格，未取得《河南省行政执法证》的，不得上岗执法。而河南省人民政府《关于实行持证上岗亮证执法的通告》（以下简称《通告》）则更明确地规定，《执法证》是行政执法人员行使执法权的资格证明。未依法取得《执法证》的，无权从事行政执法工作。从上述行政法学原理和河南省的地方法规、规章规定看，行政执法是一种职务行为，只有具备行政执法资格的工作人员，才可以进行行政执法活动。不具备行政执法资格的工作人员从事行政执法工作，则是一种不合法的职务行为，应当严令禁止。

本案例中，另外调配的其他三名工作人员与具备行政执法资格的甲、乙、丙三人搭配，组成档案行政监督检查组，虽然符合每次档案行政监督检查不得少于两人的规定，但是，另外调配的其他三名工作人员既没有接受过行政执法培训，也没有取得《办法》规定的行政执法资格和《河南省行政执法证》,按照该省《通告》的规定,另外调配的其他三名工作人员是不具备从事行政执法资格的人员,无权在其辖区内从事档案行政监督检查工作。由此可以看出,某县档案局由甲、乙、丙与不具备行政执法资格的其他三名工作人员组成档案行政监督检查组的做法是错误的。

三、档案行政相对人适格方面的案例

案例描述:某县档案局在例行档案行政监督检查时,发现人民银行某县支行1992—2000年的文书档案没有依法向该县档案馆移交。该支行不移交档案的理由是:人民银行是金融特殊行业,实行行业垂直管理,保密性强,按照上级规定,其档案不移交当地档案馆。监督检查人员要求该支行提供不移交档案的上级行文件规定。该支行提供不出具体文件。监督检查人员合议后认为:该支行提出的不移交理由不成立。按照《档案馆通则》和《各级国家档案馆收集档案范围的规定》,该支行的文书档案属于向该县档案馆移交范围内的档案,应当依法按时移交。责令该支行立即纠正错误做法,并据此下达了《责令限期改正通知书》。《责令限期改正通知书》中写道:"人民银行××县支行档案室:2013年9月13日上午10点,我局对贵档案室进行了例行监督检查,经检查发现,贵档案室保管的1992—2000年的文书档案没有依法向××县档案馆移交(具体案卷情况见《清查档案清单》),此行为违反了《档案馆通则》和《各级国家档案馆收集档案范围的规定》的有关规定,特责令贵档案室在一个月内(2013年9月13日—2013年10月13日)纠正违法行为,依法向××县档案馆移交附件《清查档案清单》中的档案,并将整改情况书面报××县档案局。"人民银行××县支行接《责令限期改正通知书》后,经请示其上级行郑州分行和济南中心行后,按时移交了应移交的档案。

存在问题:某县支行档案室是档案行政管理机关的行政相对人吗?

案例评析:行政主体和行政相对人是构成行政法律关系的主体,双方相互作用,促使行政法律关系的产生、变更和消灭。基于行政法律设定条件的行政关系主体,是一种相对稳定和平衡的法律关系。只有当行政主

体就是法律所规定的对行政相对人发生作用的"那个"行政主体,行政相对人是法律所规定的行政主体必须针对的"那个"行政相对人时,行政法律关系才能实现相对的稳定。行政相对人包括个人或组织,在行政法律关系中,行政相对人与行政主体相对应而存在,是行政法律关系中的重要"一极"。如果一个行政法律关系中的所谓"行政相对人"并不是法律所规定的行政主体可以或者必须针对的当事人,则这个行政法律关系就可能立即崩溃。换句话说,就是行政执法中,行政主体找错了对象,虽然也在行政主体与错误的对象之间产生了行政法律关系,但这种行政法律关系的稳定性却是无法保证的。如果行政执法中张冠李戴,就意味着对行政相对人主体的认定不合法律规定,意味着整个行政执法行为认定事实不清,属于违法行为。

《中华人民共和国档案法》第六条第二款规定:县级以上地方各级人民政府的档案行政管理部门主管本行政区域内的档案事业,并对本行政区域内机关、团体、企业事业单位和其他组织的档案工作实行监督和指导。由此可以看出,基于《档案法》基础上的档案行政法律关系,其档案行政主体是各级人民政府的档案行政管理部门,其行政相对人是本行政区域内的机关、团体、企业事业单位和其他组织。具体到本案例中,档案行政监督检查的主体是某县档案局,其针对的"行政相对人"应该是人行某县支行,而不是人行某县支行档案室。人行某县支行档案室作为该行的内设职能机构,可以代表该行行使一定的职能活动,但不具有机构法人地位,不能成为某县档案局档案行政监督检查的"行政相对人"。其职能活动当中产生的法律责任只能由具备机构法人资格的人行某县支行承担。案例中,某县档案局监督检查人员制作的《责令限期改正通知书》,将人行某县支行档案室认定为"行政相对人"的做法,属于张冠李戴,认定事实不清的违法行为。

四、行政执法程序方面的案例

案例描述:2009 年 6 月 20 日,河南某县档案局行政执法人员张某、刘某到所辖乡镇监督检查 2008 年文件归档情况。张某、刘某来到 C 镇时，负责 C 镇档案工作的主管领导镇党委办公室主任吴某接待了他们。执法人员张某与吴某相互认识，双方相互寒暄后，吴某向张某、刘某介绍了该镇 2008 年文件归档的大致情况。随后，吴某陪同张某、刘某对该镇档案室 2008 年文件归档情况进行了现场检查。检查中发现，该镇文件归档不全，缺少 2008 年的《干部职工统计年报》《党员统计年报》和党委会议记录等应归档的文件材料。现场检查结束后，张某、刘某向吴某和档案员通报了现场检查情况，要求将缺少的《干部职工统计年报》《党员统计年报》和党委会议记录等应归档的文件材料收集齐全，及时归档。

存在问题：张某、刘某进行的此次监督检查程序是否完善？

案例评析：行政执法程序是指行政执法的管辖、过程、步骤、顺序、时限、方式等内容和环节的总称。程序正当是依法治国对行政机关依法行政提出的最基本要求。其主要作用是：规范行政执法行为，防止行政执法的随意性；保障行政相对人参与国家行政管理，监督和制约行政机关依法办事；协调行政机关和行政相对人的关系，达到消除对立情结、构建和谐社会的目的。虽然我国还没有制定一部完整的行政执法程序法律，但各单行法律、法规和规章中对行政执法的程序性规定，无疑是行政执法中应当严格遵守的原则。行政法学原理将各单行法律、法规和规章中有关程序性的规定归纳为以下几种：一是执法公开制度；二是表明身份制度，三是告知制度；四是听取陈述和申辩制度；五是听证制度；六是回避制度；七是时效制度；八是说明理由制度；九是调查取证制度；十是行政执法文书制度。在具体的行政执法实践中，行政机关和行政执法人员必须按照相关单行法律、法规和规章规定的执法程序进行执法活动，否则，就会造成执法程序违法，承担因程序违法而造成的法律后果。

本案例中，张某、刘某进行的此次监督检查违反了表明身份的程序规定。按照行政法学原理，出示证件，表明身份是行政执法的重要环节和步骤，凡是与行政相对人直接打交道的行政执法活动，都要遵守，不得省略。不出示证件表明身份的，属程序违法，行政相对人有权拒绝。河南省人民政府《关于实行持证上岗亮证执法的通告》也规定:《执法证》是行政执法人员行使执法权的资格证明。行政执法人员开展行政执法工作,必须向公民、法人或其他组织出示《执法证》,以表明身份。不出示《执法证》表明身份的,属于行政执法程序违法的行为,公民、法人或其他组织有权拒绝,并有权向县级以上人民政府法制机构投诉,也可以向人民法院起诉。案例中,虽然张某与吴某相互认识,也不能违反法律、法规和规章所规定的程序,否则,一旦有不良后果出现,就会造成此次档案行政监督检查行为程序违法,使档案局陷入被动局面。此外,该案例中,张某、刘某进行的此次行政监督检查,没有制作《现场监督检查记录》,没有将C镇文件归档不齐全的违法事实记录固定下来,也是一种不符合行政执法程序的违法行为。

五、行政执法文书方面的案例

案例描述:某县档案局在对该县林业局进行例行监督检查时发现,有3卷涉及机构编制、干部职工年报、花名册的永久卷不知去向,查阅该局《档案借阅登记本》,也没有此3卷档案的借阅登记记录。询问档案员时,档案员也说不出档案的确切去向。据此,某县档案局当即对林业局下发了《责令限期改正通知书》,要求该林业局在15天内追查出档案的去向,并将追查结果书面报告县档案局。逾期不报追查结果,将立案查处,追究有关人员的行政责任。在规定的整改期限内,该林业局书面答复称:去向不明的3卷永久档案,系该局会计在办理局机关人员工资调整时借出,遗忘在了县财政局工资福利股,现已收回,并对相关人员进行了批评教育。

存在问题:此次行政监督检查的执法文书完善吗?

案例评析:行政执法文书是行政机关在行政执法活动中制作的,用以记载和证实行政执法过程的各种材料,是记录行政执法过程情况、认定事实、内容的法律文书载体。根据行政法学原理,在具体的行政执法活动中,有些具体的违法事实,在没有书证、实物、影像的情况下,必须通过制

依法治档研究

作相应的行政执法文书,来记载违法事实的情况,使违法事实得以固定,以支撑行政执法后续行政处理的开展。制作行政执法文书,也是行政执法程序不可缺少的重要环节。只有完备的行政执法文书,行政执法的过程才能完善,才能善始善终。

本案例中,档案行政监督检查人员在发现林业局3卷永久档案去向不明时,通过查看《档案借阅登记本》,询问档案员,下发《责令限期改正通知书》的执法过程是完整的。但是,从整个行政监督检查的程序来看,此次监督检查还需要两个执法文书来支撑。一是制作《现场检查记录》,将林业局3卷永久档案去向不明的违法事实记录固定下来,作为林业局违反档案法律、法规的证据,以支撑下发《责令限期改正通知书》的必要性;二是制作《询问笔录》,将对档案员的询问用文字记录的方式记录下来,与《现场检查记录》形成一条完整的证据链,用以证明林业局3卷永久档案去向不明的法律证据,确保此次行政监督检查程序的完整。程序合法,是对档案行政监督检查的最基本要求,也是衡量档案行政管理机关是否依法行政的重要指标。案例中,档案行政监督检查人员不依法制作行政执法文书的做法,虽然没有对此次行政监督检查造成一定的不良后果,但并不是说这种错误做法导致的严重后果每次都能幸免。因此,这种现象必须引起档案行政监督检查人员的高度重视,做到依法行政,依程序执法。

该文发表在《档案管理》2015年第4期

档案犯罪研究综述

刘子芳

摘 要 档案犯罪研究历经近20年的发展,取得了一定的成果。对档案犯罪研究文献年度、期刊、研究人员工作性质分布的分析和对档案犯罪概念、特征、对象、犯罪构成、罪种以及立法完善等已有研究成果的梳理,不仅对以后的研究具有借鉴意义,而且对档案行政执法实践中涉刑案件的判定、处理具有很大的指导作用。

关键词 档案行政执法 档案犯罪 综述

一、引言

档案犯罪是档案违法行为中最严重的一种。为了解档案犯罪的研究概况,本文以中国知网学术文献数据库为数据来源,以"档案犯罪"为关键词精确检索到12篇文献,以"档案犯罪"为主题共检索到159篇文献,精确到题目中真正有"档案犯罪"字样的只有30篇文献(其中包括以关键词检索到的12篇)。这30篇文献中,最早的是李磊1997年发表于《档案与建设》第11期的《新刑法中的档案犯罪》,最晚的是2014年张胜全发表在《档案管理》第2期的《档案犯罪竞合问题研究》和刘丽英发表在《山西档案》第2期的《论国有档案犯罪的认定》两篇文献。本文基于这30篇文献对档案犯罪的研究状况做一综述。

二、档案犯罪研究文献统计分析

1. 档案犯罪研究文献年度分布

表1 档案犯罪研究文献年度分布

发表年度	1997	1999	2000	2002	2003	2001	2006	2007	2008	2010	2012	2013	2014
数量	1	1	4	1	1	1	4	8	1	3	1	2	2

从文献年度分布情况来看,对档案犯罪问题的研究主要有两个高潮阶段。一个是1997年《刑法》增加了档案犯罪法条后的2000年,共发表文献4篇;一个是《档案法》颁布20周年时的2007年,共发表文献8篇。从文献发表数量来看,对档案犯罪的研究整体上还较薄弱,有待进一步加强。从文献发表数量趋势上看,2010年以后呈稳定上升趋势,说明对档案犯罪的研究正逐步引起关注。

2. 档案犯罪研究文献期刊分布

表2 档案犯罪研究文献期刊分布

杂志名称	档案学通讯	山西档案	档案与建设	档案管理	北京档案	中国档案	兰台世界	档案时空	湖北档案	山东档案	档案	人力资源管理
文献数量	3	4	3	3	1	2	7	3	1	1	1	1

从文献期刊分布来看,档案犯罪研究文献主要分布在档案事业类核心期刊上,共发表文献24篇,占文献发表量的80%。此数据一方面说明档案事业类核心期刊占据着档案犯罪研究的绝对优势地位;另一方面也

说明档案犯罪作为一种特殊性犯罪,涉及面较窄,还没有引起其他相关社会期刊的关注。

3. 档案犯罪研究文献作者工作性质分布

表3 档案犯罪研究文献作者工作性质分布

工作性质	局馆工作人员	刑法学工作者	院校档案人员	其他工作人员
文献数量	5	17	7	1

从文献作者分布来看,从事法律和刑法学研究的人员共发表文献17篇,占总文献发表量的66.66%,是档案犯罪研究的主力。从文献个人发表数量看,发表3篇的作者有罗翔(中国政法大学刑事司法学院)、张胜全(河南科技大学法学院)、栾莉(中国人民公安大学法学院)、孙景仙(北京建筑工程学院文法学院)4人,共发表文献12篇,占总文献发表量的40%。文献涉及的其他22名作者(含4名合著)均发表文献1篇。从作者文献发表量整体来看,还没有形成档案犯罪研究的核心作者群。

三、档案犯罪研究文献涉及的主要内容

1. 档案犯罪概念

在30篇文献中,涉及论述档案犯罪概念的主要有以下几种观点:

李磊认为,档案犯罪是指行为人出于某种非法目的,强行占有、秘密窃取属于国家所有的档案,情节严重,触犯刑律,依法应受刑罚处罚的行为[1]。崔爱鹏、李淑娟认为,所谓档案犯罪,是指涉及档案和档案管理的犯罪[2]。李建立则认为崔爱鹏、李淑娟有关档案犯罪的概念太笼统。其认为档案犯罪的概念应阐述为:档案犯罪是具有严重的社会危害性,违犯刑法禁止性规范,抢夺、窃取、擅自出卖、转让国有档案等应受刑罚处罚的违法行为[3]。

连志英、倪东风、谢雨、苗华清等认为,档案犯罪应具备犯罪的两个基

本属性,即犯罪的社会属性和法律属性,并通过对犯罪两个基本属性的分析后认为,档案犯罪是指具有社会危害性,依照法律规定应受刑罚处罚,侵害国家对档案管理秩序的行为[4][5]。牧晓阳认为,档案犯罪是指违反我国《刑法》,以国家档案制度和档案权益为犯罪客体的犯罪行为。档案犯罪包括显性档案犯罪和隐性档案犯罪[6]。

张胜全认为,档案犯罪,可做广义与狭义两种理解。从广义上讲,档案犯罪是指所有与档案管理有关联的犯罪,包括以档案为犯罪工具的犯罪和以档案为犯罪对象的犯罪。从狭义上讲,档案犯罪仅指以档案为犯罪对象的犯罪。张胜全通过对法学界对档案犯罪几种观点的分析后认为,档案并非一种经济意义上的财产,而是一种历史文化资源。档案价值主要表现为证据价值和情报价值,而不是经济价值。因此,为了凸显刑法对档案保护的立法宗旨,对档案犯罪应做狭义理解,仅指以档案为犯罪对象的犯罪[7]。

梳理上述观点可以看出,目前关于档案犯罪的概念还没有形成统一的认识。其分歧的实质在于:档案犯罪是仅限于《刑法》第三百二十九条规定的犯罪或包括《刑法》中与档案管理秩序相关的其他犯罪。档案犯罪是仅限于以侵犯档案法益为犯罪客体的犯罪或以侵犯国家档案管理秩序为犯罪客体的犯罪,或者是以侵犯国家档案管理秩序和侵犯档案法益为犯罪客体的犯罪都是档案犯罪。

2. 档案犯罪的特征

关于档案犯罪特征,有4位作者在文献中做了论述。崔爱鹏、李淑娟认为,档案犯罪的特征有客体特征、客观特征、主观特征和主体特征四个方面[8];而谢雨、苗华清则在文献小标题下直接将档案的犯罪特征描述为档案的犯罪对象、主体、主观方面、客体、客观方面[9]。

李建立认为,崔爱鹏、李淑娟把档案犯罪的特征归结为客体特征、客观特征、主体特征和主观特征,从刑法学理论上讲,这是档案犯罪的四个构成要件,并非特征。他认为档案犯罪作为犯罪的种概念,理应具有犯罪的三个基本特征,即严重的社会危害性、刑事违法性和应受刑罚处罚性。

档案犯罪概念的上述三个特征,是辩证统一的,缺一不可。其中严重的社会危害性是本质特征,刑事违法性和应受刑罚处罚性是从严重的社会危害性特征派生出来的。三个特征互相联系,不可分割,共同构成档案犯罪概念的总体,成为区分罪与非罪的总标准[10]。

连志英、倪东风认为,档案犯罪的特征包括档案犯罪的基本特征和档案犯罪的构成特征。有些文章将档案犯罪这两方面的特征混为一谈。这是不对的。档案犯罪的基本特征即具有社会危害性和依法应受刑罚处罚性。档案犯罪的构成特征是指档案犯罪的构成要件,即档案犯罪的主体、主观方面、客观方面及客体[11]。

3. 档案犯罪的对象

关于档案犯罪对象问题,归纳起来主要有三种观点:第一种观点认为,档案犯罪对象仅限于《刑法》第三百二十九条规定的国家具有所有权的档案;第二种观点认为,档案犯罪的对象既包括国家具有所有权的档案,又包括国家代为保管、寄存的档案、档案复制件;第三种观点认为,档案犯罪的对象既包括国家具有所有权的档案,也包括非国有档案,但非国有档案不能一概而论。上述三种观点存在差异的实质问题,其实就是关于国有档案和档案犯罪概念(狭义或者广义)理解的问题。坚持狭义档案犯罪的学者认为,档案犯罪的对象仅限于《刑法》第三百二十九条规定的国家所有的档案。坚持广义档案犯罪的学者认为,《刑法》中涉及档案的犯罪都应该属于档案犯罪,档案犯罪的对象除《刑法》第三百二十九条规定的国家所有的档案外,还包括由国家机关、国有公司、企业、事业单位、人民团体和其他组织代为保管、寄存的非国有档案、档案复制件。

(1)国有档案。国有档案是档案犯罪的对象,文献已取得共识。但对于国有档案的范围,文献中还存在一定的差异,其主要观点如下:

姚刚认为,受刑法保护的档案对象仅限于国有档案。刑法从所有权关系的角度来界定保护档案的范围,这反映了刑法保护的重点和立法者希望有效利用有限的刑事司法资源的立法初衷[12]。

孟伟认为,国有档案是指由国家档案部门、国家机关、国有公司、企业、事业单位、人民团体和其他组织保管的、所有权属于国家的档案。对于原属集体或个人所有的档案，如果为国家所收购或征购，或者为原所有人出售、捐赠给国家的，也应视为国家所有的档案。国家持有的非国有档案不属于国有档案[13]。

罗翔认为，档案犯罪的对象主要是国有档案，包括国家具有所有权的档案，被国家征购、收购的原属集体或个人所有的档案。寄存于国家档案馆的集体和个人所有的、对国家和社会具有保存价值或者应当保密的档案应当视为国有档案[14]。

栾莉认为，根据《刑法》第九十一条第三款的规定，寄存于国家档案行政管理部门的集体和个人所有的、对国家和社会具有保存价值或者应当保密的档案，虽然其所有权并没有转移给国家，但是由于在国家档案行政管理部门的管理之下，应当视为国有档案[15]。

张胜全认为，档案犯罪属于行政犯罪，以违反《档案法》的规定为前提，应当根据《档案法》的规定进行理解，即档案犯罪中的档案只包括对国家和社会具有保存价值的原始记录，不宜将档案"泛化"。刑法上的国有档案是指国家档案行政管理部门和国家档案馆持有的档案，由国家档案行政管理部门代管的或寄存于国家档案馆的集体档案或个人档案，虽然民法上的所有权并没有转移，但它们同时也属于刑法上的国有档案[16]。

黄丽勤认为，刑法中的所有并不等于民法中的所有权，其是指"持有"，即主体对财物事实上的管理、控制和支配占有，是人对财物事实上的支配和管理，这主要是因为，刑法是通过惩治违法犯罪行为来保护法益的，为了彻底保护法益，必须预防和惩治犯罪，必须从根本上杜绝一切违法犯罪行为，即使其侵害的主体并非法益的所有权人。因此，所谓"国家所有的档案"，根本不需要将其"视为国有档案"，盗窃、抢夺该档案，情节严重的，同样要构成抢夺、窃取国有档案罪，擅自出卖、转让该档案，情节严重的，同样要构成擅自出卖、转让国有档案罪[17]。

（2）档案复制件。对于档案复制件是不是档案的犯罪对象，文献中

也没有取得共识,其主要观点有:

孟伟认为,档案复制件不应认定为"国有档案"。其理由:一是按照罪由法定的原则,违法不一定犯罪,《刑法》上没有规定,就不构成档案犯罪。二是根据《档案法》规定,档案仅指原件而不包括复制件,档案与档案复制件是有区别的。三是虽然档案是载体和信息的统一体,但复制件犯罪并没有侵害档案原件,可以构成其他犯罪,但并不构成档案犯罪[18]。

张胜全认为,档案复制件无论在本质属性还是价值功能上都与档案原件存在重大差别,二者的法律地位根本无法等同。这也是为什么档案法将档案与档案复制件的交换、出卖、转让条件分别规定的原因。因此档案犯罪的对象应仅指档案原件不包括复制件[19]。

黄丽勤认为,对于国有档案复制件能否认定为国有档案,不能一概而论。要综合考虑档案的种类、其价值体现物、原件和复制件的数量、是否已经开放等诸多因素,从处罚的必要性角度对刑法中的档案进行实质解释。在一般情况下,侵犯档案复制件的行为不构成档案犯罪,但是,如果档案原件已经灭失,侵犯档案复制件将使国有单位彻底失去对该档案的管理和控制的,无疑要构成档案犯罪[20]。

栾莉认为,档案是一种以不同的物质载体形式包含的历史记录,档案复制件同样是对档案信息的再现。刑法不仅仅要保护档案物质载体本身,还必须保护这种载体所包含的内在信息。档案复制件必须与原件一样受到刑法的同等保护[21]。

罗翔认为,国有档案复制件同样是对国有档案信息的再现。侵犯国有档案复制件的行为违反了档案法必须受到法律的严格的控制。将国有档案复制件解释为国有档案是一种扩张解释,将国有档案复制件解释为国有档案并未超越语言的最大范围。换言之,档案复制件同样符合《档案法》第二条有关"档案"的定义。

(3)非国有档案。关于非国有档案是否档案的犯罪对象问题上,除上面涉及国家档案行政机关强制代管的原属于集体和个人所有的对国家和社会有保存价值的档案,寄存在国家机关、国有公司、企业、事业单位、人民团体和其他组织的档案外,罗翔、孙景仙、谢雨、苗华清认为,档案的犯罪对象还包括非国有档案,这部分档案主要是在刑法中受到保护的非国有的会计档案[22][23][24]。

4. 档案犯罪的罪名

档案犯罪的罪名,在刑法学上又称犯罪的类型,俗称罪种。张胜全认为,按照刑法罪行归属原则,档案犯罪的实行行为包括抢夺、窃取、出卖、转让4种类型,是选择性罪名。其他涉及档案的犯罪则是其他实行行为的犯罪,不构成档案犯罪[25]。

连志英、倪东风认为,根据档案犯罪概念,档案犯罪这一类罪,仅限于《刑法》第三百二十九条规定的两个罪名太过于狭窄。还应包括以下罪名:故意、过失损毁文物罪,倒卖文物罪和将珍贵文物私自出售、赠送给外国人罪,玩忽职守罪[26]。

李伟、李玉英认为,档案犯罪包括抢夺、窃取国家档案罪,擅自出卖、转让国家档案罪,滥用职权、玩忽职守罪,泄露国家秘密罪[27]。

郝彦收认为,档案犯罪包括妨害文物管理罪(《刑法》第三百二十九条第一款"抢夺、窃取国有档案罪"、第二款"擅自出卖、转让国有档案罪"),故意、过失损毁文物罪,玩忽职守罪与重大责任事故罪,故意、过失泄露国家秘密罪与为境外窃取、刺探、收买、非法提供国家秘密、情报罪[28]。

罗翔、栾莉等认为,纵观我国刑法、刑法修正案以及附属刑法的规定,目前的档案犯罪主要有以下几种:抢夺、窃取国有档案罪,擅自出卖、转让国有档案罪,隐匿、故意销毁会计凭证、会计账簿、财务会计报告罪,故意损毁文物罪和过失损毁文物罪,滥用职权罪,玩忽职守罪,失职造成珍贵文物损毁、流失罪[29][30]。

5. 档案犯罪的构成

对于档案犯罪的构成,文献中也存在不同的观点,归纳起来主要有以下几点:

(1)关于档案犯罪的主体。狭义档案犯罪说认为,档案犯罪主体为一般主体,即凡是已满16周岁,具有刑事责任能力的自然人,都可以成为本罪的主体。根据《刑法》第三十条的规定,单位不能成为本罪的主体。广义档案犯罪说认为,根据我国刑法规定,大多数档案犯罪的主体只能是自然人,但个别档案犯罪包括特殊主体和单位。

(2)关于档案犯罪的主观方面。狭义档案犯罪说认为,档案犯罪在主观方面都是直接故意,过失不构成档案犯罪。广义档案犯罪说认为,档案犯罪作为一类罪,主观方面可以是故意也可以是过失,而并非只能是故意。

(3)关于档案犯罪的客体。狭义档案犯罪说认为,档案犯罪侵害的客体是复杂客体,即国家所有的档案管理制度以及国家对国有档案的所有权。档案犯罪侵犯的对象仅限于国家所有的档案。广义档案犯罪说认为,档案犯罪的客体是复杂客体,是指国家对档案的管理秩序及档案的所有权。

(4)关于档案犯罪的客观方面。狭义档案犯罪说认为,档案犯罪在客观上表现为行为人实施了侵害国家档案的行为。广义档案犯罪说认为,档案犯罪客观方面表现为行为人实施了侵害国家档案管理秩序的行为。

6. 档案侵害行为的特征

关于档案侵害行为特征问题,文献中只有一篇涉及。张万寅认为,档案侵害行为特征有三个方面:一是作用于受害人的间接性。和其他形式的侵害行为不同,档案犯罪中的危害行为首先并且最大量地作用于档案这一中介,在档案因特定危害行为受到侵害时,他人对档案的利用并未中止;另外,尽管以特定的人为中心所形成的区域资源相对有限,但区域内潜在的利用需求具有极强的依赖性,因此任何危害档案的犯罪行为最终不可避免地会影响到不特定的单位和个人。二是危害结果产生的缓慢性。由于任何危害档案的犯罪行为都是在一个广大的空间内和长久的时间内起作用的,它的作用相应是一个持续、缓慢的过程;同时,另外有一些危害档案的犯罪行为,由于在一定的时空内作用缓慢,要经历一段时间的潜伏期才会出现危害后果,从而使及时取证几乎不可能。三是导致危害结果的因素多元性。在危害档案的犯罪中,导致危害结果的因素常常复杂多样,同时,还应注意到危害档案的犯罪行为在某些情况下是附属于那些创造经济利益、增加"有价值"的行为,而且认识危害档案的犯罪行为常常需要有专业的、高深的科技知识为依托[31]。

7. 档案犯罪立法完善问题

关于档案犯罪立法完善问题,文献中有多篇论述,主要观点有:吴娟认为,从法律体系的角度来看,《档案法》与《刑法》的衔接是不完全的。一是档案犯罪的对象过窄。二是《档案法》与《刑法》的不完全接轨,导致整个档案管理的法律力度降低了。三是《档案法》与《刑法》对档案管理的规范都集中在档案本身,而对档案信息的处罚则要以侵犯档案内容为依据,主要以侵权法来进行调整,这种调整力度相对较弱[32]。

牧晓阳认为,目前的立法主要存在三个问题:一是对不同性质的档案保护不平等。二是不同档案立法彼此孤立。三是现行档案犯罪规定不够合理。建议加强对不同性质档案的保护,完善档案犯罪罪名,规范现有显性档案犯罪[33]。

田春晖、苗华清认为,档案犯罪的刑事政策有待进一步改善:一是加强对档案犯罪的道德预防。二是改变"厉而不严"的刑事政策。三是增大财产刑和资格刑的比重。四是适当采用轻刑化措施。五是注重改造和矫正犯罪。六是完善司法合作机制[34]。

四、结语

自1997年《刑法》增设档案犯罪罪种后,档案犯罪研究开始起步,历经近二十年的发展,取得了一定的成果,但从文献发表量上看,整体上还处于起步阶段,没有形成完整的研究体系和核心研究领军人物。从研究人员上看,由最初的以档案工作者为主体发展到以法律、刑法学者为主体,研究视野逐步拓宽。从研究内容上看,由最初的注重实践到注重法理内在规律的转变,从法理上去规范和解释档案犯罪的概念、内涵、构成以及《档案法》与《刑法》的衔接完善,研究内容不断深入。本文通过对档案犯罪研究成果的梳理,不仅对以后的档案犯罪理论研究有借鉴意义,而且对档案行政执法实践也有一定的指导和促进作用。

参考文献

[1]李磊.新刑法中的档案犯罪[J].档案与建设,1997(11):24-25.

[2][8]崔爱鹏,李淑娟.浅议档案犯罪[J].档案管理,1999(6):4-5.

[3][10]李建立.浅议档案犯罪的概念、特征和犯罪构成[J].档案管理,2000(2):17-18.

[4][11][26]连志英,倪东风.档案犯罪若干问题的分析[J].档案学通讯,2006(1):26-29.

[5][9]谢雨,苗华清.档案犯罪若干问题探析[J].兰台世界,2008(5):12-13.

[6][33]牧晓阳.论我国档案犯罪的立法完善[J].兰台世界,2010(9):29-30.

[7]张胜全.档案犯罪竞合问题研究[J].档案管理,2014(2):16-18.

[12]姚刚.档案犯罪与刑法保护[J].山西档案,2003(1):32-34.

[13][18]孟伟.论档案犯罪的对象[J].档案,2004(3):5-6.

[14][29]罗翔.档案犯罪的种类、对象和主体[J].档案时空,2006(2):29-30.

[15][21][30]栾莉.论档案犯罪的司法认定[J].档案时空,2007(4):5-7.

[16][19]张胜全.档案犯罪对象的界定[J].兰台世界,2013(9):104-105.

[17][20]黄丽勤.论档案犯罪的对象[J].档案与建设,2010(8):46-48.

[22]罗翔.也谈刑法中的档案犯罪[J].中国档案,2006(1):24-25.

[23]孙景仙.档案犯罪的种类[J].山西档案,2007(4):29-30.

[24]谢雨,苗华清.我国刑法中的档案犯罪[J].兰台世界,2007(6):5-6.

[25]张胜全.档案犯罪基本问题研究[J].档案学通讯,2012(4):28-29.

[27]李伟,李玉英.论档案犯罪及其防范[J].湖北档案,2000(9):20-21.

[28]郝彦收.档案犯罪的罪名和刑罚[J].中国档案,2000(8):15-16.

[31]张万寅.试论档案犯罪中因果关系的确立原则[J].档案学通讯,2002(2):56-57.

[32]吴娟.档案犯罪的法律规范问题研究[J].兰台世界,2013(6):86-87.

[34]田春晖,苗华清.刑事政策视野下的档案犯罪[J].兰台世界,2007(1):86-87.

该文发表在《档案管理》2015年第2期

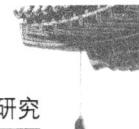

档案违法行为涉刑事犯罪认定、移送问题研究

刘子芳

摘　要　认定档案违法行为涉刑事犯罪,要弄清楚违法行为与犯罪行为的区别以及涉刑事犯罪的内涵,以《刑法》规定的数额、危害程度和"两高"、公安部的相关立案标准等为依据;涉刑事档案行政案件的移送要遵循合法的程序与要求,做到移送去向正确、移送程序合法、移送材料齐全。

关键词　档案违法案件　涉刑事犯罪　案件认定　案件移送

《档案法》第二十四条规定,档案违法行为构成犯罪的,依法追究刑事责任。《档案执法监督检查工作暂行规定》第十九条和《档案行政处罚程序暂行规定》第五条规定:档案违法行为构成犯罪的,由查处机关按照法定程序移交行为发生地的司法机关追究刑事责任,不得以行政处罚代替刑事处罚。但在档案行政执法实践中,对于哪些违法行为涉及刑事犯罪,如何认定,如何移送以及具体程序有哪些规定等问题,却没有具体的规定和案例可供借鉴。本文试图就上述问题谈点看法,以期引起对此问题的关注。

一、档案违法行为与档案犯罪行为

档案违法行为是指违反国家档案法律、行政法规和行政规章的行为,其外延极为广泛。而档案犯罪行为则是指触犯了刑律,应受刑罚处罚,严重侵害国家档案管理秩序和档案安全的行为,其外延相对较窄。档案违法行为与档案犯罪行为二者的区别:一是对国家档案管理秩序和档案安全的侵害程度不同。档案违法行为情节比较轻微,对国家档案管理秩序和档案安全的侵害程度不大,没有触犯刑法,只是违反了刑法以外的有关档案的行政法律、法规和规章;档案犯罪行为对国家档案管理秩序和档案安全的侵害程度大,触犯了刑法。二是处罚方式不同。档案犯罪行为对国家档案管理秩序和档案安全具有严重的危害性,触犯了刑法,应受刑法的处罚;档案违法行为对国家档案管理秩序和档案安全社会危害性不大,触犯了除刑法之外的法律,应受行政法规的处罚。三是处罚机关不同。档案犯罪行为由人民法院依法判处刑罚;档案违法行为由各级档案行政机关和法律法规授权的其他行政机关给予行政制裁。档案违法行为与档案犯罪行为的联系:一是二者皆为危害国家档案管理秩序和档案安全的违法行为,都在不同程度上损害了国家和人民的利益;二是二者都违反了国家有关档案的法律、法规,只不过是程度不同而已。综上可见,档案违法行为并不一定构成档案犯罪,档案犯罪行为必然是档案违法行为,二者既有联系又有区别,而根本区别在于违法行为对国家档案管理秩序和档案安全的危害性情节和程度不同。

二、档案行政执法中涉刑事犯罪行为的界定

1. 对档案行政执法中涉刑事犯罪行为的理解

档案行政执法是指县级以上档案行政管理机关依照法律、法规、规章规定的职责、权限和程序,对档案管理相对人和档案管理事项进行处理并直接影响相对人权利、义务的行为[1]。档案行政执法的性质是一种行政性行为。按照我国《宪法》及相关法律规定,档案行政管理机关对于涉及刑事犯罪的行为是无权处理的,应当移交司法机关依法进行刑事处罚。但是,在纷繁的社会生活中,违法行为还存在这样两种情况:一是有些档案违法行为并不直接表现为档案犯罪,而是表现为一般的违法行为。二是违法行为虽然以一般档案违法的形式出现,但隐藏着其他种类的犯罪

行为。鉴于此,对档案行政执法中涉刑事犯罪行为的理解应包括两个方面:

(1)显性档案犯罪行为。显性档案犯罪行为是指《刑法》中明确规定的档案犯罪行为。其包括两个方面:一是既遂档案犯罪行为;二是结果和情节档案犯罪行为。既遂犯罪行为是指违法行为直接表现为《刑法》所禁止的犯罪行为,只要实施此行为,就构成犯罪的行为。如《刑法》第三百二十九条第一款规定的抢夺、窃取国家所有档案的行为,即为既遂犯罪行为,只要实施此行为,就构成档案犯罪,就应受到《刑法》的刑事处罚,而不能按照档案行政案件来处理。结果和情节犯罪行为是指违法行为的情节和程度达到了《刑法》所规定的刑事追诉标准,才能认定为犯罪的违法行为。如《刑法》第三百二十九条第二款规定的违反档案法的规定,擅自出卖、转让国家所有的档案,情节严重的违法行为;此类犯罪行为首先表现为一般的档案违法行为,如果在案件调查中发现其违法行为的情节和程度达到了《刑法》所规定的情节严重的刑事追诉标准,则应认定为刑事违法行为。

(2)涉及档案事务的隐性犯罪行为。对于涉及档案事务的犯罪行为,目前有狭义和广义两种观点。持狭义档案犯罪观点的认为,按照罪由法定原则,档案行政执法中涉刑事犯罪的具体行为,仅限于《刑法》第三百二十九条规定的行为,即抢夺、窃取国家所有的档案的行为和违反档案法的规定擅自出卖、转让国家所有的档案,情节严重的行为。持广义档案犯罪观点的认为,将档案犯罪仅限定于《刑法》第三百二十九条规定的行为过于狭窄。档案犯罪应包括《刑法》中所有涉及档案事务的犯罪行为,即抢夺、窃取国有档案的行为;擅自出卖、转让国有档案的行为;隐匿、故意销毁会计凭证、会计账簿、财务会计报告的行为;故意损毁文物罪和过失损毁文物的行为;滥用职权的行为;玩忽职守的行为;失职造成珍贵文物损毁、流失的行为和泄露国家秘密的行为[2]。笔者认为,对于档案犯罪,应严格按照罪由法定的原则来确定,这是我国《刑法》所规定的最基本原则。按照刑法罪行归属原则,档案犯罪的实行行为只包括抢夺、窃

取、出卖、转让4种类型,是选择性罪名,其他涉及档案的犯罪则是其他实行行为的犯罪,不构成档案犯罪。但广义的档案犯罪观点,也为我们理解档案行政执法中涉刑事犯罪行为的界定提供了借鉴。即其他涉及侵害国家档案管理秩序和档案安全的行为虽然不构成档案犯罪,但构成了《刑法》规定的其他种类的犯罪,仍然是一种应当受到刑事处罚的涉及档案的犯罪行为。也就是说,档案行政执法中涉刑事犯罪的犯罪行为,不单单是指纯粹的档案犯罪行为。在理解档案行政执法中涉刑事犯罪的犯罪行为时,不能仅限于《刑法》所规定的显性档案犯罪行为,即《刑法》第三百二十九条规定的犯罪行为,也应包括《刑法》规定的涉及档案事务的隐性犯罪行为,即《刑法》中所有涉及档案事务的犯罪行为。如故意销毁应归档的会计材料,直接违反了《档案法》第十条的规定,而《刑法》中并没有此类行为属于档案犯罪的罪种规定。对于情节轻微的,可按行政案件处理。对于情节严重的,如果还按行政案件来处理,则有失"过罚相当"的原则。而如果按《刑法》第一百六十二条规定(隐匿或者故意销毁依法应当保存的会计凭证、会计账簿、财务会计报告,情节严重的违法行为)将其移交司法部门来处理,追究其刑事责任,则更能体现"过罚相当"的原则。

2. 档案行政执法中涉刑事犯罪实行行为的种类

按照罪由法定原则,档案行政执法中涉刑事犯罪的实行行为有哪些呢?笔者通过对《档案法》和《刑法》相关条款的梳理后认为,档案行政执法中涉刑事犯罪的实行行为主要有以下几种:

(1)抢夺、窃取国家所有档案的行为。《刑法》第三百二十九条第一款规定的抢夺、窃取国家所有档案的犯罪行为。

(2)擅自出卖、转让国家所有的档案,情节严重的行为。《刑法》第三百二十九条第二款规定的擅自出卖、转让国家所有的档案犯罪行为。

(3)擅自销毁、藏匿会计档案,情节严重的行为。《刑法》第一百六十二条规定的藏匿、故意销毁会计资料的犯罪行为。

(4)涂改、伪造档案的行为。《刑法》第二百八十条规定的伪造国家公文的犯罪行为。

(5)损毁、丢失属于国家所有档案,后果严重的行为。《刑法》第三百九十七条规定的玩忽职守的犯罪行为。

(6)违反国家规定,对计算机档案信息管理系统功能、存储或者传输的数据和应用程序进行删除、修改、增加、干扰,故意制作、传播计算机病毒等破坏性程序,影响计算机档案信息管理系统正常运行,后果严重的行为。《刑法》第二百八十六条规定的破坏计算机信息系统的犯罪行为。

(7)依法应当移交追究刑事责任的档案行政案件不移交,情节严重的行为。《刑法》第四百零二条规定的徇私舞弊不移交刑事案件的犯罪行为。

(8)以暴力、威胁方法阻碍档案行政管理机关工作人员依法执行职务的行为。《刑法》第二百七十七条规定的妨害公务的犯罪行为。

3. 档案行政执法中涉刑事犯罪实行行为认定标准

从上面介绍的8种涉及刑事犯罪的实行行为看,除第1、第4、第8种涉刑事犯罪的实行行为为既遂犯罪行为外,其他5种均以"情节严重"或者"后果严重"时才构成犯罪的情节犯和结果犯。刑法理论上,"情节严重"和"后果严重"在不同的法条中有不同的作用,一种作用是作为量刑时适用量刑的依据;另一种是对某行为在定性上作为判断罪与非罪的判断标准。将其应用到档案行政执法实践中,是作为判断罪与非罪的判断标准来使用的。"情节严重"不是指违法行为特定的某一方面的情节,而是指违法行为的时间、地点、手段、形式以及后果等任何一个方面的情节,是综合性的。"后果严重"则是指违法行为造成的特定结果。那么,在具体的档案执法实践中,如何来把握"情节严重"和"后果严重"呢?笔者认为,应该从以下三个方面来考量:一是看《刑法》中对某一违法行为有无数额的限制性规定。二是根据"两高"《关于破坏社会主义市场经济秩序罪、妨害社会管理秩序罪等罪的司法解释》以及"高检"《关于人民检察院直接受理立案侦查案件标准的规定》和"高检"、公安部《关于经济犯罪案件追诉标准的规定》等规定,看是否达到刑事犯罪的立案标准。三是对某一犯罪违法行为《刑法》中没有数额要求,"两高"、公安部的司法解释、立案标准中也无相关规定的,可参照各级档案行政管理机关有关档案违法行为行政处罚自由裁量标准执行。据此,对上述8种档案违法实行行为是否构成犯罪做如下认定:

(1)抢夺、窃取国家所有的档案的行为。按照《刑法》第三百二十九条规定,此违法实行行为为既遂犯罪行为,只要实施此行为,即为犯罪。

(2)擅自出卖、转让国家所有的档案,情节严重的行为。此实行行为的"情节严重",是指行为人擅自出卖、转让具有重大价值的国家所有的档案;行为人多次擅自出卖、转让国家所有的档案;行为人大量擅自出卖、转让国家所有的档案;行为人擅自出卖、转让国家所有的档案给国家、社会或者他人造成重大损失的情形[3]。

(3)擅自销毁、藏匿会计档案,情节严重的行为。根据"高检"、公安部《关于经济犯罪案件追诉标准的规定》,此实行行为的"情节严重",是指行为人隐匿、销毁的会计资料涉及金额在50万元以上的;为逃避依法查处而隐匿、销毁或者拒不交出会计资料的情形。

(4)涂改、伪造档案的行为。按照《刑法》第二百八十条规定,此违法实行行为为既遂犯罪行为,只要实施此行为,即为犯罪。

(5)损毁、丢失属于国家所有档案,后果严重的行为。根据"高检"《关于人民检察院直接受理立案侦查案件标准的规定(试行)》,此实行行为的"后果严重"是指造成直接经济损失20万元以上;严重损害国家声誉或者造成恶劣社会影响;其他致使公共财产、国家和人民利益遭受重大损失的情形。

(6)违反国家规定,对计算机档案信息管理系统功能、存储或者传输的数据和应用程序进行删除、修改、增加、干扰,故意制作、传播计算机病毒等破坏性程序,影响计算机档案信息管理系统正常运行,后果严重的行为。根据"两高"《关于办理危害计算机信息系统刑事案件应用法律若干问题的解释》,这里的"后果严重"是指造成10台以上计算机档案信息管理系统的主要软件或者硬件不能正常运行;对20台以上计算机档案信息管理系统中存储、处理或者传输的数据进行删除、修改、增加操作;造成经济损失1万元以上;造成为1万以上用户提供服务的计算机档案信息管理系统不能正常运行累计1小时以上;造成其他严重后果的情形。

(7)依法应当移交追究刑事责任的档案行政案件不移交,情节严重的行为。根据"高检"《关于人民检察院直接受理立案侦查案件标准的规定(试行)》,此实行行为的"情节严重"是指对依法可能判处3年以上有期徒刑、无期徒刑、死刑的犯罪案件不移交;3次以上不移交犯罪案件,或者一次不移交犯罪案件涉及3名以上犯罪嫌疑人;司法机关发现并提出意见后,无正当理由仍然不予移交;以罚代刑,放纵犯罪嫌疑人,致使犯罪嫌疑人继续进行违法犯罪活动;行政执法部门主管领导阻止移交;隐瞒、毁灭证据,伪造材料,改变刑事案件性质;直接负责的主管人员和其他直接责任人员为牟取本单位私利而不移交刑事案件,情节严重;其他情节严重的情形。

(8)以暴力、威胁方法阻碍档案行政管理机关工作人员依法执行职务的行为。按照《刑法》第二百七十七条规定,此违法实行行为为既遂犯罪行为,只要实施此行为,即为犯罪。但在具体的档案行政执法实践中,要注意划清妨害公务罪与人民群众抵制国家工作人员违法乱纪行为的界限,划清妨害公务罪与人民群众因提出合理要求,或者对政策不理解或者态度生硬而与国家工作人员发生争吵、围攻顶撞、纠缠行为的界限。

三、档案行政执法中涉刑事犯罪案件移送

1. 档案行政执法中涉刑事犯罪案件移送机关

根据《行政执法机关移送涉嫌犯罪案件的规定》(国务院第310号令)第三条、第八条规定:行政执法机关在依法查处违法行为过程中,发现违法事实涉及的金额、违法事实的情节、违法事实造成的后果等涉嫌构成犯罪,依法需要追究刑事责任的,必须依照本规定向当地公安机关移送;玩忽职守、徇私舞弊造成严重损失,构成犯罪的,应当移交当地检察机关处理。具体到本文所述的8种涉刑事犯罪实行行为来说,除第5、第7种移送检察机关外,其他6种均应移送当地公安机关处理。

2. 档案行政执法中涉刑事犯罪案件移送程序与要求

(1)向公安机关移送案件程序与要求。按照《行政执法机关移送涉嫌犯罪案件的规定》规定,档案行政管理机关对涉嫌刑事犯罪的档案违法行为,应当立即指定2名或者2名以上行政执法人员组成专案组专门负责,核实情况后提出移送涉嫌犯罪案件的书面报告,报经本机关正职或者主持工作的负责人审批。档案行政管理机关正职或者主持工作的负责人应当自接到报告之日起3日内做出批准移送或者不批准移送的决定。决定批准的,应当制作《涉刑事档案违法行为移送书》,在24小时内向同级公安机关移送;决定不批准的,应当将不予批准的理由记录在案。公安机关对档案行政管理机关移送的涉嫌犯罪案件,应当在《涉刑事档案违法行为移送书》的回执上签字;其中,不属于本机关管辖的,应当在24小时内转送有管辖权的机关,并书面告知档案行政管理机关。公安机关对所移送的案件进行审查后,认为需要追究刑事责任,依法决定立案的,应当书面通知档案行政管理机关;认为没有犯罪事实或者犯罪事实比较轻微,不需要追究刑事责任,依法不予立案的,应当说明理由,并书面通知档案行政管理机关,相应退回案卷材料。档案行政管理机关接到公安机关不予立案的通知书后,认为依法应当由公安机关决定立案的,可以自接到不予立案通知书之日起3日内,提请做出不予立案决定的公安机关复议,也可以建议人民检察院依法进行立案监督。做出不予立案决定的公安机关应当自收到档案行政管理机关提请复议的文件之日起3日内做出立案或者不予立案的决定,并书面通知档案行政管理机关。档案行政管理机关对公安机关不予立案的复议决定仍有异议的,应当自收到复议决定通知书之日起3日内建议人民检察院依法进行立案监督。

(2)向检察机关移送案件程序与要求。限于篇幅,不再介绍,可参照向公安机关移送案件程序与要求办理。

3. 移送案件材料要求

档案行政管理机关移送涉刑事犯罪的档案违法案件时,移送材料主要包括以下几个方面:①《涉刑事档案违法行为移送书》;②《涉嫌犯罪案件情况的调查报告》;③《涉案物品清单》;④有关检验报告或者鉴定结论;⑤其他有关涉嫌犯罪的材料。

4. 移送案件时间

对档案行政执法中涉刑事犯罪案件的具体移交时间,档案法律、法规和规章的规定并不具体。如《档案法》第二十四条规定,档案违法行为构成犯罪的,依法追究刑事责任。《档案执法监督检查工作暂行规定》第十九条第二款规定,确认违反档案法规行为构成犯罪的,由查处机关按法定程序移交发生违法行为地的司法机关追究其刑事责任。《档案行政处罚程序暂行规定》第五条规定:档案违法行为构成犯罪的,档案行政管理机关必须将案件移送司法机关追究刑事责任,不得以行政处罚代替刑事处罚。从上述这些规定看,都是原则性的,并没有具体指出在档案行政执法的哪个环节移交案件。因此,笔者认为,在具体的档案行政执法实践中,对档案行政执法中涉刑事犯罪案件的具体移交时间,应综合考虑每个个体涉刑事犯罪案件的类型、具体情况以及档案行政管理机关、司法机关在案件调查中各自的优势,做出分别处理。对于本文第二部分第2点档案涉刑事犯罪类型中所述的档案既遂犯罪案件,鉴于案件性质《刑法》中已明确定性,不存在对违法行为性质的定性问题,档案行政管理机关应当考虑司法机关在刑事侦查、案件调查中的业务优势,在案件立案后,及时将案件移送司法机关调查处理。紧急情况时,也可以在接到报案后直接移交司法机关调查立案。对于本文第二部分第2点档案涉刑事犯罪类型中所述的"情节或者后果"犯罪案件,因为存在对违法行为性质的定性问题,档案行政管理机关应当考虑自身在档案行政、业务管理中的优势,积极开展案件调查、鉴定和定性工作,在案件调查、定性后,认为构成犯罪的,按法定程序及时移送司法机关追究刑事责任。对于按档案法律、法规和规章应当给予行政处罚的案件,也可以按照档案法律、法规和规章的规定,在给予档案行政处罚后按法定程序移送司法机关追究刑事责任。

四、结束语

认定档案违法行为涉刑事犯罪,要弄清楚违法行为与犯罪行为的区别以及涉刑事犯罪的内涵,以《刑法》规定的数额、危害程度和"两高"、公安部的相关立案标准等为依据;涉刑事档案行政案件的移送要遵循合法的程序与要求,做到移送去向正确、移送程序合法、移送材料齐全。认定档案违法行为涉刑事犯罪,既是档案行政执法理论问题,也是档案行政执法面临的实践问题。从目前见诸报刊的档案违法案例看,虽然还没有档案行政管理机关移送案件的案例,但从案例反映的违法事实看,一些应当认定为涉刑事犯罪的档案违法行为却没有进行客观的认定,存在着"过重罚轻""以罚代刑"问题,应当引起各级档案行政管理机关的重视。

参考文献

[1]刘子芳.档案行政执法手册[M].郑州:河南大学出版社,2013:1.

[2]张胜全.档案犯罪竞合问题研究[J].档案管理,2014(2):16-18.

[3]罗翔.档案犯罪的种类、对象和主体[J].档案时空,2006(2):29-30.

该文发表在《档案管理》2015年第3期